碧巖錄

지은이 | 안동림(安東林)
청주대 영문학과 교수 외 역임
저서 | 『이 한 장의 명반 클래식』(현암사), 『이 한 장의 명반 오페라』(현암사),
『장자』(현암사), 『안동림의 불멸의 지휘자』(웅진지식하우스),
『내 마음의 아리아』(현암사) 등

벽암록

초판 1쇄 발행 | 1978년 12월 10일
개정판 1쇄 발행 | 1999년 6월 30일
개정2판 1쇄 발행 | 2000년 3월 5일
개정2판 16쇄 발행 | 2019년 10월 15일

역주 | 안동림
펴낸이 | 조미현

펴낸곳 | (주)현암사
등록 | 1951년 12월 24일 · 제10-126호
주소 | 04029 서울시 마포구 동교로12안길 35
전화 | 365-5051 · 팩스 | 313-2729
전자우편 | editor@hyeonamsa.com
홈페이지 | www.hyeonamsa.com

ISBN 978-89-323-1004-6 03220

심오한 명상 · 최고의 문학적 상징

벽암록

안동림 역주

현암사

獨白

치열한 불꽃 속에 벌겋게 달아올라 연소하는 삶의 沒我를 본다.
無의 窮極的 表象, 道의 완성, 莊子의 逍遙와 齊物의 경지.
부처, 道, 禪의 투명한 세계….

1999년 6월
撰者

차 례

일러두기 10
해설 / 『벽암록』의 가치 11
벽암록 불조 법계표(碧巖錄 佛祖 法系表) 40

제1칙 달마가 말하기를 "휑하니 크고 넓어 성인이 있을 리 없다"(達磨廓然無聖) 43
제2칙 조주가 말하기를, "지극한 도는 어렵지 않다"(趙州至道無難) 51
제3칙 마 대사가 몸이 불편하다(馬大師不安) 59
제4칙 덕산이 위산에 가다(德山到潙山) 65
제5칙 설봉의 우주(雪峰盡大地) 72
제6칙 운문이 말하기를 "날마다가 참 좋은 날이다"(雲門日日好日) 79
제7칙 혜초가 법안에게 부처를 묻다(法眼慧超問佛) 85
제8칙 취암이 하안거를 마치고 중들에게 말하기를(翠巖夏末示衆) 91
제9칙 조주의 네 개 문(趙州四門) 97
제10칙 목주의 "얼간이 놈"(睦州掠虛頭漢) 101
제11칙 황벽이 꾸짖기를 "지게미에 취한 놈"(黃檗噇酒糟漢) 107
제12칙 동산의 삼베 세 근(洞山麻三斤) 112
제13칙 파릉의 "은주발에 담은 눈"(巴陵銀椀盛雪) 118
제14칙 운문이 말하기를 "이것저것 모두 좋다"(雲門對一說) 123
제15칙 운문이 말하기를 "아무 설법도 하지 않으면 되지"(雲門倒一說) 126
제16칙 경청의 줄탁 솜씨(鏡淸啐啄機) 130
제17칙 향림이 말하기를 "너무 오래 앉아 있어 지쳤다네"(香林坐久成勞) 136
제18칙 혜충 국사의 무봉탑(忠國師無縫塔) 140
제19칙 구지의 손가락 하나(俱胝只竪一指) 145
제20칙 용아가 항의하기를 "때린다고 달마가 서녘에서 온 뜻을 알 수는 없습니다!"(龍牙西來無意) 150

제21칙 지문의 연꽃과 연잎(智門蓮花荷葉) 156
제22칙 설봉의 코브라(雪峰鼈鼻蛇) 160
제23칙 보복과 장경의 산놀이(保福長慶遊山) 165
제24칙 철마가 위산을 찾아갔을 때(鐵磨到潙山) 169
제25칙 연화봉 암주의 지팡이(蓮華峰拈拄杖) 173
제26칙 백장의 대웅봉(百丈大雄峰) 177
제27칙 운문이 말하기를 "가을 바람 속 앙상한 나무일세"(雲門體露金風) 180
제28칙 남전의 못다 말한 진리(南泉不說底法) 183
제29칙 대수의 활활 타는 불길(大隋刦火洞然) 186
제30칙 조주의 큰 무우(趙州大蘿蔔頭) 191
제31칙 마곡이 두 곳에서 석장을 흔들다(麻谷兩處振錫) 194
제32칙 정상좌가 임제에게 묻기를(定上座問臨濟) 199
제33칙 진조가 자복을 만남(陳操看資福) 204
제34칙 앙산이 말하기를 "산놀이도 안 갔는가"(仰山不曾遊山) 208
제35칙 문수가 대답하기를 "앞에 셋셋 뒤에 셋셋일세"(文殊前三三) 213
제36칙 장사, 떨어지는 꽃잎 좇아 돌아오다(長沙逐落花回) 218
제37칙 반산이 말하기를 "삼계가 다 텅 비어 있다"(盤山三界無法) 222
제38칙 풍혈이 설법하기를 "조사의 불심인은 쇠붙이 소와 같다"(風穴祖師心印) 226
제39칙 운문의 약초밭 울타리(雲門花藥欄) 232
제40칙 남전의 한 송이 꽃(南泉一株花) 236
제41칙 조주가 묻기를 "아주 죽어 버린 자가 살아나면 어떻게 하겠소?" (趙州大死底人) 240
제42칙 방거사가 읊기를 "좋구나 송이송이 내리는 눈이"(龐居士好雪片片) 244
제43칙 동산의 추위도 더위도 없는 경지(洞山無寒暑) 250
제44칙 화산의 북 솜씨 "쿵쿵 쿵더쿵!"(禾山解打鼓) 254
제45칙 조주에게 묻기를 "모든 것이 하나로 돌아간다지만, 과연 어디로 갑니까?" (趙州萬法歸一) 258
제46칙 경청의 빗방울 소리(鏡淸雨滴聲) 262
제47칙 운문이 말하기를 "법신은 너무 커서 육대로도 다 못 담는다"(雲門六不收) 267

제48칙 왕태부 차 대접을 받다(王太傅煎茶) 271
제49칙 삼성의 "그물 벗어난 금빛 물고기"(三聖透網金鱗) 275
제50칙 운문의 "진진삼매"(雲門塵塵三昧) 279
제51칙 설봉이 묻기를 "무슨 일이냐?"(雪峰是什麽) 283
제52칙 나귀도 말도 건너가는 조주의 돌다리(趙州渡驢渡馬) 289
제53칙 백장의 들오리(百丈野鴨子) 292
제54칙 운문 두 손을 불쑥 내밀다(雲門卻展兩手) 296
제55칙 도오와 점원의 문상(道吾漸源弔慰) 299
제56칙 흠산의 화살 하나로 관문 셋 뚫기(欽山一鏃破三關) 305
제57칙 조주가 꾸짖기를 "이 촌놈아, 분별심이 어디 있느냐!"(趙州田庫奴) 311
제58칙 조주가 대답하기를 "아직 뭐라고 해야 할지 모르겠네"(趙州分疎不下) 315
제59칙 조주가 말하기를 "그렇다, 지극한 도는 어렵지 않다"(趙州只這至道) 318
제60칙 용이 된 운문의 지팡이(雲門拄杖化爲龍) 322
제61칙 풍혈이 수시하기를 "문득 일념이 일면"(風穴若立一塵) 327
제62칙 운문이 수시하기를 "우리 몸 속에 보물이 있다"(雲門秘在形山) 331
제63칙 남전이 새끼 고양이를 베다(南泉斬猫兒) 335
제64칙 조주, 짚신을 머리에 이고 나가다(趙州頭戴草鞋) 339
제65칙 외도가 부처에게 묻기를(外道問佛) 342
제66칙 암두가 묻기를 "황소의 난이 끝났으니 칼을 주워 왔느냐?"(巖頭黃巢過後) 348
제67칙 부대사의 금강경 강의(傅大士講經) 352
제68칙 앙산이 삼성에게 묻기를(仰山問三聖) 355
제69칙 남전의 동그라미(南泉一圓相) 359
제70칙 백장이 묻기를 "목도 입도 없이 말할 수 있느냐"(百丈併卻咽喉) 364
제71칙 백장이 오봉에게 묻기를(百丈問五峰) 368
제72칙 백장이 운암에게 묻기를(百丈問雲巖) 371
제73칙 마조의 사구백비(馬祖四句百非) 374
제74칙 금우의 밥통(金牛飯桶) 379
제75칙 오구가 뇌까리기를 "어이크, 되게 얻어 맞았구나!"(烏臼屈棒) 383
제76칙 단하가 묻기를 "밥은 먹었느냐"(丹霞喫飯也未) 389

제77칙 운문의 호떡(雲門餬餠) 394
제78칙 개사가 물을 보고 깨달음(開士悟水因) 398
제79칙 투자의 "이 세상의 모든 소리가 부처님 목소리"(投子一切佛聲) 401
제80칙 조주의 갓난애(趙州初生孩子) 405
제81칙 약산의 "고라니 중의 고라니"(藥山麈中麈) 408
제82칙 대룡의 영원불멸의 법신(大龍堅固法身) 412
제83칙 운문의 고불과 기둥(雲門古佛露柱) 416
제84칙 유마의 불이법문(維摩不二法門) 419
제85칙 동봉암주가 호랑이 소리를 지르다(桐峰庵主作虎聲) 425
제86칙 운문의 부엌과 산문(雲門廚庫三門) 430
제87칙 운문이 말하기를 "약과 병이 서로 고치고 다스린다"(雲門藥病相治) 434
제88칙 현사의 세 가지 병자(玄沙三種病) 439
제89칙 운암의 천수관음보살(雲巖大悲手眼) 446
제90칙 지문의 반야 본체(智門般若體) 452
제91칙 염관의 무소 부채(鹽官犀牛扇子) 457
제92칙 불타가 설법하려고 고좌에 오름(世尊陞座) 462
제93칙 대광이 춤을 추다(大光作舞) 466
제94칙 능엄경에 이르기를 "눈으로 사물을 보지 않을 때"(楞嚴不見時) 469
제95칙 장경의 두 가지 말(長慶二種語) 474
제96칙 조주의 세 가지 수시(趙州三轉語) 479
제97칙 금강경이 죄업을 말끔히 씻어 없앰(金剛經罪業消滅) 483
제98칙 천평의 "두 번 안 됨"(天平兩錯) 487
제99칙 숙종이 묻기를 "십신조어의 부처가 무엇입니까?"(肅宗十身調御) 493
제100칙 파릉의 취모검(巴陵吹毛劍) 497

인명 찾아보기 501
경전 · 고전 찾아보기 506
제목 찾아보기 508

일러두기

1. 선종의 "종문제일서(宗門第一書)"로 꼽히는 『벽암록(碧巖錄)』을 교양서로서 누구나 읽고 이해할 수 있도록 쉽게 풀어 번역하고 주해했다.
2. 『벽암록』은 원래 설두 선사(雪竇禪師)가 지은 '본칙(本則)' 및 '송(頌)'과 원오 선사(圜悟禪師)가 붙인 '수시(垂示)', '착어(著語)', '평창(評唱)'의 5부로 구성되어 있다. 이 책에서는 종래의 일반적인 예에 따라 단평(短評)인 '착어'와 해설에 해당하는 '평창'을 생략했다. 그러나 필요한 '착어'와 '평창'은 최대한으로 가려 뽑아 '해제'와 '주'에 포함시켰다.
3. 구성은 매 칙마다 (1)해제 (2)'수시'의 원문, 주, 번역문 (3)'본칙'의 원문, 주, 번역문 (4)'송'의 원문, 주, 번역문 순으로 배열했다.
4. 풀이는 가장 권위 있는 고증과 학설에 따랐을 뿐 아니라 다른 학설까지 소개했으므로 깊이 공부하는 분에게도 도움이 되리라 믿는다.
5. 원본은 선종집성(禪宗集成) 제10권 『벽암집(碧巖集)』(藝文印書館, 중화민국 57)을 저본으로 삼고, 『벽암록(碧巖錄)』(선림고경총서, 장경각, 1993), 『벽암록(碧巖錄)』(入矢義高 外, 岩波文庫, 1997), 『벽암록대강좌(碧巖錄大講座)』(加藤咄堂, 平凡社, 1939), Thomas & J. C. Cleary. *The Blue Cliff Record*. Boulder ; Prajñā Press, 1978, 『불교사전』(운허 용하, 동국역경원, 1961) 등을 참고했다.

■ 해설

『벽암록』의 가치

1

마명(馬鳴)의 『불소행찬(佛所行讚)』을 불교 문학 제1호라고 한다면 『벽암록』은 선의 진수이며 선 문학의 제1호라고 할 만하다. 원래 선은 '불립문자 견성성불(不立文字 見性成佛)'을 목표로 삼는다. 『벽암록』은 그 가장 요긴한 화두들을 모았고 또 그 깊은 세계를 시적으로 묶었으므로 선과 문학 양면에서 제일 높이 내세울 수밖에 없는 기록이다. 종래 『벽암록』이 선가(禪家)에서 남달리 귀중한 문헌으로 애송되어 온 까닭도 그렇듯 심오하고 진지한 내용을 담고 있기 때문이다.

선은 멀리는 석가모니 부처님으로부터 시작하고 가깝게는 달마 대사(達磨大師)에서 비롯된다. 석가모니 부처님이 가섭존자(迦葉尊者)에게 마음과 마음으로 전한 삼처전심(三處傳心), 곧 영산회상(靈山會上)에서 염화(拈花)미소하고 다자탑(多子塔) 앞에서 자리를 나누며 쌍림(雙林)에서 곽(槨) 밖으로 발을 내보인 데로부터 시작하여, 달마 대사가 중국에 건너와 소림굴(少林窟)에 들어앉아 면벽 후 혜가(慧可)에게 법을 전한 데서 비롯된다. 선의 원조(遠祖)는 석가이고 종조(宗祖)는 달마이다. 『벽암록』의 제1칙도 이 선종의 개산조(開山祖) 달마 대사와 양(梁)나라

무제(武帝)의 문답으로 시작한다.

달마는 무제가 불사(佛事)는 많이 했지만 참불교를 받아들일 수 없는 그릇임을 알고 위(魏)의 숭산(嵩山)에 들어가 소림굴에서 9년간 때가 오기를 기다리고 있었다. 이 무렵 낙양에 신광(神光)이라는 이승(異僧)이 달마의 도풍(道風)을 사모하여 소림사를 찾아와 법을 구했다.

그러나 달마의 마음을 움직일 수가 없어 밖에서 끝까지 버티고 있는데 밤 사이 눈이 허리께까지 차 올라와도 움직이지 않고 법을 구하니 달마가 드디어 9년간의 침묵을 깨고 "제불(諸佛)의 도는 오랜 세월 신명(身命)을 아끼지 않고 정진하며 참기 어려운 것을 능히 참고, 행하기 어려운 일을 능히 행하지 않으면 안 되는데 어찌 경만심(輕慢心)으로 진실의 불법을 구하려 하는가" 하고 꾸짖으니 즉각 칼을 들어 왼팔을 잘라 바치고 드디어 입실을 허락받았다.

그 후 신광이 혜가로 바뀌어 제2조, 다음 제3조 승찬(僧璨), 4조 도신(道信), 5조 홍인(弘忍), 6조 혜능(慧能)으로 달마의 정법을 전해 내려왔으나 특히 혜능에 이르러 선법(禪法)이 크게 창성했다.

글도 익히지 않고 쌀 방아나 찧던 일개 노행자(盧行者) 혜능이 크게 꽃을 피운 선은 그 문하에 많은 인재를 쏟아 냈다. 신수(神秀)의 북선(北禪)에 대해 강남의 선풍을 널리 진작시킨 것이다.

그의 두 신족(神足)이라 할 수 있는 청원 행사(青原行思)와 남악 회양선사(南嶽懷讓禪師)가 그 문하에서 나오고 다시 청원의 문하에 석두 희천(石頭希遷), 약산 유엄(藥山惟儼), 운암 담성(雲巖曇晟)을 지나 동산 양개(洞山良价)에 이르러 조동종(曹洞宗)이 열리고, 남악의 문하에 마조 도일(馬祖道一), 백장 회해(百丈懷海)를 지나 백장 밑에 위산 영우(潙山靈

祐)와 황벽 희운(黃檗希運)의 두 선사가 나왔으며, 위산과 그 법사(法嗣) 앙산(仰山)이 위앙종(潙仰宗)을 열고 황벽을 이은 임제 의현(臨濟義玄)이 임제종(臨濟宗)을 열었다.

그리고 석두의 문하 천황 도오(天皇道悟)의 법손(法孫)에 설봉 의존(雪峰義存)이 있고, 설봉의 밑에 운문 문언(雲門文偃)이 나와 운문종(雲門宗)을 열고 운문의 동학(同學) 현사 사비(玄沙師備)의 법손인 법안 문익(法眼文益)이 법안종(法眼宗)을 열어 오종(五宗)의 가풍이 벌어졌다. 당나라 말기 5대를 중심으로 한 중국 선종의 황금기가 활짝 열렸다.

다시 송나라에 접어들어 임제의 법통 자명 초원(慈明楚圓)의 법사(法嗣)에 양기 방회(楊岐方會)와 황룡 혜남(黃龍慧南)의 두 상족(上足)이 나와 양기파(楊岐派)·황룡파(黃龍派)의 두 파가 첨가되면서 7종이 된다. 이를 합해 오가칠종(五家七宗)이라 한다.

『송고백칙(頌古百則)』의 저자인 설두 중현(雪竇重顯)은 운문의 4대손이며, 향림 징원(香林澄遠)·지문 광조(智門光祚)를 이은 운문 법손이다. 여기에 수시와 착어, 평창을 가해 『벽암록』을 편찬한 원오 극근(圜悟克勤)은 임제종 양기파의 적손이다. 때문에 임제종에서는 『벽암록』을 더욱 애송했고, 조동종은 천동 정각(天童正覺)의 『송고백칙』에 만송 행수(萬松行秀)가 시중(示衆)·착어(著語)·평창(評唱)을 붙여 엮은 『종용록(從容錄)』을 더 애송했다.

5가 중 다른 종파는 곧 쇠미해져 버리고 임제종과 조동종만이 계속 크게 발전해 갔다. 여기서 우리는 『벽암록』이 임제종적(臨濟宗籍)으로 선의 힘을 더욱 과시하고 있는 모습을 볼 수 있다.

2

중현(重顯)은 송나라 태조 태평흥국(太平興國) 5년(980년) 수주(遂州), 지금의 사천성 동천부 수녕(遂寧)의 이씨 가문에서 태어나 이름을 은지(隱之)라 했다. 어려서부터 책을 좋아하고 시문을 잘 지은 은지는 24세에 부모를 여의고 입문, 익주(益州. 成都府) 보안원(普安院)에서 인선(仁銑)에게 수계한 뒤 수주(隨州)의 지문 광조에게 사법(嗣法)했다.

그가 출가 후 산수와 풍월을 즐기고 시문을 지으면서 유류(遊流)하여 호북의 덕안부(德安府) 수주(隨州)에 이르러 처음으로 지문원의 광조 화상을 뵈었을 때 그의 도풍에 열복하고 그곳에 머물러 정진에 전념하게 된다.

어느 날 중현이 스승 광조에게, "한 생각도 내지 않았을 때 어떤 것이 허물입니까?" 하고 물으니까, 광조는 조용히 가까이 오라고 하여 앞으로 다가선 중현에게 갑자기 들고 있던 불자를 정면으로 내려쳤다. 그러나 중현은 조금도 주저하지 않고 또 일구(一句)를 토하려는 순간 광조는 두 번째 불자를 내려쳤다. 중현은 문득 진실불기(眞實不起) 일념(一念)의 대오에 들어가 그 후 5년간 광조를 모시고 운문의 종승(宗乘)을 참구한다.

다시 운수 행각을 시작하였다. 하루는 문학으로 친교가 있던 증회(曾會)라는 학자를 회수(淮水)에서 만나니 천하의 절승인 영은(靈隱)에 가보라고 권했다. 그리고 영은사(靈隱寺) 주지 산 선사(珊禪師)가 자기의 옛 친구라면서 소개장을 써 주었다.

중현은 소개장을 가지고 영은사에 갔으나 산 선사는 찾아보려고 하지도 않고 그대로 대중 생활을 계속하고 있었다. 이후 3년, 증회가 관명(官命)을 받고 절강(浙江) 지방에 가는 도중 영은사에 들러 중현을 찾아보았으나 모두 "여기엔 그런 훌륭한 스님은 온 일이 없다"고 말하는 것이었다. 증회는 이상히 여기고 천 명이나 되는 대중을 이 사람 저 사람 두루 찾아보니 중현은 한쪽에서 조용히 좌선을 하고 있지 않은가.

"어떻게 된 일이오, 내 소개장을 도중에서 떨어뜨린 게 아니었소?" 하고 놀라 묻는 증회에게 중현은, "소개장은 격별한 후의였기 때문에 잘 보관하고 있소. 원래 이 행각승이 우편 배달부는 아니니까요!" 하고 웃으면서 주머니에 깊숙이 넣어 둔 소개장을 내주는 것이었다.

중현의 탈속한 한 단면이 잘 드러나 있다.

증회는 중현을 방장실로 안내해 산 선사를 소개했다. 이에 산 선사는 중현의 초탈을 크게 칭찬하고 소주(蘇州) 동정호반(洞庭湖畔)의 취봉(翠峯)의 주지로 추천했다. 이후 중현의 도성(道聲)은 점차로 높아갔다. 다시 증회가 영전이 되어 사명(四明)의 태수가 된 뒤 중현을 청해 명찰인 설두산(雪竇山) 자성사(資聖寺)에 주석하게 했다.

그곳에 30년을 머무르며 법을 펴 운문종 중홍의 조사(祖師)로 군림했으며, 운문이 일찍이 "200년 후 나의 도가 거듭(重) 빛날(顯) 것이다"고 한 예언이 그대로 들어맞았다.

그의 법은 대관(大官) 석유(碩儒)들도 귀앙(歸仰)하는 사람이 많아 도위(都尉) 이준욱(李遵勖)이 조정에 상주해 자의(紫衣)를 하사받고 다시 시중(侍中) 가창기(賈昌期)의 주청으로 명각 대사(明覺大師)의 호를 하사받아 도성을 크게 떨쳤다.

송나라 인종(仁宗) 황우(皇祐) 4년(1052년) 73세를 일기로 입적하였으며 그의 유저로는 『동정록(洞庭錄)』, 『개당록(開堂錄)』, 『폭천집(瀑泉集)』,

『조영집(祖英集)』, 『송고집(頌古集)』, 『염향집(拈香集)』, 『후록(後錄)』 등 7부가 있다. 그러나 송나라의 선향(善鄕)이 지은 『조정사원(祖庭事苑)』에는 『습유(拾遺)』를 더 첨가해 8서라고 기록하고 있다.

그 저술 가운데서도 『경덕전등록(景德傳燈錄)』과 다른 전적에 전하는 선화(禪話) 100제(題)를 뽑아 유려한 운문으로 시적인 제창을 한 『송고백칙』은 실로 선 문학사상 절대적인 평가를 받는다. 그의 출중한 선적 견식과 초진(超塵)한 시적 표현이 잘 어울려 있어 선과 선 문학의 일급 경지를 보여 주고 있다.

흔히 선화를 선적 술어로 고칙(古則) · 본칙(本則) · 공안(公案)이라고 표현하며 '송고(頌古)'는 이 고칙의 시적 표현을 말한다. 원래 고칙 · 본칙의 '칙'은 『좌전(左傳)』에 나오는 '孟僖子 可謂則效已矣'의 '칙'과 같은 뜻이며 전형 · 모범 · 귀감과 같고, 송은 게송 · 송가 · 송덕에서 나온 말이다.

『송고백칙』이 어느 때 편술됐는지는 확실한 기록이 없으나 중현의 나이 40세 경으로 추측되며 만일 이 때라면 송나라 진종(眞宗) 천희(天禧) 3년(1019년)이니 『경덕전등록』이 간행된 진종 경덕(景德) 원년(1004년)보다 15년 뒤이며 도서 간행이 융창한 시기이다. 이 때 그의 제자 원진(遠塵)이 편찬한 것이 『설두송고백칙(雪竇頌古百則)』의 원본이다. 그러나 서기 1068년에 즉위한 송나라 신종(神宗) 때의 『일체경(一切經)』에는 무슨 이유에서인지 편입되어 있지 않다.

휘종(徽宗) 연간에 재상까지 지내고 불교문학사상 유명한 『호법론(護法論)』을 지은 장상영(張商英. 곧 張無盡 거사)의 청으로 중현의 『송고백칙』에 극근(克勤)이 수시 · 착어 · 평창을 붙여 『벽암록』을 간행한 것이 남송 고종(高宗) 건염(建炎) 2년(1128년)이다.

이것은 보조(普照)의 서(序)가 붙은, 협산(夾山)에서 제창(提唱) 필록(筆錄)한 복본(福本)이며, 흔히 초간으로 보고 있으나 다시 이보다 앞선 선화(宣和) 7년(1125년) 성도(成都)에서 제창 필록했다는 촉본(蜀本)도 있다. 여기에는 무각(無覺)의 서가 붙어 있다.

그리고 다음 유포본은 1300년경에 장명원(張明遠)이 간행했다.

이 때는 중현의 『송고백칙』이 편성된 지 약 110년 후이며 고종이 금나라 사람에게 피습당해 남경에서 쫓겨 양주(楊州)에 와 있던, 천하가 극히 어지러운 시기였다.

『벽암록』의 편찬자 원오는 휘(諱)가 극근(克勤)이고 자는 무착(無著)이며 원오(圜悟)는 남송 고종에게 받은 사호(賜號)이다. 그리고 송나라 휘종은 불과(佛果)라는 호를 하사했다.

송나라 인종(仁宗) 가우(嘉祐) 8년(1063년)에 지금의 사천성 성도부에 속한 팽주(彭州) 숭녕(崇寧)의 한 유가(儒家)인 낙(駱)씨 집에 태어나 남송 고종 소흥(紹興) 5년(1135년) 8월, 휘종 붕어 4개월 후에 73세로 입적했다. 중현이 입적한 해와는 83년의 사이가 생긴다. 중현과는 고향도 같고 생존 연수도 같다.

어릴 때부터 천재로 일찍 경서 등에 박통하기도 했으나 종종 묘적사(妙寂寺)에 다니며 불서를 본 뒤 크게 놀라 묘적사의 자성 화상(自省和尙)에게 청해 득도(得度)하고 교학자 문조 법사(文照法師)에게 경전을 수강했다.

그러나 주위에 흡족한 고승이 없음을 알고 성도부에 나와 여러 곳을 다니면서 경전을 공부했으나 신심도 확립되지 않고 마음에 불안을 느껴 오다가 드디어는 생사의 기로에서 헤매는 중병을 앓고 열반의 길은 문자 언구(言句)에서 얻지 못한다는 사실을 깨닫고 병이 나은 다음 분연히 성도의 강석(講席)을 떠나 운수 행각에 나서 황벽산의 유승 선사(惟勝禪師)를 찾아간다.

유승 선사는 황룡파의 시조인 혜남(慧南)의 법통을 이었으며 분양(汾陽)으로부터 4세의 법손이 된다. 유승 선사는 어느 날 자기의 팔을 찔러 피를 내 극근에게 보이며, "이것은 조계(曹溪)의 일적(一滴)이다." 라고 했다. 조계는 6조 혜능이 머무른 산 이름이며 '내 이 한 방울의 피는 6조에게서 전해 온 것이니 네가 이으라'는 뜻이었다. 극근은 한참 뚫어지게 보기만 하고 아무 대답이 없었다. 그리고 곧 황벽산을 나와 행각에 나섰다. 자기가 아직 그런 그릇이 못된다는 뜻인지 유승이 자기의 스승 자격이 없다는 것인지 알 길이 없었다.

그리하여 옥천 모철(玉泉慕喆), 회당 조심(晦堂祖心), 동림 상창(東林常聰) 등 당시 명승 노숙(老宿)들을 찾아 다니며 칭찬을 받게 된다. 그러나 극근이 대위(大潙)의 밑에 있을 때 경장주(慶藏主)라는 선배가 극근이 모든 선지식을 긍정하지 않고 거만하게 방언(放言)만 하는 행동을 보고 네가 정히 그러면 태평의 연 선사(演禪師)를 한번 찾아보라고 권했다. 연 선사는 임제로부터 9세째가 되는 5조 법연(法演)이며 양기방회(楊岐方會)의 적사(嫡嗣) 백운 수단(白雲守端)의 법을 전한 양기파의 제3조이다. 속성은 등(鄧)씨이고 면주(綿州) 파서(巴西) 사람이다. 역시 고향은 중현, 극근과 같은 사천성이었다.

법연은 백운의 법을 얻은 후 서주(舒州)의 사면산(四面山)에 머무르며 개법(開法)하고 이어 백운산 해회원(海會院)에 있다가 태평산(太平山)에 옮겨 주석, 만년에는 다시 호북에 초청되어 황매산(黃梅山) 동점사

(東漸寺)에 머물렀다. 극근은 법연이 태평산에 머무를 때 상견한다. 이때의 극근은 의기충천하여 안하무인의 거동을 보였다. 또 다른 선지식들까지도 다 극근을 칭찬만 해주었으니 더 심할 수밖에 없었다. 그의 능변과 지혜는 누구도 대적하지 못했다.

때문에 극근은 법연에게도 겸양한 태도를 보이지 않았다. 이에 법연은 "네가 이론으로 말은 잘하지만 그것으로 생사에는 대적할 수 없으니 다음 최후의 병상에 누워 스스로 체험해 보라"고 내뱉었다. 그래도 극근은 뉘우칠 줄 모른 채 태평산을 나와 금산(金山)에 이르렀을 때 지금의 독감 같은 열병에 걸려 크게 앓게 되었다. 극근은 비로소 법연의 말이 생각나고 놀람과 뉘우침으로 병이 나은 다음 곧 태평산에 돌아가 법연에게 참회하고 이후 10년을 그 밑에 시종했다.

극근이 태평산에 돌아와 반 달 정도 지난 뒤 법연의 동향인 진(陳)씨가 벼슬을 그만 두고 사천성으로 돌아가는 도중 태평산에 들러 법연에게 심요(心要)의 법문을 청했을 때 다음의 소염시(小艷詩)를 들어 설명했다.

'자주 소옥(小玉)이를 부르지만 소옥에겐 일이 없네.
다만 낭군에게 알리는 소리일 뿐.'
(頻呼小玉元無事 只要檀郎認得聲)

이 시는 안록산(安祿山)과 양귀비(楊貴妃)의 고사에서 따 왔으며, 양귀비가 자주 몸종 소옥이를 부르는 것은 정부 안록산을 부르는 암호였다는 내용이다. 선의 심요도 이것저것 늘어놓는 설명은 흡사 소옥을 부르는 소리와 같아, 참 심요는 언어의 밖(낭군)에 있다는 사실을 말하는 것이었다.

그러나 진씨는 깨닫지 못하고 옆에서 듣고 있던 시자 극근이 깨달았다. 진씨가 돌아간 뒤 극근은 법연에게 물었다.

"스님이 소염의 시를 이야기했을 때 그 사람은 과연 참뜻을 깨달았을까요?"

"다만 소리를 들은 것 같네."

"그가 낭군의 소리를 들었으면 그것으로 족하지 않습니까? 왜 안 된다는 말입니까?"

법연은 갑자기 소리를 한층 높여 "어느 것이 이 조사(祖師)인가, 서녘에서 온 뜻인가. 뜰 앞의 잣나무니라." 하고 자문자답했다. 극근이 이 말을 듣고 형용할 수 없는 통쾌감과 환희에 가득 찬 채 방 밖으로 뛰쳐나갈 때 마침 난간에 날아온 수탉 한 마리가 날개를 치며 길게 울음소리를 뽑아 냈다. 극근은 그 순간 "아 이것이다. 바로 이 소리다" 하고 외쳤다. 극근은 드디어 대오한 것이다.

법연의 제자에는 5조의 삼불이라고 하는 불과 극근(佛果克勤), 불감 혜근(佛鑑慧懃), 불안 청원(佛眼淸遠)이 있었다. 어느 날 밤 불을 끄고 늦게까지 좌선을 하고 있는 세 제자에게 요즘의 소식을 말해 보라고 했다. 혜근은 "채봉(彩鳳)이 단재(丹霄)에서 춤을 춥니다" 하였고, 청원은 "철사(鐵蛇)가 고로(古路)를 옆찌릅니다"고 했다. 이어 극근은 "발밑(脚下)을 보십시오" 했다. 법연은 "내 종(宗)을 멸하는 자는 극근뿐이다"라고 극찬했다. 앞의 두 사람은 각기 명암(明暗)에 빠졌다.

법연의 법하(法下)에서 도를 크게 연 극근은 고향에 노모가 계신 것을 생각하고 휘종 숭녕(崇寧) 연간에 서쪽으로 향했다. 이 때의 나이 40~44세이며 고향에 돌아오니 성도의 장관 곽지장(郭知章)이 예우하여 육조산(六祖山) 주지로 있게 했고, 다음 소각사(昭覺寺)를 거쳐 섬서(陝西) 지방에 갔다. 여기서 장상영의 명성을 듣고 형남(荊南)에 찾아가 『화엄경』에 관해 담론하고 아주 친해져 상영의 간청으로 호남 예주(澧州)의 협산(夾山) 영천원(靈泉院)에 머무른다.

영천원의 극근의 거실에 '벽암(碧巖)' 두 자의 편액이 걸려 있었다. 이 방장실을 벽암이라 한 것은 영천원의 창시자 선회(善會)가 어느 날 한 무명승이 와서 "무엇이 협산경(夾山景)입니까?" 하고 물었을 때 선회가 "猿抱子歸靑嶂裏 鳥啣花落碧巖前"(원숭이는 새끼를 품은 채 푸른 절벽 뒤로 돌아가고 새는 꽃을 물어다 푸른 바위 앞에 떨어뜨린다)이라고 답한 데서 연유한 글이다. 『벽암록』의 '벽암'도 극근이 이 방장실에 거주했기 때문에 붙인 이름이다.

그 후 극근은 호서의 도림(道林)에 옮겨 가 대보 추밀(大保樞密) 등자상(鄧子常)의 주천(奏薦)으로 조정에서 자의 및 불과의 호를 받고, 극근 55세 정화(政和) 7년에는 소를 받들어 천하의 대사(大寺) 금릉(金陵)의 장산(蔣山) 주인이 되었다. 이어 다시 칙령이 내려 동도(東都)의 만수사(萬壽寺)에 살았으나 이 때는 나라가 어지러워 정강(靖康)의 난이 일어나고 휘종・흠종(欽宗)은 금의 포로가 되어 송나라가 일시 멸망한 시기였다.

얼마 안 있다가 남송의 고종(高宗)이 송조를 정비하고 나섰다. 극근의 명성은 여전하여 재상 이강(李鋼)의 주청으로 진강(鎭江)의 금산에 칙주(勅住)하고 다시 고종의 자문이 되어 원오라는 호를 하사받았다.

만년에 고종의 경신(敬信)은 더해 그를 강서 남강부(南康府) 건창(建昌)에 있는 운거산(雲居山)에 머무르게 했으나 극근은 얼마 안 있다가 고향에 가 늙은 몸을 쉬고 싶다고 청해 허용을 받아 사천성으로 내려가는 도중 태사(太師)의 고관인 왕백소(王伯紹)의 간청을 못 이겨 성도의 조각사에 두번째 머문 것이 그의 입적사(寺)가 되었다. 이에 고종은 다시 진각 선사(眞覺禪師)의 시호를 내렸다.

극근의 제자로는 전법 제자가 100여 인, 법제자라 칭하는 사람들이 500여 명이나 되고 명신 대유인 장상영, 장릉(張凌), 서부(徐俯), 조영금(趙令衿), 이미손(李彌遜) 등도 다 극근에게 참선(參禪)하여 도를 얻은 거사이다.

3

『벽암록』은 그 구성이 수시(垂示)·본칙(本則)·송(頌)·착어(着語)·평창(評唱)의 다섯 항목으로 되어 있다. 물론 이것은 설두 선사가 뽑은 100칙에 고루 다 포함된 내용이다.

본칙은 선 사상의 대표적인 선덕(先德)과 선사들의 선리(禪理)와 실화를 뽑은 것으로 소위 화두나 고칙공안(古則公案)에 해당되며 송은 이 본칙을 읊은 설두의 선시이다. 본칙 앞에는 설두의 제자 원오가 뒷 사람들을 위해 본칙에 담긴 내용의 요점을 해설한 수시를 붙였다.

원오는 본칙이나 송의 각 구에 할주(割註)와 같은 성격의 착어를 붙이고 다시 본칙과 송에 총평을 가하고 있다. 그 총평이 평창이며 평창은 상당히 긴 문장으로 이루어져 있다. 그것은 본칙이나 송의 인연 고사와 한 칙 전체의 뜻 등을 자세히 밝히는 세밀한 강설(講說)이다. 그리고 그 내용은 원래 선이 그러하듯 중국을 중심으로 무대가 전개되고 주로 운문(雲門)·조주(趙州) 스님을 주축으로 하여 구성되어 있다. 『벽암록』에 등장하는 인물 분포만 보아도 140여 인이 되며 그들 가운데 130여 인이 중국인(여기에는 무명승 약 40여 명도 포함되어 있다)이고, 인도인은 염마대왕(閻魔大王)·관음대사(觀音大士)를 포함해도 불과 9명뿐인 점을 보아 알 수 있다.

여기에는 운문이 18회로 가장 많고, 다음 조주 스님이 12회이며, 설두 스님도 13회나 등장하고 있다. 이것을 내용 면에서 살펴보면 다음과 같다.

먼저 내용을 다 설명할 필요는 없고 100칙의 제목 검토와 함께 분류해 보는 것이 적당하지만 각 본이 일치하지 않기 때문에 그 다른 제목을 들어 내용 설명을 대신하고 등장 인물을 찾아보기로 한다.

제1칙은 양 무제와 달마 대사의 문답을 골자로 한 내용이다. 일반적으로 가장 많이 쓰는, 대지 화상(大智和尙)이 엮은 『벽암집종전초(碧巖集種電鈔)』(12권)를 따른 제목이 '무제문달마(武帝問達磨)'이다. 다른 판본에는 '성제제일의(聖諦第一義)'로도 나오고 굉지송고(宏智頌古) 즉 『종용록』은 제2칙으로 돌려 '달마확연(達磨廓然)'이라고 하고 있다. 또 다른 책에는 '확연무성(廓然無聖)'도 있다. 우리 나라 유통본에는 '달마불식(達磨不識)'이라고도 나와 있다. 이러한 각기 다른 제목을 보면 그 내용의 윤곽이 어느 정도 드러나며 여기 등장한 인물은 양 무제와 달마, 지공(誌公), 관음 대사이다.

제2칙은 제목이 '조주지도무난(趙州至道無難)'이고 다른 제목은 '조주지도(趙州至道)', '간택명백(揀擇明白)', '조주부재명백(趙州不在明白)'이다. 등장 인물은 조주 스님과 무명승이다.

제3칙은 '마대사불안(馬大師不安)'이며 다른 제목은 '마조일면불월면불(馬祖日面佛月面佛)', '마사불안(馬師不安)', '일면월면(日面月面)', '마조일면불(馬祖日面佛)'이고, 등장 인물은 마 대사(馬大師)와 원주(院主) 스님이다.

제4칙은 '덕산협복자(德山挾複子)'이고, 다른 제목은 '덕산협복문답(德山挾複問答)', '덕산도위산(德山到潙山)', '덕산복자(德山複子)', '덕산불수(德山拂袖)', '덕산협복(德山挾複)'이며, 등장 인물은 덕산(德山)과 위산(潙山) 그리고 무명 수좌(一首座) 및 설두이다.

제5칙은 '설봉진대지(雪峰盡大地)', 다른 제목은 '설봉속립(雪峰粟粒)' '설봉대지촬래(雪峰大地撮來)', '설봉속미립(雪峰粟米粒)'이며 등장 인물은 설봉(雪峰)뿐이다.

제6칙은 '운문십오일(雲門十五日)', 다른 제목은 '운문일일호일(雲門日日好日)', '운문십오일전후(雲門十五日前後)', '일일호일(日日好日)', '운문호일(雲門好日)'이며 등장 인물은 운문뿐이다.

제7칙은 '법안답혜초(法眼答慧超)', 다른 제목은 '혜초문불(慧超問佛)', '법안혜초문불(法眼慧超問佛)', '법안혜초(法眼慧超)'이고 등장 인물은 법안과 혜초와 무명승이다.

제8칙은 '취암하말시도(翠巖夏末示徒)', 다른 제목은 '취암하말(翠巖夏末)', '취암미모(翠巖眉毛)'이며 등장 인물은 취암(翠巖), 보복(保福), 장경(長慶), 운문이다.

제9칙은 '조주동서남북(趙州東西南北)', 다른 제목은 '조주동문서문(趙州東門西門)', '조주사문(趙州四門)'이며 등장 인물은 조주와 무명승이다.

제10칙은 '목주문승심처(睦州問僧甚處)', 다른 제목은 '목주약허두한(睦州掠虛頭漢)', '목주약허(睦州掠虛)', '목주할후(睦州喝後)'이며, 등장 인물은 목주(睦州)와 무명승이다.

제11칙은 '황벽주조한(黃檗酒糟漢)', 다른 제목은 '황벽당주조한(黃檗噇酒糟漢)', '황벽주조(黃檗酒糟)', '당주조한(噇酒糟漢)'이며 등장 인물은 황벽과 무명승이다.

제12칙은 '동산마삼근(洞山麻三斤)', 다른 제목은 '동산삼근(洞山三斤)', '마삼근(麻三斤)'이며 등장 인물은 동산(洞山)과 무명승이다.

제13칙은 '파릉은완리(巴陵銀椀裏)', 다른 제목은 '파릉은완리설(巴陵銀椀裏雪)', '파릉성설(巴陵盛雪)', '파릉제바종(巴陵提婆宗)'이며 등장 인물은 파릉(巴陵)과 무명승이다.

제14칙은 '운문대일설(雲門對一說)', 다른 제목은 '운문일대시교(雲門一代時教)', '운문대설(雲門對說)', '대일설(對一說)'이며 등장 인물은 운문과 무명승이다.

제15칙은 '운문도일설(雲門倒一說)', 다른 제목은 '운문대설(雲門對說)', '대일설(對一說)'이며 등장 인물은 운문과 무명승이다.

제16칙은 '경청초리한(鏡清草裏漢)', 다른 제목은 '경청줄탁기(鏡清啐啄機)', '경청줄탁(鏡清啐啄)'이며 등장 인물은 경청(鏡清)과 무명승이다.

제17칙은 '향림서래의(香林西來意)', 다른 제목은 '향림좌구성로(香林坐久成勞)', '향림좌구(香林坐久)'이며 등장 인물은 향림(香林)과 무명승이다.

제18칙은 '숙종청탑양(肅宗請塔樣)', 다른 제목은 '충국사무봉탑(忠國師無縫塔)', '무봉탑(無縫塔)', '숙종탑양(肅宗塔樣)', '혜충무봉탑(慧忠無縫塔)'이며 등장 인물은 숙종 황제, 충국사(忠國師), 탐원(耽源), 설두이다.

제19칙은 '구지지두선(俱胝指頭禪)', 다른 제목은 '구지지수일지(俱胝只竪一指)', '구지수일지(俱胝竪一指)', '구지일지(俱胝一指)'이며 등장 인물은 구지(俱胝)이다.

제20칙은 '용아서래의(龍牙西來意)', 다른 제목은 '취미선판(翠微禪板)', '용아과판(龍牙過板)', '선판포단(禪板蒲團)', '용아서래(龍牙西來)'이며 등장 인물은 용아(龍牙), 취미(翠微), 임제이다.

제21칙은 '지문연화하엽(智門蓮花荷葉)', 다른 제목은 '연화하엽(蓮花荷葉)', '지문연화(智門蓮華)'이며 등장 인물은 지문(智門)과 무명승이다.

제22칙은 '설봉별비사(雪峰鼈鼻蛇)', 다른 제목은 '설봉간사(雪峰看蛇)', '남산별비(南山鼈鼻)'이며 등장 인물은 설봉, 장경(長慶), 현사(玄沙), 무명승이다.

제23칙은 '보복묘봉정(保福妙峰頂)', 다른 제목은 '보복장경유산차(保福長慶遊山次)', '보복봉정(保福峯頂)', '보복묘봉(保福妙峰)', '묘봉정(妙峰頂)'이며 등장 인물은 보복 · 장경(長慶) · 경청이다.

제24칙은 '유철마태산(劉鐵磨台山)', 다른 제목은 '철마노자우(鐵磨老牸牛)', '철마태산(鐵磨台山)', '위산자우(潙山牸牛)', '유철마도위산(劉鐵磨到潙山)'이며 등장 인물은 유철마(劉鐵磨)와 위산이다.

제25칙은 '연화암주부주(蓮華庵主不住)', 다른 제목은 '연화봉염주장(蓮華峯拈拄杖)', '연화류율(蓮華柳栗)', '연화봉류율(蓮華峰柳栗)', '유율횡담(柳栗橫擔)', '연봉주장(蓮峰拄杖)'이며 등장 인물은 연화봉 암주(蓮華峰庵主)뿐이다.

제26칙은 '백장기특사(百丈奇特事)', 다른 제목은 '백장독좌대웅봉(百丈獨坐大雄峰)', '백장독좌(百丈獨坐)', '백장대웅봉(百丈大雄峰)', '독좌대웅(獨坐大雄)'이며 등장 인물은 백장(百丈)과 무명승이다.

제27칙은 '운문체로금풍(雲門體露金風)', 다른 제목은 '체로금풍(體露金風)', '운문체로(雲門體露)'이며 등장 인물은 운문과 무명승이다.

제28칙은 '열반화상제성(涅槃和尙諸聖)', 다른 제목은 '남전불설제법(南泉不說諸法)', '백장불설(百丈不說)', '열반불설저법(涅槃不說底法)', '불시심불시불불시물(不是心不是佛不是物)'이며 등장 인물은 남전(南泉)과 백장 열반 화상(百丈涅槃和尙)이다.

제29칙은 '대수겁화통연(大隋劫火洞然)', 다른 제목은 '대수수타거야(大隋隨他去也)', '대수겁화(大隋劫火)', '겁화통연(劫火洞然)', '대수포화(大隋葡火)'이며 등장 인물은 대수(大隋)와 무명승이다.

제30칙은 '조주대라복(趙州大蘿蔔)', 다른 제목은 '조주대라복두(趙州大蘿蔔頭)', '조주라복(趙州蘿蔔)', '진주라복(鎭州蘿蔔)'이며 등장 인물은 조주와 무명승이다.

제31칙은 '마곡진석요상(麻谷振錫遶床)', 다른 제목은 '마곡지석요상(麻谷持錫遶床)', '마곡양처진석(麻谷兩處振錫)', '마곡진석(麻谷振錫)'이며 등장 인물은 마곡(麻谷), 장경(章敬), 남전이다.

제32칙은 '임제불법대의(臨濟佛法大意)', 다른 제목은 '정상좌저위(定上座佇位)', '정상좌문임제(定上座問臨濟)', '임제탁개(臨濟托開)', '금정상좌(擒定上座)', '임제일장(臨濟一掌)'이며 등장 인물은 정상좌(定上座), 임제, 무명승이다.

제33칙은 '진상서간자복(陳尙書看資福)', 다른 제목은 '진조구척면(陳操具隻眼)', '자복원상(資福圓相)', '진조간자복(陳操看資福)'이며 등장 인물은 진조(陳操), 자복(資福), 설두이다.

제34칙은 '앙산문심처래(仰山問甚處來)', 다른 제목은 '앙산부증유산(仰山不曾遊山)', '앙산오로(仰山五老)', '앙산불유산(仰山不遊山)', '앙산낙초(仰山落艸)', '앙산오로봉(仰山五老峰)'이며 등장 인물은 앙산(仰山), 운문, 무명승이다.

제35칙은 '문수전삼삼(文殊前三三)', 다른 제목은 '문수전후삼삼(文殊

前後三三)', '문수전삼(文殊前三)', '무착간문희(無著看文喜)', '전삼후삼(前三後三)', '전삼삼후삼삼(前三三後三三)'이며 등장 인물은 문수(文殊)와 무착(無著)이다.

제36칙은 '장사일일유산(長沙一日遊山)', 다른 제목은 '장사방초낙화(長沙芳草落花)', '장사유산(長沙遊山)', '장사유산래(長沙遊山來)', '장사춘의(長沙春意)'이며 등장 인물은 장사, 수좌(首座), 설두이다.

제37칙은 '반산삼계무법(盤山三界無法)', 다른 제목은 '반산무법(盤山無法)', '삼계무법(三界無法)', '반산구심(盤山求心)'이며 등장 인물은 반산(盤山)뿐이다.

제38칙은 '풍혈철우기(風穴鐵牛機)', 다른 제목은 '풍혈조사심인(風穴祖師心印)', '풍혈철우(風穴鐵牛)', '심인철우(心印鐵牛)'이며 등장 인물은 풍혈(風穴), 노피장로(盧陂長老), 목주(牧主)이다.

제39칙은 '운문금모사자(雲門金毛獅子)', 다른 제목은 '운문화약란(雲門花藥欄)', '운문금사자(雲門金獅子)', '운문약란(雲門藥欄)', '화약란(花藥欄)', '운문금모(雲門金毛)'이며 등장 인물은 운문과 무명승이다.

제40칙은 '남전여몽상사(南泉如夢相似)', 다른 제목은 '육환천지동근(陸亘天地同根)', '남전지화(南泉指花)', '남전일주화(南泉一株花)', '천지동근(天地同根)', '남전정화(南泉庭花)'이며 등장 인물은 육환대부(陸亘大夫), 남전, 조법사(肇法師)이다.

제41칙은 '조주대사저인(趙州大死底人)', 다른 제목은 '조주대사저(趙州大死底)', '조주문사(趙州問死)', '불허야행(不許夜行)', '조주대사각활(趙州大死却活)'이며 등장 인물은 조주와 투자(投子)이다.

제42칙은 '방거사호설편편(龐居士好雪片片)', 다른 제목은 '거사호설

(居士好雪)', '호설편편(好雪片片)', '노방호설(老龐好說)'이며 등장 인물은 방거사(龐居士), 약산(藥山), 전선객(全禪客), 설두이다.

제43칙은 '동산한서회피(洞山寒暑廻避)', 다른 제목은 '동산무한서(洞山無寒暑)', '동산한서(洞山寒暑)', '동산한서도래(洞山寒暑到來)', '한서도래(寒暑到來)'이며 등장 인물은 동산(洞山)과 무명승이다.

제44칙은 '화산해타고(禾山解打鼓)', 다른 제목은 '화산타고(禾山打鼓)', '화산습학절학(禾山習學絶學)', '해타고(解打鼓)'이며 등장 인물은 화산(禾山)과 무명승이다.

제45칙은 '조주만법귀일(趙州萬法歸一)', 다른 제목은 '조주칠근포삼(趙州七斤布衫)', '조주포삼(趙州布衫)', '청주포삼(靑州布衫)'이며 등장 인물은 조주와 무명승이다.

제46칙은 '경청우적성(鏡淸雨滴聲)', 다른 제목은 '경청우적(鏡淸雨滴)', '문외우적(門外雨滴)', '경청불미(鏡淸不迷)'이며 등장 인물은 경청과 무명승이다.

제47칙은 '운문육불수(雲門六不收)', 다른 제목은 '운문법신(雲門法身)', '육불수(六不收)'이며 등장 인물은 운문과 무명승이다.

제48칙은 '왕태부전다(王太傅煎茶)', 다른 제목은 '초경번각다요(招慶翻却茶銚)', '태부전다(太傅煎茶)', '초경전다(招慶煎茶)', '태부불수(太傅拂袖)'이며 등장 인물은 왕태부(王太傅), 낭상좌(郎上座), 명초(明招), 설두이다.

제49칙은 '삼성이하위식(三聖以何爲食)', 다른 제목은 '삼성투망금린(三聖透網金鱗)', '삼성투망(三聖透網)', '삼성금린(三聖金鱗)', '투망금린(透網金鱗)'이며 등장 인물은 삼성(三聖)과 설봉이다.

제50칙은 '운문진진삼매(雲門塵塵三昧)', 다른 제목은 '운문발통(雲門

鉢桶)', '진진삼매(塵塵三昧)'이며 등장 인물은 운문과 무명승이다.

제51칙은 '설봉시심마(雪峰是甚麽)', 다른 제목은 '설봉저두귀암(雪峰低頭歸庵)', '설봉주암(雪峰住庵)', '암두말후구(巖頭末後句)', '말후구(末後句)'이며 등장 인물은 설봉, 두 무명승, 암두(巖頭)이다.

제52칙은 '조주석교약작(趙州石橋略彴)', 다른 제목은 '조주도로도마(趙州渡驢渡馬)', '조주석교(趙州石橋)'이며 등장 인물은 조주와 무명승이다.

제53칙은 '마대사야압자(馬大師野鴨子)', 다른 제목은 '백장야압자(百丈野鴨子)', '백장야압(百丈野鴨)', '야압자(野鴨子)', '마조야압(馬祖野鴨)'이며 등장 인물은 마대사(馬大師)와 백장이다.

제54칙은 '운문근리심처(雲門近離甚處)', 다른 제목은 '운문각전양수(雲門却展兩手)', '운문양수(雲門兩手)', '전양수(展兩手)', '운문전수(雲門展手)'이며 등장 인물은 운문과 무명승이다.

제55칙은 '도오점원조효(道吾漸源弔孝)', 다른 제목은 '도오일가조위(道吾一家弔慰)', '도오부도(道吾不道)', '부도부도(不道不道)', '도오점원조위(道吾漸源弔慰)'이며 등장 인물은 도오(道吾), 점원(漸源), 석상(石霜), 태원부(太原孚), 설두이다.

제56칙은 '흠산일촉파삼관(欽山一鏃破三關)', 다른 제목은 '흠산일촉파관(欽山一鏃破關)', '일촉파삼관(一鏃破三關)', '일촉삼관(一鏃三關)', '흠산일촉(欽山一鏃)'이며 등장 인물은 흠산(欽山)과 양선객(良禪客)이다.

제57칙은 '조주지도무난(趙州至道無難)', 다른 제목은 '조주전고노(趙州田庫奴)', '조주전고(趙州田庫)', '유아독존(唯我獨尊)', '조주불간택(趙州不揀擇)'이며 등장 인물은 조주와 무명승이다.

제58칙은 '조주시인과굴(趙州時人窠窟)', 다른 제목은 '조주분소불하

(趙州分疎不下)', '조주분소(趙州分疎)', '분소불하(分疎不下)', '조주과굴(趙州窠窟)'이며 등장 인물은 조주와 무명승이다.

제59칙은 '조주유혐간택(趙州唯嫌揀擇)', 다른 제목은 '조주하불인진(趙州何不引盡)', '조주지저지도(趙州只這至道)', '지저지도(只這至道)', '조주지도(趙州至道)'이며 등장 인물은 조주와 무명승이다.

제60칙은 '운문주장자(雲門拄杖子)', 다른 제목은 '운문주장화룡(雲門拄杖化龍)', '운문주장(雲門拄杖)', '주장화룡(拄杖化龍)'이며 등장 인물은 운문뿐이다.

제61칙은 '풍혈약립일진(風穴若立一塵)', 다른 제목은 '풍혈가국흥성(風穴家國興盛)', '풍혈일진(風穴一塵)', '일진가국(一塵家國)'이며 등장 인물은 풍혈(風穴)과 설두이다.

제62칙은 '운문중유일보(雲門中有一寶)', 다른 제목은 '운문비재형산(雲門秘在形山)', '운문일보(雲門一寶)', '일보형산(一寶形山)'이며 등장 인물은 운문뿐이다.

제63칙은 '남전양당쟁묘(南泉兩堂爭猫)', 다른 제목은 '남전참각묘아(南泉斬却猫兒)', '남전참묘(南泉斬猫)', '남전참묘아(南泉斬猫兒)'이며 등장 인물은 남전과 두 선승이다.

제64칙은 '남전문조주(南泉問趙州)', 다른 제목은 '조주두대초혜(趙州頭戴草鞋)', '조주대혜(趙州戴鞋)', '조주대초혜(趙州戴草鞋)', '초혜두대(草鞋頭戴)'이며 등장 인물은 조주와 남전이다.

제65칙은 '외도문불유무(外道問佛有無)', 다른 제목은 '외도양마편영(外道良馬鞭影)', '외도편영(外道鞭影)', '외도문불(外道問佛)', '세존양구(世尊良久)이며 등장 인물은 부처(佛), 외도(外道), 아난(阿難)이다.

제66칙은 '암두심마처래(巖頭甚麽處來)', 다른 제목은 '암두취황소검(巖頭取黃巢劍)', '암두황소(巖頭黃巢)', '암두황소과후(巖頭黃巢過後)', '암두대소(巖頭大笑)', '암두작과(巖頭作四)'이며 등장 인물은 암두(巖頭), 설봉, 무명승이다.

제67칙은 '양무제청강경(梁武帝請講經)', 다른 제목은 '부대사강경경(傅大士講經竟)', '대사강경(大士講經)', '부대사강경(傅大士講經)', '부대사휘안(傅大士揮案)'이며 등장 인물은 양 무제, 부대사(傅大士), 지공(誌公)이다.

제68칙은 '앙산문삼성(仰山問三聖)', 다른 제목은 '앙산여명습마(仰山汝名什麽)', '앙산습마(仰山什麽)', '여명습마(汝名什麽)', '혜적혜연(慧寂慧然)'이며 등장 인물은 앙산과 삼성(三聖)이다.

제69칙은 '남전배충국사(南泉拜忠國師)', 다른 제목은 '남전화일원상(南泉畫一圓相)', '남전원상(南泉圓相)', '중로원상(中路圓相)'이며 등장 인물은 남전, 귀종(歸宗), 마곡(麻谷), 충국사(忠國師)이다.

제70칙은 '위산시립백장(潙山侍立百丈)', 다른 제목은 '위산청화상도(潙山請和尙道)', '백장병각(百丈併却)', '백장병각인후(百丈併却咽喉)', '청화상도(請和尙道)'이며 등장 인물은 위산, 오봉(五峯), 운암, 백장이다.

제71칙은 '백장병각인후(百丈併却咽喉)', 다른 제목은 '오봉화상병각(五峰和尙併却)', '오봉작액(五峯斫額)', '백장문오봉(百丈問五峯)', '화상병각(和尙併却)', '오봉병각인후(五峯併却咽喉)'이며 등장 인물은 백장과 오봉이다.

제72칙은 '백장문운암(百丈問雲巖)', 다른 제목은 '운암화상유야(雲巖和尙有也)', '운암유야(雲巖有也)', '화상유미(和尙有未)', '운암병각인후(雲巖併却咽喉)'이며 등장 인물은 백장과 운암이다.

제73칙은 '마대사사구백비(馬大師四句百非)', 다른 제목은 '마조사구백비(馬祖四句百非)', '마조백흑(馬祖白黑)', '장두해두(藏頭海頭)', '마조백비(馬祖百非)'이며 등장 인물은 마 대사, 지장(智藏), 해형(海兄), 무명승이다.

제74칙은 '금우화상가가소(金牛和尙呵呵笑)', 다른 제목은 '금우반통(金牛飯桶)', '금우작무(金牛作舞)', '금우재시(金牛齋時)'이며 등장 인물은 금우(金牛), 설두, 장경(長慶), 무명승이다.

제75칙은 '오구문법도(烏臼問法道)', 다른 제목은 '오구굴방굴방(烏臼屈棒屈棒)', '오구굴방(烏臼屈棒)', '정주법도(定州法道)'이며 등장 인물은 정주 화상(定州和尙), 오구(烏臼), 무명승이다.

제76칙은 '단하문심처래(丹霞問甚處來)', 다른 제목은 '단하끽반야미(丹霞喫飯也未)', '단하끽반(丹霞喫飯)', '단하여끽저인(丹霞與喫底人)', '진기성할(盡機成瞎)', '끽반구면(喫飯具眠)'이며 등장 인물은 단하(丹霞), 장경(長慶), 보복, 무명승이다.

제77칙은 '운문답호병(雲門答胡餠)', 다른 제목은 '운문호병(雲門餬餠)', '운문호병(雲門胡餠)'이며 등장 인물은 운문과 무명승이다.

제78칙은 '십육개사입욕(十六開士入浴)', 다른 제목은 '개사입욕(開士入浴)', '개사수인(開士水因)'이며 등장 인물은 십육개사(十六開士)이다.

제79칙은 '투자일체성(投子一切聲)', 다른 제목은 '투자일체불성(投子一切佛聲)', '투자불성(投子佛聲)', '추언세어(麤言細語)', '투자제일의(投子第一義)'이며 등장 인물은 투자와 무명승이다.

제80칙은 '조주해자육식(趙州孩子六識)', 다른 제목은 '조주초생해자(趙州初生孩子)', '조주해자(趙州孩子)', '급수타구(急水打毬)', '급수상타구(急水上打毬)'이며 등장 인물은 조주와 무명승이다.

제81칙은 '약산사주중주(藥山射麈中麈)', 다른 제목은 '약산주중주(藥

山塵中塵)', '약산주주(藥山塵塵)', '약산간전(藥山看箭)', '약산사주(藥山射麈)'이며 등장 인물은 약산, 설두, 무명승이다.

제82칙은 '대룡견고법신(大龍堅固法身)', 다른 제목은 '대룡법신(大龍法身)', '색신법신(色身法身)'이며 등장 인물은 대룡(大龍)과 무명승이다.

제83칙은 '운문노주상교(雲門露柱相交)', 다른 제목은 '운문고불노주(雲門古佛露柱)', '운문노주(雲門露柱)', '노주고불(露柱古佛)'이며 등장 인물은 운문뿐이다.

제84칙은 '유마불이법문(維摩不二法門)', 다른 제목은 '유마불이(維摩不二)', '불이법문(不二法門)', '유마묵연(維摩默然)'이며 등장 인물은 유마(維摩), 문수, 설두이다.

제85칙은 '동봉암주대충(桐峯庵主大蟲)', 다른 제목은 '동봉암주작호성(桐峯庵主作虎聲)', '동봉호성(桐峯虎聲)', '엄이유령(掩耳喩鈴)'이며 등장 인물은 동봉암주(桐峯庵主), 설두, 무명승이다.

제86칙은 '운문유광명재(雲門有光明在)', 다른 제목은 '운문주고삼문(雲門廚庫三門)', '운문광명(雲門光明)', '인인광명(人人光明)'이며 등장 인물은 운문뿐이다.

제87칙은 '운문약병상치(雲門藥病相治)', 다른 제목은 '운문약병(雲門藥病)', '약병상치(藥病相治)', '운문자기(雲門自己)'이며 등장 인물은 운문뿐이다.

제88칙은 '현사접물리생(玄沙接物利生)', 다른 제목은 '현사삼종병인(玄沙三種病人)', '현사삼병(玄沙三病)', '삼종병인(三種病人)'이며 등장 인물은 현사와 무명승이다.

제89칙은 '운암문도오수안(雲巖問道吾手眼)', 다른 제목은 '운암대비

수안(雲巖大悲手眼)', '운암대비(雲巖大悲)', '편신통신(徧身通身)', '대비수안(大悲手眼)'이며 등장 인물은 운암과 도오이다.

제90칙은 '지문반야체(智門般若體)', 다른 제목은 '지문반야(智門般若)', '반야체용(般若體用)'이며 등장 인물은 지문(智門)과 무명승이다.

제91칙은 '염관서우선자(鹽官犀牛扇子)', 다른 제목은 '염관서우(鹽官犀牛)', '염관서선(鹽官犀扇)'이며 등장 인물은 염관(鹽官), 시자(侍者), 투자, 설두, 석상, 자복이다.

제92칙은 '세존일일승좌(世尊一日陞座)', 다른 제목은 '세존승좌(世尊陞座)', '문수백추(文殊百槌)'이며 등장 인물은 세존과 문수이다.

제93칙은 '대광사작무(大光師作舞)', 다른 제목은 '대광저야호정(大光這野狐精)', '대광작무(大光作舞)'이며 등장 인물은 대광(大光), 장경(長慶), 무명승이다.

제94칙은 '능엄경약견불견(楞嚴經若見不見)', 다른 제목은 '능엄불견(楞嚴不見)', '능엄불견처(楞嚴不見處)'이며 등장 인물은 없다.

제95칙은 '장경유삼독(長慶有三毒)', 다른 제목은 '장경아라한삼독(長慶阿羅漢三毒)', '장경나한(長慶羅漢)', '끽다거(喫茶去)', '보복끽다거(保福喫茶去)'이며 등장 인물은 장경(長慶)과 보복이다.

제96칙은 '조주삼전어(趙州三轉語)', 다른 제목은 '조주삼전(趙州三轉)', '조주삼불(趙州三佛)'이며 등장 인물은 조주뿐이다.

제97칙은 '금강경경천(金剛經輕賤)', 다른 제목은 '금강경죄업소멸(金剛經罪業消滅)', '금강경천(金剛經賤)', '위인경천(爲人輕賤)'이며 등장 인물은 없다.

제98칙은 '천평화상양착(天平和尙兩錯)', 다른 제목은 '천평행각(天平

行脚)', '서원양착(西院兩錯)'이며 등장 인물은 천평 화상(天平和尙)과 서원(西院)이다.

제99칙은 '숙종십신조어(肅宗十身調御)', 다른 제목은 '충국사십신조어(忠國師十身調御)', '국사십신(國師十身)', '십신조어(十身調御)', '혜충십신조어(慧忠十身調御)'이며 등장 인물은 숙종 황제(肅宗皇帝)와 충국사(忠國師)이다.

제100칙은 '파릉취모검(巴陵吹毛劍)', 다른 제목은 '파릉취모(巴陵吹毛)', '취모검(吹毛劍)'이며 등장 인물은 파릉과 무명승이다.

이처럼 제목이 그 저본에 따라 한결같지 않음을 알 수 있으며 인물 형태도 비교적 다양하지만 조주, 운문 등에 집중되어 있음을 알 수 있다.

4

이제 『벽암록』이 당시 어떤 평가를 받았느냐 하는 문제가 남는다. 『벽암록』이 찬술된 후 종문 제일의 책으로서 오늘날까지 높은 평가를 받고 있음은 다 아는 사실이지만, 그러한 인정을 받게 된 극적인 사건이 하나 있었다.

『벽암록』을 원오 극근 선사가 편찬한 후 얼마 되지 않아 바로 그의 수제자인 대혜 종고(大慧宗杲)가 소각해 버린 사건이다. 대혜가 왜 『벽암록』을 태워 버렸는가 알아보기 위해 먼저 대혜의 인간과 그 시대 상황을 살피지 않으면 안 된다.

대혜가 살던 시대에 중국은 북방 이민족의 침략으로 중앙 집권의 송이 남쪽으로 밀려난 남송의 시기였다. 송나라 역사상 유명한 금의 침입을 당한 이 때 대혜는 승려이면서 장구성(張九成) 일파의 주전론에 가

담하여 강화론자인 주회(秦檜) 일파에 반대하고 나섰다. 이로 인해 드디어는 주회 일파의 미움을 받아 남송 고종 소흥 11년(1141년) 그의 나이 53세 때에 승복을 박탈 당하고 국사범으로 형주(호남성)에 유배되었다.

주회가 소흥 25년 10월에 죽은 뒤 먼저 면관(免官)된 장구성이 복관되고 이어 대혜도 15년의 적거(謫居) 생활을 마치고 승복을 되찾았다. 이 사실로 보면 대혜는 재지(才智)도 있고 학문도 있었지만 선기(禪機) 활용의 책략 위에 정치에까지 관심이 큰 패기만만한 선승이었음을 알 수 있다.

이 같은 기지(氣志)는 천동 정각(天童正覺)과의 관계에서도 잘 드러난다. 대혜는 그 도성(道聲)이 점점 높아 우승상 여순도(呂舜徒)의 주청으로 휘종에게서 자의(紫衣) 및 불일 대사(佛日大師)의 호를 받고 후에는 남송 고종 7년에 명신 장릉(張凌)의 주문(奏聞)으로 송조 오산(五山: 徑山萬壽寺, 北山靈隱寺, 南山光孝寺, 阿育王山廣利寺, 太白山景德寺)의 하나인 경산 만수사에 칙주(勅住)하면서 임제 선풍(禪風)을 떨침과 동시에 조동선(曹洞禪)을 극력 배격하고 나섰다. 대혜는 조동선은 다만 앉아 있는 고목 무심(枯木無心)의 묵조(默照)의 사선(邪禪)이라고 통박했으나, 오산의 하나인 태백천동(太白天童) 경덕사에 칙주해 있던 굉지 정각(宏智正覺)이 오히려 임제선은 간화(看話. 待悟)의 선이므로 제일의(第一義)의 선은 아니라고 응수하고 나섰다. 소위 묵조간화(默照看話)의 대논쟁이 벌어졌다. 이 사건의 유발적 행위를 한 인물이 역시 대혜였다. 어떻게 보면 대혜는 조동선을 크게 공박하며 돌아다닌 셈이지만 굉지 정각은 천동산(天童山)에 가만히 앉아 자기의 법만을 묵묵히 펴 나가고 있었다.

결국은 정각 선사가 아량을 보이고 대혜가 15년의 적거 생활에서 풀려 나왔을 때는 정각이 솔선하여 조정에 추천해 아육왕산 광리사(阿育王山廣利寺)에 주지케 하고 식량도 미리 비축해 두었다가 보내 주었다. 이에 대혜는 크게 감격하여 천동산에 가 굳은 악수를 하고 두 사람은 뜻을 같이 하여 후사를 서로 부탁하기까지 했다. 물론 소흥 27년 정각이 먼저 가고 대혜가 그 맹약을 따라 천동산의 후주(後住)를 이었지만 이 사실로 보아도 대혜의 기질과 함께 『벽암록』을 태운 배경도 헤아릴 수 있다.

『벽암록』을 태운 시기는 대혜가 강경한 주전론으로 유배를 가기 전후이거나 조동선을 묵조의 사선이라고 크게 공박하고 있던 때로 본다. 먼저 그가 국사범으로 유배되는 상황에 놓여 심리적 갈등이 심했기 때문에 『벽암록』을 태워 버렸다는 주장이 있으나 은사의 유저로 받들어 간직해 온 『벽암록』 10권을 그만한 이유로 태워 버렸다고는 생각되지 않는다. 그러한 법류(法流) 외적 상황보다 법의 정당화 과정에서 찾는 편이 온당하지 않을까 추정한다. 또한 구판 『벽암록』의 경산 희릉 선사(徑山希陵禪師)의 후서에도 비슷한 이유가 잘 나와 있다.

참선하는 참학도(參學徒)들이 혼자 공부하여 꼭 깨달은 것과 같은 언사를 농하고 있어서 정말로 깨달았는가 하고 시험해 보면 실참(實參)이 아닌 『벽암록』을 반복 암기한 데에 연유함을 알고 그렇게 되면 제일의를 찾는 공안선(公案禪)이 구두선(口頭禪)에 떨어지고 말 것을 우려하여 태워 버렸다는 기록이 나와 있다. 그렇다면 대혜가 조동선을 고목 무심의 묵조의 사선이라고 비난할 자격을 잃고 만다.

대혜가 임제선의 진참(眞參)을 위해 이 책을 다 태워 버렸다고 한다면 오히려『벽암록』이 비록 문자이기는 하지만 얼마나 각(覺)에 근접해 있는지를 짐작하고 그 내용이 간결 절실한가 하는 반증이 되기도 한다.

그러나『벽암록』이 완전히 없어지지 않고 원나라 성종(成宗) 대덕(大德) 연간에 선학(禪學)에 깊은 뜻을 가진 장명원(張明遠) 거사가 그 사본과 원판본을 찾아내『종문 제일(宗門第一)의 서(書) 원오벽암집(圜悟碧巖集)』으로 공간(公刊)한 것이 오늘날 우리가 대할 수 있는『벽암록』의 저본이다. 이 장씨의 중간본(重刊本)에는 원판의 보조(普照)의 서(序)와 무당(無黨)의 후서(後序)가 실려 있고 다시 방회 만리(方回萬里), 휴휴 거사(休休居士), 삼교 노인(三敎老人)의 서와 정일(淨日), 희릉(希陵), 해속 노인(海粟老人)의 후서 및 발(跋)이 붙어 있다.

실로『벽암록』이 그러한 수난을 거치면서까지 다시 종문 제일의 책으로 등장한 사실은 그 내용의 간결함과 깊이를 짐작하게 한다.

원문을 검토해 보면 알 수 있듯이『벽암록』은 불교의 진수인 '불립문자 교외별전(不立文字 敎外別傳)'의 뜻을 문자로 가장 정확하게 나타내고 있으며 심오한 명상적 세계를 최고의 문학적 상징과 뉘앙스로 잘 드러내고 있다. 표현할 수 없는 그 최고의 철학과 상징을 직접 느끼고 짐작할 수 있는 유일한 화두집이『벽암록』이며 불교 철학에서나 문학적 가치로도 최상의 명저라고 평가되고 있다.

金雲學(전 동국대 교수)

벽암록 불조 법계표 (碧巖錄佛祖法系表)

*숫자는 則數를 가리킴.

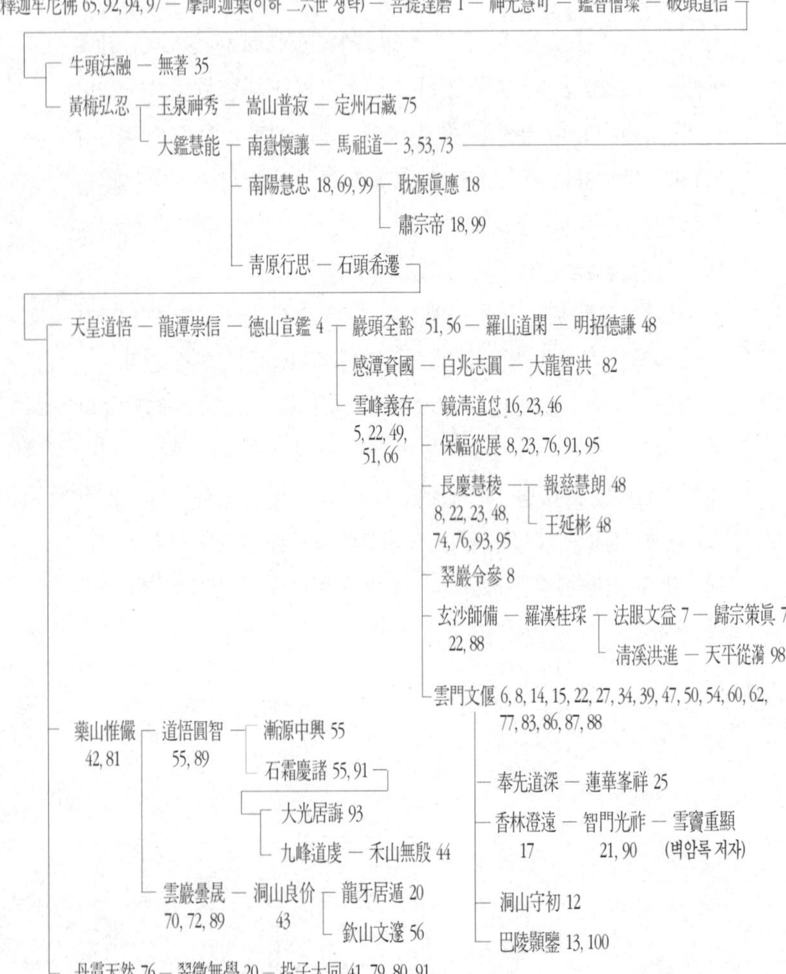

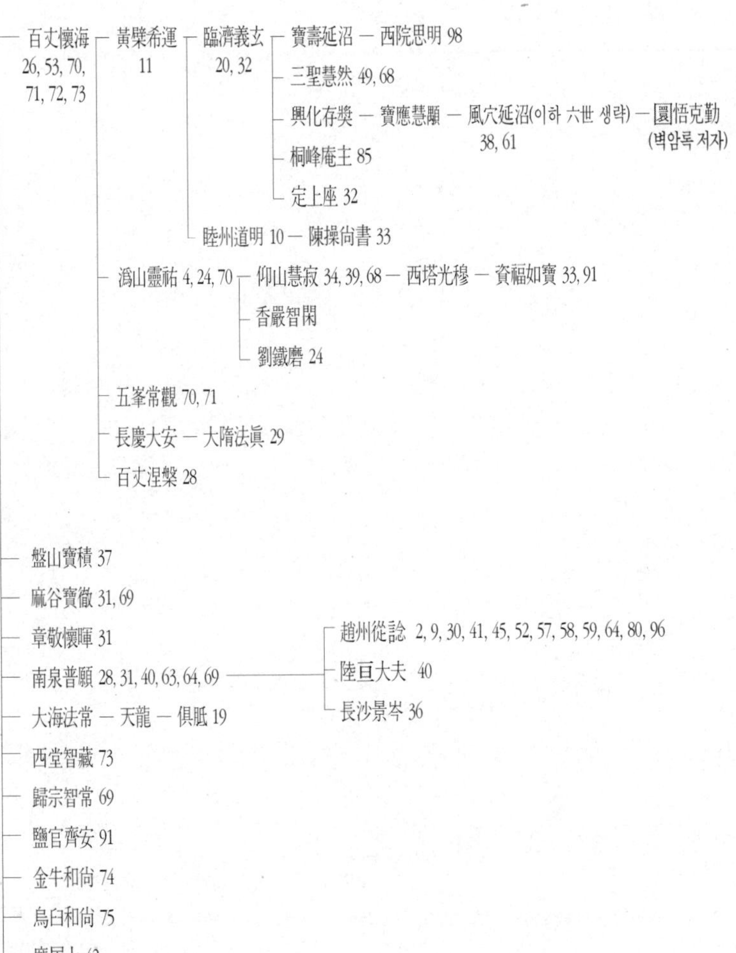

傳燈 이외

文殊大士 35, 84, 92 / 維摩居士 84 / 十六開士 78 / 傅大士 67 / 寶誌 1, 67 / 梁武帝 1, 67

제1칙

달마가 말하기를 "휑하니 비어 있어 성스럽다고 할 것조차 없다" 達磨廓然無聖

이 칙의 중심 인물은 보디 달마(菩提達磨. Bodhi-Dharma)이다. 세상에서 흔히 달마 대사(達磨大師)라고 하는 스님이다. 달마 대사는 인도 향지국왕(香至國王)의 셋째아들이며 반야다라 존자(般若多羅尊者)의 법통을 이은 뒤, 벵골만에서 배로 떠나 3년이나 걸려 중국 광동(廣東)에 이르렀다. 지금의 남경인 금릉(金陵)에 가서 양(梁)의 무제(武帝)를 만났다. 한편 육지로 티베트(西藏)를 거쳐 중국에 들어갔다는 설도 있다. 그 때 달마 대사의 나이가 130세였다. 당시 중국은 남북이 둘로 나뉜 채 북쪽 낙양(洛陽)에는 북위(北魏)가 도읍을 정하고 있었고 남쪽은 양나라가 차지하고 있었다. 양나라의 무제는 불심천자(佛心天子)라고 불리울 정도의 불교 신자여서 늘 가사를 걸치고 『방광반야경(放光般若經)』을 강의했고 또 『오경의주(五經義注)』 200여 권 및 그 밖의 많은 저술도 남겼다. 그러나 참된 신심보다는 현세적인 이익에 더 관심을 기울인 자취가 있다. 달마 대사를 만나자 먼저 "짐은 절을 세우고 경을 사서(寫書)하며 중들을 권장하오.

그러면 무슨 공덕이 있소?" 하고 물었다. 달마는 "아무 공덕도 없소!"라고 잘라 말했다. 그래서 '본칙'과 같은 두 번째 질문을 던진 것이다.

垂示云, 隔山見煙, 早知是火, 隔牆見角, 便知是牛, 擧一明三, 目機銖兩, 是衲僧家尋常茶飯. 至於截斷衆流, 東湧西沒, 逆順縱橫, 與奪自在. 正當恁麼時, 且道, 是什麼人行履處. 看取雪竇葛藤.

㊟ ◆ 垂示(수시) — 示衆·垂語·索語·釣語와 같은 뜻. 古則公案에 대해 師僧이 자기의 견해로 비평적 서언을 붙일 때, 그 '서언'을 말함. 결국 본칙의 내용에 대한 서문임. ◆ 隔山(격산) — 산 너머에. ◆ 隔牆(격장) — 담 너머로. 담 사이로. ◆ 便(변) — 시간을 나타내는 부사, '곧 변'으로 새김. '卽'과 같음. 우리말의 '눈이 오면 춥다'의 '면'과 같음. ◆ 擧一明三(거일명삼) — 『논어』 '述而' 제7의 '擧一隅不以三隅反則不復也'에서 온 말. 이 '擧一隅以三隅反'은 '전체를 넷으로 나누고 그 한 부분을 배우면 남은 세 부분을 짐작해 알 수 있다'. 하나를 들으면 열을 아는 영리함을 말함. ◆ 目機銖兩(목기수량) — '銖兩'은 무게가 얼마 안 나가는 저울눈. 변하여 '약간', '근소'의 뜻이 됨. '目機銖兩'은 '눈으로 저울눈을 재다'가 아니라, '사물의 무게를 눈대중으로 銖(중량 이름 수)와 兩(양 량)의 차이도 틀리지 않고 잼'임. 사물을 판단·감식하는 데 예민함을 말한 것임. 참고로 중국의 중량 단위를 알아 보면, 1石은 4鈞, 1균은 30斤, 1근은 16兩, 1량은 24銖, 1수는 4分 1釐(리)에 해당됨. ◆ 是(시) — 이러한 일들. '隔山見煙, 早知是火' '隔牆見角, 便知是牛' '擧一明三' '目機銖兩'의 네 가지를 가리킨 말. ◆ 衲僧家(납승가) — '衲'은 '기울(補綴) 납', '승복 납', '기워 입은 누더기옷'임. '衲僧家'는 '누더기 옷을 기워 입은 중들'. '수행을 쌓은 선승'을 가리킴. ◆ 尋常茶飯(심상다반) — 흔히 있는 일. 아무것도 아닌 일.

당 · 송 시대의 禪林에서는 손님에게 차나 밥을 대접하는 일이 당연했기 때문에 '尋常茶飯'이라고 쓴 모양임. ◆ 截斷衆流(절단중류) — '截斷'은 끊음. 또는 속세와 인연을 끊음. 보디 달마의 경지를 나타낸 말이므로 '상대에 속하는 諸相(衆流)을 일체 이탈(截斷)하여 절대와 하나가 된 상태'임. ◆ 自在(자재) — 東湧 · 西沒 · 逆順 · 縱橫 · 與奪의 5구에 걸침. '東湧自在, 西沒自在, 逆順自在, 縱橫自在'를 4언 3구로 만들기 위해 앞의 4구에서 '자재'를 생략함. ◆ 正當恁麽時(정당임마시) — '바로 東湧西沒, 逆順縱橫, 與奪自在와 같은 수완이 필요할 때'. 달마가 양 무제를 만났을 때를 가리킴. '恁麽'는 속어로서 '이와 같이'(如是, 如此)임. '與麽'와 같음. 禪에서는 '있는 그대로의 眞實相'을 뜻함. ◆ 什麽(습마) — '甚麽', '甚'과 같은 의문사이며 '무슨', '어떤'(何)임. [참고] 怎麽(즘마)는 '作麽'와 같음. 句 앞에 있을 때는 '어찌 그런 일이 있을 수 있겠는가?' 즉 '그럴 리가 없다'이고, 구 끝에 있으면 '어쩌겠다는 말인가?'가 됨. 祗麽(지마)는 '다만' '있는 그대로'임. 只麽, 只沒이라고도 함. ◆ 且道(차도) — '且'는 '姑'(잠시 고)와 같으나 '暫'처럼 시간 관념은 없으며, 또 '道'도 꼭 '말하라'고 강제로 다그치는 것은 아니므로 '且道'는 '자, 어떤가' 정도의 말임. ◆ 是(시) — '東湧西沒, 逆順縱橫, 與奪自在' 같은 수완을 가리킴. ◆ 行履處(행리처) — '行履'는 '行跡履歷'의 약어이며, 행동 · 동작 · 작위 · 활동. '行履處'는 '활동 범위', '실행하는 곳' 등으로 풀이함. ◆ 葛藤(갈등) — 문자 어구에 구애된 詮議 · 說話 따위를 모두 선에서는 갈등이라 함. 본뜻은 '칡과 등나무'. '칡이나 등줄기가 나무를 친친 감아 어디가 뿌리이고 밑동이며 가지인지 알 수 없는, 그런 말귀나 이야기'임.

[원오(圜悟)가 대중에게] 수시하기를, 산 너머에 피어 오르는 연기를 보면 곧 불이 난 줄 알고, 담 너머로 뿔이 보이면 바로 소라고 짐작하며, 하나를 들으면 [나머지] 셋까지 깨닫고, [일일이 저울로 달지 않아도] 눈대중으로 물건의 무게를 정확히 추려내는 따위는 [둔한 속인들에게는 어렵겠지만] 수행을 쌓은 중은 늘 밥먹듯이 하

는 일이다. 중이 수행을 쌓는 목적은 [그런 하찮은 것에 있지 않고] 현실 세계의 온갖 차별상을 초월하여 자기를 절대의 경지에 들어가게 하는 데에 있으며, 그러면 활동은 그야말로 오묘하여 [마치 초인처럼] 동서를 초월하고 순역을 뛰어 넘어 종횡을 건너뛰고 여탈을 가로질러 무엇이든 마음대로 하게 된다. 과연 이런 솜씨가 필요할 때, 어떤 인물이 실제로 활용한 일이 있는가. 자, 어떤가. 그 예를 설두의 이야기에서 알아보자.

本則 擧. 梁武帝, 問達磨大師. 如何是聖諦第一義. 磨云, 廓然無聖. 帝曰, 對朕者誰. 磨云, 不識. 帝不契. 達磨, 遂渡江至魏. 帝, 後擧問誌公. 誌公云, 陛下還識此人否. 帝云, 不識. 誌公云, 此是觀音大士, 傳佛心印. 帝悔, 遂遣使去請. 誌公云, 莫道, 陛下發使去取. 闔國人去, 佗亦不回.

주 ◆ 擧(거) — 남의 언행에 대해 자기 의견을 말할 때 그 인용문 첫머리에 쓰는 선 문학상의 관용어임. '자, 여기 이런 이야기가 있다' 정도의 뜻. ◆ 聖諦第一義(성제제일의) — 聖諦의 第一義. 諦(이치 제)는 불교에서 '眞實無妄한 도리'를 뜻하며, '聖諦'는 俗諦나 世諦에 대한 眞諦를 말함. 곧 '불교 최고의 성스런 진리'. 양 무제는 造寺 · 寫經 · 度僧 따위 일이 불교의 최고 이상을 실현하는 길이라고 믿고 열심히 해 왔으나, 보디 달마에게 한 마디로 부정 당하자 '그러면 무엇이 불교 최고의 성스런 진리입니까(如何是聖諦第一義)' 하고 물은 것임. ◆ 廓然無聖(확연무성) — 휑하니 비어 있어 성스럽다고 할 것조차 없음. '念無念念, 行無行行, 言無言言, 修無修修'(『四二章經』)의 경지임. ◆ 對朕者誰(대짐자수) — '짐에게 지금 廓然無聖이라고 한 사람은 누구인가? 성제제일의를 전도하기 위해 멀리 천축에서 오지 않았는가?'의 뜻. ◆ 不識(불식) — 사이비 불교에 빠져 있는 양 무제에게 마지막 한 마디를 던진 절대적 부정의 말. ◆ 帝不契(제불계) — '契'(맞을 계)는 '합치함'을 뜻하는 '契合'(꼭 들어맞음), '契會'(情誼를 두터이 함)를 말함. 결국 '양 무제는 달마의 사상에 공명하지 않았다' 또는 '서로 뜻이 통하지 않았다'. ◆ 渡江至魏(도강지위) — 달마는 남쪽의 양나라에서 뜻을 이루지 못했으므로 양자강을 건너 魏나라로 들어감. ◆ 誌公(지공) — 志公으로 된 판본도 있으나 誌公이 옳음. 寶誌(일명 保誌)를 말함. 寶誌는 어릴 때 큰 독수리에게 잡혀 가 그 둥지 안에서 울고 있는 것을 朱씨 부인이 발견하고 데려다 키웠다 함. 양 무제 즉위 13년(서기 514년)에 97세로 죽음. ◆ 還識此人否(환식차인부) — 그가 어떠한 인물인지를 이젠 아셨습니까? '還'(다시 환)을 '도리어'라고 풀이하면 '저는 모르는데 폐하께서는 도리어 이 사람을 아십니까?'가 되므로 '다시' '이제는'으로 해석해야 함. ◆ 觀音大士(관음대사) — '大士'는 산스크리트어인 菩(提)薩(埵)(Bodhisattva)의 漢譯語이므로 관세음보살(Avalokitesvara)을 말함. ◆ 佛心印(불심인) — 세상의 印章이 진실 불변을 나타내듯이 불심도 그러하므로 불심 밑에 印자를 붙였다는 것이 불교학자들의 통설임. 결국 추상적인 마음(心)을 구체화하기 위해 붙인 접미사로서 '佛心印'은 바로 '부처의 마음'임. ◆ 去取(거취) — 가서 데려옴. ◆ 闔國人(합국인) — 온 나라 사람. ◆ 佗亦不回(타역불회) — '佗'는 '他'와 같음. 달마를 가리킨 말. '回'는 되돌아옴.

양나라의 무제가 달마에게 "무엇이 불교의 가장 성스런 진리입니까?" 하고 물었다. 달마는 "휑하니 비어 있어 아예 성스럽다고 할 것조차 없소" 하고 대답했다. 무제가 [다시] "[그럼] 지금 짐 앞에 있는 분은 누구란 말이오?" 하고 다그쳤다. 달마는 곧 "모르겠소" 하고 [단호하게] 대답했다. 무제는 끝내 [달마의 언행을] 알아듣지 못했다. 드디어 달마는 양자강을 건너 위(魏)나라로 갔다. [그리고 소림산에 살며 9년 면벽의 침묵을 시작했다.] 무제가 나중에야 지공(誌公)에게 [달마에 대해] 물으니, 지공은 "폐하께선 이제 달마의 마음을 아셨습니까?" 하고 말했다. "아니 [아직] 모르겠소." 무제의 이 말에 지공은 "그는 관세음보살의 화신이며, 이 땅에 부처님의 마음을 전하러 왔습니다" 하고 설명했다. 무제는 [비로소] 후회하며 칙사를 보내 [그를] 불러 오라고 했으나, 지공은 [고개를 가로저으며] 말했다. "아예 누굴 보내 데려올 생각 마십시오. 이 나라 사람이 모두 나서서 좇아도 그 분은 되돌아오지 않습니다."

頌 聖諦廓然. 何當辨的. 對朕者誰. 還云不識. 因玆暗渡江. 豈免生荊棘. 闔國人追不再來. 千古萬古空相憶. 休相憶. 淸風匝地有何極. (師顧視左右云, 這裏還有祖師麼. 自云有. 喚來與老僧洗脚.)

주 ◆ 頌(송) — 시의 형식이며, 덕을 찬미하는 데 쓰임. ◆ 聖諦廓然(성제확연) — 무제가 물은 '如何是聖諦第一義'와 달마가 대꾸한 '廓然無聖'을 단축하여 한 구로 만듦. 결국 이 1구는 둘의 문답 전체를 가리킴. ◆ 何當辨的(하당변적) — 어찌 마땅히 참뜻을 밝혀 말했다 하겠는가. '何當辨端的'이라 해야 하나, [頌]의 첫 4구를 4언 4구로 하기 위해 '端'자를 생략함. '端的'의 두 자는 종문에서 흔히 쓰는 말투로 '端'(바를 단)은 올바름(正), '的'(참 적)은 참됨(實)임.

따라서 '端的'은 '바름', '참됨'임. 여기서는 무제의 물음, 달마의 대꾸 등의 '참뜻'. '辨'(밝힐, 분별할 변)은 '밝혀 뜻이 통함'. 聖諦란 뭐라고 설명할 수도, 지식적으로 이해될 수도 없는 절대 無의 경지임. ◆ 暗渡江(암도강) — 몰래 양자강을 건너 위나라로 들어감. ◆ 豈免生荊棘(기면생형극) — 어찌 한바탕 소동이 일어나지 않고 배기겠는가. '荊棘'은 본래 '가시'를 뜻하지만 여기서는 '시끄러운 것' 또는 '시끄러운 일'. 달마가 몰래 강을 건너간 뒤 양나라에서 일어난 소동을 가리킴. ◆ 千古萬古空相憶(천고만고공상억) — '空相憶'은 '아무리 생각해도 소용없는 짓이다'. '空'은 '헛됨', '소용없음'. '千古萬古'는 '숱한 세월이 흘러도'. 이 7언 1구는 무제에 대한 말이며 '무제가 아무리 후회한들 천년만년이 지나도 달마가 돌아올 리 없다'는 뜻. ◆ 淸風匝地有何極(청풍잡지유하극) — '匝'(돌릴 잡)은 '둘레', '보편'의 뜻. '匝地'는 '온 대지에' 또는 '이 땅 위 어디에나'. '有何極'은 결국 '無極'이며 '끝없이 있다' 또는 '어느 極에도 있다'. '極'은 남극 · 북극 따위의 '극'으로 보아도 되고, 한계로 풀이해도 됨. ◆ 師顧視左右云(사고시좌우운) — 이 1구는 설두 중현이 '송'을 읊을 때 받아 쓴 자의 삽입어임. ◆ 這裏(저리) — '이곳', '이 때'. 달리 這裡 · 者裏라고도 씀. 넓게는 '지금 세상에', 좁게는 '내 곁에'로 풀이해야 함. '這'(이 저)는 '此'와 같음. ◆ 麼(마) — 의문사로 '~인가?', '~한가?'임. ◆ 老僧(노승) — 설두 자신을 가리킴. '나'. 설두의 이 말에 대해 원오는 [평창] 속에서 '不妨爲人赤心片片'이라 평하고 있음. 그토록 남을 위해 있는 정성을 다하고는 있지만 과연 얼마나 깨달았을가?

'성제확연'이라 어찌 뜻이 통하랴! "내 앞에 있는 분은 누구요?"에 "모르오"라네. [달마는] 남몰래 양자강을 건너가 버려 한바탕 소동이 벌어졌구나. 이제는 온 나라 사람 다 좇는대도 다시 올 리 없으리니, 천년만년 후회해 본들 모두 헛일일세. 후회일랑 말아라. 시원한 바람은 세상 어디에나 다 불고 있지 않은가! [시원한 이 바람

부는 곳이면 어디든 달마는 있네. 불신(佛身)은 법계(法界)에 충만해 있다지 않은가!] (설두 화상이 좌우에 앉은 운수를 돌아보고 말하기를, "지금 이 세상에 달마가 있느냐?" 했다. [아무도 대꾸를 못 하므로] 설두 스스로 "[달마인 체하는 자가] 있다" 하고는 이어 "자, 그 달마를 불러오라. 내 발이나 씻게 할 테니"라고 했다.)

제2칙

조주가 말하기를, "지극한 도는 어렵지 않다"

趙州至道無難

조주 화상(趙州和尙)은 조주성 안의 관음원(觀音院)에 살던 종심 선사(從諗禪師)이며 산동성 조주(曹州) 사람이다. 당나라 대종(代宗) 태력(太曆) 13년(778년)에 태어나 소종(昭宗) 건녕(乾寧) 4년에 120세로 죽었다고 한다. 14세 때 남전 보원 선사(南泉普願禪師)를 처음 찾아갔다. 아직 으스스 추운 이른봄이었던 모양이다. 남전은 양지 바른 따뜻한 곳에서 낮잠을 자고 있다가 찾아온 사미승 종심을 보자 "어디서 왔느냐?" 하고 물었다. "네, 서상원(瑞像院)에서 왔습니다"고 대답하니까 남전은 "그럼 서상(瑞像 - 상서로운 부처님 모습)은 벌써 보았겠군" 하고 떠보았다. 그랬더니 "아뇨, 서상은 모릅니다만 와여래(臥如來)[(앞에) 누워 계신 부처님]를 보았습니다"고 대답했다. 남전은 그만 보통 놈이 아니구나 하고 내심 놀라며 일어나 앉아 다시 "네게 스승이 있느냐?"고 물으니까 "아직 추운 계절인데 스승님께선 건안하시니 무엇보다도 다행입니다"고 대답했다고 한다. 이렇듯 어려서부터 번뜩이는 기지를 내뿜은 조주 종심은 그 후 40년 동안 남전이 천화(遷化)할 때까지 시중 들고 60세부터는 여러 곳을 편력 수도했다. 고금의 선사 중에서도 탁월한 인물인 그도 그토록 오랜 피나는 과정을 밟았다는 사실을 잊어서는 안 된다. 이 조주는 삼조(三祖) 감지 승찬(鑑智僧璨)의 『신심명(信心銘)』을 무척 좋아한 모양으로 『벽암록』 속에 '지극한 도는 어렵지 않다(至道無難)'는 공안이 4칙이나 나온다.

垂示云, 乾坤窄, 日月星辰, 一時黑. 直饒棒如雨點, 喝似雷奔, 也未當得向上宗乘中事. 設使三世諸佛, 只可自知, 歷代祖師, 全提不起. 一大藏教, 詮注不及, 明眼衲僧, 自救不了. 到這裏, 作麼生請益. 道箇佛字, 拖泥帶水. 道箇禪字, 滿面慚惶. 久參上士, 不待言之, 後學初機直須究取.

주 ◆ 乾坤窄(건곤착) — '乾坤'은 천지 · 우주. '窄'(좁을 착)은 '狹'(협)자가 '廣'의 반대인 '좁고 작다'인 데 비해, '寬'의 반대어로 '좁고 옹색하다'임. '乾坤窄'은 '본칙'의 중심이 되어 있는 '지극한 도(절대)'의 무한함에 비하면 건곤은 좁고 옹색하다는 뜻임. '지극한 도'는 무한히 크므로 유한한 건곤으로 담기에는 너무 작다는 것. ◆ 日月星辰, 一時黑(일월성신, 일시흑) — '黑'은 암흑. 이 구도 '지극한 도는 절대적으로 무한히 큰 것이므로 유한의 光力인 일월성신은 도저히 다 비출 수가 없다'는 뜻. ◆ 直饒(직요) — '설사'와 마찬가지로 가정을 나타내는 말. '만약 ~이라도'. '直饒'는 '三世諸佛, 歷代祖師, 一大藏教, 明眼衲僧'의 4구에 걸쳐 있음. ◆ 棒(방) — '몽둥이' 또는 '몽둥이로 침'. 師僧이 學人을 깨우치려 할 때, 이 몽둥이로 내려침. ◆ 如雨點(여우점) — 빗방울이 떨어지듯 '찰싹찰싹 계속'의 뜻. ◆ 喝(할) — 큰 소리로 꾸짖는 소리. 師僧

이 말이나 글로 표현할 수 없는 절대의 진리를 이와 같은 喝이나 棒의 수단으로 표현함. ◆ 雷奔(뇌분) — '奔雷'와 마찬가지로 우뢰 소리. '喝似雷奔'은 '우뢰 소리처럼 요란한 소리로 大喝을 연발함'임. ◆ 也(야) — 이것은 又·亦·還·復의 뜻이 아니라, 發語辭임. '亦'보다는 가벼운 의미이며 시어나 속어로 쓰임. ◆ 當得(당득) — 일치·해당·契合. ◆ 向上宗乘中事(향상종승중사) — '向上'은 '向下'의 반대이며, '향하'가 第二義諦라면 '향상'은 第一義諦이다. '향상종승중사'는 '향상인 종승에 속하는 일', 즉 성제제일의에 속함을 뜻하나, 여기서는 '본칙'의 중심이 된 '지극한 도'를 가리킴. 흔히 불교학에서 '종승'은 자기가 속한 宗旨의 전문 과목 또는 전문 지식을 가리키며, 자기 宗旨의 교리 연구에 참고가 되는 보조 과목이나 보조 지식을 '餘乘'이라고 함. '宗'은 主要·主長. '乘'은 대승·소승의 '승'이지만, 교리·도·교라고 보면 됨. ◆ 三世諸佛(삼세제불) — 과거·현재·미래의 여러 부처. ◆ 歷代祖師(역대조사) — 넓은 뜻으로는 '불교 각 宗의 개조 이래의 조사'이나, 좁은 뜻으로는 '과거 7佛 및 마하가섭 이하 대대의 조사, 선종의 역대 조사'임. ◆ 全提不起(전제불기) — '전부 다 제창할 수는 없다' 또는 '완전히 다 설명할 수는 없다'. '提'는 제창·설명. '제창'은 종지의 大綱을 들어서 그 의의를 풀이함. ◆ 一大藏教(일대장교) — 『一切藏經』(대장경)에 포함되어 있는 경전에 설명된 教說. ◆ 詮注不及(전주불급) — 詮注는 詮註와 같음. 詮釋·주해의 뜻. '詮釋'은 해석·訓解. '不及'은 미치지 못함, 또는 불가능함. 결국 '詮注不及'은 '일대장교도 지극한 도를 완전히 설명하지는 못하고 있음'. ◆ 明眼衲僧(명안납승) — 견식 높은 고승. 도승. ◆ 自救不了(자구불료) — '자기 자신의 구제도 아직 되어 있지 않다'나 '자기의 해석도 아직 되어 있지 않다'임. 한편 '아직 자기도 알지 못한다'든가 '엄두도 낼 수 없다'를 뜻하기도 함. ◆ 到這裏(도저리) — '이런 경우에 이르러', '이런 때에 이르러'. 지금은 가볍게 '그러면'이나 '그렇다면' 정도의 뜻임. ◆ 作麼生(자마생) — '어떻게 하여' 또는 '어찌하여'. ◆ 請益(청익) — 『禮記』 典禮 上 제1에 '請業則起, 請益則起'라고 한 것과 같이 '그 위에 또한 가르침을 청하다'가 '請益'의 본뜻이지만, 사색·연구·討究 등의 의미도 있음. ◆ 拖泥帶水(타니대수) — '진흙에 빠져 나올 수가 없고 물에 잠겨 몸의 자유를 잃듯, 외계의 事象에 사로잡혀 개성의 자유를 잃음'. 禪語로는 '說話가 제2의적인 데에 빠져, 제1의적인 사람의 눈에 꼴사납게 보이는 언행'을 말함. '拖'(끌 타)는 '拕'와 같으며 '끌다'. '拖泥'는 '진흙 속에 발을 끌다'. '帶'(두를 대)는 '卷'(두를 권)과 같으며 '두르다'. '帶水'는 '물에 둘러싸여 있음'. ◆ 滿面慚惶(만면참황) — '滿面'은 '얼굴 가득히'. '慚惶'은 '부끄럽고 송구스러움'. '滿面慚惶'은 '마음속의 부끄러움이 온 얼굴에 가득히 드러남'. 결국 '부끄럽기 짝이 없다', '부끄러워 얼굴을 들 수 없다'임. ◆ 久參上士(구참상사) — '久參'은 '久學', '古參'과 같음. 선의 수행이 원숙의 경지에 이른 자. '上士'는 보살의 漢譯語로도 쓰이고 있으나, 우등생의 뜻. '久參上士'는 '久參중인 上士', '선의 우등 졸업생'. ◆ 後學初機(후학초기) — 후진자 중에서도 초심자. '機'는 '機根·心機'의 '機'이며, 구체적인 뜻으로 쓰고 있는 추상명사임. 영어의 'Mind'나 'Soul'과 같음.

[원오가] 수시하기를, 아무리 천지가 넓어도 [선(禪)이 궁극의 목적으로 삼는 지극한 도 앞에서는] 좁고 옹색하며, 해와 달과 별이 그토록 밝게 빛나도 [역시 지극한 도 앞에서는] 캄캄한 어둠이다. 설혹 몽둥이로 계속 후려치고, 우뢰 같은 소리로 할(喝)을 터뜨린다고, 글쎄 그게 지극한 도의 경지에 알맞을 리 없지. [절대 그 자체를 몽둥이가 두들겨서 꺼낼 수도 없고, 할이 토해 낼 수도 없다.] 비록 삼세(三世)의 제불(諸佛)이라 한들 설명해 줄 수는 없으니 제각기 깨달아야 하며, 역대의 조사(祖師)도 깡그리 풀어 말할 수는 없다. [또] 일체경(一切經)이라고 완전히 다 주석은 달지 못했다. 영특한 고승도 감히 엄두를 못 낸다. 자, 이쯤 되고 보니, 어떻게 이 [절대 그 자체인] 지극한 도(向上宗乘中事)를 배울 수 있을까? 절대 그 자체가 부처라는 따위 수작은 꼴사납다. 절대 그 자체가 선이라니 정말 얼

굴을 들 수 없구나. 높은 경지에 이른 자는 새삼 무슨 말을 듣지 않아도 벌써 다 터득하겠지만, 초보자는 주저 말고 [이 중대 문제를] 곧 뛰어들어 알아내야 한다.

本則 擧. 趙州示衆云, 至道無難, 唯嫌揀擇. 纔有語言, 是揀擇, 是明白. 老僧不在明白裏. 是汝還護惜也無. 時有僧問, 旣不在明白裏, 護惜箇什麽. 州云, 我亦不知. 僧云, 和尚旣不知, 爲什麽, 却道不在明白裏. 州云, 問事卽得. 禮拜了退.

주 ◆ 至道無難(지도무난) — '지도'는 '지극한 도', '절대적인 도'. 『老子』 제1장 첫머리에 '道可道, 非常道'라고 한 그 '常道'임. '영원히 변함없는 도'. '無難'은 鑑智僧璨이 내린 지극한 도의 정의임. 남전 화상은 '平常心是道'라 했지만, 이 말은 '지극한 도가 어렵지 않다'는 말에서 그 까닭을 설명해 주었다고 할 수 있다. 결국 '지극한 도가 어렵지 않다'는 '도가 멀리 있지 않다'는 뜻. ◆ 揀擇(간택) — 상대적 지식이나 차별적 견해에서 생겨나는 대소·원근·선악·邪正·曲直·미추·흑백·동서 따위 비교적인 논쟁, 상대적인 견해. ◆ 纔(재) — 겨우, 가까스로, 약간. ◆ 明白(명백) — '洞然明白(통연명백)', '환하고 밝고 뚜렷함'. 지극한 도의 절대 면을 표현한 말. ◆ 還護惜也無(환호석야무) — '護惜'은 '사물을 소중히 다룬다'와 '일에 조심한다'는 뜻을 지니고 있음. 여기서는 앞의 뜻으로 풀이해야 타당함. '還護惜也無'는 '어느새 鑑智僧璨과 마찬가지로 절대의 지극한 도를 소중히 여기고 있는 거냐, 아니냐?' ◆ 和尙(화상) — 산스크리트어인 'Upadhaya'의 음역이며, 烏波陀耶·殞社·鶻社(골사)·和闍(화사)·和上이라고도 씀. 長老의 상위에 있는 절 주지를 가리키는 위계 표시의 말. 흔히는 불교 교사(敎師)의 뜻으로 쓰임. ◆ 爲什麽(위습마)

— '왜', '무슨 까닭으로'. ◆ 問事(문사) — 이론을 내세움, 이론을 좋아함. ◆ 卽得(즉득) — '괜찮다', '그만하면 잘했다'. '問事卽得. 禮拜了退'는 조주가 이론을 좋아하는 운수에게 '지극한 도가 어렵지 않다는 문제의 사실화'를 요구한 것. 이 '사실화'를 요구받은 중이 과연 예배하고 물러갔는지 어떤지는 알 수 없지만, 만약 그의 말대로 순순히 절하고 물러갔다면, 그는 확실히 '어렵지 않은' '지극한 도'의 일단을 사실화했다고 할 만하다. 그러나 막상 그 태도를 보이기가 어려운 법이다. 그래서 설두 중현이 '難難'이라고 평했다.

조주가 [어느 날] 대중에게 말했다. "지극한 도는 어렵지 않다. [우리 눈앞에 펼쳐진 자연의 만물, 이 모두가 지극한 도의 모습이다.] 다만 차별을 꺼릴 따름이다. 그러나 조금이라도 말로 그 도리를 나타내려 하면 곧 상대(揀擇)다 절대(明白)다 하는 차별적 견해에 빠지게 되므로, 나(노승)는 그런 절대의 경지(明白裏)에도 사로잡혀 있지 않다. 너희는 어떠냐, 그런 걸 소중히 여기느냐 않느냐?" 문득 운수 하나가 "화상께선 이미 절대의 경지에 사로잡혀 있지 않다 하셨습니다. 하물며 또 무엇을 소중히 여긴단 말입니까?" 하고 물었다. 조주는 "나 역시 모르겠다"고 대꾸했다. [잠꼬대 같은 답변에 끝까지 물고늘어지며] 운수가 [다시] 물었다. "화상께서 모른다고 하실 정도면, 어째서 얼마 전에 절대의 경지에도 사로잡혀 있지 않다고 하셨습니까? [모순이 아닙니까?]" [제법 날카로운 이 공격에] 조주는 말했다. "자넨 제법 이론을 좋아하는군. 그만 했으면 괜찮네. 자 이젠 절이나 하고 물러가시게."

頌 至道無難, 言端語端. 一有多種, 二無兩般. 天際日上月下, 檻前山深水寒. 髑髏識盡喜何立, 枯木龍吟銷未乾. 難難. 揀擇明白君自看.

주 ◆ 至道無難(지도무난) — 조주 화상이 감지 승찬의 말을 들어 설명한 그대로 여기에 사용한 것임. ◆ 言端語端(언단어단) — '말이 지극한 도에 알맞고 글도 지극한 도에 합당함'. 조주 화상이 '纔有語言, 是揀擇是明白'이라 하여 지극한 도를 표시하기를 부인하고 있는 것을 비꼬아 한 말. ◆ 一有多種(일유다종) — 지극한 도는 절대적 입장에서 보면 하나이지만, 상대적 입장에서 보면 다종다양하다는 뜻. ◆ 二無兩般(이무양반) — '절대와 상대는 둘이 아니라 결국 하나'. 앞 구(句)인 '一有多種'과 함께 지극한 도가 다양함을 말한 것. '지극한 도는 간택(상대)과 명백(절대)의 두 입장뿐 아니라 三般·四般 나아가서는 千萬般이 있다'는 뜻임. '般'은 서로 독립된 사물을 셀 때 쓰는 글자이며, 箇나 個와 거의 같음. ◆ 天際日上月下, 檻前山深水寒(천제일상월하, 함전산심수한) — 자연계의 지극한 도의 운행을 시적으로 표현한 말임. '하늘가에 해가 뜨면 달이 지고, 창 밖의 산 깊으면 흐르는 물 차갑다. 이러한 자연의 事象이 "지극한 도는 어렵지 않다"의 참모습이다'는 뜻. '檻'(난간 함)은 창가의 난간. ◆ 髑髏識盡喜何立, 枯木龍吟銷未乾(촉루식진희하립, 고목용음소미건) — '髑髏識盡喜何立'의 '立'은 '생김'임. '해골은 죽은 사람의 뼈이므로 생명의 근원인 정신(識)이 없어졌다면, 희로애락이 어찌 생기겠는가'임. '枯木龍吟銷未乾'의 '銷未乾'은 '未銷乾'과 같으며, '枯木은 나무의 생명을 잃고 있지만 비 오는 밤, 바람 부는 밤에 용이 읊조리는 듯한 소리를 내는 것을 보면, 그 생명은 아직도 소멸되지 않았다'는 뜻. '銷'는 녹아 사라짐. 圜悟克勤의 소위 '生也全機現, 死也全機現'의 진상을 말했으며, '지극한 도의 입장에서 보면 死 중에 生이 있고 生 중에 死가 있음. '天際' 이하의 4구는 '一有多種, 二無兩般'의 2구를 설명한 글로 보아야 함. ◆ 難難(난난) — 지극한 도가 어렵지 않음을 이론상으로 이해하기는 쉬우나 그 도를 현실 생활에 구체화하기는 아주 어렵다는 뜻.

지극한 도는 어렵지 않다, 정녕 그렇네. 늘 하는 말 그게 지극한 도 아닌가. [세상 사람들] 지극한 도가 하나인 줄 알지만 헤아릴 수 없다네. 둘로 보이나 실은 세 개 네 개[천 개 만 개]일세. [그것을 알고 싶으면 눈앞에 펼쳐지는 자연을 보라!] 동쪽에 해 뜨면 서녘에 달이 지고, 뜰 앞의 산이 깊어 물은 차갑다. 해골에 어찌 희로애락이 있다고 하랴만, 고목에는 바람이 불면 용의 읊조림 같은 생명의 숨소리가 들린다. 허나 [이를 알게 되기까지가] 얼마나 어려운가! 간택과 명백을 그대 스스로 찾아내야 하리라.

제3칙

마 대사가 몸이 불편하다

馬大師不安

마조 도일(馬祖道一)은 6조 대감 혜능(大鑑慧能)의 제자 남악 회양(南嶽懷讓) 밑에서 수도하여 조사가 된 사람이다. 그의 얼굴이 말상이어서 '말의 조상'이란 뜻으로 '마조(馬祖)'라고 불렀다. 그러나 실은 그의 속성(俗性)이 마씨이며, 그 마씨의 자식이 선종의 조사가 되었으므로 훗날 그를 마조라 부르게 된 것이다. 마조 도일은 사천성(四川省) 성도부(成都府) 관할의 한주(漢州) 태생이다. 당 중종(中宗) 황제 경룡(景龍) 3년(709년)에 태어나 당 덕종(德宗) 황제 정원(貞元) 4년(788년)에 죽었다. 그가 홍주(洪州)의 공공산(龔公山. 일명 馬祖山)에 선거(禪居)하고 있을 무렵 [그는 당 현종(玄宗) 황제 천보(天寶) 원년, 34세 때 이 산에 듦], 백낙천(白樂天)의 「장한가(長恨歌)」로 천추에 이름을 남긴 당 현종 황제가 촉나라의 현염(玄琰)의 딸 양태진(楊太眞)을 귀비로 삼았다(천보 4년은 서기 745년). 마조 도일이 활동한 때는 당 현종 황제로부터 덕종 황제에 걸쳐 있어 그 문화가 한창 꽃을 피우고 불교도 크게 융성한 시기였다. '본칙'에 등장하는 마조 도일의 나이는 이미 80세의 노령에 이르러 있었다. 청년 시대에 멀리 촉(蜀)나라에서 남하하여 형악(衡嶽)에 올라가 남악 회양에게 득법(得法)하고, 일단 고향인 촉으로 돌아갔으나 강가에 사는 노파에게서 "가난뱅이 마가의 자식이 뭐 기특할 게 있을라구" 하는 멸시의 말을 듣는다. 그는 "고향에 돌아가라고 그대 권하지 말게. 고향에 돌아가도 도는 이루어지지 않고 강가의 노파는 옛 내 이름을 부르네" 하고 술회하며, 예언자는 그 고향에서 괄시받는다는 사실을 실감한다. 다시 강서로 내려온 그는 죽은 후 고향을 버리고 강서 땅에 묻히리라 마음먹었다. 죽음이 다가왔음을 깨닫자 건창(建昌. 강서성 남강부 관할)의 석문산(石門山)에 올라 뼈 묻을 자리를 정해 놓고 이어 곧 병들어 시적(示寂)했다. '일면불월면불(日面佛月面佛)'은 세상을 하직하는 구인 동시에 그의 인생관의 역력한 표현이기도 하다.

垂示云, 一機一境, 一言一句. 且圖有箇入處, 好肉上剜瘡, 成窠成窟. 大用現前, 不存軌則. 且圖知有向上事. 蓋天蓋地, 又摸索不著. 恁麼也得, 不恁麼也得. 太廉纖生. 恁麼也不得. 不恁麼也不得. 太孤危生. 不涉二途, 如何卽是. 請試擧看.

주 ◆ 一機一境(일기일경) — '一機'는 師僧이 선을 수행하는 學人을 대할 때 자기의 心機에서 우러나는 接得 手段임. 즉 눈썹을 치켜올리거나, 눈을 깜박이든가, 돌아보고, 살펴보는가 하면, 피식 웃기도 하고, 꽥 소리 지르는 것. '一境'은 外境의 事象을 들어 가르치는 것. 꽃을 들어 보이든가, 동그라미를 그리거나, 물을 가리키는가 하면, 달을 가리키고 또 지팡이를 세우는 따위 행위. '사람(機根)에 따라 경우(境)에 따라 응하는 접득 수단'임. ◆ 一言一句(일언일구) — 역시 師僧이 학인을 대할 때의 일언일구임. 학인이 사승에게 어려운 문제를 들고 나왔을 때, 스님이 '庭前柏樹子'(뜰 앞의 잣나무)니 '麻三斤'(삼베 세 근)이라고 대꾸하는 말임. 그러한 어려운 문제를 해결하려고 말하는 간단한 대꾸를 '일언일구'라 함. ◆ 且圖有箇入處(차도유개입처) — '入處'는 入頭·落處·落地와 거의 같으며, '大悟'나 '悟達' 또는 '大悟의 경지', '悟達의 경지'. '箇'는 '이', '저'가 아니고 入處 두 자를 역설하기 위해 붙인 일종의 접두사임. '且圖箇入處'는 '자, 그런 수단으로 학인을 깨닫게 하려 해도'임. ◆ 好肉上剜瘡, 成窠成窟(호육상완창, 성과성굴) — 아름다운 살(好肉)에 벌집 쑤셔 놓듯 상처를 만들어 놓음. '好肉'은 지극한 도나 깨달음, 또는 절대 등 참선이 목적하는 것을 비유함. '剜瘡'은 '剜肉作瘡'(일부러 살을 깎아 부스럼을 만듦)에서 비롯된 말임. '成窠成窟'은 꼴사나운 구멍투성이를 만들어 놓음. ◆ 大用現前(대용현전) — '大用'은 지극한 도의 활동적인 면을 말함. 곧 절대적 진리의 영묘한 활동. '現前'은 당당히 나타남. 우리 둘레에 충만해 있음. ◆ 不存軌則(부존궤칙) — 지극한 도의 활동(자연의 운행)은 인간의 속된 법칙(軌則)에 의존하지 않음. ◆ 摸索不著(모색불착) — '摸索'은 더듬어 찾음. '摸'는 '模'와 같음. '摸索不著'은 '더듬어 찾아도 얻지 못하고 맒'. '不著'은 불가·부득·불가능을 뜻하는 속어. ◆ 恁麽也得, 不恁麽也得(임마야득, 불임마야득) — '摸索不著'에 관한 구이며, '찾아 낼 수 있어도(恁麽) 좋고(也得), 찾아 내지 못해도(不恁麽) 좋다(也得)'. ◆ 太廉纖生(태렴섬생) — 당·송 시대의 속어, 본뜻은 '아주 째째한 놈'임. '太'는 '매우', '廉'은 '값싼', '太廉'은 '매우 값싼', '纖'(가늘 섬)은 '미세함·보잘것 없음', '生'은 접미사로 '蒼生·小生'할 때의 生과 같음. 우리말의 '놈'에 해당함. 결국 '太廉纖生'은 '아주 보잘것없는 문제이니 내버려두어도 좋다'임. ◆ 也不得(야부득) — 也得의 반대. ◆ 太孤危生(태고위생) — '太孤峻生'(태고준생)이라고도 함. 역시 당·송 시대의 속어로 '太廉纖生'의 반대. '아주 중요한 문제이므로 그냥 둘 수 없다' 정도의 뜻. 본래는 '매우 위험한 놈'임. ◆ 二途(이도) — 恁麽(찾아 내는 것)라는 一途와 不恁麽(찾아 내지 않는 것)라는 一途의 두 길. ◆ 如何卽是(여하즉시) — 어떻게 하면 좋은

(是)가. ◆ 試~看(시~간) — '어디 한번 ~해 보자'는 의사 표시. 또 '시험 삼아 ~해 보라'는 권유의 표현.

수시하기를, 지극한 도[의 진상(眞相)인 우주의 묘제(妙諦)]는 가르치기가 쉽지 않다. 달을 가리키고 꽃을 들어 보이며 눈을 깜박이고 꽥 소리 지르며 삼베 세 근(麻三斤)이니 뜰 앞의 잣나무(庭前柏樹子)니 하고 갖가지로 깨우치려 하나, [묘제나 진상은 튀어나오지 않는다. 오히려] 그런 짓은 [지극한 도의] 아름다운 살(好肉)에 마구 상처를 내어 꼴사나운 구멍투성이를 만들어 놓을 뿐이다. 이 지극한 도의 영묘(靈妙)한 활동은 세상의 속된 법칙 따위에 얽매이지 않는다. 우리 둘레 어디에나 꽉 들어차 있는 것이 지극한 도가 아닌가. 가령 지금 그 도를 깨우치려 하고 온 천지에 가득 차 있다 해도 두 손으로 더듬어 찾아낼 수는 없다. 지극한 도의 참모습을 찾아내든 못하든 대수롭지 않으니 내버려두어도 괜찮다. 아니, 오히려 찾아낼 수 있다 없다 하는 것부터가 모두 잘못이다. [그렇다고] 큰 문제[인 지극한 도]를 그냥 둘 수는 없다. 찾아내면 안 된다, 찾아내지 않아도 안 된다 하니 대체 어떻게 해야 좋단 말인가. 마침 여기 [지극한 도를 터득한 이의] 좋은 본보기가 있으니 살펴 [들어] 보라.

本則 擧. 馬大師不安. 院主問, 和尙近日, 尊候如何. 大師云, 日面佛月面佛.

주 ◆ 馬大師(마대사) — 馬祖道一 화상. ◆ 不安(불안) — 불쾌. '병에 걸려 있음'. ◆ 院主(원주) — 절의 주지 또는 監寺·監院의 '院主'. 주지를 대신하여 절의 경제적 실무를 맡은 중. ◆ 尊候(존후) — 상대자의 體候(건강 상태)의 존칭. ◆ 日面佛月面佛(일면불월면불) — 『佛說佛名經』(菩提流支譯) 제7권에는 '月面佛은 수명이 하루 낮 하루 밤이지만 日面佛은 수명이 千八百歲가 된다. 다시 梵面이라는 부처는 그 수명이 무려 三十三千歲나 된다'는 經說에 의거한 이야기임.

[어느 날] 노환으로 누워 있는 마 대사에게 원주가 [찾아와] 물었다. "화상께선 요즘 용태가 어떠십니까? [지금 돌아가시면 이 마조산(馬祖山) 경영이 어려워질 테니 부디 몸조심하셔야 합니다.]" 마 대사는 "[사람의 목숨에는] 일면불이 있고 월면불이 있다. [그러니 병에 걸렸다고 야단법석을 떨 것 없다]"고 [퉁명스럽게] 대꾸했다.

頌 日面佛月面佛, 五帝三皇是何物. 二十年來曾苦辛. 爲君幾下蒼龍窟. 屈, 堪述. 明眼衲僧莫輕忽.

주 ◆ 五帝三皇(오제삼황) — 太昊伏羲氏(태호 복희씨)·炎帝神農氏(염제 신농씨)·皇帝軒轅氏(황제 헌원씨)를 삼황이라 하고, 少昊金天氏(소호 금천씨)·顓頊高陽氏(전욱 고양씨)·帝嚳高辛氏(제곡 고신씨)·帝堯陶唐氏(제요 도당씨)·帝舜有虞氏(제순 유우씨)를 오제라 하나, 여기서 말하는 삼황은 '兄弟十二人, 各一萬八千歲'인 天皇氏와 '兄弟十二人, 各一萬八千歲'인 地皇氏 그리고 '兄弟九人, 分長九州, 凡一百五十世, 合四萬五千六百年'인 人皇氏임. 1천 8백 세의 수명을 갖는 日面佛의 상대자로 天皇·人皇·地皇의 삼황을 끌어다 놓았을 뿐, 오제와는 거의 아무 상관이 없음. 시적인 자수 제한 때문에 오제삼황이라고 했을 뿐임. ◆ 是何物(시하물) — 문자상으로는 日面·月面·五帝·三皇 모두에게 걸치는 말이지만, 그 의미는 단명한 월면불을 제외하고 장수하는 자들에게만 관련되어 있음. '是何物'은 '그게 뭔가, 이 엉터리야'라든가 '너희는 뭐냐, 장수가 무슨 소용이란 말이냐'라는 뜻. ◆ 爲君(위군) — '君'은 일면불·월면불·오제·삼황 모두를 가리킴. '爲君'은 '너희 때문에', '너희들에게 속아'. ◆ 蒼龍窟(창룡굴) — 『莊子』 잡편 列禦寇 제32에 있는 '夫千金之珠, 必在九重之淵, 而驪龍頷下'(대체 천금의 값진 구슬은 반드시 아홉 길 깊은 못 바닥의 흑룡 턱밑에나 있는 것이다)라는 말에 의거한 모양임. '몇 번이나 창룡굴에 내려갔다'는 '禪學을 수행하며 숱한 괴로움을 겪었다'는 뜻. ◆ 屈, 堪述(굴, 감술) — '아, 혼났다. 어찌 다 말로 감당(표현)할 수 있으랴'. 屈은 속어, 堪述은 反語임. ◆ 莫輕忽(막경홀) — '死生 문제에 대해 가벼이 생각하면 안 된다'. '生死解脫을 위해 크게 수고를 해야 한다'는 뜻.

일면불·월면불, 오제·삼황이 대체 뭐란 말인가. [지극한 도의 절대경에서는 한낱 몽상일 뿐.] 이십 년 동안의 괴로웠던 나날이여, 그것을 찾아 얼마나 창룡굴에 드나들었던가. 그 괴로움을 어찌 다 말할 수 있으랴. 눈밝은 스님네들도 가벼이 여기지 말라.

제4칙

덕산이 위산에 가다

德山到潙山

덕산(德山)과 위산(潙山)은 둘 다 당대(唐代)의 걸물이다. 덕산은 저 덕산의 방(棒), 임제(臨濟)의 할(喝)이라 불렸던 선감 선사(宣鑑禪師. 780년~865년)를 말하고 용담 숭신(龍潭崇信)의 법사(法嗣)이다. 한편 위산은 백장(百丈)의 제자이며 앙산(仰山)과 함께 위앙종(潙仰宗)의 종조(宗祖)로 꼽히는 영우 선사(靈祐禪師. 771년~853년)이다. 덕산이 아직 촉의 검남(劍南)에 있을 때, 제법 대단한 불교학자를 자처하고 있었다. 남방에 불립문자종(不立文字宗, 선종)이 성행한다는 소문을 듣고 화가 나서, 늘 『금강경』만 강설하여 주금강(周金剛. 속성이 周임)이라는 별명까지 있던 그는 자작(自作)의 『금강경청룡소초(金剛經靑龍疏鈔)』를 바랑에 담아 지고 멀리 남하했다. 도중에 예주로(澧洲路)에서 떡집 노파에게 우롱당하고 이어 용담 숭신(龍潭崇信)에게 곤욕을 치른 뒤, 일단은 용담 숭신에게 항복하여 그의 자랑거리였던 『금강경청룡소초』를 태워 버렸지만, 얼마 안 가서 용담 숭신의 곁을 떠나 위산 영우에게로 왔다. 그리고 이 제4칙의 '본칙'에 등장하는 인물이 곧 마자퇴치(魔子退治) 도상(途上)에 있는 덕산 주금강의 모습이다. 위산 영우는 백장 밑에 있을 때 사마두타(司馬頭陀)에게 인정을 받고 대위산(大潙山)의 선찰(禪刹) 창건이라는 대임을 맡았을 정도의 고승이다. 온건한 사상의 소유자이고 선의 공사상(空思想)을 일상 생활에서 윤리적 실천으로 사실화하려 한 긍정론자이며 행실이 근엄한 도덕가였다. 이에 비해 덕산 선감(德山宣鑑)은 『금강경』의 공사상을 생명으로 삼는 부정론자이며 스스로 "출가한 자는 천 겁에 걸쳐 불(佛)의 위의(威儀)를 배우고, 만 겁에 걸쳐 불의 세행(細行)을 배운다"고 뇌까리면서도 실은 난폭하기 그지없는 중이었다. 말하자면 위산은 덕행의 사람이고 덕산은 선기(禪機)의 사람이었다. 두 사람의 법계상의 관계는 다음과 같다.

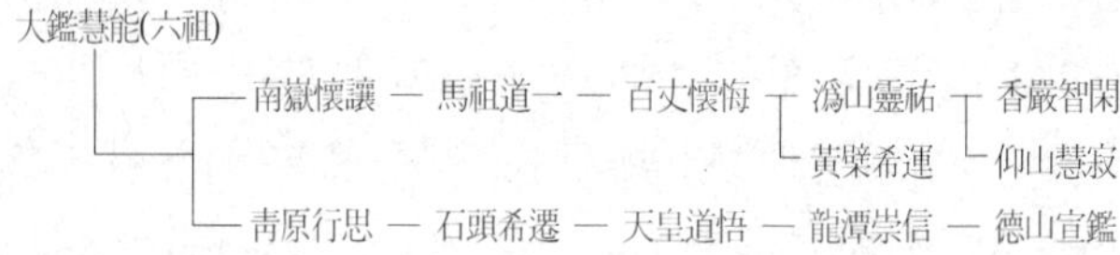

垂示云, 靑天白日, 不可更指東劃西. 時節因緣, 亦須應病與藥. 且道, 放行好. 把定好. 試擧看.

㈜ ◆ 靑天白日(청천백일) — 凡聖 · 迷悟 · 是非 · 得失의 差別相을 초월한 경지, 곧 지극한 도의 절대적인 면을 비유한 말임. ◆ 時節因緣(시절인연) — 凡聖 · 迷悟 · 眞俗 · 賢愚의 차별적인 입장, 지극한 도의 상대적인 면을 가리킨 말. '시절인연'이란 때와 고장과 사람에 따라 설법에 변화가 있어야 할 경우임. ◆ 放行(방행) — 殺活의 '活', 與奪(줌과 빼앗음)의 '與', 擒縱(금종. 사로잡음

과 놓아 줌)의 '縱'에 해당되며, 적극적 방법으로 임기응변의 설법을 하는 것.
◆ 把定(파정) — '把住'라고도 하며, '放行'의 반대되는 말. 곧 '殺'·'奪'·'擒'에 해당되며 청천백일의 경지에서 침묵을 지키고 있는 것. 달마의 面壁 9년 같은 행위가 그 예임.

수시하기를, 지극한 도의 절대적인 면[우주의 본체]은 [부처도 없고 마귀도 없으며 범부(凡夫)도 없고 성인도 없는] 청천백일 같은 것이다. [그러므로] 지극한 도가 동쪽에 있다고 가리키거나 서쪽에 있다고 점찍어 보일 수는 없다. [그러나 그것은 지극한 도의 절대적인 면에서의 이야기이고] 차별적인 면으로는 때와 장소와 사람에 따라, [임기응변의] 병에 알맞은 약을 주어야 한다. [우리 앞에는 이 두 가지 길이 있다.] 과연 임기응변의 설법으로 중생을 제도할 것인가, 아니면 [본래 동쪽도 서쪽도 없다는] 청천백일의 경지에서 침묵을 지킬 것인가? 자, 어디 말해 보라. 이에 대한 그럴듯한 이야기가 있으니 잘 살펴보라.

本則 擧. 德山到潙山, 挾複子, 於法堂上, 從東過西, 從西過東, 顧視云, 無無便出. (雪竇, 著語云, 勘破了也.) 德山, 至門首, 却云, 也不得草草, 便具威儀, 再入相見. 潙山坐次. 德山, 提起坐具云, 和尙. 潙山擬取拂子, 德山, 便喝拂袖而出. (雪竇, 着語云, 勘破了也.) 德山, 背却法堂, 著草鞋便行. 潙山至晚, 問首座, 適來新到在什麽處. 首座云, 當時背却法堂, 著草鞋出去也. 潙山云, 此子已後向孤峯頂上, 盤結草庵, 呵佛罵祖去在. (雪竇, 著語云, 雪上加霜.)

㈜ ◆ 挾複子(협복자) — '複子'는 '袱子'라고도 씀. 바랑. '挾複子'는 '바랑을 옆에 끼고'. ◆ 法堂(법당) — 佛殿 · 本堂을 말함. ◆ 顧視(고시) — 여기저기를 둘러봄. ◆ 便出(변출) — 곧 나옴. ◆ 勘破(감파) — 점검 · 검사 · 조사의 뜻. '勘破了'는 '검사가 끝남', '알아채고 말았다'. ◆ 却云(각운) — 처음의 건방진 태도에 대한 '却云'임. '처음에는 거만을 떨었으나 이번에는 그 때와 반대로 ~라고 했다'임. ◆ 也不得草草(야부득초초) — 이 '草草'는 杜甫의 시구에 나오는 '聞君適萬里, 取別何草草'와 같으며, '허둥지둥하는 모양', '바쁜 모양'. '也不得草草'는 '자, 그렇듯 서둔다면 간파하는 데 실수가 있다. 좀더 잘 살펴보자'든가 '아니, 아무래도 경솔한 짓을 했다. 좀더 자세히 살펴보자'임. ◆ 具威儀(구위의) — 짚신을 벗는다든가 바랑을 내려놓는다든가, 또 坐具를 팔에 걸친다든가 하여 禪宗에서 규정한 예의를 지켜 사승을 만난다는 뜻. ◆ 坐次(좌차) — 자기 자리에 앉아 있는 것. ◆ 坐具(좌구) — 깔개의 일종. 산스크리트어인 尼師壇那(Nisidana)의 漢譯語로서 比丘가 항상 휴대하고 다녀야 하는 여섯 가지 것(六物) 중 하나임. 길에서 長者를 만나면 땅에 깔고 앉아 절하고, 또 땅에서 잘 때도 그 위에 누움. 인도 · 중국에서는 실용품임. ◆ 擬取拂子(의취불자) — '拂子'는 먼지를 털거나 파리 · 모기를 쫓기 위한 도구. 불타가 그 사용을 허가한 것으로 인도에서는 실용품이었으나, 중국에서는 한낱 장식품이 되어 버림. '擬取拂子'는 '곁에 놓여 있던 불자를 손으로 잡으려 했다'임. ◆ 背却法堂(배각법당) — 부처님을 모신 본당에 등을 대고. ◆ 草鞋(초혜) — 짚신. ◆ 便行(변행) — 당장 나가 버림. ◆ 首座(수좌) — 禪刹의 반장 같은 직책. 禪頭 · 首衆 · 第一座 · 座元이라고도 함. ◆ 適來(적래) — '앞서 왔던'이든가 '아까', '앞서'의 뜻. ◆ 新到(신도) — 禪林의 신입생. ◆ 當時(당시) — 그 때. ◆ 此子(차자) — '子'는 '사나이'. '此子'는 德山宣鑑(周金剛)을 가리켜, '저 청년' 또는 '저 사나이'란 뜻으로 쓴 말. ◆ 向孤峯頂上(향고봉정상) — 중국에서 菩提達磨系의 禪이 한창 홍성하던 시대에 선승은 도시를 근거로 한 義

學佛教 · 迷信佛教에 대해, 깊은 산에 안주의 땅을 구했으므로 당시는 스스로 깊은 산을 개척하여 禪刹을 창건한다는 사실은 선승의 역량을 과시하는 것으로 인정되었음. 그러므로 이 1구는 '사람 그림자 하나 없는 고립된 高山 絶頂에 절을 새로 지어'라는 뜻이 됨. ◆ 盤結(반결) — '서리서리 얽힘', '얽어맴'. '盤'은 서릴 반. ◆ 草庵(초암) — 짚으로 인 암자. ◆ 呵佛罵祖去在(가불매조거재) — '呵'는 꾸짖을 가. '罵'는 욕할 매. '呵佛罵祖'는 부처를 꾸짖고 祖師를 욕함. '去在'는 '~을 계속하고 있게 되리라'임. '去'는 '간다'가 아니라 呵와 罵에 걸치는 조사이며, '在'는 행위의 계속을 뜻하는 조동사임.

[『금강경』의 대가를 자처해 온 콧대 높은 검남(劍南. 촉나라)의 불교학자] 덕산(周金剛)이 [천하에 명성을 떨치고 있던 대위산(大潙山) 영우 화상의 정체를 알아 내고, 그의 선적(禪的) 가치를 평가해 볼 생각으로] 대위산을 찾아왔다. [덕산은] 바랑을 옆에 낀 채 [나그네 차림] 그대로 절 본당에 들어가 동에서 서로, 서에서 동으로 왔다갔다하면서 둘레를 살펴보더니, "아무것도 없다. 아무것도 없어. [세상은 모두 무이며 공이다. 이따위 향내 따분한 곳에 뭐가 있겠어?]" 하고는 곧 나와 버리고 말았다. ([이 사실에 대해] 설두는 "이미 검사는 끝났다"고 말했다.) 이윽고 덕산은 산문(山門) 앞까지 나오다 말고 무엇인가 미진한 데가 있어 [마음이 편치 않았는지] "너무 경솔했던 것 같아. [다시 가서] 좀더 자세히 살펴봐야겠다" 하면서 이번에는 [선종의] 법식대로 예의를 갖추고 산문을 들어가 정식으로 영우 화상을 만나기로 했다. 영우 화상은 마침 제자리에 앉아 있었다. 덕산이 [그 앞으로 나아가] 좌구(坐具)를 불쑥 내밀며 "화상!" 하고만 말했다. [영우 화상은 답례를 하려 했는지 아니면 다른 동기가

있었는지] 문득 곁에 놓여 있던 불자(拂子)를 집으려 하자 덕산은 "꽥!" 하고 일할(一喝)하고 옷소매를 떨치며 후딱 나와 버렸다. ([이 사실에 대해] 설두는 다시 "이미 검사는 끝났다"고 말했다.) 덕산은 [어느새 산문 앞에 나와] 법당을 뒤로 한 채 짚신을 신고 [여장(旅裝)을 갖춘 후에] 그곳을 나가 버렸다. 그 날 밤, [영우 화상이] 수좌(首座)에게 "아까 그 새로 온 놈 지금 어디 있나?" 하고 묻자, 수좌는 "아, [그놈은] 그 때 본당에 등을 대고 차비를 차린 뒤 가 버렸습니다" 하고 대답했다. 영우 화상은 다시 말했다. "그놈은 앞으로 [큰 인물이 되긴 하겠지만, 계속 상식적인 불교를 부정하며] 인적 드문 높은 산봉우리 위에 초암(草庵)을 짓고, 부처를 꾸짖으며 조사(祖師)들을 욕하게 될 것이다."(영우 화상의 말에 대해 설두는 "눈(雪) 위에 서리(霜)를 얹는군!" 하고 평했다.)

頌 一勘破, 二勘破, 雪上加霜曾嶮墮. 飛騎將軍入虜庭, 再得完全能幾箇. 急走過, 不放過. 孤峯頂上草裏坐. 咄.

주 ◆ 一勘破(일감파) — '挾複子~云無無便出'을 가리킴. 한 번 검사함. ◆ 二勘破(이감파) — '便具威儀, 再入相見'을 가리킴. ◆ 雪上加霜(설상가상) — 一勘破 위에 또 一勘破를 더함. 한 번으로 충분한데 두 번씩이나 공연한 수고를 했다는 뜻. ◆ 曾嶮墮(증험타) — '위험했다. 자칫하면 위산에게 당할 뻔했다'임. '曾'은 『論語』 學而 第一에 나오는 '曾是以爲孝乎'와 마찬가지로 '즉' 또는 '바로'. ◆ 飛騎將軍入虜庭(비기장군입로정) — 『史記』 李將軍列傳에 의거한 구. 다음의 '在得完全能幾箇'와 함께 '飛騎 장군처럼 깊이 적지에 들어갔다 포로가 되어도 쉽사리 도망쳐 나와 목숨을 온전히 하는 자는 아주 드물다'임. 여기서는 雪上에 霜을 더해 자칫 위산에게 당할 뻔한 德山을, 凶奴에게 붙잡혀 포로 신세가 된 李廣에 비유한 것. '飛騎將軍'은 李廣을 말함. ◆ 急走過, 不放過(급주과 불방과) — '재빨리 달려가려 했으나 놓아주지 않음. '放過'는 '놓아줌'. ◆ 草裏(초리) — 위산이 말한 草庵을 번안하여 한 말. 孤峯 정상의 풀숲 속에 숨어 버렸[지만 그저 그것뿐, 더 이상 기특할 것이 없]다. ◆ 咄(돌) — '喝(할)'과 같음.

한 번 보고 또 가서 살피다니, 설상가상으로 아슬아슬했네. 비기장군이 포로되어 고생했지만 자칫 그 꼴이 될 뻔했구나, 이런 때 쉽사리 빠져 나올 자 과연 얼마나 되랴. 곧장 달려갔으나 선뜻 놓아주지 않아, 지금쯤 어느 호젓한 산봉우리 수풀 속에 들어앉아 있으리라. 돌!

제5칙

설봉의 우주
雪峰盡大地

설봉(雪峰)은 의존 선사(義存禪師. 822년~903년)를 말하며 앞 칙에 나온 덕산(德山)의 제자이다. 그는 “세 번 투자산에 가고 아홉 번 동산에 갔다”(三到投子, 九至洞山)고 할 정도로 수행 시대에는 피나는 정진을 했고, 또 어디를 가든 늘 커다란 국자를 갖고 다니며 반두(飯頭, 취사 당번)를 지원하여 음덕(陰德)을 쌓는 등 근면한 공덕으로 소원을 이룬, 마치 수행자의 표본 같은 인물이다. 제자들 중 형 뻘이 되는 암두(巖頭)의 지도로 견성(見性)하고 49세에 설봉산에 주지했지만 일단 대오(大悟)하자 그 때까지 쌓아 올린 대덕(大德)의 힘을 발휘하여 운문(雲門), 현사(玄沙), 보복(保福), 장경(長慶), 경청(鏡淸), 취암(翠巖) 등을 비롯한 40여 명의 거장을 배출하여 고금의 대선자(大禪者)가 되었다. 그의 선적 감화가 얼마나 위대했는가 하는 것은 『오등회원(五燈會元)』 제7권의 “설봉 선사의 법석에는 언제나 청중이 천오백 이하로 주는 일이 없었다”(師之法席, 常不減千五百衆)는 짤막한 글로도 짐작할 수 있다.

垂示云, 大凡扶竪宗教, 須是英靈底漢. 有殺人不眨眼底手脚, 方可立地成佛. 所以, 照用同時, 卷舒齊唱, 理事不二, 權實竝行. 放過一著, 建立第二義門, 直下截斷葛藤, 後學初機, 難爲湊泊. 昨日恁麽, 事不獲已. 今日又恁麽, 罪過彌天. 若是明眼漢, 一點謾他不得. 其或未然, 虎口裏橫身, 不免喪身失命. 試擧看.

㈜ ◆ 扶竪宗教(부수종교) — '종교'는 오늘날 영어로 'Religion'이라고 하는 것과는 다른 말임. '宗'은 敎의 형용사이며, '근본적', '중요한', '중대한', '절대적 가치가 있는' 등의 뜻을 가짐. '扶竪'는 扶植과 같으며 '도와서 세움' '地盤을 굳게 함'임. '扶竪宗敎'는 '확실한 주의 · 주장으로 시대를 감화 지도하는 것'. ◆ 英靈底漢(영령저한) — '底'는 的과 마찬가지로 '의', '~한'의 뜻임. 지시를 나타내는 조사. '英靈底漢'은 英靈한(뛰어난) 漢, 즉 '영특한 인물'. '漢'은 '사나이' 또는 '놈'. 본래 '漢'자를 '사나이'나 '놈'의 뜻으로 쓰게 된 것은 五胡가 중국 본토(漢)를 賤視하여 漢子니 漢兒니 하고 부른 데서 비롯되었음. ◆ 不眨眼(부잡안) — '眨'은 눈 깜박일 잡. 눈을 떴다 감았다 깜박이며 주저함. '不眨眼'은 '눈을 깜박이며 주저하는 일이 없음'. ◆ 立地(입지) — 그자리에서, 당장에. ◆ 成佛(성불) — '英靈底漢이 스스로 成佛한다'가 아니라, '英靈底漢이 남을 (당장) 成佛(大悟)시킴'의 뜻. ◆ 照用同時(조용동시) — '照'는 상대방의 사람됨이나 실력을 直視하여 알아냄. '用'은 그 알아낸 대로에 알맞은 대응 수단을 쓰는 것. 결국 '照用同時'는 '상대방의 능력을 알아채는 일과 그에 알맞은 대책을 써서 인도하는 일을 동시에 함'임. ◆ 卷舒齊唱(권서제창) — '卷'(말 권)은 적극적인 수단. '舒'(펼 서)는 소극적인 수단. '卷舒齊唱'은 與奪自在, 殺活自在의 뜻. ◆ 理事不二(이사불이) — '理事'는 華嚴 철학의 우주 인생관인 四法界(事法界 · 理法界 · 理事無礙法界 · 事事無礙法界)의 理와 事에 해당됨. '理'란 우주 인생의 실체적 방면, '事'는 우주 인생의 현상적 방면을 가리킴.

'理事不二'는 '有'(事)에 구애되지 않고, '空'에도 구애되지 않은 채 理事無礙, 事事無礙의 法界觀에 안주함을 말한 것임. ◆ 權實竝行(권실병행) — '權'은 임기응변의 활용 방편. '實'은 영구 불변의 正理正道. '權實竝行'은 일상적인 행위에서 이론과 실제가 잘 융화되어 있음. ◆ 放過一著(방과일착) — '一著'은 第一義的인 것. '放過一著'은 '가령 한 걸음을 양보하여'임. ◆ 直下(직하) — 바로. 곧장. ◆ 難爲湊泊(난위주박) — '湊泊'은 정박. '湊'는 모일 주. '泊'은 배댈 박, 머무를 박. '難爲湊泊'은 '머무를 곳이 없음', '안주처를 구하기 어렵다' 또는 '무슨 말인지 그 요령을 알 수 없다'는 뜻. ◆ 罪過彌天(죄과미천) — 죄과가 하늘에 가득함. '彌'는 퍼질 미. '천지에 용납되지 못할 죄과로' 몸둘 데가 없다. '滿面慚惶 이상으로 세상에 부끄럽다'는 말. ◆ 明眼漢, 一點謾他不得(명안한, 일점만타부득) — 원오 극근의 수시를 듣고 있는 자가 총명하다면, 하늘에 가득 차는 잘못을 저지르고 있는 원오 극근(他)을 조금도 업신여기지 못한다. 원오 극근이 여기서 '他'라는 삼인칭의 대명사를 쓴 것은 '본칙'에 나오는 주인공 설봉을 그 자신과 한가지로 보려 한 때문이리라. '明眼漢'은 궁극의 목적과 理想을 즉시 깨닫는 眼識을 지닌 자. '謾'은 업신여길 만. ◆ 其或未然(기혹미연) — '수시를 듣는 자가 총명하지 못하면'.

수시하기를, [스스로 지극한 도의 진제(眞諦)를 파악하여] 자기의 주의 · 주장으로 세상 사람에게 감화를 주고 지도해 나가면, 그는 영특한 사람(초인적 인물)이다. 사람을 죽여야 할 경우에도 눈을 깜박이며 주저하는 [비겁한] 짓은 하지 않고, 사람을 살려 크게 깨닫게 할 때도 [쓸데없는 횡설수설 따위로 현혹하지 않고] 당장 부처의 경지에 이르게 해준다. 그러므로 영특한 사람은 상대방의 능력에 따라 즉각 인도하고, 주고 빼앗고 죽이고 살리는 짓을 마음대로 할 만한 솜씨가 있다. [그는 또한] 유(有)에 구애되지 않고 공(空)에 치우치지도 않으며, [일상적인 행위에서] 이론과 실제를 잘 조화시켜 나간다. 가령 한걸음 양보하여 제이의적(第二義的)인 입장에 서서 [남을 교화할 때, 처음부터] 문자 어구(文字語句)의 갈등을 제거하면 [그런 표현법을 일체 쓰지 않으면], 후배인 초심자는 전혀 기댈 데가 없어지고 만다. [그래서 오히려 그들을 혼란하게 하고 통 뭐가 뭔지 모르게 만들기 예사이다.] 나도 어제 그런 소리를 했지만, 그것은 어쩔 수 없다 치더라도 오늘 역시 이런 수다를 늘어놓고 있으니, 정말 그 죄가 이만저만이 아니다. 그러나 만약 [청중 가운데에] 총명한 자가 있으면, 나를 깔보지만은 않고 [이 수다로도 성불(成佛)의 경지에 이를 수 있으니] 그럴 수밖에 없다고 [수긍]할 것이다. 또 [청중 가운데에] 총명한 자가 없을 때에는 호랑이 아가리에 몸을 눕힌 것처럼 아주 위험하여 몸을 망치고 목숨을 잃게 된다. [그 수다에만 중독되어 평생 거기서 벗어나지 못할 것이다.] 자, 여기 좋은 본보기가 있으니 보아 두라.

本則 擧. 雪峰示衆云, 盡大地撮來, 如粟米粒大. 抛向面前, 漆桶不會. 打鼓普請看.

주 ◆ 盡大地(진대지) — 온 우주. ◆ 撮來(촬래) — '撮'(집을 촬)은 손가락 끝으로 집음. '來'는 '온다'는 뜻이 아니라, 동사에 붙이는 조사로서 語勢를 강하게 하는 데에 쓰임. 당·송 시대의 속어는 물론 오늘날의 중국에서도 쓰이고 있음. 陶淵明의 '歸去來辭'의 '來' 역시 이 撮來의 '來'와 같은 뜻임. ◆ 粟米粒(속미립) — '粟'(벼 속)은 '조'가 아니라 '벼'를 말함. '粟米粒'은 벼알. 오늘날

'極小'를 표시하기 위해 '原子'니 '電子'니 하지만, 雪峰 시대의 중국에서는 '粟米粒'은 신변의 극히 작은 것으로 간주되었음. ◆ 抛向(포향) — '던져져 있다' 또는 '존재하고 있다'임. ◆ 漆桶不會(칠통불회) — 칠통이 새까마므로 그 정체를 잘 알 수 없듯이, 정체를 알 수 없는 것. '會'(깨달을 회)는 '이해함', '깨달음'. ◆ 普請(보청) — 禪寺에서 모든 승려가 공동으로 일을 하는 것. 경내의 청소며 풀 뽑기를 할 때면 普請鼓(특수한 북이 아니라 특수하게 북을 침)를 신호 삼아 작업을 시작함. 이것을 普請이라 함. '普'는 '널리 일반에게'. '請'은 '부탁함'.

설봉이 대중에게 수시하기를 이 우주는 [한없이 크고 넓어 거의 그 끝을 알 수 없지만] 손끝으로 집어 보니 벼알만한 크기밖에 안 된다. 그리고 그 [벼알만한] 것을 지금 우리 눈앞에 던져 놓았는데도 [세상의 어리석은 범부(凡夫)들은] 깜깜 무소식으로 전혀 깨닫지 못한다. [자 그 벼알만한 우주를 만나고 싶으면] 보청고(普請鼓)를 치고 모두 나서[서 찾아 보도록 해]라.

頌 牛頭沒馬頭回, 曹溪鏡裏絶塵埃. 打鼓看來君不見. 百花春至爲誰開.

주 ◆ 牛頭沒馬頭回(우두몰마두회) — '牛頭'와 '馬頭'는 지옥의 獄卒을 말함. 『首楞嚴經』 제8권에 '臨終時, 先見大山, 四面來合, 無復出路. 亡者神識, 見大鐵城, 火蛇火狗, 虎狼師子, 牛頭獄卒, 馬頭羅卒, 手執鎗矟, 駈入城門'이라 되어 있음. '回'는 '이곳에서 딴 곳으로 물러갔다'임. 雪峰義存이 撮來한 盡大地에는 牛頭도 가고 馬頭도 그 자취를 감춰 버려, 천하태평의 기풍이 넘침을 '牛頭沒

馬頭回'라고 한 것임. '沒'도 '回'도 盡大地에서 물러갔음을 뜻함. ◆ 曹溪鏡裏絶塵埃(조계경리절진애) — '曹溪의 거울에는 牛頭·馬頭 같은 옥졸의 그림자가 사라졌을 뿐 아니라 盡大地의 한 부분처럼 먼지와 티끌조차 하나 없다'. 雪峰義存의 벼알이 된 우주(盡大地)의 절대적인 면을 시적으로 표현한 것. '曹溪鏡裏'는 설두가 죽기 약 370년 전에, 보디 달마로부터 5대째인 黃梅弘忍 밑에서 일어난 역사적 사건에 의거한 어구임. 그 역사적 사실을 간단히 말하면, 黃梅山의 弘忍和尙 밑에 慧能과 神秀라는 두 선승이 있었다. 신수는 대단한 재사이며 당시 홍인화상 밑에는 7백여 명의 선승이 모여 있었지만 신수가 그 총지휘자였다. 이 신수가 어느 날 자기의 깨달음의 경지를 '身是菩提樹, 心如明鏡臺, 時時勤拂拭, 莫使惹塵埃'(몸은 보리수, 마음은 명경대와 같도다. 시시로 털고 닦아서, 먼지나 티끌이 생기지 못하게 하라)라고 읊었다. 이 때 黃梅山에 있으면서 방아 찧는 일 따위 막일이나 하고 있던 혜능이 신수의 깨달음이 천박함을 알고, 온 절의 중들이 신수의 시를 벽에 걸어 놓고 예배할 듯이 떠받드는 것을 보자, 그 시(偈) 옆에 '菩提本無樹, 明鏡亦非臺, 本來無一物, 何處惹塵埃'(애초 보리는 나무가 아니며 명경 역시 臺가 아닐세. 본래 아무것도 없는데 어디서 티끌과 먼지가 생기랴) 하고 밤중에 몰래 써 붙였다. 이 일이 결국 南宗(南頓)과 北宗(北漸)의 분기점을 만들었으며 혜능의 悟境은 5조 홍인의 인정을 받아 석가 이래로 이어온 大法이 혜능에게 전해졌다. 혜능은 嶺南 사람이었으므로 5조에게서 대법을 계승받자 곧 영남의 韶州로 돌아가 그곳 曹溪山 寶林寺를 南宗禪의 근거지로 삼고 크게 頓悟禪을 擧揚했다. 한편 北宗 漸悟禪의 우두머리인 신수는 자기가 지닌 才學을 활용, 발전시켜 則天武后 등의 귀의를 받고 궁중에 출입하며 속된 禪風을 선전했다. ◆ 看來(간래) — '來'는 撮來의 來와 같음. '看'과 '見'의 두 자를 주의해야 함. '看'은 '찾는다'이고 '見'은 '인식한다', '이해한다'는 뜻임. '打鼓看來君不見'(타고간래군불견)은 '북을 두드리며 찾아도 그대들(雪峰和尙 및 그 밑의 운수들)에게는 보이지 않는다'. ◆ 百花春至爲誰開(백화춘지위수개) — '우주 만상은 모두 지극한 도의 默示이며 大法 그 자체의 표현이다'. 곧 '봄이 되어 百花가 피어나되 어느 누구를 위해 피지는 않는다. 백화가 난만한 모양이 지극한 도와 大法의 자기 표현이다'라는 뜻.

우두도 마두도 모습을 감추고
조계의 거울에는 티끌 하나 없네.
북을 치며 찾으라 한들 보일 리 없다.
봄꽃은 누굴 위해 활짝 피었는가?

제6칙

운문이 말하기를 "날마다가 참 좋은 날이다"

雲門日日好日

운문은 광동성(廣東省) 소주(韶州)의 운문산(雲門山) 광봉원(光奉院)을 창시한 문언 화상(文偃和尙)을 말한다. 운문은 제5칙에 나온 설봉 의존(雪峰義存)의 제자이며, 5가 7종의 하나인 운문종(雲門宗)의 개조(開祖)이다. 그가 죽은 것이 남한(南漢) 건화(乾和) 7년(949년)이었음[『선림승보전(禪林僧寶傳) 제2권』]은 알고 있으나, 생년월일이며 그 밖의 사실 기록이 없어 그의 역사적 배경은 확실하지 않다. 제6칙에는 '수시'가 없다. 『벽암록』 중 '수시'가 없는 것은 '제6칙 운문이 말하기를 "날마다가 참 좋은 날이다"(雲門日日好日)', '제14칙 운문이 말하기를 "이것저것 모두 좋다"(雲門對一說)', '제18칙 혜충 국사의 무봉탑(忠國師無縫塔)', '제26칙 백장의 대웅봉(百丈大雄峰)', '제28칙 남전의 못다 말한 진리(南泉不說底法)', '제30칙 조주의 큰 무우(趙州大蘿蔔頭)', '제34칙 앙산이 말하기를 "산놀이도 안 갔는가"(仰山不曾遊山)', '제36칙 장사, 떨어지는 꽃잎 좇아 돌아오다(長沙逐落花回)', '제44칙 화산의 북 솜씨 "쿵쿵 쿵더쿵!"(禾山解打鼓)', '제48칙 왕태부 차 대접을 받다(王太傅煎茶)', '제52칙 나귀도 말도 건너가는 조주의 돌다리(趙州渡驢渡馬)', '제58칙 조주가 대답하기를 "아직 뭐라고 해야 할지 모르겠네"(趙州分疎不下)', '제64칙 조주, 짚신을 머리에 이고 나가다(趙州頭戴草鞋)', '제67칙 부 대사의 금강경 강의(傅大士講經)', '제71칙 백장이 오봉에게 묻기를(百丈問五峰)', '제72칙 백장이 운암에게 묻기를(百丈問雲巖)', '제78칙 개사가 물을 보고 깨달음(開士悟水因)', '제80칙 조주의 갓난애(趙州初生孩子)', '제83칙 운문의 고불과 기둥(雲門古佛露柱)', '제93칙 대광이 춤을 추다(大光作舞)', '제96칙 조주의 세 가지 수시(趙州三轉語)'의 21칙이다. 100칙 가운데에서 79칙에만 '수시', '본칙', '송'이 완비되어 있고, 나머지 21칙에는 '본칙'과 '송'만 있다. 제6칙 '본칙'이 말하려는 교훈은 운문 문언(雲門文偃)이 제시하는 '날마다가 참 좋은 날이다(日日是好日)'의 체험이다. 이 체험이야말로 선자(禪者)의 이상적 생활이며, 그런 생활을 할 때 비로소 해탈인이 된다. 그리고 설두의 '송'은 그 '날마다가 참 좋은 날'의 체험자가 갖는 자연관을 시적으로 표현한 경지이다.

本則 擧. 雲門垂語云, 十五日已前不問汝, 十五日已後道將一句來. (自代云), 日日是好日.

주 ◆ 垂語(수어) — '垂示'·'垂誡'(수계)와 같으며 훈시·교훈임. ◆ 十五日已前(십오일이전) — 글자 뜻 그대로이면 한 달 중 '15일 이전'임. 실제로 운문이 15일에 垂語를 했는지도 모름. 과연 그랬다면 '十五日已前'은 '과거에 대해서는'이란 뜻이 됨. [參考] 선을 수행하는 중이 많이 있는 절(禪林이나 승당)에서는 중들과 주지인 화상이 정식으로 禪問答을 하는 시간이 정해져 있다. 우선, 주지가 처음으로 어떤 절에 入院했을 때, 入院上堂式 또는 晋山上堂式이라고 하여 즉위식 같은 것을 하는 시간이 있다. 이 때 여러 곳에서 모여든 중들이 그 즉위한 화상과 문답을 한다. 이것을 禪學上의 술어로는 大參(대참)이라 한다. 大參은 晋山式에 이어 시행되며 새로 즉위한 화상이 희색만면, 자랑스런 태도로 須彌壇(수미단) 위에 일어서 警策(경책)을 들고 서 있으면, 여러 곳에서 모여든 중들이 광기 어린 목소리로 묻는다. 화상이 棒喝(방할)을 터뜨리고 중들은 떠들썩하게 묻는다. 제삼자가 보면 꼭 미친 사람들 같지만, 그들은 아주 진지하게 문답을 한다. 다음으로, 5일째에 거행하는 五參(오참)이 있다. 五參은 한달 중 1일, 5일, 10일, 15일, 20일, 25일 등 6일 동안 거행한다. 1일과 15일의 것을 朔望上堂(삭망 상당)이라 하여 가장 중요시한다. 五參 때의 문답도 그 성격은 大參과 같다. 이 밖에 小參이 있다. 이러한 의식으로 보아 운문의 垂語 속의 '15일'이란 삭망 상당 중의 望(15일)을 가리키는 것 같다. 15일 아침에 운문이 상당식이나 소참식 때 선승들에게 한 말로 짐작된다. ◆ 不問汝(불문여) — '汝'는 운문이 선승들을 가리켜 한 말. ◆ 道將(도장) — '來'와 함께 '道將來'라고 해야 하며, 목적격인 '一句'가 붙어 문법상의 관례대로 '來'자를 목적격 다음에 붙인 것임. '道將來'는 '말해 보라' 정도의 뜻이며, 당 · 송 시대의 속어. '將'은 동작을 나타내는 일종의 조동사임. ◆ 一句(일구) — '무엇인가 한 마디'. ◆ 自代云(자대운) — '본칙'의 기록자가 삽입한 말. '선승이 운문의 질문에 대해 그저 침묵만 하고 있으므로, 운문이 대신 말했다'임.

[어느] 15일 아침 소참(小參) 때, 운문 화상이 수시하기를 [세상 사람은 이미 가 버린 과거에 너무 집착하여 귀중한 시간을 낭비한다. 지나가 버린 일은 그대로 묻어 버리고 잊어야 한다. 그러니] 15일 이전의 일은 너희에게 묻지 않는다. [오히려 영원한 시간의 흐름은 처음도 끝도 없이 흘러가고 있다. 자, 이 영원한 미래인] 15일 이

후에 대해 뭔가 자기 나름의 의견이 있으면 말해 보라. ([이 수시에 대해 누구 하나 발언하는 자가 없다. 그래서] 운문이 대신 말했다.) [세상 사람은 비가 오면 "날씨가 나쁘다"고 하고, 비가 그치면 "날씨가 좋아졌다"고 한다. 계속 해만 쪼이면 "가뭄이 든다"고 하고 비가 많이 오면 "홍수다" 하고 소란을 피운다. 그러나 우주는 인간을 위해 있는 것이 아니다. 우주의 본체에서 보면, 소나기도 태풍도 홍수도 가뭄도 모두 자연 현상일 뿐 거기에는 선도 악도 없다.] "[우주의 절대적인 진리를 파악하고 있는 사람에게는] 날마다가 참 좋은 날이다."

頌 去却一拈得七, 上下四維無等匹. 徐行踏斷流水聲. 縱觀寫出飛禽跡. 草茸茸, 煙冪冪. 空生巖畔花狼藉. 彈指堪悲舜若多. 莫動著. 動著三十棒

주 ◆ 去却一拈得七(거각일염득칠) — '一'은 『老子』에 나오는 '道生一, 一生二, 二生三, 三生萬物'의 '一'과 마찬가지로 '절대'를 나타내는 말. '七'은 七音·七緯·七聲·七律·七佛 등의 七과 같은 '相對'를 나타내는 말. '去却'은 '버리다', '拈得'은 '갖다'임. 그러므로 '去却一拈得七'은 雲門文偃 和尙이 '본칙'에 나온 대로 第一義的인 절대를 떠나 第二義的인 상대로 내려가 선승들에게 수어한 것을 말함. ◆ 上下四維無等匹(상하사유무등필) — '四維'는 乾(서북)·坤(서남)·艮(동북)·巽(동남)의 四隅를 말함. 上下·四方·四維(十方), 즉 우주 사이에서 비길 데가 없는 것을 '上下四維無等匹'이라 함. '等匹'은 等倫·等儔와 같으며, '필적하는 것', '비교가 되는 것', '비견되는 것'의 뜻. ◆

徐行踏斷流水聲, 縱觀寫出飛禽跡(서행답단유수성, 종관사출비금적) — 운문이 안주하는 고고한 경지를 시적으로 표현한 글임. '흐르는 골짜기 물소리를 헤치고 천천히 발걸음을 옮기며, 창공을 날아가는 날짐승의 발자취를 보는 대로 그려 낸다' 함은 그러한 우주의 아름다움 속에 스스로를 융합시키고, 몰입하는 모습을 노래한 것임. ◆ 草茸茸, 煙羃羃(초이이, 연멱멱) — '茸茸'는 풀이 무성한 모습. '羃羃'은 구름이 낮게 깔려 하늘을 덮고 있는 모습. '羃'(덮을 멱)은 '冪'이라고도 씀. '草茸茸, 煙羃羃'은 대지는 푸른 풀로 뒤덮이고, 하늘은 낮은 구름이 드리우고 있어서, 천지가 하나로 이어진 듯, 相對界의 차별상이 絶對界의 신비로 감싸인 모양. '煙'은 연기(낌) 연. ◆ 空生巖畔花狼藉(공생암반화낭자) — '空生'은 인도 신화의 虛空神(主空神)인 舜若多(Sunyata)의 漢譯語이지만 석가의 16제자 중 解空第一須菩提尊者(須菩提Subhuti의 한역어는 善現 · 善吉 · 善業)가 空觀哲學의 대가였으므로 당시 사람들이 그를 舜若多라고 별명을 붙였다. 여기서의 '空生'은 '虛空神'이 아니라 須菩提를 가리킴. '狼藉'는 '물건이 사방으로 흩날림'. '空生巖畔花狼藉'는 '須菩提가 편히 쉬던 바위 근처에는 梵天(帝釋天 : 造化의 신)이 뿌린 꽃이 사방 흩어져 있었다'임. ◆ 彈指堪悲(탄지담비) — '아 가련한 녀석이다'. '彈指'는 다섯 손가락을 쥔 채 엄지 손가락으로 둘째 손가락을 퉁겨 딱 하고 소리를 내는 것. 이는 남에게 주의를 불러 일으키기 위해, 또는 남을 깨우쳐 주기 위해, 남을 멸시할 때 그리고 일종의 呪術로 不淨을 씻기 위한 목적으로 하는 행위이다. 여기서는 셋째번인 남을 멸시하는 彈指임. ◆ 舜若多(순야다) — 虛空神(主空神)을 가리킴. ◆ 莫動著(막동착) — '꼼짝 말아', '그 자리에서 도망치지 말라'의 뜻. '舜若多'를 가리키지만, 순야다와 수보리(空生) 양쪽에 걸친 말로 보아도 됨.

하나를 버리고 일곱을 갖다니, 세상 천지에 그만한 사람도 없구나.
깊은 산 흐르는 물소리를 헤치고
언뜻 날아가는 새의 자취를 그린다.
무성한 풀, 낮게 드리운 구름이여!

[하늘 땅이 하나로 이어진 듯 절대의 위대한 신비 속에 아스라히 감싸였구나]

수보리가 앉은 바위에 꽃잎이 흩날렸다니!

아 가련한 순야다여, 꼼짝 말라.

꿈틀만 해도 30방이 쏟아지리라.

제7칙

혜초가 법안에게 부처를 묻다

法眼慧超問佛

제7칙은 법안(法眼)과 혜초(慧超) 두 사람의 이야기이다. 법안은 5가 7종의 하나인 법안종(法眼宗)의 창시자이며, 혜초는 선종의 법맥상으로는 법안의 제자이다. 혜초의 본명은 책진(策眞), 생년월일과 입적한 시기 및 나이를 전혀 알 수 없으나, 대강 혜초와 법안은 거의 비슷한 나이(74세)에 입적했다고 추정한다. 법안 화상은 본명이 문익(文益), 여항(餘杭) 태생이며 7세 때 출가했다. 그는 당시 선승들 사이에서 '5백 인의 선지식(善知識)'이라 불렸으며 그의 전도(傳道) 시대에는 항상 5백 명의 수도승이 따라다녔다고 한다. 법안 문익(法眼文益)을 청량 문익(淸凉文益)이라고도 하며, 그가 금릉(金陵)[남경(南京)]의 청량원에서 산 일이 있기 때문이다.

垂示云, 聲前一句, 千聖不傳. 未曾親覲, 如隔大千. 設使向聲前辨得, 截斷天下人舌頭, 亦未是性懆漢. 所以道, 天不能蓋, 地不能載, 虛空不能容, 日月不能照, 無佛處獨稱尊, 始較些子. 其或未然, 於

一毫頭上透得, 放大光明, 七縱八橫, 於法自在自由, 信手拈來, 無有不是. 且道, 得箇什麽, 如此奇特. (復云,) 大衆會麽. 從前汗馬無人識, 只要重論蓋代功. 卽今事且致. 雪竇公案, 又作麽生. 看取下文.

㊟ ◆ 聲前一句(성전일구) — '聲'은 두 가지로 해석할 수 있음. 사상 표현의 매개인 언어 문구로, 또 실체에 대한 현상으로 봄. '聲前一句'는 敎外別傳的인 '절대의 소리', '우주의 참모습', 또는 '절대 그 자체'. 『莊子』 內篇 齊物論에서 南郭子綦가 말하는 天籟 [하늘의 바람 소리(퉁소 소리)]와 같은 뜻. 결국 絶對無二의 '自己의 獨尊佛'을 깨닫는 것임. ◆ 千聖不傳(천성부전) — 어떠한 성인도 전수하지 않음. '千聖'은 삼세의 諸佛과 역대의 조사들. ◆ 親覲(친근) — 친히 알현함이 본뜻이나, 여기서는 '聲前一句'에 悟達함을 말함. '覲'(뵐 근)은 알현함, 배알함. ◆ 大千(대천) — 大千世界 · 三千大世界 · 三千大千國土 · 三千國土 · 三千世界 · 三千大千世界 · 三千世間 등이라고도 함. 불교 우주론의 술어이며, '끝없는 우주'를 뜻함. ◆ 向聲前(향성전) — '向'은 '에서(於)'. '向聲前'은 『老子』의 '玄之又玄, 衆妙之門'이나 『莊子』의 '無有'와 비슷한 데가 있는 말임. 결국 '우주의 실체에 서서'임. ◆ 辨得(변득) — 辨識體得함. 분명히 알아서 터득함. ◆ 性懆漢(성조한) — 영리한 사람, 예민한 사람, 똑똑한 사람. 당 · 송 시대의 속어로는 '성급한 녀석', '눈치 빠른 놈'임. ◆ 所以道(소이도) — '道'(謂와 같으며 '말하다')는 '天不能蓋 ~ 始較些子'까지에 걸친 말임. ◆ 無佛處獨稱尊(무불처독칭존) — 앞의 '向聲前辨得'과 거의 같은 뜻. ◆ 始較些子(시교사자) — '비로소 些子에 해당됨'. '글쎄 웬만큼은 쓸 만하군' 또는 '조금은 요령을 터득하고 있군'. '些子'는 약간은 터득한 자. '些'는 적을 사, '약간'. ◆ 其或未然(기혹미연) — 위의 '天不能蓋 ~ 始較些子'를 부정한 말이며, '未然'은 직접 '較些子'를 부정하고 있음. '其或未然'은 '아니, 그것으로는 아직 멀었다. 些子도 그 무엇도 못 된다고 한다면, 선승에게는 이 밖에 더욱 깊은 묘리가 있다'는 뜻. '較'는 '해당됨'으로 새기나, '비교됨'으로 풀이해도 됨. ◆ 於一毫頭上(어일호두상) — '가느다란 털 같은 아주 작은 사실을 통해서'. '毫'

(잔털 호)는 길고 뾰족한 가는 털. ◆ 透得(투득) — 깨달음을 얻는 것. 우주의 본체에 닿는 것. ◆ 七縱八橫(칠종팔횡) — 산산히 흩어짐. 온갖 곳으로 퍼져 나감. ◆ 於法(어법) — 유형·무형의 모든 사물에서. '法'(Dharma)은 '萬法'. '삼라만상의 온갖 사물'. ◆ 信手拈來(신수염래) — 닥치는 대로, 무엇을 갖고 와도. ◆ 無有不是(무유불시) — '是'는 옳음. '옳지 않은 것이 없음'. ◆ 奇特(기특) — 기묘, 특별. 초인적인 활동. ◆ 復云(부운) — 기록한 자가 덧붙인 삽입구임. ◆ 從前汗馬無人識, 只要重論蓋代功(종전한마무인식, 지요중론개대공) — '從前汗馬無人識'은 군인이 고전하는 사실을 선승의 수행에 비유하여, 그 수고는 여느 사람들이 알지 못함을 말한 것. '從前'은 '예전 사람', '옛 사람'. '只要衆論蓋代功'은 '汗馬의 노고를 겪은 軍功이 있느냐 없느냐 하는 사실은 論功하는 자리가 아니면 알 수 없듯이 수행자의 깨달음(悟道)의 원숙·미숙도 걸출한 고승의 감정을 받지 않으면 판명되지 않는다, 깨달음의 진위를 결정하는 데에는 고승의 면전에서의 논공이 필요하다'. '重'은 '다시'(再)가 아니고, 重用·重賞할 때의 뜻이며, '蓋代'는 '蓋世'임. 기개가 세상을 뒤덮음, 일세를 뒤덮을 만한 큰 공적이 있음. ◆ 即今事且致(즉금사차치) — '即今事'는 '위에서 말해 온 사항'을 가리킨 말. '且致'의 '致'는 '置'와 같으며 '용서한다'는 뜻이 있음. '且致'(且置)는 '잠시 그대로 놓아두고'. '且'는 우선, 잠시. ◆ 公案(공안) — 선방에서 수행자에게 추구하게 하는 문제. ◆ 又(우) — 위의 '大衆會麼' 다음에 있어야 할 作麼生과 은근히 대응되고 있음. ◆ 看取下文(간취하문) — 역시 기록자의 삽입구인 듯하나, 한편 원오의 말로도 볼 수 있음.

수시하기를, 우주의 참모습이[라든가, 절대 그 자체]란 [이심전심(以心傳心)·교외별전(敎外別傳)에 속하는 것이므로] 어떤 성인도 글이나 말로 남에게 전해 주지 못한다. [본래의 도(진리)가 멀리 있지는 않지만] 아직 직접 터득하지 못했으면 끝없이 아득한 저편에 있게 마련이다. 가령 우주의 참모습에서 다소 터득한 데가 있어 세상 사람의 말머리를 꽉 막아 [끙 소리도 못 내게 만들어] 버려도, 그것으로 [성전(聲前)의 1구를 내 것으로 만든] 영리한 사람이라 할 수는 없다. 그래서 옛사람은 "[우주의 참모습(聲前一句)은 한없이 넓고 커서] 하늘도 이를 다 덮지 못하고 땅도 이를 다 얹지 못하며, 허공도 이를 다 담지 못하고, 해와 달도 이를 다 비추지 못한다. 부처도 없고 조사(祖師)도 없고, [허허적적(虛虛寂寂)한 곳에 앉아] 유아독존, 오직 나만이 있다, [우주가 그대로 내 것, 나 이외에 우주는 없다]고 할 수 있는 경지가 되면, 비로소 그런대로 조금은 뭔가 알았다고 할 만하다"고 말했으나, 아직 멀었다. [더 높고 깊은 경지가 있는 것이다.] 가느다란 털끝을 통해 우주의 묘리를 터득하고, 일거일동이 모두 위대한 빛을 내뿜어 [소위 '밝은 빛이 온 누리를 두루 비친다(光明遍照十方世界)'는 묘지(妙智)를 깨닫고], 우주의 온갖 사물(萬法)과 자유자재로 활달하게 교섭하는 경지에 이르러야 한다. 그러면 무엇을 가져와도, 무슨 일을 해도 [우주의 묘리에 위배됨이 없이] 다 옳은 것이 된다. 자, 그런 초인적 활동은 무엇을 얻으면 할 수 있는가. ([이 때 아무도 원오의 물음에 대꾸하는 자가 없으므로] 다시 한 번 말하기를) 어떠냐, 너희는 내 말을 알았느냐? [하고 다그쳐 물었지만, 아무도 대꾸가 없다. 원오는 말을 계속한다.] 옛사람이 선(禪)을 수행하며 겪은 고초를 세상 사람은 짐작도 못 한다. 훌륭한 스님 앞에서 세상에 떨칠 만한 공로인가를 신중하게 평가받아야 한다. 이상 말해 온 선의 경지는 이제 그만 해두고, 여기 설두가 내놓은 공안의 뜻은 어떤가? 자, 그 [공안의] 본문을 보자.

本則 擧. 僧問法眼, 慧超咨和尙, 如何是佛, 法眼云, 汝是慧超.

주 ◆ 僧(승) — '慧超'라고 하지 않고 그저 '僧'이라고만 한 것은 慧超가 아직 화상이 되지 못한 어린 중이었기 때문임. ◆ 咨(자) — 묻다. 상담하다. '諮'와 같음. 여기서는 '정중히 묻다'임.

[어느 날] 중 하나가 법안 화상에게 [흥미 있는] 질문을 했다. "전 혜초라고 합니다만, 화상께 삼가 묻겠습니다. [요즘 수도승들 사이에서 곧잘 화제가 되는] 부처란 [본래] 어떤 겁니까?" 법안은 [부처에 대한 설명은 하지 않고,] "네가 바로 혜초였구나" 하고만 대답했다.

頌 江國春風吹不起, 鷓鴣啼在深花裏. 三級浪高魚化龍, 癡人猶戽夜塘水.

주 ◆ 江國(강국) — 넓은 뜻으로는 양자강 연안 일대의 지방을 가리키지만, 좁은 뜻으로는 法眼文益이 살던 建康府 石頭城의 淸凉院 근방부터 蘇州 · 杭州 · 上海 지방을 포함하는 '강남'을 가리킴. ◆ 吹不起(취불기) — 바람은 불어도 거세지 않음. '산들산들 부드럽게 불고 있음'. ◆ 鷓鴣(자고) — 꿩과에 속하는 새이며, 메추라기와 비슷함. ◆ 三級浪高魚化龍(삼급랑고어화룡) — 강과 바다의 물고기가 黃河를 거슬러 올라가 龍門山 밑에 모인다. 그 중 출중한 물고기가 龍門의 三級(三段 · 三層) 폭포를 타고 올라가 용이 된다는 전설이 있음. 예로부터 중국 문학은 이 '龍門의 三級'을 進士 · 秀才의 시험에 비유하고 있고, 또 禪門에서는 悟道上의 난관에 비유함. ◆ 癡人(치인) — 어리석은

자. 바보. ◆ 戽(호) — 배 두레박. 배 바닥의 물을 퍼내는 바가지. '㴧'와 같음. '물을 떠내다'임. ◆ 夜塘(야당) — 밤에 물고기가 들어가도록 강가에 만들어 놓은 둑. '塘'은 둑, 제방, 또는 못.

강남에 산들바람 자고는 꽃그늘에서 운다.

물고기 뛰어뛰어 용이 되건만 어리석은 이는 밤새 못물만 푸네.

제8칙

취암이 하안거를 마치고 중들에게 말하기를
翠巖夏末示衆

취암 영삼(翠巖令參), 보복 종전(保福從展), 장경 혜릉(長慶慧稜), 운문 문언(雲門文偃)은 모두 설봉 의존(雪峰義存)의 문하들이다. 이 중에서도 취암이 제일 막내 제자였던 모양이고 그가 하말(夏末) 도량에서의 접심(接心) 때 동문 세 사람이 가세하여 벌이는 이야기가 본칙의 내용이지만 『벽암록』에서는 잡칙(雜則)으로 간주되고 있다.

垂示云, 會則途中受用, 如龍得水, 似虎靠山. 不會則世諦流布, 羝羊觸藩, 守株待兎. 有時一句, 如踞地獅子, 有時一句, 如金剛王寶劍, 有時一句, 坐斷天下人舌頭, 有時一句, 隨波逐浪, 若也途中受用, 遇知音, 別機宜, 識休咎, 相共證明. 若也世諦流布, 具一隻眼, 可以坐斷十方, 壁立千仞. 所以道, 大用現前, 不存軌則. 有時將一莖草, 作丈六金身用. 有時將丈六金身, 作一莖草用. 且道, 憑箇什麽道理. 還委悉麽. 試擧看.

주 ◆ 會則(회즉) — '會'는 悟達 · 悟得의 뜻. '則'은 '卽'임. '會則'은 '이 우주 인생의 妙諦를 깨달으면'임. ◆ 途中受用(도중수용) — 한군데에 집착함이 없이 자유자재로 활동함. '用'은 '활용 · 활동'. ◆ 似虎靠山(사호고산) — '靠'(기댈 고)는 '의지함'. 속어. ◆ 世諦流布(세제유포) — '世諦'는 眞諦 · 聖諦에 대한 俗諦, 즉 佛法 진실의 도리가 아니고 세속적인 도리를 말하며, '流布'는 그 俗諦 위에서의 행동. 결국 '世諦流布'는 '세상 사는 법', '처세법'임. '諦'는 究極의 도리. ◆ 羝羊觸藩(저양촉번) — 숫양이 뿔로 울타리를 받다가 걸려 진퇴양난에 빠짐을 말하며, 만용을 내어 저돌하는 사람은 오히려 실패한다는 비유이다. 우주 인생의 妙諦를 悟得하지 못한 사람이 처세하는 방법이 옹색하다는 뜻. ◆ 守株待兎(수주대토) — 한 가지에만 얽매여 세상 돌아가는 것을 모름. 앞 구와 마찬가지로 우주 인생의 妙諦를 터득하지 못한 사람의 처세법을 풍자한 것임. 이 말은 『韓非子』의 '宋人有耕者, 田中有株, 兎走觸之, 折頸死. 因釋耕守株待兎, 冀復得兎, 兎不可得, 而身爲宋國笑'(송나라 사람이 밭을 갈고 있었다. 밭 한가운데에 나무 그루가 있었다. 토끼 한 마리가 달려가다 거기에 부딪쳐 목이 부러져 죽었다. 밭 갈던 사람은 그 일을 집어치우고 나무 그루를 지키며 토끼를 기다렸다. 다시 토끼가 잡히기를 기다렸으나 얻지 못하고 송나라의 웃음거리만 되고 말았다)라는 글에서 비롯됨. ◆ 有時(유시) — 어느 한 때. ◆ 踞地獅子(거지사자) — '踞'(쭈그리고 앉을 거)는 '무릎을 세우고 앉음'. ◆ 金剛王(금강왕) — 이는 金剛이라는 왕이 아니라, 순수한 金剛, 진짜 金剛의 뜻. 『楞嚴經』 제4권에 '如金剛王常住不壞'라고 나온 金剛王과 같음. ◆ 隨波逐浪(수파축랑) — '隨機說法'이나 '임기응변'. ◆ 若也(약야) — 만약. 만약 또. ◆ 知音(지음) — 서로의 사람됨을 알고 마음과 마음이 통하는 사이. 또는 그렇듯 서로 통하는 경지. ◆ 別機宜, 識休咎(별기의, 식휴구) — 서로의 기분을 알아차리며, 서로의 喜憂를 앎. '機宜'는 기분, 氣心. '休咎'는 본래 길과 흉, 복과 화를 뜻하나, 여기서는 '休戚'(휴척)과 같은 말로 보고 '기쁨과 근심 걱정', 즉 '喜憂'임. ◆ 相共證明(상공증명) — '證明'은 '契合'(꼭 들어맞음)임. '相共'은 상호. '相共證明'은 서로의 마음이 꼭 들어맞으므로 신분을 증명할 수가 있음. ◆ 一隻眼(일척안) — '마음의 눈'을 가리킴. '애꾸눈'이 아니고 누구나가 지닌 좌우의 두 눈 이외에 中正明徹한 또 하나의 눈을 말한 것. 一隻眼을 갖춘 僧이 明眼의 衲僧임. ◆ 坐斷十方, 壁立千仞(좌단시방, 벽립천인) — '坐'는 방비 · 수호. '坐斷十方'은 十方에 눈길을 보내 지키고 있다는 말. 그러므로 남이 보면 十方을 坐斷하고 있는 사람의 태도는 '壁立千仞'의 깎아지른 절벽 같아 도저히 근접하기 어렵게 느낌. '坐斷'에는 '방어'와 '좌절'의 두 가지 뜻이 있음. ◆ 大用現前, 不存軌則(대용현전, 부존궤칙) — 제3칙의 '수시'에 나온 것과 같이, 절대적인 행동에는 일정한 규칙이 없고 자유자재함. 제7칙의 '信手拈來, 無有不是'와 거의 같음. '大用'은 위대한 활동, 절대적인 행동. ◆ 丈六金身(장육금신) — '丈六'은 一丈六尺. 身長을 말함. '金身'은 석존의 몸은 紫磨金色身이라 하여 금빛으로 빛났다는 데에서 나온 말. 丈六도 석존의 키를 말한 것임. ◆ 憑箇什麽道理(빙개습마도리) — 이상의 妙用은 대체 어떻게 된 것이냐? '憑'은 의거할 빙. '箇'(이 개)는 속어로 '此'와 같음. ◆ 還委悉(환위실) — '委'는 자세할 위. '悉'은 알 실. 결국 '委悉'은 자세히 앎. '還'(다시, 도리어 환)은 '그래' 정도의 가벼운 뜻.

수시하기를, 절대의 진리를 터득한 사람은 그 [전도(傳道)] 활동이 자유자재여서 용이 물을 얻은 듯, 호랑이가 산에 버티고 앉은 듯하다. [그러나] 아직 진리를 터득하지 못한 사람은 숫양(羝羊)처럼 저돌적인 행동을 하다 결국 뿔이 울타리에 걸려 꼼짝 못하게 되고, 나무 그루에 다시 또 토끼가 와 부딪쳐 죽기를 기다리는 바보짓이나 한다. [진리를 터득한 사람의 활동은] 금시 일어나 덤빌 듯한 사자와 같고, 비길 데 없이 굳은 금강 보검 같으며, [또] 세상 사람의 말문을 막아 버리는가 하면, 때와 장소에 따라 알맞은 설법을 편다. 만약 [상대방이] 절대의 진리를 터득한 사람이면 곧 마음이 통하는 사이가 되어, 서로의 기분을 알고 좋고 싫은 것까지 짐작하며, [따라서] 마음이 꼭 들어맞아 함께 상대방을 밝혀 말해 줄 수 있다. [그러나] 만약 [상대방이] 저돌적이며 바보 같은 위인이라면, 또 하나 명철한 눈을 갖추고 사방을 지켜보며 깎아지른 절벽 같은 태도를 보여 주어야 한다. 그래서 '절대적인 행동에는 일정한 규칙이 없고, 자유자재하다'(大用現前, 不存軌則)고 한 것이다. [그 활동을 할 수 있는 사람이면] 때로는 한 포기 풀로 1장 6척의 황금불(黃金佛)을 만들고, 때로는 1장 6척의 황금불로 한 포기 풀을 만들기도 한다. [그렇듯 대소를 초월하고 경중을 뛰어넘는다.] 자, 말해 보라. 무슨 도리로 이런 활약을 할 수 있는지. 그래 자세히 알겠느냐? 여기 좋은 이야기가 있으니 잘 살펴보라.

本則 擧. 翠巖, 夏末示衆云, 一夏以來, 爲兄弟說話. 看, 翠巖眉毛在麽, 保福云, 作賊人心虛. 長慶云, 生也. 雲門云, 關.

주 ◆ 翠巖(취암) — 翠嵓 또는 翠岩이라고도 씀. '翠巖'은 浙江省 寧波府의 明州에 있는 산 이름, 곧 翠巖山의 禪院에 살고 있던 令參和尚을 가리킴. ◆ 夏末(하말) — '夏'는 하안거임. 1년에 한 번 夏季에 수행하는 모임. 이 제도는 산스크리트어로 'vars'(縛哩史)라 하고, 불타 이전부터 인도에서 거행되던 제도임. 인도에서는 '雨季를 이용하여 개최되는 약 백일간의 夏期修養會'임. '夏末'은 그 하기수양회 폐회식 날로 보면 됨. 禪門에서는 이 날을 解夏日 · 自恣日이라고 함. ◆ 說話(설화) — 설법 · 담화. ◆ 眉毛在麽(미모재마) — 이 '在麽'는 '有麽'와 같은 뜻이 아님. '有麽'는 '사물의 유무' 즉 '있느냐 없느냐'이지만, '在麽'는 '아직 존재하고 있는가'의 뜻임. 그러므로 '眉毛在麽'는 '내 눈썹은 아직 떨어지지 않고 붙어 있는가?'임. 禪林에는 너무 세속에 익숙해져 근본적인 진리에서 동떨어진 설화를 하면 눈썹이 없어진다는 속담이 있음. ◆ 作賊人心虛(작적인심허) — '虛'는 '虛僞'의 虛이며 不正直의 뜻. '作賊人心虛'는 '도둑질하는 놈 중에 정직한 자란 없다'. ◆ 生也(생야) — '눈썹이 남아 있을 정도가 아니라, 자꾸 자라고 있다'. ◆ 關(관) — 函谷關 같은 '關', 국경의 관문. 운문이 취암의 示衆語를 關門으로 본 것임.

취암은 하안거를 마치고 폐회하는 날, 수도승들에게 "하안거가 시작된 이후로 여러분을 위해 [서투른] 설화를 늘어놓았지만, [부처가 어떻느니 조사(祖師)가 뭐랬느니 하여 너무 속된 수작만 늘어놓았소만] 그래도 이 취암의 눈썹이 남아 있습니까?" 하고 물었다. 보복이 "도둑놈이 정직할 리 없지. [취암의 수작을 조심해야 돼.]" 하고 받았다. [곧 이어] 장경은 "[눈썹이 남았을 뿐만 아니라] 자꾸 자라고 있군" 했다. 운문이 "문은 닫혔다. [아무도 빠져나가지 못하리라!]"고 덧붙였다.

頌 翠巖示徒, 千古無對. 關字相酬, 失錢遭罪. 潦倒保福, 抑揚難得. 嘮嘮翠巖, 分明是賊. 白圭無玷, 誰辨眞假. 長慶相諳, 眉毛生也.

주 ◆ 翠巖示徒(취암시도) — '翠巖의 示衆語에 대해서는'의 뜻. ◆ 千古無對(천고무대) — '對'에는 두 가지 주석이 있음. 첫째는 대등·대비의 뜻으로 보아, '千古無比', 곧 '고금을 통해 아무도 비교될 수 없다'고 하는 풀이임. 둘째는 응답·해답의 뜻으로 보아, '千古無應對', 즉 '고금을 통해 翠巖의 질문에 옳게 대답할 자가 없다'고 풀이함. ◆ 關字相酬(관자상수) — 關자로 응답함. ◆ 失錢遭罪(실전조죄) — 당나라 때의 법률에 돈을 분실한 자는 처벌되는 규정이 있었다 하며, 거기서 비롯된 말임. 우리 속담의 '엎친 데 덮치기'와 비슷함. 취암이 일부러 친절하게 설화를 하고 또 '눈썹이 남아 있느냐?'고 묻기까지 한 것은 失錢과 같고, 거기에 운문이 '關'이라고 내쏜 말은 처벌당함과 같다는 것. ◆ 潦倒(요도) — 거동이 완만한 모양. '간접적으로 완곡하게'의 뜻. ◆ 抑揚難得(억양난득) — '抑揚'은 '혹은 헐뜯고 혹은 찬양함'. '抑揚難得'은 '취암을 헐뜯었는지 칭찬했는지 알 수가 없다'. ◆ 嘮嘮(노로) — 수다스러움. 말이 많음. '嘮'는 '떠들썩함'. '시끄러움'의 뜻일 때는 '초'로 읽음. ◆ 白圭無玷(백규무점) — '白圭'는 희고 맑은 옥. '玷'(이지러질 점)은 티, 흠, 결점. 『詩經』에 나오는 '白圭之玷, 尙可磨也. 斯言之玷, 不可爲也'(희고 맑은 옥의 티는 갈고 닦으면 되나, 말의 실수는 고칠 수가 없으므로 해서는 안 된다)에 의거함. '白圭無玷'은 희고 맑은 옥에는 티가 없으나 수다스런 취암의 말에는 흠이 있다. ◆ 長慶相諳(장경상암) — '諳'(알 암)은 익숙히 앎. 결국 장경을 칭찬하는 말임. '장경은 똑똑하다. 어느새 다 알고 있는 걸'.

취암이 [하말(夏末)에] 수도승들에게 한 말은 고금에 따를 자가 없다. [운문이] 관(關)자로 응답했지만, 엎친 데 덮친 꼴이다. 보복은 ["도둑놈이 정직할 리 없지"(作賊人心虛)라고] 완곡하게 말했으나, 헐뜯은 건지 칭찬한 건지 알 수가 없다. ["내 눈썹이 남아 있는가"(看翠巖眉毛在麽) 따위 질문을 한] 수다스런 취암이야말로 분명한 도둑놈이다. 백옥에는 티가 없으나, 취암의 말에는 흠이 있을지 모른다. 그 티가 있는지 없는지 [취암의 깨달음이 진짜인지 가짜인지] 어느 누구가 가려낼 수 있겠는가? 장경은 [과연 현명하다,] 어느새 익히 알고 있어서, "눈썹은 자꾸 자라고 있군" 한 것이다.

제9칙

조주의 네 개 문

趙州四門

등장 인물은 조주와 무명승이다. 조주는 제2칙에 나온 그 조주 종심이다. '본칙'에서 공연히 이론만 좋아하는 한 중이 "조주란 대체 뭡니까?"(如何是趙州)하고 질문을 던졌다. 중은 "부처다"(趙州云 佛) 같은 대답을 기대한 모양이나, 조주 화상이 그 따위 잔꾀에 넘어가지 않고, "동문 서문 남문 북문"(州云 東門西門南門北門) 하고 슬쩍 피해 버렸다. 여기에 조주 화상의 원숙한 선의 경지가 잘 나타나 있다.

垂示云, 明鏡當臺, 姸醜自辨, 鏌鎁在手, 殺活臨時. 漢去胡來, 胡來漢去, 死中得活, 活中得死. 且道, 到這裏又作麼生, 若無透關底眼, 轉身處, 到這裏, 灼然不奈何. 且道, 如何是透關底眼, 轉身處. 試擧看.

주 ◆ 姸醜(연추) — 美醜와 같음. 은근히 漢(姸)과 胡(醜)에 대응시키고 있음. ◆ 自辨(자변) — 저절로 분명하게 구별됨. 분명하게 거울에 비침. ◆ 鏌鎁(막야) — 名劍의 이름. 옛날 吳나라의 干將이라는 사람이 吳王을 위해 만든 名劍. 아내의 이름이 鏌鎁였으므로 雄劒은 干將, 雌劒은 鏌鎁라 이름 붙임. ◆ 胡漢(호한) — '胡'는 醜의 대표자, '漢'은 姸의 대표자임. ◆ 得活得死(득활득사) — 이 '得'은 '스스로 ~를 얻다'라고도, 또 '남으로 하여금 ~을 얻게 하다'의 뜻으로도 풀이할 수 있음. ◆ 到這裏(도저리) — 明鏡에 비치고, 鏌鎁에 위협당한 경우를 말함. ◆ 又作麽生(우자마생) — 어떻게 할 것인가. ◆ 透關底眼(투관저안) — '透'는 통과함, 극복함. '關'은 這裏를 가리킴. '底'는 '的'과 비슷한 속어로, 우리말의 '의'와 같음. '透關底眼'은 '생사가 교차되는 난관을 극복할 수 있는 活眼(知見)'. ◆ 轉身處(전신처) — '處'는 '장소'가 아니고, 당·송 시대의 속어로 '수단'·'방법'·'계략' 같은 뜻. '轉身處'는 '轉身'의 수단. ◆ 灼然(작연) — 분명히, 확실히. ◆ 不奈何(불내하) — 어찌할 수가 없음.

수시하기를, 명경이 제대로 경대 위에 서 있으면 예쁘고 못 생긴 것이 [그대로 거울에 비치므로] 저절로 분명히 구별된다. 막야라는 명검이 손에 있으니 죽이고 살리는 일이 그의 마음대로이다. [명경 앞에] 한(漢) 사람이 가건 호(胡) 사람이 오건, 그저 그대로 비쳐 줄 따름이다. [막야를 손에 쥔 사람은] 사지(死地)에 있는 자를 살릴 수도 있고, 살아 있는 자를 죽일 수도 있다. 자, 말해 보라. 그런 [명경 앞에 서거나 막야의 칼날 아래 앉았을] 경우에 어떻게 하면 되겠느냐? 만약 난관을 극복하는 눈과 전신(轉身)의 수단이 없는 사람은 그 경우에 어쩔 수도 없을 게 뻔하다. [그럼] 난관을 극복하는 눈과 전신의 수단이란 무엇인가? 다음 이야기를 살펴보라.

本則 擧. 僧問趙州. 如何是趙州. 州云, 東門, 西門, 南門, 北門.

㈜ ◆ 趙州(조주) — 인명으로는 趙州城 觀音院의 '從諗和尙'. 지명으로 보면 '趙州城市'. 중국의 '城'은 우리 나라의 시 · 읍 · 면 등에 해당되며, 그 거리가 성으로 둘러싸여 있고, 동서남북 사방에 大東門 · 小東門 식으로 대소 두 개씩의 문이 있는 것이 보통임.

어느 날 한 운수가 [조주성 관음원의] 조주 화상을 찾아와 물었다. "[조주, 조주 하는데, 그] 조주란 대체 뭡니까?" [그러자] 조주는 "[조주성에는] 동문, 서문, 남문, 북문이 있지" 하고 대답했다.

頌 句裏呈機劈面來. 爍迦羅眼絶纖埃. 東西南北門相對. 無限輪鎚擊不開.

㈜ ◆ 句裏(구리) — '如何是趙州'라는 구 속에. ◆ 呈機(정기) — '呈'은 '드러내다', '나타내다'이지만, 여기서는 '함축하다'나 '암시하다'의 뜻. '機'는 '發動'이며 무슨 일이 일어나는 계기. 『說文』에 '發을 주관하는 것을 機라 함'이라고 되어 있음. ◆ 劈面(벽면) — 정면으로. 곧바로. ◆ 爍迦羅眼(삭가라안) — '爍迦羅'는 산스크리트어인 Cakra의 音譯語로 斫迦羅 · 爍羯羅라고도 씀. '金剛'은 '견고'임. 원오는 '爍迦羅眼者, 是梵語. 此云堅固眼. 亦云金剛眼, 照見無礙'라고 함. '爍迦羅眼'은 昭昭無礙하여 得失을 변별하는 활동이란 뜻. 金剛眼이라고도 함. ◆ 絶纖埃(절섬애) — '纖埃'는 티끌. 먼지. '纖'(가늘 섬)은 '미세함'. '絶纖埃'는 '가는 먼지 하나 없다'. ◆ 輪鎚(윤추) — 빙빙 돌아가며 계속 내려치는 철추.

조주란 대체 뭐냐고 물었으나,
금강안(金剛眼)은 티없이 맑기만 하다.
동·서·남·북 어디에나 문은 있다네,
쳐도 두들겨도 열리지 않을 뿐.

제10칙

목주의 "얼간이 놈"

睦州掠虛頭漢

목주(睦州, 780년~877년)는 황벽 희운(黃檗希運) 선사의 법통을 이은 사람으로 청년 시대의 임제(臨濟)를 독려하고 운문의 다리를 분질러 주면서까지 접득(接得)한 사람이다. 진존숙(陳尊宿)이라 불리고 명리를 싫어하여 평생 은자로 숨어 살며 세상에 나타나지 않았고 또 효심이 깊어 짚신을 삼아다 팔아서 어머니를 봉양했기 때문에 진포혜(陳蒲鞋)라고도 불렸다. 그는 불학(佛學)에 조예가 깊어 3장(藏)에 능통하고 지계(持戒)는 청엄(淸嚴)이라고 할 정도로 근엄한 사람이었다고 한다. 이름은 『오등회원(五燈會元)』에는 도명(道明), 『고존숙어록(古尊宿語錄)』에는 도종(道蹤)이라 되어 있다.

垂示云, 恁麼恁麼, 不恁麼不恁麼. 若論戰也, 箇箇立在轉處. 所以道, 若向上轉去, 直得, 釋迦 · 彌勒 · 文殊 · 普賢, 千聖萬聖, 天下宗師, 普皆飮氣呑聲, 若向下轉去, 醯雞蠛蠓, 蠢動含靈, 一一放大光明, 一一壁立萬仞. 儻或不上不下, 又作麼生商量. 有條攀條, 無

條攀例. 試擧看.

주 ◆ 恁麽恁麽, 不恁麽不恁麽(임마임마, 불임마불임마) — 당 · 송 시대의 속어로 '恁麽恁麽'는 사물을 긍정하는 것, '不恁麽不恁麽'는 사물을 부정하는 것. 현실 세계의 일이란 무엇이건 이 긍정과 부정의 두 가지에서 벗어나지 않는다. 찬성이냐 반대냐, 사느냐 죽느냐, 버느냐 밑지느냐, 선이냐 악이냐 등, 상반되는 두 입장 사이에 다리를 놓고 걸어가는 것이 인생이라 할 수 있음. ◆ 論戰(논전) — 논쟁, 말다툼. ◆ 箇箇立在轉處(개개입재전처) — '轉處'는 '논쟁의 출발점', '논거'. '立在'는 '의거하다', '기인하다'. '箇箇'는 '어느 논쟁이나'. 결국 '어떻게든 이유는 된다'는 뜻. 예를 들면, 눈을 희다고 하는 사람은 '햇빛 아래서 본다면'이라는 轉處에 立在하고 있고, 또 눈을 검다고 하는 사람은 '햇빛이 없는 곳에서 본다면'이라는 轉處에 立在하고 있음과 같음. ◆ 所以道(소이도) — '壁立萬仞'에까지 걸치는 말임. ◆ 向上轉去(향상전거) — '절대적인 방면에서 立論하면'. '去'는 '걸어가 버린다'가 아니고, 일종의 조동사이며, 동사의 語勢를 강하게 하기 위한 조사임. ◆ 直得(직득) — 당 · 송 시대의 속어로 '뭐, 대수로울 것 없다'나 '그야말로', '글쎄 그게 뭐' 같은 뜻. ◆ 釋迦(석가) — 불타. ◆ 彌勒(미륵) — 석가 滅後 56억 7천만 년 후 인간의 평균 수명이 8만 세가 될 때 이 세상에 나타난다는 부처. 산스크리트어로 Maitreya임. ◆ 文殊(문수) — 자세히는 曼殊寶利 · 滿殊戶利 · 文殊師利라고 하고, 산스크리트어로는 'Jusri' 또는 'Mandjusri'임. 자비의 대표자인 普賢(Samanta－bhadra)과 나란히 부처의 왼쪽에 앉아 지혜를 대표하고 있음. '文殊'는 대승불교 경전에는 도처에 나옴. ◆ 飮氣呑聲(음기탄성) — 절대의 경지에서는 千聖萬聖도 뭐라고 한 마디 해볼 여지가 없음. 즉 '끽 소리도 못한다'. ◆ 向下轉去(향하전거) — '상대의 差別界에 서서 立論하면'. ◆ 醯雞蠛蠓(혜계멸몽) — '醯雞'는 초파리. 초 · 간장 · 된장 · 술 따위에 잘 덤벼드는 파리. '蠛蠓'은 눈에놀이. 작은 곤충으로, 풀숲에 서식하며 여름에 사람의 눈앞에 어지럽게 떼지어 날아 뱅뱅 돌기도 하고 아래위로 까불거리기도 함. '蠓蚋'(몽예)라고도 함. ◆ 蠢動含靈

(준동함영) — 온갖 생물. '蠢'은 꿈틀거릴 준. ◆ 儻或不上不下(당혹불상불하) — '만약 向上에 轉去하지도 않고, 向下에 轉去하지도 않을 경우에는'. '儻'은 '만약'이라는 뜻이지만, '若'과는 다름. '若'은 '있을 수 있는 것, 할 수 있는 것이 만약 있다면, 또는 만약 할 수 있다면'이고, '儻'은 '있을 수 없는 것, 할 수 없는 것이 만약 있다면, 또는 만약 할 수 없다면'의 뜻. ◆ 商量(상량) — 생각, 사색. ◆ 有條攀條, 無條攀例(유조반조, 무조반예) — '일정한 규정이 있으면, 그 규정대로 하라. 일정한 규정이 없을 때에는 종래의 관례를 따르라'는 뜻의 속어. '條'는 법규 · 규정. '例'는 선례 · 관례임. '攀'(더위잡고 오를 반)은 '나무를 타거나 산을 기어오름'. 여기서는 '따르다'라는 뜻.

수시하기를, [세상은] 시비(是非) · 현우(賢愚) · 선악 · 곡직(曲直) 등으로 떠들썩하게 말다툼을 벌인다. 구태여 이유를 댄다면, 각기 제 나름대로의 논거가 있게 마련이다. 그래서 [옛사람이] 말하기를 "절대적인 방면 [평등적인 입장]에서 보면, 석가와 미륵과 문수와 보현이, [그리고] 온갖 성인 · 현자와 천하의 종교가 · 조사도, 다 말문이 콱 막힌다. [이와 반대로] 만약 차별상 [우주의 상대적인 방면]으로 보면, 초파리와 눈에놀이와 [그 밖의] 온갖 생물까지도 [모두 절대적 가치를 갖추고 있어서, 낱낱이 부처요 미륵이요 문수 · 보현이므로] 각기 대광명을 내뿜으며 [아무도 다가들 수 없는] 높고 아득한 벼랑을 이룬다"고 한다. 만약 [지금 이 우주를] 절대적인 방면에 의거하지 않고, 상대적인 방면에 의존하지도 않은 채 [이 전부를 초월한 입장에서] 보아야 한다면, 자 어떻게 생각해야 할까? 규정이 있으면 규정을 따르고, 규정이 없으면 선례(先例)를 따르라. 여기 좋은 예가 있으니 잘 살펴보라.

本則 擧. 睦州問僧, 近離甚處. 僧便喝. 州云, 老僧被汝一喝. 僧又喝. 州云, 三喝四喝後, 作麽生. 僧無語. 州便打云, 這掠虛頭漢.

주 ◆ 近離甚處(근리심처) — '요즘 어느 곳에서 떠나왔는가?' 즉 '지금까지 어디에 있었는가?' 또는 '어젯밤은 어디에 묵었는가?' '甚'은 '麽'와 連用하여 '무슨(어느)'이며, '甚' 한 자만으로도 '무슨'의 뜻으로 쓰임. 물론 속어임. 『指月錄』에도 '有甚難見'(무슨 보기 어려운 것이 있으랴)이라는 예가 있음. 睦州의 말은, 중이 그에게 찾아와 '이 절에 있게 해주십시오'라고 말했을 때, '지금까지 어느 절에 있었나?' 정도의 뜻으로 사용했다고 보면 됨. ◆ 便喝(변할) — 당장에 '꽥!' 하고 꾸짖음. ◆ 掠虛頭漢(약허두한) — 당 · 송 시대의 속어로, '頭'는 위에 오는 말을 구체화하기 위해 씀. 白居易의 시에 '便是平頭六十人'이라는 구가 있음. '頭'는 '平'을 구체화하기 위해 붙인 것임. '虛頭'의 頭도 역시 같은 뜻으로, '虛'를 구체화하기 위한 말. 우리말로 '멍텅구리 녀석'이나 '텅빈'임. '掠虛頭漢'은 '이 멍텅구리야'나 '이 얼간이 놈', '이 바보 녀석'. 아무것도 없는 것(虛)을 약탈해다가 혼자서 좋아하고 있으므로 '바보 멍청이 녀석'이란 뜻이 됨.

[어느 날 한 중이 목주 도종 화상의 절에 찾아왔다.] 목주 화상이 중에게 "지금까지 어느 절에 있었나?" 하고 물으니까, 그 중은 "꽥!" 하고 일할했다. 목주가 "허 내가(老僧) 자네에게 한 방 맞았군!" 하자, 그 중은 다시 또 "꽥!" 했다. [이번에는] 목주가 "3할 4할 하고 나서 그 다음엔 어쩌겠단 말이냐? [계속 소리만 지르고 있을 셈이냐?]" 해[고 꾸짖으]니, 중은 [그만 기가 죽어] 잠자코 말았다. 이 때를 놓치지 않고 목주는 [중을] 후려치며 "이 얼간이 놈!" 하고

외쳤다.

頌 兩喝與三喝, 作者知機變. 若謂騎虎頭, 二俱成瞎漢, 誰瞎漢, 拈來天下與人看.

주 ◆ 兩喝與三喝(양할여삼할) — 중은 二喝하고, 목주는 '三喝四喝後, 作麽生'이라고 했다. '마치 兩喝과 三喝이 맞장구를 치는 꼴이다' 정도의 뜻. ◆ 作者(작자) — 중에게만 관련되었다고 해도 되지만, 중과 목주 두 사람에 관한 말이라고 보아도 됨. '作者'는 禪宗의 술어이며, '作家'라고도 함. 흔히 말하는 '재주꾼', 또는 '學人'임. '師僧'·'明眼의 衲僧'을 말하기도 함. ◆ 知機變(지기변) — '機變'은 임기응변의 수단, 중의 목주에 대한 태도나 목주의 중에 대한 태도가 함께 발랄한 禪機에서 비롯되었음을 말한 것임. ◆ 若謂騎虎頭(약위기호두) — '謂'는 言·云·曰 등과는 뜻이 좀 다름. 『論語』에 나오는 '子謂子産'(공자가 子産에 대해 말했다)과 같이 '간접적으로 사물을 비평하거나 또는 간접적으로 사물에 대해 설명한다'는 뜻. '若謂騎虎頭'는 '만약 이 중이 목주에게 덤벼든 것을 마치 호랑이 대가리에 올라탄 듯이 위험한 꼴이었다고 비난한다면'. '騎虎頭'는 機變을 알지 못한다는 말로서, 우리 속담의 '하룻강아지 범무서운 줄 모른다'와 비슷함. ◆ 二俱(이구) — '二'는 중과 목주를 가리킴. '俱'는 다 구, 함께 구. ◆ 成瞎漢(성할한) — '瞎'은 애꾸눈. '瞎漢'은 '진리의 한 면밖에 보지 못하는 놈'. '成瞎漢'은 '애꾸눈이다', '애꾸눈이 된다'. ◆ 拈來天下與人看(염래천하여인간) — '拈來'는 '누구든 가서 이 애꾸눈을 집어내 오라'임. '天下'는 '천하에', '세상에'. '與人看'은 '與'가 '與日月爭光'(일월과 빛을 다툼) (『史記』)과 같이 '~과 함께'의 뜻이므로, '사람들과 함께 보리라'임.

두 번 세 번 할을 잘도 주고 받는다.

호랑이를 탄 꼴이라 누가 그러나?
탄 놈도 그러는 놈도 다 애꾸일세.
그 애꾸가 누구냐? 어서 끌어내어 구경 좀 하자.

제11칙

황벽이 꾸짖기를 "지게미에 취한 놈"

黃檗噇酒糟漢

황벽(黃檗)은 임제 선사의 스승인 희운(希運) 선사(?~856년)이다. '평창'(評唱)에 '신장 일곱 자, 이마에 원주(圓珠)가 있고 천성(적)으로 선을 터득함'이라 하고 있듯이 그야말로 당당한 위장부(偉丈夫)였다고 한다. 옛부터 백장은 대기(大機), 황벽은 대용(大用)이라 평가되어 온 선걸(禪傑)이다. 그리고 『전심법요(傳心法要)』는 그의 법어를 모은 책이다.

垂示云, 佛祖大機, 全歸掌握, 人天命脈, 悉受指呼, 等閑一句一言, 驚群動衆, 一機一境, 打鎖敲枷, 接向上機, 提向上事. 且道, 什麽人曾恁麽來. 還有知落處麽. 試擧看.

㊟ ◆ 大機(대기) — 위대한 機略, 뛰어난 솜씨. ◆ 全歸掌握(전귀장악) — 온전히 자기 수중에 들어옴. '掌握'은 '手中에'임. ◆ 人天命脈(인천명맥) — 인간계·천상계의 모든 생물, 우주의 온갖 생물. ◆ 指呼(지호) — 지휘·지시·명령. ◆ 等閑一句一言(등한일구일언) — '특별한 동기에서 나온 말이 아니라, 그

저 일상적인 평범한 말'이란 뜻. 가령 '안녕하십니까?'라든가 '덥군요!' 같은 말. '等閑'은 마음에 두지 않음, 대수롭게 여기지 않음. ◆ 一機一境(일기일경) — '一機'는 자기의 사상을 동작으로 표현하는 것. 눈썹을 치켜올리거나 눈을 깜박이고, 또 머리를 긁거나 다리를 펴고 하품을 하는 따위. '一境'은 자기의 사상을 외계의 사물을 빌려 표현하는 것, '부처란 무엇인가?'라는 질문에 '麻三斤'이니 '乾屎橛'(건시궐 — 똥막대기)이라고 대답하는 따위. ◆ 他鎖敲枷(타쇄고가) — 쇠사슬을 쳐서 깨고, 목에 씌운 칼을 두드려 부숨. 번뇌망상의 집착이 쇠사슬이나 칼처럼 중생을 얽매고 있으나, 佛祖의 一機一境의 뛰어난 솜씨로 당장 풀리게 됨. ◆ 向上機(향상기) — '機'는 根機·機緣의 機. '向上機'는 '절대 그 자체를 탐구하고 있는 출중한 자' 곧 '향상의 길에 있는 구도자'. ◆ 向上事(향상사) — 절대 그 자체를 제창하기 위해 쓰이는 언어 동작에 따른 표현 방법. ◆ 曾恁麼來(증임마래) — 일찍이 [어떤 사람이] 이런 일을 해 보이러 왔는가? '曾'은 '일찍이'. '恁麼'는 '이렇게', '如此'와 같음. 한편 '來'를 陶淵明의 '歸去來辭'의 來자와 같이 재촉·유인하는 뜻의 助辭라 보고 '일찍이 이렇게 할 수 있었겠는가?'라 풀이하기도 함. ◆ 落處(낙처) — 당·송 시대의 속어로 '결론', '귀착점' 또는 '궁극적인 진리' '주안점' 등으로 쓰임.

수시하기를, 삼세의 제불(諸佛)과 역대 조사들의 뛰어난 솜씨를 모두 제 손아귀에 넣고, 우주의 온갖 생물이 고루 그의 지시를 받으며, [또] 대수롭지 않은 한 마디로 군중을 놀라 움직이게 하고, 일거일동으로 사람들을 속박에서 풀려나게도 하며, [아울러] 향상의 길에서 절대의 진리를 탐구하는 자와 사귀고 또 절대의 진리를 제창할 수도 있는 훌륭한 인물이 있다. 말해 보라, [과연] 어떤 인물이 일찍이 그런 일을 해 보였는지를! 너희는 내 말의 참뜻을 이제 알았느냐? [그럼] 다음 이야기를 살펴보라.

本則 擧. 黃檗示衆云, 汝等諸人, 盡是噇酒糟漢. 恁麽行脚, 何處有今日. 還知大唐國裏無禪師麽. 時有僧, 出云, 只如諸方匡徒領衆, 又作麽生, 檗云, 不道無禪, 只是無師.

주 ◆ 噇酒糟漢(당주조한) — 당・송 시대의 속어로, 喫酒糟漢이라고도 함. 지게미를 먹는 사람. 순수한 진리를 깨닫지 못한 사람을 욕하는 말. 원오는 '唐時愛罵人, 作噇酒糟漢'이라 했으며, '愛罵人'은 부모가 그 자식을 꾸짖듯 '善意로 꾸짖는다'는 뜻이다. 결국 '噇酒糟漢'은 '지게미에 취한 놈', '옥수수 죽이나 먹을 놈' 따위 욕. ◆ 恁麽行脚(임마행각) — '行脚'은 수도승이 수행을 위해 여러 곳을 편력하는 것. '恁麽行脚'은 '너희들처럼 건들건들 하는 일 없이 여러 곳을 행각한다면'임. ◆ 何處有今日(하처유금일) — '今日'은 希運和尙이 자기의 현황을 가리킨 말임. '何處有今日'은 앞 구에 이어 '어찌 나 같은 경우를 겪을 수 있겠느냐?'임. ◆ 匡徒領衆(광도영중) — '匡'은 바로잡을 광. '領'은 통일. '匡徒領衆'은 禪을 수행하는 무리(徒)를 바로 인도하고 운수를 안거시켜 수행케 하는 것. ◆ 不道無禪, 只是無師(부도무선, 지시무사) — 선이 없다는 말이 아니다. 단지 그 선을 가르칠 스승이 없다는 뜻이다. '是'는 '올바름'.

[어느 날] 황벽 희운 화상이 대중에게 "너희는 모두 지게미에 취해 다니는 놈들이다. [너희가 지금처럼] 하릴없이 이 절 저 절로 [공밥이나 얻어 먹고] 다니니, [그래서야] 어찌 오늘의 나 같은 경지에 이르겠느냐? 아무리 찾아다녀도 이 대당국에는 [올바른] 선사(禪師)가 없다는 걸 아느냐? [선사를 밖에서만 구하지 말고, 스스로의 속에서 구해야 한다]" 하고 말했다. 이 때 한 중이 불쑥 나와 따졌다. "하지만 [지금 이 나라엔] 도처에서 [승당을 지어] 가르치고 있

는[선사가 많은]데, 그들은 뭡니까?" 황벽은 "선이 없다는 게 아니다. [선은 온 우주에 가득 차 있으나] 다만 올바른 선사가 없을 뿐이다"고 대답했다.

頌 凜凜孤風不自誇, 端居寰海定龍蛇. 大中天子曾輕觸, 三度親遭弄爪牙.

주 ◆ 凜凜孤風不自誇(늠름고풍부자과) — '凜凜孤風'은 기풍이 고고하며 비사교적인 성격. '凜'은 늠름할 름. '不自誇'는 자부심이나 자존심을 갖지 않음. ◆ 端居寰海(단거환해) — '寰海'는 천하, 우주. '端居寰海'는 '천하에 앉아서'. ◆ 定龍蛇(정용사) — '定'은 '통치'. '定龍蛇'는 '龍과 蛇를 다스리고 제어함' 또는 '용과 같은 운수와 뱀과 같은 운수를 분별 · 판정하는 眼識을 지니고 있음'. ◆ 大中天子(대중천자) — 당나라 宣宗 皇帝의 재위는 서기 847년부터 859년까지이며 大中 원년부터 13년까지에 해당됨. 이 때문에 선종 황제를 '大中天子'라고 한 것임. ◆ 曾輕觸(증경촉) — '가볍게 건드려 보았다'나 '슬쩍 놀려 주었다'. ◆ 三度親遭弄爪牙(삼도친조농조아) — 직접 세 번이나 그 날카로운 발톱과 어금니에 혼이 났다. 황벽에게 당했다는 뜻. '爪牙'는 손톱과 어금니. '三度'란 말에는 故事가 있음. 앞에 나온 大中天子가 한때 출가하여 香巖志閑禪師의 제자가 되고, 후에 鹽官齊安國師 밑에 있은 일이 있었다. 당시 황벽도 같은 齊安國師 밑에서 首座로 있었다. 어느 날 황벽이 부처를 예배하고 있을 때, 大中이 와서 물었다. "부처에게서 찾지 않고, 법에서 찾지 않고, 예배하여 과연 무엇을 찾을 게 있소?" 그러자 황벽은 "부처에게서 찾지 않고, 법에서 찾지 않고, 대중에게서 찾지 않고, 그러면서도 항상 이렇게 절한다"고 대답했다. "절은 해서 무엇하오?" 아무것도 찾지 않으면서 절만 하다니 어리석은 짓이 아니냐고 들이대자, 황벽은 오히려 벌떡 일어나, 大中의 따귀를 철썩 때렸다. 大中은 "이런 난폭한 자가(此麤生)!" 하고 얼이 빠졌다. 황벽은 "이런 경우, 난폭하다느니 친절하다느니를 따질 때가 못 돼" 하면서 다시 한 대 철썩 후려쳤다. 내리 세 번 호되게 뺨을 맞은 大中은, 그 후 환속하여 國位를 이어받게 되자, 그 때 뺨을 때려 준 황벽의 고마움을 잊을 수 없어 麤行沙門(추행사문 — 난폭한 중)이라는 호를 하사했다. '三度'는 이상의 세 번 때린 고사를 가리킴.

늠름하고 고고한 그 기풍 스스로 자랑하지 않고, 천하에 도사리고 앉아 용과 뱀을 다스린다. 대중천자가 일찍이 [황벽을] 슬쩍 건드렸다가, 세 번이나 호되게 당했다네.

제12칙

동산의 삼베 세 근

洞山麻三斤

선종사상(禪宗史上) 동산(洞山)을 이름으로 쓰고 있는 선승이 꽤 많다. 그 중 가장 유명한 사람이 여기 등장하는 동산 수초(洞山守初)와 동산 양개(洞山良价)이다. 동산 수초는 후량(後梁) 태조(太祖) 개평(開平) 4년(910년)에 봉상(鳳翔, 섬서성 봉산부)에서 태어나, 후한(後漢) 은제(隱帝) 건우(乾祐) 원년(동산 수초 39세 때)에 양주(襄州, 호북성 양양부)의 동산(洞山)에 선거(禪居)하다가 송 태종(太宗) 순화(淳化) 원년(990년)에 81세로 입적했다.

垂示云, 殺人刀, 活人劍, 乃上古之風規, 亦今時之樞要, 若論殺也, 不傷一毫, 若論活也, 喪身失命. 所以道, 向上一路, 千聖不傳. 學者勞形, 如猿捉影. 且道, 旣是不傳, 爲什麽, 却有許多葛藤公案. 具眼者, 試說看.

주 ◆ 殺人刀(살인도) — 사람을 죽이는 칼. 소극적인 활동, 파괴적인 수완, 부정적인 見識을 뜻함. 禪學上의 술어로는 '奪'에 해당됨. ◆ 活人劍(활인검) — 사람을 살리는 칼. 적극적인 활동, 건설적인 수완, 긍정적인 견식. 禪學上의 용어로는 '與'에 해당됨. ◆ 上古(상고) — '석가나 달마의 시대' 정도의 뜻. ◆ 風規(풍규) — 풍습 · 규범. ◆ 樞要(추요) — 긴요한 일, 또는 필수 조건. '樞'는 문을 여닫게 하는 데 필요한 '지도리'. '要'는 腰와 같으며, 사람의 허리처럼 중요한 부분. ◆ 若論殺也, 不傷一毫(약논살야, 불상일호) — 죽이는 입장에서 말해도 털 하나 다치지 않음. 죽여도 죽이는 것이 아님. '죽음 속에 삶이 있다'는 뜻. ◆ 若論活也, 喪身失命(약논활야, 상신실명) — 앞 구의 정반대이며, '삶 속에 죽음이 있다'. ◆ 所以道(소이도) — '向上一路, 千聖不傳'에 걸친 말. ◆ 向上一路(향상일로) — 절대의 진리, 본래의 면목, 근본 원인 등 많은 뜻으로 풀이될 수 있음. ◆ 勞形(노형) — 헛수고를 함. '形'은 몸. ◆ 如猿捉影(여원착영) — 달 그림자를 잡으려다 물에 빠져 죽은 어리석은 원숭이와 같다는 말. 『摩訶僧祇律』 제5권에 나오는 전설에 의거함. 『大涅槃經』 제9권에는 '喩如獼猴, 捉水中月'이라고 나옴. ◆ 爲什麽(위습마) — 어째서. ◆ 却(각) — 千聖不傳의 向上一路에 이런 저런 핑계 따위가 없을 텐데 도리어 ~란 뜻. '却'(도리어 각)은 '卻'의 속자. ◆ 許多(허다) — '약간'과 '수많은'의 두 가지 뜻이 있음. 여기서는 '많은', '숱한'.

수시하기를, 죽이고 살리기를 마음대로 할 수 있는 칼[과 주고 빼앗기를 수시로 할 수 있는 수완]을 갖는 일은 [선문의] 옛날부터의 풍습이며 지금도 [선승에게] 꼭 필요하다. [살인도(殺人刀) · 활인검을 가진 사람이면,] 사람을 죽여도 상처 하나 내지 않고, 살려도 죽은 것과 마찬가지가 되게 한다. 그러므로, 절대의 진리는 아무리 훌륭한 성인이라도 말이나 글로 전할 수가 없다고 했다. 이 세상의 학자들은 [이게 부처다, 진여(眞如)다, 절대다 하고] 공연한 헛수고만 한다. 마치 달 그림자를 잡으려다 물에 빠져 죽은 원숭이 꼴이다. 자, 말해 보라. 이미 [말과 글로는] 전할 수 없다고 하지 않았는가. [절대의 진리를 탐구할 때] 어째서 오히려 번잡한 공안 따위가 [그리도] 많으냐? 눈 똑바로 뜬 자는 다음 이야기를 살펴보라.

本則 擧. 僧問洞山, 如何是佛. 山云, 麻三斤.

주 ◆ 洞山(동산) — 襄州의 洞山에 있던 洞山禪院의 守初和尙. ◆ 佛(불) — 佛陀·浮屠·浮圖·勃陀·浮陀·浮頭·母陀·勃馱·部陀·母馱·沒馱 등의 약어임. 산스크리트어인 'Buddha'의 音譯語임. 소승불교에서는 역사적 인물인 석가모니여래를 가리키지만, 대승불교에서는 이상적 인격자를 가리키거나, 또는 眞如·法性과 같은 뜻으로 풀이하여 우주 인생의 실체를 가리키기도 함. 여기서 무명의 중이 탐구하던 부처는 그럴 듯하게 꾸민 문자상의 부처[부처의 정의(定義)]였던 모양이나, 洞山守初가 제시한 부처는 현실화된 이상적 인격자로서의 부처임. ◆ 麻三斤(마삼근) — 천으로 쓰이는 삼베는 湖北의 특산물이므로, '麻三斤'은 원료인 '삼'이 아니라, '삼베 세 근'을 뜻함. 삼베 세 근으로 僧衣 한 벌을 지음.

[어느 날] 한 중이 동산 화상을 찾아와 "부처란 어떤 겁니까?" 하고 물었다. 동산 화상은 "[지금 내가 입고 있는] 삼베[옷의 무게는] 세 근(三斤)일세" 하고 대답했다.

頌 金烏急玉兎速. 善應何曾有輕觸. 展事投機見洞山, 跛鱉盲龜

入空谷. 花簇簇錦簇簇 南地竹兮北地木. 因思長慶陸大夫. 解道合笑不合哭. 咦.

주 ◆ 金烏急玉兎速(금오급옥토속) — 중국의 전설에 태양 속에는 금까마귀가 있고 달 속에는 옥토끼가 있다고 함. 그래서 '金烏'는 태양, '玉兎'는 달을 뜻함. '金烏急玉兎速'은 '해와 달이 빨리 바뀌듯이 시간이 순식간에 흘러감'임. 동산이 찾아온 중의 질문에 여유를 주지 않고 곧 '麻三斤'이라고 대답한 그 신속한 행위를 말함. ◆ 善應何曾有輕觸(선응하증유경촉) — '善應'은 동산의 대답인 '麻三斤'을 인정한 말로, '훌륭한 대꾸이다'란 뜻. '何曾有輕觸'은 '어찌 감히 경솔하게 슬쩍 건드려 본 것이라 하겠는가!'. ◆ 展事投機(전사투기) — '사정을 살펴서 형편에 알맞게(機宜) 대처함'. 이 구는 중이 '如何是佛'이라 질문한 사실을 가리킴. ◆ 見洞山(견동산) — 중이 展事投機하여, 누구나 할 수 있는 흔한 질문으로 동산을 만났음. ◆ 跛鱉盲龜(파별맹구) — 절름발이 자라와 눈먼 거북. '鱉'(자라 별)은 '鼈'의 속자임. ◆ 入空谷(입공곡) — '空谷'은 빈 골짜기이므로 아무것도 없고 방향도 알 수 없으며 먹을 것도 없다. '跛鱉盲龜入空谷'은 질문한 중을 우롱한 말. '如何是佛'이라니, 그따위 흔해 빠진 질문을 꺼내 봤자, 절름발이 자라와 장님 거북이 空谷에 떨어진 가련한 꼴이라는 뜻. ◆ 花簇簇錦簇簇(화족족금족족) — '簇'(모일 족, 떼 족)은 '떼지어 모임'. '錦'은 비단 또는 비단옷. '화려한 꽃과 비단옷이 어울려 빛나듯, 눈부신 부처가 가까이 있다'임. ◆ 南地竹兮北地木(남지죽혜북지목) — 남쪽에는 대나무요 북쪽에는 나무라. 중국 양자강 남쪽 지방에는 대나무가 많고 북쪽 지방에는 수목이 많다. 이상 2구는 '佛身, 法界에 가득 차서 어디에나 떼지어 눈앞에 나타나는 절대의 진리'를 송한 것임. 空谷에 들어간 절름발이 자라와 장님 거북이 따위는 이 眞·善·美의 佳景을 알 턱이 없다. ◆ 因思(인사) — 이에 대해 생각나는 것이 있다. ◆ 長慶 陸大夫(장경육대부) — '陸大夫'는 남전 보원의 法嗣인 陸亘(자는 景山)임. '長慶'은 같은 이름이 많아 얼핏 혼동하기 쉬움. 연대상으로 보아 長慶大安과 陸亘의 관계는 다음과 같음.

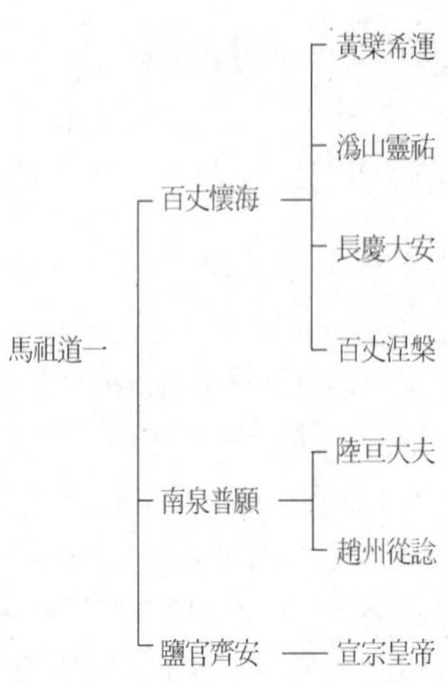

남전 보원이 죽은 해(서기 834년)에 長慶大安은 42세였음. 그리고 여기 '因思長慶陸大夫, 解道合笑不合哭'이라고 한 것은 다음과 같은 史實에 의거한 말임. 육환 대부가 師僧 남전이 입적했을 때(육환은 宣州의 관찰사였음), 곧장 南泉寺로 달려가 통곡 애도할 줄 알았더니 관 앞에서 한바탕 크게 웃었다. 主和尙이 그 꼴을 보고 노발대발하여 "자기 사승의 입적 때에 관 앞에서 깔깔 웃다니 이게 무슨 짓이오!" 하고 꾸짖었다. 그러자 육환 대부는 갑자기 꺼이꺼이 소리내어 울며 '蒼天蒼天, 先師去世遠矣' 하고 소리쳤다. 나중에 長慶大安이 육환의 행동을 듣고 '大夫合笑不合哭'이라고 했다 한다. 설두는 이 史實을 시적으로 표현하여 '事理를 이해하는 자라면 그런 경우에는 의당 웃어야 한다. 통곡을 하다니 너무 평범해' 하면서 은근히 '부처와 麻三斤'을 '죽음과 呵呵大笑'에 대응시킨 것임. ◆ 咦(이) — 咦는 '한숨 쉴 이'. 선문에서 사승이 法語나 引導文을 말한 뒤, 도저히 글이나 말로 다 표현할 수 없는 깊은 뜻을 나타내기 위해 쓰는 말.

금까마귀 옥토끼가 날고 치닫듯

데꺽 받은 그 대답 누가 깔보랴.
동산에게 부처를 묻다니 병신이구나.
꽃과 비단 눈부시다
남쪽에 대나무 북녘에는 나무숲.
문득 떠오른다, 장경과 육대부
도를 아는 이들이라 웃고 울지 않는다네.
[주검에는 깔깔 웃음, 부처에겐 삼베 세 근(麻三斤)] 이(咦)!

제13칙

파릉의 "은주발에 담은 눈"

巴陵銀椀盛雪

파릉(巴陵) 선사는 이름을 호감(顥鑒)이라 하고 호남성 악주(岳州) 파릉현(巴陵縣)의 신개원(新開院)에 산 사람이며 생사년월(生死年月)은 알 수가 없으나 운문의 법통을 이은 걸승(傑僧)이다. 앞에 나온 동산 수초(洞山守初) 선사와는 동문이 된다. 그가 선승 생활을 보낸 악주는 동정호(洞庭湖) 동쪽 기슭의 중국에서도 손꼽히는 명승지여서 둘레의 경치, 그 아름다운 자연의 영향을 많이 받은 듯 언행에 시상(詩想)이 넘친다. 그래서 파릉을 두고 감다구(鑒多口)라고 했을 정도이다. 파릉에게는 유명한 3전어(轉語)가 있다. 그 하나가 '어느 중이 "도란 무엇입니까?" 물으니까 "눈밝은 놈이 우물에 빠지지." 하고 대답했다(僧問, 如何是道. 師曰, 明眼人落井)'이고, 둘째가 제100칙의 '"반야의 지검이란 어떤 겁니까?" 하고 물었을 때 "산호가지마다 영롱한 달빛으로 함빡 젖은 것과 같지" 하고 대답했다(如何是吹毛劍. 陵云, 珊瑚枝枝撐着月)'이며, 셋째가 이 제13칙 '은주발에 담은 눈'(銀椀裏盛雪)이다. 하얀 은주발에 티없이 깨끗한 흰 눈을 소복이 담다니, 문득 머릿속에 그려 보기만 해도 마음과 몸이 말끔히 정화(淨化)되는 듯한 정경이 아닌가!

垂示云, 雲凝大野, 偏界不藏, 雪覆蘆花, 難分朕迹. 冷處冷如冰雪, 細處細如米末. 深深處佛眼難窺, 密密處魔外莫測. 擧一明三, 卽且止. 坐斷天下人舌頭, 作麽生道. 且道, 是什麽人分上事. 試擧看.

주 ◆ 雲凝大野(운응대야) — 구름은 큰 들판에 모여. '凝'은 '밀집'. 웅덩이 물을 '凝水'라고 할 때와 같음. ◆ 偏界不藏(편계부장) — 온 세계에 간직되어 있지 않은 데가 없다, 즉 '온 우주에 두루 가득 차 있음'. '藏'은 '藏金於山, 藏珠於淵'(『莊子』)과 같이 타동사로, 또는 '陽氣潛藏'(『易經』)과 같이 자동사로 보아도 됨. ◆ 雪覆蘆花(설복노화) — 눈이 갈꽃을 덮었다. ◆ 難分朕迹(난분짐적) — '朕迹'은 징조·조짐. '難分朕迹'은 눈의 흰빛과 갈꽃의 흰빛이 융합·일치되어 차별상을 넘어 시방 세계가 모두 흰빛 하나가 되어 있는 상태. '어느 것이 눈(雪)인지 어느 것이 갈꽃인지, 구분하기가 어려움'. ◆ 冷處冷如冰雪(냉처냉여빙설) — 우주를 차갑다는 입장에서 보면 눈이나 얼음처럼 차다. ◆ 細處細如米末(세처세여미말) — 우주를 작다는 입장에서 보면 쌀가루처럼 작다. '米末'은 가루가 된 쌀. ◆ 深深·密密(심심·밀밀) — 둘 다 '深遠·神秘'의 뜻을 지님. ◆ 魔外(마외) — 악마·外道(佛法 이외의 異端邪說)의 약어. ◆ 卽且止(즉차지) — '그만하면 안심이 된다'나 '어느 정도 쓸만하다'. '卽'은 卽日·卽時. '卽且'라 連用하여 '그만하면', '어느 정도는'. '止'는 '동작을 그침'. '동요되지 않음', '안심하고 있음', '足함'. '知足不辱, 知止不殆'(『老子』)의 '止'가 같은 뜻임. ◆ 分上事(분상사) — '分上'은 境界나 지위. '分上事'는 그 경계나 지위에서의 수완, 또는 見識, 作用.

수시하기를, [진리의 참모습이 이 온 우주에 가득 차 있는 모양을 시적으로 표현하여] 구름은 드넓은 벌판에 모여 하늘 땅에 가득 찼고, 흰 눈은 갈꽃 위에 온통 덮여 꽃과 눈을 분간하기 어렵다. 이 세상 차갑다고 보면 눈·얼음처럼 한없이 차고, 작게 보면 쌀가루 같이 [끝없이] 잘다. [우주의 참모습은 한없이] 깊고 멀어 [부처의] 눈으로[도] 엿볼 수가 없고, [또 그것은] 신비로워 악마·외도[의 지혜로]도 짐작하지 못한다. 하나를 보고 [나머지] 셋을 아는 [출중한 안식(眼識)을 갖춘] 자라면 [내 말을 웬만큼은 알아들을 테니] 그런대로 안심이 된다[만, 하나를 보고 반도 모르는 자는 도처에 펼쳐진 우주의 참모습은 커녕, 그 그림자도 헤아리지 못한다]. 천하 사람의 말문을 콱 막아 버릴 수 있는 한 마디를 어떡하면 할 수 있을까? 자, 말해 보라. 어떤 자가 그런 경지에서 솜씨를 보일 수 있는지를! 다음 이야기를 살펴보라.

本則 擧. 僧問巴陵, 如何是提婆宗. 巴陵云, 銀椀裏盛雪.

주 ◆ 提婆宗(제바종) — '提婆'(Deva)는 인도에서 신(God)과 거의 같은 보통명사이며 그 수가 33이나 된다고 함. 그러나 여기서는 역사적 인물인 迦那提婆(Kana-Deva)를 말함. 그는 龍樹(那伽閼刺樹那. Nagarjuna)의 제자이며, 선종의 소위 付法相承의 차례로는 제15조가 됨. '三論宗'이란 宗旨는 龍樹가 쓴 『中論』, 『十二門論』과, 迦那提婆가 쓴 『百論』에 의거하여 開宗한 것이므로 迦那提婆는 三論宗의 소중한 祖師임. 그리고 '提婆宗'은 三論의 空宗임. 지금 파릉화상에게 찾아온 한 무명승이 어째서 제바종이란 문구를 썼는가 하면, 당시 중국에는 선종 이외에 인도에서 전해 온 華嚴宗·密敎를 비롯하여 갖가지 불교 철학이 유행되어 있었고 그 중 三論哲學도 꽤 큰 세력을 지니고 있었기 때문이다. 중국에 논리적 웅변을 중요시하는 空理哲學(提婆宗)이 불교학자들 사이에 유행되었다는 사실은 일찍이 마조가 '凡有言句, 是提婆宗…'이라고 한 말, 또 劍南 태생의 덕산 선감이 유명한 삼론학자였다는 점으로도 짐작이 간다. 이 무명승도 삼론학자였을지 모른다. 요는 무명승이 파릉에게 '如何是提婆宗'이라고 물은 것은 당시 불교학자들 사이의 유행 문제였던 제바종을 파릉 화상에게 들고 와 그의 禪的 해설을 청한 데에 지나지 않는다. 제바종이 주장하는 것은 일체의 부정이며, 諸法皆空이다. 그러나 제법개공은 만물의 허무를 뜻하지 않고, 우주, 인생, 삼라만상, 온갖 사물이 절대 靜止의 상태에 있음을 가리켰으므로, 제법개공은 온갖 사물의 근원인 셈이다. 그리고 파릉은 '如何是提婆宗'이라는 질문에 대해, 제법개공의 실체를 自然美의 한 부분을 이끌어다가 표현한 것임. ◆ 銀椀裏盛雪(은완리성설) — 과연 동정호의 아름다운 풍경을 보며 살아온 파릉다운 표현임. 파릉보다 약 백 년 정도 전에, 동산 양개가 4언 4구의 시로 된 禪書『寶鏡三昧歌』를 썼으며, 그 중에 '銀椀盛雪. 明月藏鷺, 類而不齊. 混則知處'라는 구가 있음. 파릉은 이 4언 4구의 뜻을 5언 1구로 拈出한 것임. 은도 희고 눈도 희고 모두 흰 색 일색. 그러나 은과 눈은 둘, 둘이면서 하나. 이것이 파릉의 착안점임. 결국 祖意와 敎義를 전부 분쇄하고 제바종과 선을 한손에 거머쥔 명답임. '椀'은 주발 완.

어느 중이 [동정호(洞庭湖) 가에서 풍류 있는 생활을 하고 있던] 파릉 호감 화상에게 "[요즘 크게 유행하는] 제바종이란 뭡니까?" 하고 물었다. [곧] 파릉은 "은 주발에 담은 눈" 하고 대답했다.

頌 老新開端的別. 解道銀椀裏盛雪. 九十六箇應自知. 不知却問天邊月. 提婆宗提婆宗, 赤旛之下起淸風.

주 ◆ 老新開(신노개) — '新開'는 절 이름. 巴陵의 절인 新開院. '老新開'는 '新開院의 老禪師'. ◆ 端的別(단적별) — '端的'은 경우에 따라 갖가지 뜻으로 쓰이는 禪語. 여기서는 '見識', '理想', '著眼點'. '別'은 格別. '端的別'은 '남다른 견식이 있다'. ◆ 九十六箇(구십육개) — 96종 외도. 석가가 태어나기 전후에 인도에 96명의 철학자가 있었음. 그들의 사상 · 教義. ◆ 提婆宗提婆宗(제바종제바종) — 아 제바종이여, 아 제바종이여. ◆ 赤旛之下起淸風(적번지하기청풍) — 앞 구에 이어 '아, 제바종의 迦那提婆和尙이여, 한 번 더 빨간 기 아래 청풍을 일으켜 제바종의 참모습을 보여 주시오'임. '旛'(기 번)은 깃발을 가로 길게 하여 늘어뜨린 旗.

신개원 노승은 걸물일세.
은주발에 담은 눈이라 기가 막힌다.
96종의 외도들아 분수를 알라.
그래도 모른다면 하늘가의 달에게나 물어 보게.
아 제바종의 가나제바여,
빨간 깃발 아래 맑은 바람 일으켜 다오.

제14칙

운문이 말하기를 "이것저것 모두 좋다"
雲門對一說

운문 문언의 시대에는 수행승들 사이에 이론을 앞세우는 의학병(義學病)이 유행하여 쉬파리 같은 운수가 선림(禪林)에 득실거렸다. '본칙'에 나오는 무명승도 분명 그런 쉬파리이며 운문에게 일대 시교(一代時敎. 부처 일대의 갖가지 가르침)의 교리 중 어떤 것이 높고 어느 것이 떨어지는가 하는 가치 판단을 요구했다. 그는 불타가 설한 교리의 선적 비판을 요구했으며, 이에 대해 운문은 "대일설(對一說)"이라 대답하여 불교의 의학적(義學的) 판단의 무의미함을 설파했다. 아울러 일대 시교 속에 포함되어 있는 갖가지 교리는 각기 그 경우에 따라 알맞은 가치를 지니므로, 일대 시교의 교리상의 깊고 얕음이나 높고 낮음의 차별 따위는 있을 수 없다고 강조한 것이다.

本則 擧. 僧問雲門, 如何是一代時敎. 雲門云, 對一說.

주 ◆ 一代時敎(일대시교) — '一代'는 석가모니불의 일생. '時敎'는 '五時八

敎'. '五時'는 불타의 설법 시대를 다섯 가지 小時代로 나눈 것임. 一은 華嚴時(화엄 철학 설법 시대), 二는 阿含時(아함 철학 설법 시대), 三은 方等時(방등 철학 설법 시대), 四는 般若時(반야 철학 설법 시대), 五는 法華·涅槃時(법화 및 열반 철학 설법 시대)임. '八敎'는 藏·通·別·圓의 四敎(化法의 四敎)와 頓·漸·秘密·不定의 四敎(化儀의 四敎)를 합쳐 말한 것임. 五時는 불타의 설교의 시대 분류이고, 八敎는 교리 분류임. 분류는 天台智者大師(智顗. 서기 538년~597년)가 이루어 놓음. (『天台四敎儀』 고려 諦觀撰 참조). ◆ 對一說(대일설) — '對機一說'의 약어. '對機一說'은 '一代時敎의 어떤 교설도 機根(설교를 듣는 청중)을 따른 것(불타의 임기응변의 수단)이므로, 각기 존재 가치가 있다'는 뜻.

[어느 날] 한 운수가 운문에게 "[부처님의 가르침에는 갖가지가 있지만] 대체 이 일대 시교(一代時敎)란 무엇입니까? [진리는 하나일 텐데, 어째서 다섯이다 여덟이다 하고 분류합니까?]" 하고 물었다. 운문은 "[일대 시교는 각기] 때와 장소와 사람에 따른 가르침이므로, 이것은 이것대로 저것은 저것대로 모두 좋다. [화엄도 좋고, 아함도 좋으며, 반야도 좋아. 이것도 일시(一時), 저것도 일시이다]" 하고 대답했다.

頌 對一說太孤絶, 無孔鐵鎚重下楔, 閻浮樹下笑呵呵. 昨夜驪龍拗角折. 別別. 韶陽老人得一橛.

주 ◆ 太孤絶(태고절) — '孤絶'은 유래가 없음. '太孤絶'은 '아주 기발하다'. 이는 운문의 '對一說'을 평한 말. ◆ 無孔鐵鎚(무공철추) — '無孔'은 '안에 빈

틈이 없음'. '실하게 단단함'. '鐵鎚'는 쇠몽둥이. ◆ 重下楔(중하설) — 쇠몽둥이로 힘껏 내리쳐 쐐기를 박음. '重'은 下楔을 수식하는 부사로, 무겁게 쿵 내려침. '楔'은 쐐기 설. 이상의 '無孔鐵鎚重下楔'은 운문의 대꾸인 '對一說'을 칭찬한 말임. ◆ 閻浮樹下(염부수하) — 閻浮樹의 산스크리트어는 'Jambu-druma'이지만, 이 말에는 두 가지 용법이 있음. 그 하나는 지금도 인도에 있는 喬木 쟈만(Jaman. 영어로 Rose apple tree)을 가리키는 경우이고, 다른 하나는 불교 우주론에서 말하는 須彌山(Sumeru) 남쪽의 閻浮提洲(Jambudyipa, 지금 우리가 살고 있는 이 세계) 북녘 끝에 있다는 신화적인 大樹를 가리키는 경우임. 설두의 말은 이 大樹이며 '閻浮樹下'는 '우주의 한 모퉁이에서'와 같은 뜻. ◆ 昨夜驪龍拗角折(작야리룡요각절) — '驪龍'은 검은 용. '拗'는 비꼬일 요. '折'은 '기가 꺾임'. 결국 '어젯밤 검은 용은 뿔이 비꼬여 기운이 푹 죽어 버렸다'임. ◆ 別別(별별) — 유별나다. 특이하다. ◆ 韶陽老人得一橛(소양노인득일궐) — '운문은 또 한 개의 말뚝을 갖고 있으니, 내친 김에 이 말뚝(橛楔)도 無孔의 鐵鎚로 중의 머리에 박아 주라'임. '韶陽'은 운문 화상의 절이 韶州(廣東省 韶州府)에 있고 또 그 고장이 嶺南 지방이므로 '韶陽'이라 했음. '韶陽老人'은 운문을 가리킴.

대일설은 과연 기발하다. [서투른 수작이나 일삼는 중 머리에] 단단한 쇠망치로 쐐기를 힘껏 박아 놓았으니. 우주의 [어느] 한 모퉁이에서 한바탕 큰 웃음소리. 어젯밤 검은 용은 뿔이 비꼬인 채 기가 푹 죽었다. 정말 대단하구나. [선불리 또 운문 화상에게 말을 걸었다가는 경을 친다.] 그의 손에 아직도 쐐기 하나가 남아 있는 걸.

제15칙

운문이 말하기를 "아무 설법도 하지 않으면 되지"

雲門倒一說

'본칙'의 '승문 운문(僧問雲門)'은 앞 칙의 그 무명승과 운문 화상을 가리킨다. 대체로 선 문답은 너무 간단하여 무슨 뜻인지 잘 알아볼 수 없다. 운문 역시 그 예에서 벗어나지 않는다. 이 15칙 이외에도 운문의 몇 가지 이야기를 들어 보면 "달마 대사가 서녘에서 온 뜻(까닭)은 무엇입니까?" 하는 물음에 운문은 "햇빛 속의 산을 본다"고 대답했고(問, 如何是祖師西來意. 師云, 日裏看山), "최고의 진리에 이르는 길은 어떤 겁니까?"에는 "구구는 팔십일"(問, 如何最向上一路. 師云九九八十一), 또 "선이란 무엇입니까?"에는 "바로 이것"(如何是禪. 師云, 是.)(『雲門廣錄』)이라고 하는 따위 대답이 모두 그렇다.

垂示云, 殺人刀, 活人劍, 乃上古之風規, 是今時之樞要. 且道, 如今那箇是殺人刀, 活人劍. 試擧看.

주 ◆ 殺人刀, 活人劍(살인도, 활인검) — '殺人刀'는 소극적인 수단이며 把住를 이름. '活人劍'은 적극적인 수단이며 放行을 말함(제12칙 '수시' 참조). ◆ 如今(여금) — '方今'과 같음. 지금 당장. '如今'은 속어임. ◆ 那箇(나개) — '어떤 것' '무엇'. '那'자는 두 가지로 쓰임. 하나는 지시형용사로서 '이것', '저'나 '그'. 다른 하나는 의문형용사로서 '어느', '어떤', '무엇'의 뜻.

수시하기를, 살인도·활인검은 오래전부터의 규범이며 지금도 아주 중요하다. 자, 말해 보라. 당장 어느 것이 살인도이고 무엇이 활인검인지를! [그럼] 여기 소개하는 이야기를 잘 살펴보라.

本則 擧. 僧問雲門, 不是目前機, 亦非目前事時如何. 門云, 倒一說.

주 ◆ 目前機·目前事(목전기, 목전사) — '機'는 機根이며 설법을 듣는 청중을 가리킴. '事'는 설법 자체. 이 둘을 때, 장소, 사람의 세 가지로 나누면 '機'는 사람, '事'는 시간과 장소에 해당됨. ◆ 倒一說(도일설) — '一說을 뒤집는다'든가 '一說을 거꾸로 한다'이며 '아무것도 설하지 않음'을 말함.

["일대 시교(一代時敎)란 무엇입니까?" 하고 물은] 운수가 [이번에는] 운문에게 "만약 설법을 듣는 사람도 없고, 설법을 할 곳이나 시간이 없다면, [부처는] 어떻게 했을까요?" 하고 물었다. 운문 화상은 [태연히] "그야 아무 설법도 하지 않으면 되지" 하고 대답했다.

頌 倒一說分一節. 同死同生爲君訣. 八萬四千非鳳毛. 三十三人入虎穴. 別別. 擾擾怱怱水裏月.

주 ◆ 倒一說分一節(도일설 분일절) — 倒一說은 對一說의 한 부분이다. '分一節'은 일부분. ◆ 同死同生爲君訣(동사동생위군결) — '운문이 이 중과 생사를 함께할 듯이 아주 친절한 대답을 하고 있다'임. '訣'은 '決'과 같으며 '결단'. 이 구는 운문이 중에게 친절함을 칭송한 것. 『碧巖集種電鈔』(實統大智撰)는 '운문 放行의 수단은 자유자재여서 學人이 살면 곧 나도 살고, 학인이 죽으면 곧 나도 죽음. 다 해어진 옷을 입고 함께 糞土를 나른 뒤에, 남을 위해 끈적하게 들러붙은 粘著을 풀고 속박을 벗겨 내어 固執에서 떨어지게 함'이라 풀이함. ◆ 八萬四千非鳳毛(팔만사천비봉모) — 인도와 중국의 고사를 따른 구. '八萬四千'은 인도에서 무한대의 수를 표시하는 말임. 선종의 史籍에 '어느 날 부처가 靈鷲山(영취산)에서 大梵天으로부터 받은 大蓮華를 손에 들고, 群集한 많은 중을 둘러 보셨다. 다른 사람들은 이 부처의 拈華의 참뜻을 이해 못 하고 멍청히 있는데, 다만 迦葉尊者만이 싱긋 웃었다. 그래서 부처는 迦葉尊者의 미소에 반해 正法眼藏 · 涅槃妙心을 가섭에게 咐囑하셨다'고 되어 있음. '八萬四千'은 이 때 모인 중들을 가리킴. '鳳毛'는 謝超宗의 고사에서 나온 말. 謝超宗은 중국 남북조 시대 사람으로, 謝鳳의 아들이며, 저 유명한 文人 謝靈雲의 손자가 됨. 방탕한 불교 신자였던 晋나라 孝武皇帝가 어느 날 '超宗殊有鳳毛, 恐靈雲復出'이라고 超宗을 찬탄했다 함. '鳳毛'는 본래 '鳳采秀美'의 뜻이나, 지금은 '문학의 천재'를 뜻함. 따라서 '八萬四千非鳳毛'는 '八萬四千의 중들은 모두가 석가의 후계자가 될 자격이 있는 俊才(鳳毛)가 아니고, 석가의 사상을 이해하지 못했으므로, 석가의 對一說은 결국 49년 一字不說로 끝난 것이다'라는 뜻을 내포한 말. ◆ 三十三人入虎穴(삼십삼인입호혈) — 『後漢書』 班超傳에 나오는 '不入虎穴, 不得虎子'에 의함. '三十三人'은 인도에서는 迦葉을 初祖

로 하여 達磨까지가 28인, 그리고 중국의 慧可·僧瓚·道信·弘忍·慧能의 5인을 더하면 33인이 됨. 즉 33인의 傳法者를 가리킨 것임. 이 1구는 '靈鷲에 모인 팔만사천의 중들은 모두 凡夫였지만, 부처님의 拈華에 대해 싱긋 미소를 지은 가섭 존자 이하 33인의 祖師만은 호랑이 굴에 들어가 호랑이 새끼를 얻은 사람들이다. 그리고 慧能의 뒤를 이은 雲門도 대단한 인물이며 33인의 아류이다'라는 뜻임. 마하가섭을 제1조로 하는 선이 불교의 정통파임을 암시한 것. '三十三人'은 선종의 역사에서 불타가 전법의 표시로 가섭 존자에게 준 金縷僧迦梨衣(金襴의 袈裟)가 가섭에서 阿難, 아난에서 商那和修의 순으로 대대로 전수되어 이윽고 大滿弘忍에 이르러, 神秀와 慧能 사이에 가사의 쟁탈전이 벌어졌으나 결국 혜능이 이긴 과정을 말함. 불타 傳來의 금란가사가 혜능까지 면면히 僧統을 이으며 전해졌다고 하여 33인을 선종의 정통파로 다루기 때문임. ◆ 別別(별별) — 앞 구에 나타난 사실을 칭찬하는 말. '33인 모두가 훌륭하군. 훌륭해!' ◆ 擾擾悤悤水裏月(요요총총수리월) — '擾擾'는 어지러운 모양, 소란한 모양. '悤悤'은 바쁜 모양. '悤'(바쁠 총)은 悤과 같은 자. '擾擾'도 '悤悤'도 모두 고정되어 있지 않고 늘 浮動하고 있는 모양을 형용한 말임. '擾擾悤悤水裏月'은 운수가 '不是目前機, 非目前事時如何'라고 하여 對境을 초월해서 어떻게 向上의 一路를 제창할까를 질문한 데 대한 대답. 즉 '向上의 一路'(우주 절대의 진리)는 손이나 발로 파악할 수 없다, 마치 흔들리는 물 속의 달 같다는 뜻.

도일설은 대일설(對一說)의 한 부분일세. 생사라도 같이할 듯 친절하구나. [석가가 쳐든 꽃의 뜻을 안 것은 가섭(迦葉) 하나뿐] 8만 4천의 중들은 눈뜬 장님일세. 서른세 조사들은 호랑이 굴에 들어갔다네. 참, 훌륭하구나! 진리는 흔들리는 물 속에 떠 있는 달.

제16칙

경청의 줄탁 솜씨

鏡淸啐啄機

경청 도부(鏡淸道怤)는 설봉 의존의 제자이며 운문 문언, 장경 혜릉, 보복 종전 등과 형제 제자가 된다.『벽암록』에는 세 번이나 등장하며, 월주(越州. 절강성 소흥부)의 경청사(鏡淸寺)에 있었으므로 경청(鏡淸)이라 불렸다. 그는 당 의종 황제(懿宗皇帝) 함통(咸通) 9년(868년)에 태어나 후진(後晋) 고조(高祖) 천복(天福) 2년(937년)에 70세로 입적했다. 그가 경청사에 있을 때는 많은 학자와 곧잘 논쟁을 벌여 상대방을 압도했던 모양이다. 당시의 그를 평한 말로 "도부 선사의 높은 가르침은 [너무 아득하여] 사람들이 그 끝을 헤아릴 수 없다"(怤師之高論, 人莫窺其極也)라는 글이『경덕전등록(景德傳燈錄)』에 나와 있다. 이 제16칙 '본칙'은 대오 철저(大悟徹底)의 자격을 가졌다고 스스로 자랑하는 한 중과 대오 철저의 체험자인 경청 화상 사이에 있던 이야기이며, 선의 교리적 의의(敎理的意義)에 대하여는 말하지 않고 있다. 그리고 설두 중현은 '송'에서 그 중의 설익은 질문을 신랄하게 야유한다.

垂示云, 道無橫徑, 立者孤危. 法非見聞, 言思迥絕. 若能透過荊棘林, 解開佛祖縛, 得箇穩密田地, 諸天捧花無路, 外道潛窺無門. 終日行而未嘗行, 終日說而未嘗說, 便可以自由自在, 展啐啄之機, 用殺活之劍. 直饒恁麽, 更須知有建化門中, 一手擡, 一手搦, 猶較些子. 若是本分事上, 且得沒交涉. 作麽生是本分事. 試擧看.

㊟ ◆ 道(도) — 佛祖의 大道 · 向上의 一路 · 至道 등의 뜻. ◆ 立者(입자) — 그 道에 스스로의 모든 것을 맡기고 있는 사람. '立'은 '吾十有五而志于學, 三十而立'(『論語』 爲政 제2)의 立과 같으며 '사상이 확립 안정되어 있는 것'. ◆ 孤危(고위) — 혼자 모든 일을 해나가며 어느 누구의 간섭도 받지 않음. 壁立千仞과 같음. ◆ 法(법) — 불교에서는 '法'을 유형 무형의 사물을 포함하는 萬有의 뜻으로 쓰고 있으나, 圜悟는 여기서 '道'와 '法'을 공통적으로 쓰고 있음. '法'은 正法 · 大法. '道'는 실체에 대한 말이고 '法'은 그 활동에 대한 표현임. ◆ 迥絕(형절) — '迥'(멀 형)은 요원함. '絕'(떨어질 절)은 멀리 떨어져 있음. '迥絕'은 아득히 멀리 떨어져 있음. '言思迥絕'은 『信心銘』의 '言語道斷'과 같은 뜻. ◆ 荊棘林(형극림) — 상대적인 지식에서 나오는 文字言句에 의한 갖가지 議論을 형용한 禪語. ◆ 佛祖縛(불조박) — 5時 8教 따위. 인간의 자유성을 제한하고, 인간을 도덕적으로 속박하는 佛祖의 교훈을 가리킴. ◆ 穩密田地(온밀전지) — 신비적인 경지, 대오 각성의 경지, 안심입명의 실현처 등의 뜻. ◆ 嘗(상) — 일찍이, 예전에. ◆ 啐啄之機(줄탁지기) — '啐'은 알 안의 胚子가 충분히 발육하여 이미 한 마리의 병아리가 되어, 안에서 주둥이로 껍질을 쪼아 깨뜨림임. '啄'은 암탉이 안의 활동을 직감적으로 깨닫고 알맞은 시간에 (병아리가 안에서 껍질을 두들김과 동시에) 밖에서 같은 부분을 쪼아 깨뜨림. 禪學에서는 參禪者가 大悟의 경지에 도달하는 데 필요한 思索上의 준비를 갖춘 때를 알아서 師僧이 그 開悟의 길잡이 노릇을 함을 '啐啄'이라 함. 그런 일을 해

낼 수 있는 사승의 솜씨가 '啐啄之機'임. '機'는 機略 · 技巧. ◆ 直饒恁麽(직요임마) — 비록 그렇다 하더라도. '恁麽'는 '이러함', '그러함'. ◆ 建化門中(건화문중) — 사람을 교화하는 경우에. '建化門'은 建立化門의 약어이며, 傳道 · 布教의 실천을 가리킴. ◆ 一手擡, 一手搦(일수대, 일수익) — 한 손을 들어 올리고, 또 한 손은 쥐고. '擡'(들 대)는 '들어 올림'이며 禪語의 放行에 해당되고, '搦'(잡을 익)은 擒과 같은 뜻이며 禪語의 把住에 해당됨. ◆ 較些子(교사자) — 제7칙에 이미 나온 표현. '조금은 쓸 만하다'나 '道에 그만하면 가깝다' 같은 뜻. '些'는 적을 사. ◆ 且得(차득) — 당 · 송 시대의 속어, '거의 ~에 가깝다', '글쎄 ~ 비슷하다'.

수시하기를, 지극한 도에는 샛길이 없으며, 이 [도의] 경지에 있는 자는 감히 어느 누구도 다가가기 어렵다. [그러한 도를 설명하고 있는 불조(佛祖)의] 정법(正法)은 보고 들을 수가 없으며, 말이나 글과는 아득히 먼 것이다. 만약 [말이나 글 같은 상대적인 지식의] 가시밭을 헤치고 나가, [대(大) · 소(小) · 권(權) · 실(實) · 5시(時) · 8교(教) 따위 번잡한] 불조(佛祖)의 밧줄을 풀어 버리고, 은밀한 대오(大悟)의 경지를 얻게 되면 [저 순야다처럼] 제석천이 꽃을 바칠 길이 없고, [가나제바같이] 외도가 [공격하려고] 엿보고 들어갈 문이 없어진다. [그 경지에 있는 사람의 동작은 그야말로 자유자재여서] 종일 무슨 일을 해도 [무위의 일(無爲之事)이므로] 일찍이 무엇을 했다고 하는 일이 없고, 종일 설법을 해도 [불언의 가르침(不言之教)이므로] 새삼 무엇을 가르쳤다고 할 것이 없다. 무엇이든 자유자재이니, 줄탁(啐啄)의 솜씨를 펴고 살활(殺活)의 칼을 쓸 수 있다. 비록 그렇다 하더라도 포교 전도에 종사할 때 한 손을 들어 적극적인 수단을 쓰는 동시에 한 손을 잡고 소극적인 수단을 쓸 줄 알[아, 임기응변의 활동을 할 수 있으]면, 조금은 쓸만하다고 하겠다. [그러나] 만약 [불교의 절대적인 입장에서의] 의당 해야 할 일(本分事)을 한다면, 그런 짓은 모두 절대적인 진리와는 아무 상관이 없다. 그럼 의당 해야 할 일이란 어떤 것인가? 자 다음 이야기를 살펴보라.

本則 擧. 僧問鏡淸, 學人啐, 請師啄. 淸云, 還得活也無. 僧云, 若不活遭人怪笑. 淸云, 也是艸裏漢.

주 ◆ 還得活也無(환득활야무) — 과연 살 수 있을까, 없을까. '還'은 '그런 짓을 한다면'. ◆ 遭人怪笑(조인괴소) — 사람들의 괴이한 웃음을 사게 됨. 세상의 웃음거리가 됨. ◆ 也是艸裏漢(야시초리한) — 당·송 시대의 속어로 '촌놈', '멍청이' 등의 뜻. '艸'는 '草'의 古字. '也是'의 '也'(또 야)는 뜻이 없는 發語辭.

[어느 날] 한 중이 경청 화상에게 [찾아와] "저는 [이미 대오 개발(大悟開發)의 준비가 되어] 껍질을 깨뜨리고 나가려는 병아리와 같으니, 부디 화상께서 껍질을 쪼아 깨뜨려 주십시오. [이끌어 주시면 곧 절대의 경지에 뛰어나갈 수 있습니다]" 하고 말했다. 경청 화상이 "과연 그래 가지고도 살 수 있을까, 어떨까?" 하자, 그 중은 "만약 살지 못하면, [화상에게 줄탁의 솜씨도 살활(殺活)의 칼도 없는 셈이 되니] 화상이 세상의 웃음거리가 되죠" 했다. 경청은 "이 멍청

한 놈!" 하고 꾸짖었다.

頌 古佛有家風, 對揚遭貶剝. 子母不相知, 是誰同啐啄. 啄, 覺, 猶在殼. 重遭撲, 天下衲僧徒名邈.

주 ◆ 古佛有家風(고불유가풍) — '古佛'은 불타 이래 역대의 祖師를 말하니, 여기서는 鏡淸和尙을 가리킴. '家風'은 '見識'이나 '主義'란 뜻. 결국 '鏡淸和尙은 확실히 탁월한 견식을 지니고 있다'임. ◆ 對揚(대양) — 대답. 문답. 중이 경청 화상에게 '若不活遭人怪笑'라고 한 말을 가리킴. ◆ 遭貶剝(조폄박) — '貶剝'은 깎아내려 벗겨 버림. 즉 '톡톡히 혼이 남'. '꼴이 말이 아니게 됨'. '貶'(폄할 폄)은 깎아 말함. ◆ 啄, 覺(탁, 각) — 원오는 '啄은 鏡淸이 還得活也無라고 대답한 것을, 覺은 그 중이 若不活遭人怪笑라고 한 것을 頌함'이라고 함. '啄하면 覺한다'는 뜻. ◆ 猶在殼(유재각) — 중은 살아나지 못하면 세상의 웃음거리가 된다고 큰소리를 쳤으나, 아직 달걀 껍질 속에서 나오지 못했음. 곧 경청 화상에게 물고 늘어진 중의 미숙함을 풍자한 말. ◆ 重遭撲(중조박) — 다시 한 번 두드려 맞음. 경청에게 '也是艸裏漢'이라고 꾸지람을 들은 것. '撲'(칠 박)은 '두드림'. ◆ 徒名邈(도명모) — '名邈'는 『大涅槃經』 제30권 獅子吼菩薩品에 나오는 '衆盲摸大象'의 비유에 의거한 표현. 여러 장님이 큰 코끼리를 손으로 더듬으며 저마다 달리 말하듯, 자기의 少智少見으로 각기 분수에 넘치는 평을 하는 것을 '徒名邈'라 함. '邈'는 '摸'(더듬을 모)의 借字임. '徒'는 徒勞의 徒이며 '헛되이'.

고불(古佛)의 가풍(家風)에 함부로 대들었다 혼이 났구나.

새끼와 어미가 서로 모르는 걸, 누가 알아서 함께 쫀다는 말인가!

톡톡 쪼면 번쩍 깨어나련만, 중은 아직도 껍질 속에 있네.
거듭 [그가] 얻어맞는데도, 세상의 중들 부질없이 겉만 더듬네.

제17칙

향림이 말하기를 "너무 오래 앉아 있어 지쳤다네" 香林坐久成勞

향림(香林)은 운문 선사의 법사(法嗣)이며 익주(益州) 청성(靑城), 지금의 사천성(四川省) 성도(成都)의 향림사 주지였던 증원(澄遠) 선사(908년~987년)를 말한다. 이 사람은 본래 둔근(鈍根)하나 대신 아주 독실한 사람이었던 모양이다. '평창'에도 '운문의 회하(會下)에 이르러 시자(侍者)로 있기를 18년'이라 되어 있다. 운문이 어떻게든 깨우쳐 주려고 매일같이 "원시자(遠侍者)!" 하고 부르고 "네" 하고 대답하면 곧 "그게 무어냐?" 하고 다그쳤는데 그 "네"라고 대답하는 무위(無位)의 진인(眞人)을 끝내 깨우치지 못했다. 18년 동안이나 같은 짓을 되풀이했다니 그 스승에 그 제자라 할 수밖에 없다. 향림은 언제나 종이 옷을 입고 다니며 운문이 내뱉는 한 마디 한 마디를 남김없이 그 옷에 적어 두었다고 한다. 그것이 훗날 『운문광록(雲門廣錄)』이 되었다. 이윽고 법을 성취한 뒤 사천성으로 돌아가 향림사에 살기를 40년, 80세로 이 세상을 떠났으며 그 때 "나의 40년은 곧 타성일편(打成一片)"이었다고 했다. 40년간 정념(正念)을 상속(相續)해 가며 조금도 한눈을 팔지 않았다니 성실하기 이를 데 없는 위대한 선사이다.

垂示云, 斬釘截鐵, 始可爲本分宗師. 避箭隈刀, 焉能爲通方作者. 針箚不入處則且置. 白浪滔天時如何. 試擧看.

주 ◆ 斬釘截鐵(참정절철) — 못을 자르고 쇠를 끊음. '못이나 쇠 같은 어려운 문제에 부닥쳐도 척척 잘라 버릴 수 있는 솜씨를 가져야만'의 뜻. ◆ 本分宗師(본분종사) — 자기의 본분(자기 본래의 면목)을 터득한 大宗師. 진짜 師僧. ◆ 避箭隈刀(피전외도) — 화살을 피하고 칼을 숨어서. 용기가 없는 비겁한 행동을 함. '隈'(후미진 곳 외)는 으슥한 곳을 뜻하나 여기서는 '숨는다'는 동사임. ◆ 通方(통방) — 사방팔방으로 통함. '철저함', '융통성이 있음'. ◆ 作者(작자) — '作家'라고도 함. '뛰어난 인물', '솜씨 좋은 자'. ◆ 針箚不入處則且置(침차불입처즉차치) — '針箚不入處'는 바늘로 찔러도 들어가지 않는 곳. 즉 달마의 '默想'이나 '不識' 같은, 상대방에게 논쟁의 여지를 일절 주지 않는 경지. '且置'는 '그만하면 되었다', '쓸만하다'. '箚'(찌를 차)는 '바늘로 찌름'. ◆ 白浪滔天時(백랑도천시) — 앞 구와 반대로, 상대방에게 논쟁의 여지를 주어, 흰 파도가 하늘에 넘칠 기세로 닥쳐들었을 때. '滔'(창일할 도)는 '물이 불어서 넘침'. 『書經』의 '浩浩滔天'의 '滔天'임.

수시하기를, 못이나 쇠[같은 단단하고 어려운 문제에 부닥쳐도 그]를 척척 잘라 [해결해] 버리는 솜씨가 있어야, 비로소 진짜 사승(師僧)이라 할 수 있다. [싸움터에서 적의] 화살을 겁내고 칼날을 두려워한다면 어찌 융통 자재한 뛰어난 인물이라 하겠는가. 남이 일언반구도 찌르고 파고들 겨를을 주지 않는 경지에 있는 사람은 그런대로 괜찮지만, 하늘에까지 넘칠 듯한 파도의 기세로 달려드는 상대방을 맞으면 어떻게 하겠는가? 자 다음 이야기를 살펴보라.

本則 擧. 僧問香林, 如何是祖師西來意. 林云, 坐久成勞.

주 ◆ 祖師(조사) — 불교 각 宗의 傳燈者를 모두 祖師라고 하지만, 선종에서는 대개의 경우 보디 달마를 가리켜 '祖師'라 함. ◆ 西來意(서래의) — 불교가 중국으로 온 것이 '佛教東漸'이고, 달마가 중국에 온 사실을 '祖師西來'라 함. '意'는 뜻, 목적. 즉 '달마는 무엇하려 중국에 왔는가?' ◆ 坐久成勞(좌구성로) — '오랫동안 앉아 있어서 팔다리가 쑤신다 — 지쳤다'는 뜻. 향림 화상은 보디 달마가 소림산에서 面壁九年의 침묵 생활을 보냈다는 고사에 의거하여 '坐久成勞'라 함.

[어느 날] 한 중이 향림 화상에게 [찾아와] 물었다. "저 달마는 [멀리 이곳까지 와서 설교도 않고 소림산에 들어박힌 채 9년 동안이나 벽과 마주앉아 있었다지만, 도대체] 무엇 하러 중국에 왔습니까?" 향림 화상은 "너무 오래 앉아 있었더니 그만 지쳤다네" 하고 대답했다.

頌 一箇兩箇千萬箇, 脫却籠頭卸角馱, 左轉右轉隨後來, 紫胡要

打劉鐵磨.

㊟ ◆ 箇(개) — 중국에서는 사물을 셀 때 이 자를 數詞에 붙여 씀. '一箇兩箇千萬箇'는 '一箇人兩箇人千萬箇人'의 약어이며, '달마 西來 이후 지금까지 온갖 운수들이'임. ◆ 籠頭(농두) — '轆頭'라고도 쓰며 '굴레'를 말함. 말 입에 씌워 음식을 마음대로 못 먹게 하는 것. ◆ 卸角駄(사각타) — '角駄'는 말이나 나귀 등에 실는 무거운 짐. 짐이 양쪽으로 갈라져서 雙角꼴이 되므로 角駄(角形의 짐)라 한 것임. '卸'(풀 사)는 '짐을 부림'. '말의 안장을 벗김'. ◆ 紫胡要打劉鐵磨(자호요타유철마) — 南泉普願(馬祖道一의 제자) 밑에 子湖利蹤이라는 사람이 있었음. 그는 衢州(浙江省 衢州府)의 子湖巖 근처에 살고 있어서 子湖(紫胡) 화상이라 불렸음. '紫胡'는 이 利蹤和尙을 말함. 또 '劉鐵磨'는 潙山靈祐 문하의 비구니로서 거칠기로 이름있는 노파임. '紫胡要打劉鐵磨'는 두 사람의 다음과 같은 이야기(『五燈會元』 제4권 '衢州子湖巖利蹤禪師'章)에서 비롯된 것임. '尼到參, 師曰, 汝莫是劉鐵磨否(쇠맷돌이라고 불리는 劉家 할머니 아닌가?). 曰, 不敢(죄송하오나 그렇습니다). 師曰, 左轉右轉(왼쪽으로 돌아가는 맷돌인가, 오른쪽으로 돌아가는 맷돌인가?). 曰, 和尙莫顚倒(화상께선 바보 같은 소리 마세요). 師便打.' 결국 설두가 이 구를 쓴 것은 '너무 똑똑한 체하고 祖師西來意를 꼬치꼬치 묻고 다니는 놈은 자호가 유철마를 때린 것처럼 때려주는 게 가장 좋은 약이다'라는 뜻에서임.

한 사람 두 사람 천만 사람, 모두 굴레 벗고 짐을 풀었네.

아직도 우왕좌왕 따라오는 놈은 자호가 유철마를 치듯 맞아야 하리라.

제18칙

혜충 국사의 무봉탑

忠國師無縫塔

충국사(忠國師)는 하남성(河南省) 남양(南陽)의 백애산(白崖山)에 산 혜충 국사(慧忠國師. ?~775년)를 말하며 6조의 법을 이은 사람이다. 수행이 끝나자 백애산에 암자를 짓고 40년간이나 들어앉아 내려오지 않았다. 그 도행(道行)이 임금의 귀에 들어가 당의 숙종(肅宗), 대종(代宗) 2대를 지도하는 국사가 되었다. 태력(太曆) 10년(775년)에 130세로 죽었다. '본칙'에서 국사 혜충이 숙종에게 무봉탑(無縫塔)을 요구한 사실은 결국 아무것도 바라고 있지 않다는 뜻이 된다. 그는 자기의 개성이 대우주와 함께 영원히 존재함을 굳게 믿고 있었다. 그리고 그의 제자인 탐원(耽源)은 국사 혜충의 그 마음을 시적으로 옳게 잘 표현하고 있다.

本則 擧. 肅宗皇帝, 問忠國師, 百年後, 所須何物. 國師云, 與老僧, 作箇無縫塔. 帝曰, 請師塔樣, 國師良久云, 會麽. 帝云不會. 國師云, 吾有付法弟子耽源, 却諳此事, 請詔問之. 國師遷化後, 帝詔耽源, 問此意如何. 源云, 湘之南(兮)潭之北. (雪竇著語云, 獨掌不浪鳴.) 中有黃金充一國. (雪竇著語云, 山形拄杖子.) 無影樹下合同船. (雪竇著語云, 海晏河淸.) 瑠璃殿上無知識. (雪竇著語云, 拈了也.)

㈜ ◆ 肅宗皇帝(숙종황제) — 玄宗의 아들. 재위 년간은 서기 756년~762년까지의 7년간. 숙종은 762년에 죽었으므로 775년경에 죽은 혜충의 임종에 나타날 수 없으며 다음 대인 代宗皇帝이리라고 하는 설이 있음. 타당한 설이나 일단 원문에 따름. 참고로 代宗의 재위 연간을 보면, 763년~779년까지의 17년간임. ◆ 百年後(백년후) — 百歲後. '죽은 뒤'. ◆ 忠國師(충국사) — 6조 慧能의 제자인 慧忠을 말함. '國師'는 한 나라의 지배자인 황제의 정신 수양상의 지도자. ◆ 所須(소수) — 소요물, 또는 필요품. '百年後, 所須何物'은 죽은 뒤에 어떤 것을 남겨 두고 싶은가. ◆ 箇無縫塔(개무봉탑) — '箇'는 무봉탑을 강조하는 접두어. '無縫塔'은 계란 모양의 돌덩어리 한 개로 만든 탑. 승려의 묘석임. 본래 탑에는 크게 두 가지가 있으며, 하나는 목재 · 석재 · 금속 기구를 사용한 縫稜級層 모양의 탑과 다른 하나는 卵形의 석탑임. ◆ 請師塔樣(청사탑양) — 국사께서 바라시는 탑의 모양을 보여 주시오. 숙종은 혜충이 '無縫塔'을 바란다고 한 말뜻을 이해하지 못하고 이렇게 물음. ◆ 良久(양구) — 한참 있다가, 얼마 후에. ◆ 會麽(회마) — 아셨습니까? '會'는 '會得', 즉 了解 · 理解. ◆ 付法弟子(부법제자) — 禪宗 儀式에 嗣法이라는 중요한 의식이 있음. '付法弟子'는 그 의식을 마친 제자. ◆ 耽源(탐원) — 吉州(江西省 吉安府)의 耽源山에 살던 應眞和尙. ◆ 此事(차사) — 무봉탑. 또는 혜충의 마음. ◆ 遷化(천화) — 승려의 죽음에 대해 갖가지 용어가 있으나, 그 중 일반적인 것으로 遷化 · 順世 · 涅槃 · 圓寂 · 歸眞 · 歸寂 · 滅度 · 示寂 · 入寂 등이 있음. ◆ 湘之南潭之北(상지남담지북) — '湘'과 '潭'은 강 이름. '湘水'는 그 源泉이 零陵(湖南省 永州府)의 陽海山에서 시작되고, '潭水'는 武陵(湖南省 常德府)의 成玉山에서

시작됨. '湘之南, 潭之北'은 '湘江의 흐름은 남쪽으로, 潭江의 흐름은 북쪽으로'의 뜻이며, 글로는 당시 洞庭湖를 중심으로 한, 선이 융성한 지방을 표현한 것이지만, 실은 '천하 우주'를 뜻함. ◆ 獨掌不浪鳴(독장불랑명) — 탐원이 송한 '湘之南(兮)潭之北'의 참뜻을 이해하는 자가 없음을 말한 것임. '탐원의 말은 한쪽 손바닥이므로 다른 손바닥이 없으면 소리가 나지 않는다'는 뜻. ◆ 中有黃金充一國(중유황금충일국) — 온 나라 안에 황금이 가득함. '온 나라 안'은 '湘之南(兮)潭之北' 즉 '천하 우주'임. 결국 '中有黃金充一國'은 '娑婆卽寂光淨土'임. ◆ 山形拄杖子(산형주장자) — '山形'은 산 모양. '山形拄杖子'는 산의 나무로 만든 주장자가 아니라, 산과 같은 큰 주장자. 탐원의 '中有黃金充一國'을 글자 그대로 받아 놀린 말임. '拄杖'은 본래 인도에서는 '첫째, 늙고 힘없는 사람을 위해'(一爲老瘦無力) '둘째, 앓아서 몸이 쇠약해진 사람을 위해'(二爲病苦嬰身)의 두 가지 목적으로 쓴 모양이나, 중국에서는 처음에는 선승이 험한 산과 골짜기를 다닐 때, '乘危涉險, 爲扶力故'로 씀. 그것이 후에는 산이나 골짜기에는 가 본 일도 없는 禪僧들까지 일종의 장식품으로 함부로 들고 다니게 됨. '拄杖'은 선승의 등산용 지팡이. ◆ 無影樹下合同船(무영수하합동선) — 無影樹下는 『大涅槃經』 제3권 長壽品에 '迦葉菩薩. 白佛言, 世尊, 譬如闇中, 有樹無影, 迦葉, 汝不應言有樹無影. 但非肉眼之所見耳. 善男子, 如來亦爾. 其性常住, 是不變易. 無智慧眼, 不能得見. 如彼闇中, 不見樹影…'에 의거한 말임. '無影樹下合同船은 眞如의 실체 속에 안겨서 이 인생의 항해를 계속하는 인류의 合乘船'을 뜻함. ◆ 海晏河淸(해안하청) — 바다는 고요하고 강은 맑다. 곧 천하 태평의 뜻. ◆ 瑠璃殿上無知識(유리전상무지식) — '瑠璃殿上'은 迦毘羅國의 釋迦族을 멸망시킨 舍衛國 波斯匿王의 아들 瑠璃王(Virudhaka. 毘盧擇迦 · 惡生王)의 고사에서 비롯된 말로, 일반 왕족의 궁전을 가리킴. '왕족의 궁전 따위에서 혜충 국사의 사상을 이해할 리 없지' 하고 은근히 숙종을 헐뜯은 것임. '知識'은 知己 · 共鳴者. ◆ 拈了也(염료야) — 탐원의 말에 대해 설두가 '뛰어난 견식을 따른 비판은 이제 끝났다'고 평한 말. '拈'은 '勘破'(看破).

[노환으로 누워 있는] 혜충 국사에게 숙종 황제가 [문병을] 와서 "[어떻소, 좀 나았소? 만약 국사가 죽는다면] 죽은 뒤에 무엇이 필요할 것 같소?" 하고 물었다. 국사는 "이 노승에게 무봉탑이나 하나 만들어 주십시오" 하고 대답했다. 황제는 [그 말뜻을 정확히 알아듣지 못하고] "그럼, 국사가 생각하는 탑의 모양을 보여 주시오" 했다. 국사는 한참 있다가 이윽고 "아셨습니까?" 하고 물었다. 황제는 "모르겠소" 하고 대답했다. 국사는 [다시] "부법(付法) 제자인 탐원이 [탐원산의 절에 있으니,] 제 마음을 잘 알 터인 즉 그를 불러 물어 주십시오"라고 말했다. 혜충 국사가 죽은 후, 황제는 탐원을 불러 무봉탑에 대해 물었다. 탐원 응진(應眞)은 이렇게 [시적인] 대답을 했다. "상강의 물은 남으로 흐르고, 담강의 물은 북으로 흐른다. [그야말로 우주 천하가 다 국사의 무봉탑이로다.] (설두가 착어하기를, "[그렇듯 엄청난 표현을 쓰면 누가 알아듣겠냐! 두 손바닥이 마주쳐야 소리가 나지.] 한 손만으로는 소리날 리 없다네.") 그 [우주라는 무봉탑] 속에는 황금이 가득하도다. (설두가 착어하기를, "[황금은 가득할지 모르나] 그것은 산같이 커다란 주장자(拄杖子)이[므로 아무도 쓸 수가 없]구나") 이 우주는 [한없이 크고 넓은] 그늘 없는 나무[이지만, 그늘이 없어도 안식을 갖춘 자에게는 보이리라. 그] 밑에 [세상] 모든 사람이 함께 타고 가는 배. (설두가 착어하기를 "바다는 잔잔하고 물은 맑도다. [천하가 태평하고 범성(凡聖)이 다 함께 있는 이 인생이야말로 묘미가 있노라.]") 그러나 유리 궁전에 사는 왕족은 [국사의 참뜻을] 알 만한 자가 없노라." (설두가 착

어하기를, "훌륭한 견식이로다, 잘 보았소.")

頌 無縫塔見還難. 澄潭不許蒼龍蟠. 層落落, 影團團. 千古萬古與人看.

주 ◆ 澄潭不許蒼龍蟠(징담불허창룡반) — '澄潭'은 맑고 깊은 물. 혜충의 티없이 맑은 마음. '蒼龍'은 청룡. 속된 인간의 야심을 나타낸 말. '蟠'(서릴 반)은 몸을 휘감고 엎드림. '혜충의 맑고 깊은 물 같은 마음에는 욕심 많은 청룡 따위가 도사릴 틈이 없다'는 뜻임. ◆ 層落落(층낙락) — '層'은 層塔. '落落'은 우뚝 솟은 모양. 무봉탑이 우뚝 솟은 모양임. ◆ 團團(단단) — '團團如明月'의 團團과 같으며, 무봉탑의 그림자가 둥글게 깃들어 있는 모양. '團團'은 둥근 모양.

무봉탑은 보려 해도 좀처럼 보기 어렵다. 맑고 깊은 물 [같은 혜충의 마음] 속에 [욕심 많은] 청룡은 도사릴 수가 없다. [아] 무봉탑은 층층이 높이 솟아 둥근 그림자를 [온 누리에] 던진다. 천년만년 두고두고 [이 장엄하고 아름다운 무봉탑을] 사람들과 함께 [찬미하며] 지켜보리라.

제19칙

구지의 손가락 하나
俱胝只竪一指

구지(俱胝) 화상은 마조 문하의 대매 법상(大梅法常. 752년~839년)의 법과 항주(杭州) 천룡(天龍) 선사의 법통을 이어받은 사람이다. 처음에는 절강성(浙江省) 금화산(金華山)에 살았으나, 후에 복건성(福建省) 구지사로 옮겨갔다고 한다. 그 금화산 시대의 일이다. 작은 암자에 살고 있을 때 어느 날 실제니(實際尼)라는 니승(尼僧)이 찾아왔다. 암자 안에 들어와 머리에 쓴 삿갓도 벗지 않고 손에 쥔 석장(錫杖)을 쿵쿵 찧으면서 구지가 좌선하고 있는 둘레를 세 번 빙빙 돌더니, "한 마디 할 수 있다면 갓을 벗을 테요!" 하고 세 번 거푸 말했으나 한 마디도 대꾸를 못 하므로 그대로 나가 버리려 한다. 구지가 "곧 해도 저물 텐데 쉬고 가시오" 하고 만류하니까, "한 마디 말을 뱉는다면 머물겠소!" 한다. 결국 또 말문이 막혀 아무 대꾸도 못 하고 말았다. 니승은 그 길로 가 버리고 말았다. 그만 어이가 없어진 구지는 이윽고 울화통이 치밀어 다시 수행길을 떠나리라 마음먹고 나그네 길 차비를 한 뒤 일찍 잠자리에 들었다. 한밤중에 꿈속에 산신(山神)이 나타나 "네가 여기를 떠날 건 없다. 내일

산 보살이 찾아와 너를 인도해 주리라"고 했다. 과연 다음날 천룡 화상이 찾아왔다. 당장 어제 있었던 일을 이야기하고 어떻게 하면 좋을지 가르쳐 달라고 청했다. 그랬더니 천룡 화상은 잠자코 손가락 하나를 우뚝 세워 보였다. 선기(禪機)가 무르익었던지 구지는 그 손가락을 보는 순간 홀연히 대오(大悟)할 수 있었다. 그 후부터 누가 무슨 질문을 해도 불쑥 손가락 하나를 세웠다고 한다. 안녕하십니까? 불쑥. 안녕히 계십시오! 불쑥. 선이란 무엇입니까? 불쑥. 이 불쑥 내세운 손가락 하나에 온 우주가 포함되고 만다. 세상의 모든 것이 손가락 하나에서 전개된다. 구지는 마지막 숨을 거둘 때도 "나는 천룡일지두(天龍一指頭)의 선(禪)을 터득하여 평생 썼어도 못다 썼다…"며 손가락 하나를 불쑥 세우고 그대로 죽어 버렸다고 한다. 정말 통쾌하기 그지없는 화상이다.

垂示云, 一塵擧, 大地收, 一花開, 世界起. 只如塵未擧, 花未開時, 如何著眼. 所以道, 如斬一綟絲, 一斬一切斬. 如染一綟絲, 一染一切染. 只如今, 便將葛藤截斷, 運出自己家珍, 高低普應, 前後無差, 各各現成. 儻或未然, 看取下文.

주 ◆ 一塵擧, 大地收(일진거, 대지수) — 한 점의 티끌이 일어도 온 대지가 그 속에 포함되어 있음. '一塵擧'는 '擧一塵'의 倒置句임. ◆ 一花開, 世界起(일화개, 세계기) — 꽃 한 송이가 피면 그 영향으로 온 우주가 흔들린다. ◆ 塵未擧, 花未開時(진미거, 화미개시) — '一塵擧 · 一花開'는 절대로서의 법

(Dharma)의 動的 방면이며 現象的 방면이지만, 이 '塵未擧, 花未開時'는 그 법의 靜的 방면이며 實體的 측면을 가리킴. '그 티끌이 아직 날리기 전, 꽃이 아직 피기 전인 때'. ◆ 著眼(착안) — 어떤 일에 대한 기틀을 깨달아 잡음. ◆ 一綟絲(일려사) — 한 타래의 명주실. ◆ 一斬一切斬(일참일절참) — 한 타래의 실을 한 군데만 끊어도 모두 끊어짐. ◆ 一染一切染(일염일절염) — 한 타래의 실을 한 군데만 물들여도 전부 물들어 버림(물론 얼룩지기도 하지만). ◆ 自己家珍(자기가진) — '自家之珍寶'와 같음. '절대와 하나가 된 귀중한 자기', '참된 자기'. ◆ 高低普應, 前後無差(고저보응, 전후무차) — 높고 낮음이 하나 같고, 앞과 뒤에 차별이 없음. ◆ 各各現成(각각현성) — 사람들 각자가 지닌 본래의 면목을 현실에서 성취시킴. 사람들 각자가 활개를 펴고 한길을 떳떳이 걸어갈 수 있다는 뜻. ◆ 儻或(당혹) — 만약, 혹시. '儻'(혹시 당)은 만약, 만일. '儻'과 '或'은 같은 뜻의 말을 連用한 것임.

수시하기를, [화엄 철학에는 심오한 이론이 깃들어 있다.] 한 점의 티끌이 날아 올라도 [그 속에] 온 대지가 포함되어 있고, 한 떨기 꽃이 피어도 [그 영향으로] 온 세계가 흔들린다[고 한다]. 티끌이 일지 않고 꽃이 아직 피기 전일 때는 [이 우주의 묘용(妙用)을] 어떻게 보아야 할까? 옛말에도 "한 타래의 실을 어느 한 군데만 잘라도 모두 끊어져 조각나고, 또 한 타래의 실을 어느 한 군데만 염색해도 전부 물들어 버린다"고 했지만, 지금 그렇듯 [시비(是非) · 선악(善惡) · 정사(正邪) · 곡직(曲直)의] 갈등을 잘라 버리고, 참된 자기를 이끌어 낸다면, 높고 낮음이 따로 없고 앞과 뒤에 차이가 없어져 [절대의 경지에서] 각기 스스로의 참 면목을 당장에 발휘할 수 있게 된다. 혹시 아직 그런 경지에 이르지 못한 자는 다음의 글을 잘 살펴 두라.

本則 擧. 俱胝和尙, 凡有所問, 只竪一指.

주 ◆ 凡有所問(범유소문) — 도대체 질문을 받기만 하면. '所'는 피동을 나타내는 말. ◆ 竪一指(수일지) — 손가락 하나를 세움. '竪'는 곧장 세움. 구지 화상은 죽을 때 이 '손가락 하나 세우는 선'(一指頭禪)을 평생 썼는데도 아직 다 못 썼다고 했을 정도이니, 비록 아무렇지도 않은 듯한 손가락 하나지만, 그는 그것으로 깊고 넓은 불교의 진리를 모두 표현해 냈던 것임. 선의 오묘한 경지가 이런 데 있다고 할 수 있음.

구지 화상은 누가 [무슨] 질문을 하건 그저 손가락 하나만 세워 보였다.

頌 對揚深愛老俱胝. 宇宙空來更有誰. 曾向滄溟下浮木, 夜濤相共接盲龜.

주 ◆ 對揚深愛老俱胝(대양심애노구지) — '深愛老俱胝之對揚'과 같음. '對揚'은 구두로 대답하는 대신 구지가 해 보인 '竪一指'를 가리킴. '俱胝老和尙의 대꾸 방법이 매우 사랑스럽다'. '深愛'는 '매우 사랑스럽다', '아주 마음에 든다'. ◆ 宇宙空來(우주공래) — 온 우주를 통틀어 보아도. ◆ 滄溟(창명) — 大海. ◆ 浮木 · 盲龜(부목 · 맹구) — 이 두 가지에 대한 비유는 불교 설화로 많이 쓰이는 말임. 그 설화를 간단히 적어 보면 '옛날 대해에 한 마리의 눈먼 거북이 살았다. 이 거북에게는 이상하게도 배 밑에 눈이 한 개 있을 뿐 흔히 갖는 두 눈이 없었다. 배 밑에 있는 눈은 별로 쓸모가 없었다. 하늘을 우러러 해를 볼 수가 없었다. 늘 그것이 고민이었으나, 어느 날 구멍 뚫린 널빤지(浮木) 하나가 떠내려와, 붙들고 배 밑의 눈을 구멍에 대어 비로소 해를 볼 수가 있었다'는 것이다. 결국 '구지의 一指는 그 눈먼 거북에 대한 浮木'임. ◆ 夜濤相共(야도상공) — 한밤중의 파도 속에서. ◆ 接(접) — 接得함, 接化함, 즉 '濟度함'.

구지 노 화상(老和尙)의 대꾸, 썩 마음에 든다. 이 [넓은] 우주 어디에 그만한 이가 또 있으랴! 일찍이 망망한 바다에 띄워 놓은 [구원의] 널빤지 [같은 구지의 손가락] 하나, 캄캄한 밤 바다에서 눈먼 거북[꼴인 숱한 운수들]을 건져 주었네.

제20칙

용아가 항의하기를 "때린다고 달마가 서녘에서 온 뜻을 알 수는 없습니다!" 龍牙西來無意

제20칙의 일화는 용아라는 젊은 중이 취미·임제 두 선사에게 정면으로 도전하여, 한 걸음도 양보하지 않고 '조사서래의(祖師西來意)'를 내두르다 호되게 당한다는 극적인 줄거리이다. 셋의 법계상의 관계를 보면 취미는 6조 혜능으로부터 5대째이며 가장 위이고, 임제는 6대째여서 그 다음이고, 용아는 7대째인 막내 꼴이다. 확실한 기록은 없으나 취미 무학(翠微無學)은 당 현종 황제(玄宗皇帝) 개원(開元) 27년(739년)에 태어나, 당 헌종 황제 원화(元和) 14년(819년)에 죽은 단하 천연(丹霞天然)의 제자였다는 사실로 대강 그의 시대를 짐작할 수 있다. 임제 의현(臨濟義玄)은 황벽 희운(黃檗希運)의 제자이며 임제종의 개조(開祖)로 유명하지만 그의 생사에 관해서는 당 의종 황제(懿宗皇帝) 함통(咸通) 8년(867년)에 죽었다는 것 이외에 아무 기록도 없다. 그리고 용아 거둔(龍牙居遁)은 강서(江西) 무주(撫州) 남성(南城) 사람으로 속성은 곽(郭)씨, 14세에 길주(吉州. 강서 길안부)의 만전사(滿田寺)에 들어가 출가했으며 취미·임제를 거쳐 이

읏고 동산 양개(洞山良介) 밑에서 눈을 떴다. 후에 용아산(龍牙山) 묘제원(妙濟院)에 살았으므로 용아라 부르게 되었다. 그는 당 문종 황제(文宗皇帝) 태화(太和) 9년(835년)에 태어나 후량(後梁) 용덕(龍德) 3년(923년)에 죽었다. '본칙'에서 용아의 "달마가 서녘에서 온 뜻은 무엇입니까"(如何是祖師西來意)에 대해, 취미가 "선판을 좀 갖다 주게"(與我過禪板來) 하고, 임제가 "포단을 갖다 주게"(與我過蒲團來)라고 한 그 발언의 동기 속에는 제17칙의 향림의 "너무 오래 앉아 있어 지쳤다네"(坐久成勞)와 같은 해학성이 깃들어 있다. 취미도 임제도 '달마가 무엇하러 중국에 왔는가? 그거야 면벽 9년의 좌선 때문에 왔지. 그래 그 좌선의 흉내를 내보란다면' 하는 뜻에서 취미는 선판(禪板. 안석)을 좀 갖다 달라고 했고, 임제는 포단(방석)을 가져오라고 하여, '너무 오래 앉아 있어 지쳤다'를 준비할 뜻을 비쳤으나, 이 점을 깨닫지 못한 용아는 고지식하게도 그대로 갖다 주었다. 그래서 둘이 다 "이 멍청이야" 하고 '받아들자마자 후려친'(接得便打) 것이었다.

垂示云, 堆山積嶽, 撞墻磕壁, 佇思停機, 一場苦屈. 或有箇漢, 出來, 掀翻大海, 踢倒須彌, 喝破白雲, 打破虛空, 直下向一機一境, 坐斷天下人舌頭, 無儞近傍處. 且道, 從上來, 是什麽人曾恁麽. 試擧看.

주 ◆ 堆山積嶽, 撞墻磕壁(퇴산적악, 당장개벽) — '堆'는 높이 쌓여 있는 모양. '嶽'(큰산 악)은 크고 높은 산. '撞'은 부딪침. '墻'은 牆(담 장)의 속자임. '磕'(돌부딪는 소리 개)는 돌이 서로 부딪쳐 나는 소리. 이 4언 2구는 직역하면 '山에 높이 고이고 嶽에 쌓여 가득하다. 담장에 부딪치고 벽에 부딪쳐 거기도 가득하다'는 말이나, 결국 '절대적 진리가 온 우주에 가득 차 있다'는 뜻. ◆ 佇思停機(저사정기) — '佇思'는 가만히 서서 생각함. '佇'는 우두커니 설 저. '停機'는 무엇인가 하려는 생각(機)을 정지함. 따라서 '佇思停機'는 '망설이며 꾸물거림', 진리를 선택할 때 갈피를 못 잡고 헤매는 모습. ◆ 一場苦屈(일장고굴) — 당·송 시대의 속어로 '실컷 애쓰고 헛수고만 함'. '一場'은 본래 一席·一幕 따위 뜻이지만, 여기서는 '일장춘몽'과 같이 '정말', '전혀'란 뜻임. '苦屈'은 고생, 수고. ◆ 箇漢(개한) — '箇'는 '掀翻大海부터 坐斷天下人舌頭까지에 표현된 활동을 해낼 수 있는 이'. '箇漢'은 '~와 같은 사람'. ◆ 掀翻(흔번) — 손으로 뒤집음. '掀'(번쩍 들 흔)은 손으로 높이 듦. '翻'은 뒤집을 번. 번복. ◆ 踢倒(척도) — 발로 차서 쓰러뜨림. '踢'(찰 척)은 '발로 물건을 참'. ◆ 須彌(수미) — 修迷樓·蘇彌樓·蘇迷盧라고도 씀. 모두 산스크리트어인 'Sumeru'의 音譯임. '須彌'는 須彌山, Sumeru−Parvata이며, 불교 우주론에서 말하는 세계의 중앙에 금테를 두르고 치솟아 있다는 高山임. ◆ 喝破(갈파) — 큰 소리로 꾸짖음. 큰 소리로 남의 언론을 說破함. ◆ 直下(직하) — 당장 그 자리에서. ◆ 向一機一境(향일기일경) — 어떤 때, 어떤 곳, 어떤 사람에 대해서도. ◆ 無儞近傍處(무이근방처) — 상대방이 소위 壁立千仞이므로 아무도 접근할 수 없으리라는 뜻. '儞'는 爾(너 이)의 복수. '너희들' 또는 '그 누구도'. ◆ 從上來(종상래) — 옛날부터 지금까지. ◆ 什麽人曾恁麽(습마인증임마) — 어느 사람이 그와 같을 수 있느냐?

수시하기를, [진리는 멀리 눈에 띄지 않으나 결코 숨겨 둔 것이 아니라] 온 우주가 다 진리, 산에 봉우리에 담장에 벽에 가득 차 있다. [그 사실을 알지 못해] 갈피를 못 잡고 허둥지둥하다니 공연한 헛수고이다. [그러나 세상은 넓게 마련이어서] 혹 개중에는 썩 나서서 바다를 손으로 뒤집고 수미산을 걷어차며 백운(白雲)을 갈파(喝破)하고 허공을 쳐부수어, 당장 그 자리에서 때와 장소와 사람에 따라 천하 뭇 사람의 말문을 콱 막아 버리는, 좀처럼 근접키 어려운 인물이 있을 법하다. [그런 인물이 있다면] 자 말해 보라, 지금까지 어떤 이가 그와 같을 수 있었느냐? 다음 이야기를 잘 살펴보라.

本則 擧. 龍牙問翠微, 如何是祖師西來意. 微云, 與我過禪板來. 牙, 過禪板與翠微. 微, 接得便打. 牙云, 打卽任打, 要且無祖師西來意. 牙, 又問臨濟, 如何是祖師西來意. 濟云, 與我過蒲團來. 牙, 取蒲團過與臨濟. 濟, 接得便打. 牙云, 打卽任打. 要且無祖師西來意.

주 ◆ 祖師西來意(조사서래의) — 달마 대사가 인도에서 중국으로 오게 된 목적(제17칙 참조). ◆ 禪板(선판) — 禪版 · 倚版이라고도 함. 오랜 시간 좌선하여 피곤할 때, 잠시 몸을 기대고 쉬는 널빤지. 선승의 안궤. ◆ 過來(과래) — 좀 갖다 주게. ◆ 蒲團(포단) — 부들로 만든 둥근 자리. 좌선할 때 쓰는 '둥근 방석'. ◆ 接得便打(접득변타) — 그것을 받자 곧 때렸다. '接得'은 '근접케 함', '받아 듦'. '便'은 卽과 같으며 '곧', '문득'. ◆ 打卽任打 — 칠 테면 쳐라, 때릴 테면 때려라. ◆ 要且(요차) — '要'는 '즉', '요컨대'. '且'는 '그럼에도 불구하고 또'. '要且'는 '그런다고'의 뜻.

[어느 날] 용아가 취미 화상에게 "달마가 서녘에서 [중국으로] 무엇 하러 왔습니까?" 하고 물었다. 취미 화상은 [질문에는 대답 않고]

"선판을 좀 갖다 주게나" 하고 말했다. 용아가 [고지식하게] 선판을 갖다 주니까, 취미 화상은 다짜고짜 그것으로 후려쳤다. [얻어맞은] 용아는 [지지 않고] "칠 테면 치십시오. 그런다고 달마가 서녘에서 온 뜻을 알 수는 없습니다!" 했다. 용아는 [이번에는] 임제 화상에게 [찾아와] "달마가 중국에 무엇 하러 왔습니까?" 하고 다시 물었다. 임제 화상도 [취미와 마찬가지로 대답 대신] "저 방석 좀 갖다 주게" 했다. 용아가 방석을 갖다 주니까, 임제 화상 역시 그것으로 철썩 때렸다. 용아는 [여기서도 지지 않고] "때릴 테면 때리십시오. 그런다고 달마가 서녘에서 온 목적이 해결되진 않습니다!" 하고 들이댔다.

頌 龍牙山裏龍無眼. 死水何曾振古風. 禪板蒲團不能用. 只應分付與盧公. (這老漢. 也未得勦絶. 復成一頌.) 盧公付了亦何憑. 坐倚休將繼祖燈. 堪對暮雲歸未合. 遠山無限碧層層.

주 ◆ 龍牙山裏(용아산리) — 龍牙山 속에. 용아 화상이 湖南省 潭州(長沙府) 용아산 妙濟院 주지였다는 사실에 의거한 구. ◆ 死水(사수) — 흐르지 않는 웅덩이 물. 용아는 스스로 西來無意를 깨달았다고 생각하고 거기에만 달라붙어 있으나 그런 자는 썩은 웅덩이 물 속에 있는 無眼의 龍이라는 뜻. ◆ 古風(고풍) — 古法. 은근히 '祖師西來意'를 가리킴. ◆ 分付(분부) — 吩咐와 같음. '누구에게 시킴' 또는 '불러다가'. ◆ 與盧公(여노공) — '與'는 주다. '盧公'에 대해서는 두 가지 異說이 있음. 하나는 6조 慧能(盧行者)이라고 하는 설과 다른 하나는 원오의 '평창'에 따라 설두라고 하는 설임. 그러나 설두의 俗姓은

李氏(『五燈會元』 제15권, 『續燈錄』 제2권 참조)이며, 6조 혜능의 俗姓이 盧氏임. 곧 '盧公'은 盧行者인 6조 혜능임. ◆ 這老漢(저노한) — 설두 중현 자신을 말함. ◆ 勦絶(초절) — 끊음. '絶滅시킴'. ◆ 何憑(하빙) — 무슨 소용인가. '소용 없다'. 全句의 뜻은 '盧公에게 禪板이나 蒲團을 주어 봤자 아무 소용도 없다'. 다음 구에서 그 소용없는 이유를 말하고 있음. ◆ 坐倚休將繼祖燈(좌기휴장계조등) — '방석에 앉아 선판에 기댄 채 佛祖 正傳의 祖燈을 계승한 대화상인 체하지 않음'. ◆ 堪對暮雲歸未合. 遠山無限碧層層(감대모운귀미합. 원산무한벽층층) — '저녁 구름이 돌아와 드리우고 있으나, 아직 그 사이에 틈이 있고, 먼 산은 층층이 끝없이 푸르니 정말 볼만하구나'. '堪對'는 '~碧層層'에까지 걸친 말이며 그러한 경치가 '능히 대할 만함', 즉 '정말 좋은 경치이다' 정도의 뜻. 이 7언 2구는 우주의 자연미가 곧 부처의 모습이며, 거기에 '祖師西來意'가 넘치고 있다고 노래한 것임.

용아산 속의 용은 눈이 없구나. 썩은 물의 용이 어찌 고풍(古風)을 떨친단 말인가. 선판도 포단도 활용할 줄 모르다니. [차라리] 노행자(盧行者)나 불러다 주어 버리게.

([하지만] 이 노한(老漢) 설두, 아직 [송을] 끝내기에는 미진한 데가 있어, 다시 송 하나 덧붙인다.) 선판이나 포단을 노공(盧公)에게 준들 무슨 소용이랴. [노행자에게는] 앉고 기대어, 불조(佛祖)의 명맥을 잇겠다는 생각 따위 아예 없다네. [자, 보라] 저녁 구름 머흘머흘 내리고, 먼 산 층층이 끝없이 푸르다. 이 얼마나 아름다운 경치냐! [조사서래의가 여기 넘치고 있지 않은가!]

제21칙

지문의 연꽃과 연잎

智門蓮花荷葉

지문(智門)은 제17칙에 나온 향림 증원(香林澄遠)의 제자이며 『벽암록』의 '송'을 지은 설두 중현의 스승이다. 지문의 본명은 광조(光祚)이며 수주(隨州. 호북성 덕안부)의 지문사(智門寺)에 살았기 때문에 지문이라는 이름이 붙었다. 그의 생사년월일은 알 수 없으나, 제자인 설두의 시대가 송 태종 황제(太宗皇帝) 태평흥국(太平興國) 5년(980년)부터 송 인종 황제(仁宗皇帝) 황우(皇祐) 4년(1052년)까지이므로 지문 광조(智門光祚)의 연대도 대강 짐작할 수는 있다. 이 칙의 공안은 어떤 중이 지문 화상에게 불법의 궁극적인 뜻을 연꽃을 빌려 물은 것이다. '하엽(荷葉)'이라고 기발한 대꾸를 한 지문의 깊은 뜻은 '본칙'에서 살피기로 하고, 우선 원오의 수시부터 알아보자.

垂示云, 建法幢, 立宗旨, 錦上鋪花. 脫籠頭, 卸角馱, 太平時節. 或若辨得格外句, 擧一明三. 其或未然, 依舊伏聽處分.

주 ◆ 法幢(법당) — 道場(도량)의 표지로 세우는 기. '幢'은 기 당. ◆ 立宗旨(입종지) — '宗旨'는 '불교의 진리'. '立宗旨'는 '설교를 함', '佛祖正傳의 大法을 선포함'. '立'은 '주장이나 견해를 내세움'. ◆ 錦上鋪花(금상포화) — 비단 위에 꽃을 폄. 쓸데없는 공연한 짓을 함. '舖'(펼 포)는 鋪의 속자임. ◆ 脫籠頭, 卸角馱(탈농두, 사각타) — 굴레를 벗고 짐을 내려놓음. 제17칙 '송'에 나왔음. ◆ 辨得(변득) — 분명하게 터득함. ◆ 格外句(격외구) — '格外'는 '非凡' 또는 '超絶'. '格外句'는 절대적 진리의 1구. ◆ 依舊(의구) — 옛 사람의 공안(言說)에 따라. '舊'는 古則, '古人의 공안'. ◆ 處分(처분) — 行爲 · 所作 · 所爲 · 言行.

수시하기를, 법당을 내걸고 자기 주장을 내세우는 일 따위는 비단 위에 꽃을 까는 것 같은 [공연한] 짓이다. 굴레를 벗고 짐을 풀어놓으면 [그 마음] 그지없이 고요하고 태평하다. 절대적인 진리의 비범한 한 마디를 터득하면, 하나를 듣고도 셋을 헤아린다. [그러나] 혹 아직 그렇지 못하다면 옛 사람의 공안을 좇아 그 언행을 [잘] 들어 두라.

本則 擧. 僧問智門, 蓮華未出水時如何. 智門云, 蓮華. 僧云, 出水後如何. 門云, 荷葉.

주 ◆ 蓮華(연화) — 연꽃. '至道', '大道' 또는 '絶對'를 나타내는 상징적인 말임. '華'는 '花'와 같음. ◆ 未出水時(미출수시) — 연꽃이 아직 물 속에서 피어오르기 전. 역시 상징적인 말로서, 大道나 절대가 아직 現象化하기 전의 상태. ◆ 出水後(출수후) — 연꽃이 물 위로 올라와 피어난 뒤. 지도 · 대도 · 절대가 현상화한 후의 상태. ◆ 荷葉(하엽) — 연잎. '荷'(연 하)는 '蓮'과 뜻이 같음.

여기서 주의해야 할 것은 지문이 정반대로 대답하고 있다는 점이다. 연꽃이 피어 오르기 전에 물 위에 떠 있는 것이 荷葉이고 피어 오른 뒤는 蓮華이다. 운수가 물은 것은 현상 쪽이고, 지문은 실재 쪽으로 대답했다. 결국 蓮花와 荷葉은 같으냐 아니냐 하는 문제이다. 지문이 정반대로 대답한 데에는, 아직 未出水 · 出水 따위에 사로잡혀 있으니 절대의 경지에는 멀리 못 미친다는 암시가 깃들어 있다.

한 운수가 지문 화상에게 "연꽃이 아직 물 속에서 피어 오르기 전일 때, 뭐라고 합니까?" 하고 물었다. 지문 화상은 "연꽃"이라고 대답했다. 운수가 [다시] 물었다. "[그럼] 물 위로 올라와 핀 뒤에는 뭐라고 합니까?" 지문 화상은 "연잎"이라고 대답했다.

頌 蓮華荷葉報君知, 出水何如未出時. 江北江南問王老. 一狐疑了一狐疑.

주 ◆ 報君知(보군지) — 여러분에게 알리기 위함임. '君'은 여러분. 즉 '蓮華'니 '荷葉'이니 한 것은 여러분에게 절대적인 진리를 알려 주기 위해서라는 뜻. 지문의 친절한 대꾸를 칭찬한 말임. ◆ 出水何如未出時(출수하여미출시) — 散文으로 하면 '出水時何如, 未出時何如'이지만, 知 · 時 · 疑의 脚韻을 위해 줄인 말임. '물에서 나왔을 때는 뭐라 하고, 물 속에서 아직 나오지 않았을 때 뭐라고 하느냐?'. ◆ 江北江南(강북강남) — 양자강의 남북 지방. ◆ 王老(왕로) — 池州 南泉普願이 鄭州의 王氏 출신이었으므로 늙은 뒤 '王老師'라 자칭했음. '王老師'는 南泉이 살아 있을 때는 남전 화상 자신을 말했으나, 후세에 와서는 보통명사가 되어 '일반 사승', '스님' 정도의 뜻으로 쓰이게 됨. 결국 유식한 척하는 중 모두를 가리킴. ◆ 一狐疑了一狐疑(일호의료 일호의) — 의심 많은 여우처럼, 의문을 던지는 자가 끊이지 않음.

꽃이다 잎이다 일껏 일렀건만
출수와 미출시가 무엇이냐고?
그런 건 강남 강북의 아무 중에게나 물어 보렴.
한 마리 여우가 물으니 또 한 마리가 묻네.

제22칙

설봉의 코브라

雪峰鼈鼻蛇

설봉(제5칙), 장경(제8칙), 운문(제6칙)은 앞에 나온 인물이고 현사(玄沙)가 처음 등장한다. 현사 사비(玄沙師備)는 당 의종 황제(懿宗皇帝) 함통(咸通) 원년(860년)에 출가했다. 『오등회원(五燈會元)』 제7권에 보면, 그의 속성은 사씨(謝氏)이며 어려서부터 낚시를 좋아하여 복주(福州) 남대강(南臺江)에서 30세 때까지 어부로 있다가 어느 날 아버지의 갑작스런 익사 장면을 목격한 뒤, 배를 버리고 곧장 부용훈 선사(芙蓉訓禪師)를 찾아가 머리 깎고 중이 되었다. 현사는 후량(後梁) 태조(太祖) 개평(開平) 2년(908년)에 74세로 죽었으며, 그의 스승인 설봉 의존도 이 해 5월 2일 87세에 세상을 떠났다.

垂示云, 大方無外, 細若隣虛. 擒縱非他, 卷舒在我. 必欲解粘去縛, 直須削迹呑聲, 人人坐斷要津, 箇箇壁立千仞. 且道, 是什麽人境界. 試擧看.

주 ◆ 大方無外(대방무외) — 우주의 크기는 무한대이므로, 우주 밖이란 존재하지 않는다는 말. ◆ 隣虛(인허) — 불교 용어로, 原子나 電子에 비길 아주 작은 것, 極微와 같음. '虛'에 이웃하고 있는 것. '허무에 가까운 것'. ◆ 擒縱非他(금종비타) — 붙잡건 놓아주건 그 힘은 우주(他)에 있지 않음. ◆ 卷舒在我(권서재아) — 말건 펴건 그 힘은 자기에게 있음. 제5칙 '수시'의 '卷舒齊唱'과 같은 뜻. ◆ 粘·縛·迹·聲(점·박·적·성) — 상대적 智識에 의거한 모든 문자·말귀·행위를 나타내는 말. '粘'(점)은 粘着(달라붙음), '縛'(박)은 縛繩·束縛(묶음), '迹'(적)은 軌迹·痕迹(자국)이며 舊習·先例임. '聲'은 음성, 言論. ◆ 坐斷要津(좌단요진) — 禪의 가장 중요한 渡船場이라 할 요소를 차지함. 第二義門에 속하는 모든 것을 내버리고 第一義諦에 안주함.

수시하기를, 우주는 한없이 커서 그 [안이나] 밖이 있을 수 없다. 그러나 작다고 보면, 미분자와 같다. [이를] 잡았다 놓았다 뚤뚤 말았다 폈다 하는 것은 우주가 아니라 나 자신이다. [그러므로 망상의] 굴레(粘縛)에서 벗어나 해탈하려면, 곧 [옛 사람의] 구습(舊習)을 떼어내 버리고 [옛 공안의] 이러쿵저러쿵 소리를 깡그리 삼켜 버린 채 각자가 지극한 도(至道)의 요소를 차지하고 천길 벼랑에 서[서 유아독존의 경지에 들어]야 한다. 자, 말해 보라, 어떤 사람이 그런 경지에 들어 있느냐? 다음 이야기를 살펴보라.

本則 擧. 雪峰示衆云, 南山有一條鼈鼻蛇, 汝等諸人, 切須好看. 長慶云, 今日堂中, 大有人喪身失命. 僧擧似玄沙. 玄沙云, 須是稜兄始得. 雖然如是, 我卽不恁麽. 僧云, 和尙作麽生. 玄沙云, 用南山作什麽. 雲門以拄杖, 攛向雪峰面前, 作怕勢.

주 ◆ 南山(남산) — 어느 특수한 산이 아니라 그저 남쪽의 산이란 뜻. ◆ 鼈鼻蛇(별비사) — 머리가 자라처럼 생긴 열대 지방의 독사, 코브라(Cobra). 雪峰은 열대 지방에 가까운 福建省에 있어서 그런 뱀을 봄. ◆ 稜兄(능형) — 長慶慧稜. ◆ 好看(호간) — 잘 구경함. ◆ 喪身失命(상신실명) — 독사 이야기를 듣고 그만 정신을 잃을 정도로 두려워함. ◆ 擧似(거사) — '似'는 유사하다가 아니라 지시하는 뜻이므로, '擧似'는 '손짓 발짓으로 흉내를 내며 이야기함'. ◆ 須是稜兄始得. 雖然如是, 我卽不恁麽(수시능형시득. 수연여시, 아즉불임마) — '과연 慧稜 法兄이니까 비로소 할 수 있다(즉 가서 볼 수 있다). 하지만 그가 갔다고 나까지 가지는 않겠다'. ◆ 攛向(찬향) — 내던짐. '攛'(던질 찬)은 '내던짐'. ◆ 作怕勢(작파세) — 여기 뱀이 있다고 놀라게 하는 자세를 지어 보임. '怕'(두려워할 파)는 두보의 '梁間燕雀休驚怕'에서와 같이, '깜짝 놀람'.

설봉 화상이 대중에게 "남산에 코브라가 한 마리 나왔다는군, 너희들 모두 가서 잘 봐 두라"고 했다. 장경 혜릉이 "오늘도 온 절 안이 그 독사 이야기로 아주 겁에 질려 벌벌 떨고 있습니다" 하고 대답했다. 어떤 중이 [같은 절에 있는] 현사 화상에게 [찾아]가서 손짓 발짓을 해가며 독사 이야기를 했다. 현사는 "혜릉[같은 담대한 사람]은 가 보겠지. 하지만 그가 간다고 나까지 가지는 않겠다" 하고 말했다. 중이 물었다. "스님께선 왜 안 가십니까? [장경 스님도 가셨는데…]" 현사가 "남산까지 갈 필요가 뭐 있느냐? [뱀의 독으로 죽으려면 어디서나 죽을 수 있는데…]"라고 받았다. 또 [한편] 운문 화상은 [설봉이 "너희들 모두 가서 잘 봐 두라"고 했을 때] 주장(拄杖)을 설봉 앞에 내던지며 자 여기 그 독사가 있다고 겁 주는 시늉을 해 보였다.

頌 象骨巖高人不到. 到者須是弄蛇手. 稜師備師不奈何. 喪身失命有多少. 韶陽知(兮)重撥草, 南北東西無處討. 忽然突出拄杖頭. 抛對雪峰大張口. 大張口兮同閃電, 剔起眉毛還不見. 如今藏在乳峯前, 來者一一看方便. (師高聲喝云, 看脚下.)

주 ◆ 象骨巖(상골암) — 雪峰. 『景德傳燈錄』 제16권에 '唐咸通中, 廻閩中, 登象骨山雪峰, 創院'이라고 나와 있음. ◆ 稜師備師(능사비사) — '稜師'는 長慶慧稜. '備師'는 玄沙師備. ◆ 韶陽(소양) — 雲門文偃. 운문의 절이 있던 곳이 廣東省 韶州府이며, 韶州를 일명 韶陽이라고도 함(제14칙 '송' 참조). ◆ 剔起眉毛(척기미모) — 눈썹을 치키고 올려다봄. '剔'은 눈을 부릅뜸. ◆ 乳峯(유봉) — 이 '송'의 작자인 설두 중현이 살고 있던 설두산 위의 雙乳峰을 말함. ◆ 看方便(간방변) — 열심히 보라. '好看'과 같음. ◆ 師高聲喝云, 看脚下(사고성할운, 간각하) — 설두 선사가 큰 소리로 "너희들 발밑을 보라! 독사가 거기 있지 않으냐" 하고 외쳤다는 뜻. 이 '송'을 기록한 사람의 삽입어임.

상골암 높고 높아 함부로 못 오르리. 오른 자는 독사쯤 장난감일세. 혜릉도 현사도 [설봉 앞에서는] 별 수 없구나. [설봉 밑의 중들은] 독사 이야기에 얼이 빠졌네. 소양은 풀 속을 아무리 헤쳐 본들 동서남북 어디에도 없다는 걸 알고 있어서, 별안간 주장을 불쑥 내밀었지. [아 비범하구나!] 설봉 앞에 내던진 그 솜씨, 그대로 독사 아가리일세. 정녕 그 동작 번갯불 같구나! 눈 부릅뜨고 둘러봐도 이미 보이지 않아. [그럼 과연 독사는 어디 있는가?] 지금 이 설두산에 있기는 있지. 볼 테면 직접 와서들 보라. (갑자기 설두가 소리 높여 "네 발밑을 보라! [거기 독사가 있지 않으냐!]" 하고 꽥 외쳤다.)

제23칙

보복과 장경의 산놀이

保福長慶遊山

보복, 장경, 경청, 설두 네 인물이 등장한다. 보복은 제8칙에 나온 보복 종전. 장경 역시 제8칙과 제22칙에서 본 장경 혜릉. 경청은 제16칙의 경청 도부이다. 이상 세 사람은 설봉 의존(雪峰義存)의 제자이므로, '본칙'의 이야기는 설봉의 선원에서 있었던 일로 보아야 한다. 후세에 설두 중현이 '착어'를 붙였다.

垂示云, 玉將火試, 金將石試, 劍將毛試. 水將杖試, 至於衲僧門下, 一言一句, 一機一境, 一出一入, 一挨一拶, 要見深淺, 要見向背. 且道, 將什麽試. 請擧看.

주 ◆ 玉將火試(옥장화시) — 옥의 진짜 가짜를 분별하려면 불로 구워 보아야 함. ◆ 金將石試(금장석시) — 금의 진짜 가짜를 확인하려면 試金石으로 갈아 보아야 함. ◆ 劍將毛試(검장모시) — 칼날이 잘 베어지는지 어떤지를 알려면 터럭을 대 보아야 함. ◆ 一機一境(일기일경) — 자기의 사상을 동작으로 표현하는 것이 '一機', 자기의 사상을 외계의 사물을 빌려 표현하는 것을 '一境'이라 함. (제11칙 '수시' 참조). ◆ 一出一入(일출일입) — 一進一退. ◆ 一挨一拶(일애일찰) — 일문일답. 實統大智의 『碧巖集種電鈔』는 '輕觸曰挨, 强觸曰拶. 互相試驗, 以輕重語言及作略也'라 풀이함. '挨'는 밀칠 애, '拶'은 닥칠 찰. '挨拶'의 본뜻은 '밀치고 닥치고 하며 앞으로 나아감'임. ◆ 深淺(심천) — 깨달음이 깊거나 얕음. ◆ 向背(향배) — '진리에 직면하고 있던가, 아니면 돌아서 있던가'. ◆ 要(요) — '해야 한다'나 '하는 게 좋다'를 뜻하는 권고의 말.

수시하기를, 옥은 불로 가려 내고, 금은 돌로 알아 내며, 칼날은 터럭으로 시험해 보고, 물의 깊고 얕음은 지팡이로 재어 본다. 선승의 깊고 얕음이나 향배(向背)는 그의 한두 마디 말, 일거일동, 일진일퇴, 일문일답으로 알아낸다. 자 말해 보라, 어떻게 확인하면 되는지를! 우선 다음 이야기부터 살펴보라.

本則 擧. 保福長慶遊山次, 福以手指云, 只這裏便是妙峰頂. 慶云, 是則是, 可惜許. 雪竇著語云, 今日共這漢遊山, 圖箇什麼. 復云, 百千年後, 不道無, 只是少. 後, 擧似鏡淸. 淸云, 若不是孫公, 便見髑髏遍野.

주 ◆ 遊山次(유산차) — '次'는 '안 차'로 새기며 '中' 또는 '間'을 뜻함. 『莊子』의 '喜怒哀樂, 不入於胸次'의 次와 같음. 따라서 '遊山次'는 '遊山中' 또는 '遊山時'임. ◆ 只這裏便是妙峰頂(지저리변시묘봉정) — '只'(다만 지)는 '자!' 정도의 뜻. '這裏'는 여기, 이곳. '這'는 '此'와 같음. '妙峰頂'은 『大方廣佛華嚴經』(八十華嚴) 제62권 入法界品에 나오는 이야기에서 비롯되었음. 이 경에 보

면 '文殊菩薩이 善財童子에게 남쪽에 勝樂이라는 나라가 있고 그 나라에 妙峰山이 있으며, 거기에 德雲比丘가 산다. 그에게 가서 菩薩行을 물으라, 덕운 비구가 가르쳐 주리라고 했다. 이 때 선재 동자는 기뻐 어쩔 줄 모르며 남쪽으로 가 勝樂國 妙峰에 이르러 동서남북을 다 찾아 다녀도 덕운 비구가 없어, 7일 밤낮을 헤맨 끝에 끝내 덕운 비구를 만나 설법을 들었다'고 나와 있음. 결국 '只這裏便是妙峰頂'('자, 여기가 바로 勝樂國의 묘봉정이다')은 보복이 장경의 試金石으로 묘봉정을 들어 말한 것임. ◆ 可惜許(가석허) — 可惜乎, 可惜哉와 같음. '아, 애석하다' '아, 참 안됐다' 또는 '아, 애석하지만 아직 완전한 경지에 가 있지 못하다'는 뜻. ◆ 這漢(저한) — 보복 종전을 가리킴. ◆ 不道無(부도무) — '這裏便是妙峰頂'인지 아닌지를 알 자가 없다고 하지는 않음. '道'는 '말함'. ◆ 孫公(손공) — 長慶慧稜의 속성이 孫씨이므로 그를 孫公이라 함. 『五燈會元』 제7권에 '福州長慶慧稜禪師. 杭州鹽官人也. 姓孫氏'라 나와 있음. '若不是孫公'은 '만약 손공이 아니었다면'. 손공이 '是則是. 可惜乎'라고 하여 보복의 미숙함을 간파하지 않았다면. ◆ 便見髑髏遍野(변견촉루편야) — 곧 해골을 들판 도처에서 보게 되리라. '便'은 卽. '遍野'는 들판에 두루. '촉루'는 '해골'. 실속없이 잘난 체 으스대는 자. 해골의 겉모양이 험상궂게 이를 악물고 있는 데서 비유된 말. 이 구의 뜻은 '알지도 못하면서 아는 체하고 실없이 으스대는 자가 온 세상에 가득 차리라'임.

보복과 장경이 산놀이를 갔을 때, 보복이 손으로 [산꼭대기 하나를] 가리키며 "자 여기가 [승낙국(勝樂國)의] 묘봉정일세" 했다. 곧 장경은 "그건 그렇네. [인간 어디 가나 다 묘봉정이지.] 하지만 [『화엄경』이나 내두르는 정도의 깨달음으로는] 애석하게도 아직 멀었네!" 하고 받았다. 설두가 이 둘의 문답에 대해, "오늘 이 친구들이 산놀이를 갔다니 무엇을 하자는 거냐?" 하고는 다시 "천년만년이 지나도 그걸 알 사람이 없다고는 안 해도 아마 무척 적을 걸세"라고 덧붙였다. 나중에 보복이 [장경에게 체면을 손상당한 일을 돌이키려고] 경청에게 역시 같은 "자 여기가 묘봉정일세"를 꺼냈다. 경청은 "손공(장경)이 아니었으면 아무것도 모르는 엉터리 같은 놈으로 온 세상이 가득 차 버렸을 걸세" 하고 쏘아 붙였다.

頌 妙峰孤頂草離離, 拈得分明付與誰. 不是孫公辨端的, 髑髏著地幾人知.

주 ◆ 孤頂(고정) — 묘봉 정상. '孤'는 詩句의 자수 관계로 덧붙인 말로 별 큰 뜻이 없음. ◆ 草離離(초리리) — 잡초가 마구 뒤엉킨 채 무성함. ◆ 拈得分明(염득분명) — 拈得함이 분명하나. '分明'은 '염득'을 형용하는 부사. ◆ 付與誰(부여수) — 누구에게 주겠는가! 아무도 받을 사람이 없다. 보복이 '這裏便是妙峰頂'이라 하여, 분명하게 지시(拈得)할 수 있는 성질의 것이 아닌 묘봉정(우주의 실체)을 쉽사리 염득해 봤자 그런 값싼 묘봉정은 아무도 받을 사람이 없다는 뜻. ◆ 端的(단적) — 명백함, 틀림없음. 또는 참됨, 바름 같은 뜻의 명사. 본래는 명백히 알게 된다는 뜻의 부사이나(『品字箋』 虞德升撰 '言其事之端倪的然可見也') 여기서는 명사로 쓰임. ◆ 著地(착지) — 땅을 덮음. '徧野'와 같음. '대지에 가득 참'.

묘봉산 봉우리 우거진 수풀
얻기는 했다만 누구를 주나.
손공이 가려내지 않았던들
해골만 그득, 누가 알았으랴!

제24칙

철마가 위산을 찾아갔을 때

鐵磨到潙山

위산 영우는 제4칙에 나왔지만, 그는 위산(潙山)에 손수 절을 짓고 스스로 소를 키우며 논밭을 일구었다고 한다. 『경덕전등록(景德傳燈錄)』 제11권에서 위산의 제자인 '앙산 혜적전'(仰山慧寂傳)에 "어느 날 위산을 따라가 절을 세움"(一日隨潙山開山)이니, "사승이 위산에서 소를 기를 때"(師在潙山牧牛時)라고 한 기록으로도 그의 생활을 짐작할 수 있다. 한편 유철마(劉鐵磨)는 제17칙의 '송'에 나온 일이 있으며 만년에 대위산(大潙山) 부근에 암거(庵居)한 것 같다. 이름 그대로 쇠절구같이 우람한 몸집에 콧김 센 여승(비구니)이었던 모양이나 자세한 전기는 알지 못한다.

垂示云, 高高峰頂立, 魔外莫能知, 深深海底行, 佛眼覷不見. 直饒眼似流星, 機如掣電, 未免靈龜曳尾. 到這裏合作麼生. 試擧看.

주 ◆ 魔外(마외) — 惡魔와 外道. '惡魔'는 산스크리트어의 '魔羅(Mara)'의 魔

에 그 성질을 나타내는 한자인 惡을 붙인 것. 불교 수행에 장애가 되는 자, 또는 사악한 性情 자체를 가리킴. '外道'는 佛法 이외의 敎法, 바뀌어 異端邪說. 또는 그 迫害者. ◆ 覰(처) — 엿봄. 몰래 엿봄. ◆ 直饒(직요) — 비록. ◆ 機(기) — '心機一轉'의 機와 같으며 마음의 작용을 가리킴. ◆ 掣電(철전) — 글자 그대로 電光을 끌어당긴다는 말이지만, 여기서는 무엇인가가 잡아 당겨 끌려가는 듯한 번갯불의 모습이란 뜻. 아주 짧은 순간이나 재빠름을 비유한 말임. '掣'은 당길 철. ◆ 靈龜曳尾(영구예미) — 實統大智의 『碧巖集種電鈔』에 '語有莊子'라 함. 『莊子』 秋水篇의 '莊子釣於濮水, 楚王使大夫二人往先焉, 曰, 願以竟內累矣, 莊子持竿不顧曰, 吾聞楚有神龜, 死已三千歲矣, 王巾笥而藏之廟堂之上, 此龜者, 寧其死爲留骨而貴乎, 寧其生而曳尾於塗中乎, 二大夫曰, 寧生而曳尾塗中, 莊子曰往矣, 吾將曳尾於塗中'을 말함. 그러나 항간에 전하는 속설로는 '靈龜는 모래 속에 알을 낳아 놓고 다른 짐승이 알지 못하도록 발자국을 꼬리로 지우며 떠나지만 오히려 그 꼬리 자국 때문에 결국 들키고 만다'고 함. '靈龜曳尾'는 이 이야기에서 비롯된 구로서 '아무리 자기 자신은 똑똑한 체해도 남이 보면 역시 꼬리 자국을 남기고 있다'는 뜻. ◆ 到這裏合作麽生(도저리합자마생) — 그러한 처지에 놓이면 마땅히 어떻게 해야 하는가? '合'은 應과 같으며 '마땅히 ~해야 한다'임.

수시하기를, 높고 높은 봉우리에 있으면 악마도 외도도 알 수가 없고 깊고 깊은 바다 속을 가면 부처님의 눈으로도 엿볼 수 없다. [이렇듯 천상천하 유아독존의 경지에 편히 있는 인물 앞에서는] 비록 눈은 유성 같고 솜씨는 번갯불 같다 해도 아직 꼬리를 질질 끌고 가는 거북이를 못 면한다. 자 [너희는] 그 경우에 의당 어떻게 해야만 할까? 다음 이야기를 살펴보라.

本則 擧. 劉鐵磨, 到潙山. 山云, 老牸牛汝來也. 磨云, 來日臺山大會齋. 和尙還去麼. 潙山, 放身臥. 磨, 便出去.

주 ◆ 老牸牛(노자우) — 늙은 암소. '牸'는 암소 자. ◆ 潙山 · 臺山(위산 · 대산) — '潙山'은 湖南省 潭州 長沙府의 岳州 동남쪽에 있으며 洞庭湖에서 멀지 않음. '臺山'은 五臺山을 말하며 山西省 代州 太原府 五臺縣에 있음. 이 절은 중국 불교사상 중요하며 山上에는 5개의 山峰이 있고 거기에 100여 개의 절이 있음. 潙山에서 五臺山까지는 수천 리의 먼 거리임. ◆ 大會齋(대회재) — 大法會. 곧 오대산의 대법회. ◆ 放身(방신) — '放'은 '멋대로 함'. '거리낌없이 함'. '放身臥'는 '제멋대로 네 활개를 펴고 누움'.

[어느 날] 유철마가 위산을 찾아왔다. 위산이 "여, 늙은 암소. 자네 왔나!" 하자, 유철마는 "내일 오대산에 대법회가 있다는데 화상께서도 가십니까?" 하고 받았다. [잠자코] 위산은 네 활개를 펴고 누워 버렸다. 유철마는 [하는 수 없이] 돌아가고 말았다.

頌 曾騎鐵馬入重城, 勅下傳聞六國淸, 猶握金鞭問歸客, 夜深誰共御街行.

주 ◆ 曾騎鐵馬入重城(증기철마입중성) — 劉鐵磨가 潙山의 禪院에 찾아간 일을 頌한 말. '曾'은 '어느 날' 또는 '어느 때'. '重城'은 겹겹으로 둘러친 견고한 성. 潙山의 禪院을 비유한 말. ◆ 勅下傳聞六國淸(칙하전문육국청) — 潙山의

'老牸牛汝來也'와 관련된 구. '六國'은 春秋戰國 시대의 燕·趙·韓·魏·齊·楚의 여섯 나라. 곧 '온 천하' 정도의 뜻. 이 구는 '六國을 이미 평정했다는 임금의 勅令이 하달되었다'. ◆ 猶握金鞭問歸客(유악금편문귀객) — 劉鐵磨의 '來日臺山大會齋, 和尙還去麼'에 대한 구임. '金鞭'은 장군이 갖고 다니는 채찍. '歸客'은 싸움터에서 돌아온 사람, 전쟁이 끝나 돌아온 군인. ◆ 夜深誰共御街行(야심수공어가행) — 潙山의 '放身臥'와 劉鐵磨의 '便出去'를 頌한 것. '御街'는 國都의 市街. '高高峰頂, 深深海底'를 가리킨 말이므로 '부처님의 御堂.'

[유철마가 당당하게 위산을 찾아온 것은 마치 공명심만 앞세운 채] 장군이 철마 타고 중성에 들어오[는 셈이 되]기는 했으나 ["암소 왔나" 하고 당하고 보니] 육국을 평정했다는 칙령이 내려 [있어서 하릴없는 꼴이 되어] 버렸네. 그래도 채찍 든 장군은 [믿어지지 않아] 싸움터에서 돌아온 사람에게 ["정말 그런가?" 하고] 물어 보는구나! [위산은 네 활개 편 채 누워 버리고 철마는 가고 없어 법회도 오대산도 소용 없다네.] 밤은 깊어 고요한데 [우주의 실체를 파악한 부처님 어당(御堂)이 있는] 이 거리를 누구와 함께 가랴?

제25칙

연화봉 암주의 지팡이
蓮華峰拈拄杖

연화봉(蓮華峰) 암주(庵主) 하면 상(祥)이라는 선승을 가리키지만 그의 생애에 대하여는 운문 문언의 제자인 금릉(金陵) 봉선사(奉先寺) 도심(道深)의 제자였다는 것 외에 알려진 사실이 전혀 없다. 그리고 연화봉의 소재에 관해서도 중국 여러 곳에 같은 산 이름이 있어 혼동되나 일반적으로 절강성(浙江省) 대주(臺州) 천태산(天台山)의 연화봉이리라고 추정한다.

垂示云, 機不離位, 墮在毒海, 語不驚群, 陷於流俗. 忽若擊石火裏別緇素, 閃電光中辨殺活, 可以坐斷十方, 壁立千仞. 還知有恁麼時節麼. 試擧看.

㊟ ◆ 機不離位(기불리위) — 마음의 작용(機)이 멎은 채 활동하지 않으면. '機'는 『大明錄』에 '말을 떠나 홀로 도달함을 機'라고 한 대로, 마음속에 문득 느낀 감각의 발단임. '位'는 正位, 깨달음의 한가운데. 결국 '아무리 훌륭한 깨달음이라도 거기에만 달라붙은 채 떨어지지 않으면'임. ◆ 墮在毒海(타재독해)

— 독물이 가득한 바다에 빠져 죽음. ◆ 語不驚群(어불경군) — 拔群의 비범한 말을 써서 사람들을 놀라게 하지 않는다면. ◆ 陷於流俗(함어유속) — 평범함을 면치 못함. ◆ 緇素(치소) — '緇'는 검은 빛 치. '素'는 흴 소. 검은 빛과 흰 빛. 바뀌어 승려와 속인의 뜻으로도 쓰임.

수시하기를, 아무리 훌륭한 마음의 작용을 지녔다 해도 깨달음에 달라붙은 채 떠나지 않으면 독해(毒海)에 빠져 버린다. 비범한 한 마디를 내뱉어 천하 사람을 깜짝 놀라게 하지 못하면 범속(凡俗)에 떨어지고 만다. 부싯돌이 반짝하는 순간에 검고 흰 것을 알아 보고 번갯불이 번쩍할 때 생사를 결정해야 한다. [그러면] 시방(十方)을 좌단(坐斷)하고 천 길 벼랑의 경지에 이르게 된다. 자, 이런 활작용(活作用)이 있음을 아느냐? 다음 이야기를 살펴보라.

本則 擧. 蓮華峰庵主, 拈拄杖, 示衆云, 古人到這裏, 爲什麽不肯住. 衆無語. 自代云, 爲他途路不得力. 復云, 畢竟如何. 又自代云, 榔栗橫擔不顧人, 直入千峰萬峰去.

주 ◆ 拈拄杖(염주장) — '拈'은 집을 념. ◆ 古人(고인) — 어느 특정한 사람이 아니라 '그저 지금까지의 사람들'. ◆ 到這裏(도저리) — '這裏'는 이곳, 깨달음의 세계. 연화봉을 가리킨 말이라고도 볼 수 있고 또는 상 암주가 하고 있는 은둔 생활, 즉 하나의 주장을 천지로 삼는 초인적 생애를 가리켰다고도 할 수 있음. '到'는 於의 뜻. ◆ 不肯住(불긍주) — 住居하기를 좋아하지 않음. ◆ 爲他途路不得力(위타도로부득력) — '他'는 앞에서 말한 古人. '不得力'은 무력

함. 도움이 안 됨. '途路'는 臨濟가 '在途中不離家舍'라고 한 途中이며 인생 행로 또는 차별의 현실 세계. ◆ 榔標(즐률) — 禪家에서 주장으로 쓰는 나무. 즐률로 만든 주장임. 본래 '榔標橫擔不顧人, 直入千峰萬峰去'라는 對句는 嚴陽尊者가 한 말이라 함. 엄양이 길을 가다 한 중을 만났을 때 주장을 불쑥 내밀며 "이게 뭐냐?"고 물었다. 중이 "모르겠습니다" 하고 대답하니까 "너는 지팡이도 모르느냐?" 하면서 이번에는 엄양이 땅에다 꽂았다. "어때 알겠느냐?" "모르겠습니다" "뭐야, 지팡이 꽂힌 자국도 몰라?" 할 수 없다는 듯이 주장을 둘러메고 "자, 알겠느냐?" "모르겠습니다" 그래서 한 말이 이 七言對句라는 것임. 이 말의 뜻은 다음의 '송'에서 분명해진다.

연화봉의 상 암주가 주장을 집어 들어 보이며 대중에게 "옛사람들은 어째서 이곳에 편히 머무르지 않았을까?" 하고 물었으나 누구 하나 대답이 없다. 암주가 대신 말했다. "그들이 가는 길에 별 도움을 주지 못했기 때문이다." 그래도 아무 대답이 없으므로 다시 "결국 어떻게 되겠는가?" 했으나 여전히 대꾸가 없어 또 스스로 말했다. "이젠 사람 따위는 아랑곳도 않겠다. 다만 이 지팡이나 둘러메고 천 봉 만 봉 깊은 산 속으로 들어가[흰 구름 푸른 산과 벗삼으]련다."

頌 眼裏塵沙耳裏土. 千峰萬峰不肯住, 落花流水太茫茫, 剔起眉毛何處去.

주 ◆ 眼裏塵沙耳裏土(안리진사이리토) — 눈에는 티끌과 모래, 귀는 흙투성이. 어떤 몰골이건 개의치 않고 그저 자연에 맡긴 채 幽玄한 경지에 사는 연화봉 암주의 심경을 나타낸 말. ◆ 千峰萬峰不肯住(천봉만봉불긍주) — 연화봉 암주 같은 초인적인 淸僧은 千峰萬峰 속에서도 머물러 살기를 좋아하지 않으리라는 뜻. ◆ 落花流水太茫茫(낙화유수태망망) — 자연 예찬자의 우주관을 시적으로 표현한 말. ◆ 剔起眉毛何處去(척기미모하처거) — '剔起眉毛'는 눈을 크게 뜨는 모양. 연화 암주를 보려고 눈을 크게 떠 보아도 이미 어디로 가버렸는지 보이지 않음.

눈에는 티끌 모래, 귀는 흙투성이, [그런 꼴 상관 않고 유연히 사는 그는] 천 봉 만 봉 속에도 살지 않으리. 꽃은 지고 물은 흘러 그저 아득타, 눈꼬리 치켜들고 찾아보건만 [아!] 이미 그림자도 볼 수 없어라.

제26칙

백장의 대웅봉

百丈大雄峰

백장은 강남성(江南省) 남창부(南昌府)의 대웅산(大雄山), 일명 백장산(百丈山)에 살던 회해 선사(懷海禪師. 720년~814년)를 말한다. 그는 『백장청규(百丈淸規)』를 제정한 일로도 유명하며 선문의 직책에서부터 끼니에 이르기까지 선종 종단의 규율은 이 사람이 만들었다고 할 수 있다. 그리고 "일일부작 일일불식"(一日不作 一日不食)이라는 유명한 말을 남긴 사람도 역시 백장이다. 백장 선사가 90세가 되어도 다른 사람들처럼 일을 하므로 둘레에서 어느 날 그의 농기구를 감추었더니 단식을 하며 "하루 일하지 않으면 하루 먹지 않는다"고 했다고 한다.

本則 擧. 僧問百丈, 如何是奇特事. 丈云, 獨坐大雄峰. 僧, 禮拜. 丈, 便打.

주 ◆ 奇特事(기특사) — 기묘 특별한 일. 특히 진기한 것. 즉 근래에 보기 드문

고마운 일, 또는 훌륭한 일. ◆ 獨坐大雄峰(독좌대웅봉) — 『五燈會元』 제3권에 '檀信請於洪州新吳界, 住大雄山以居處巖巒峻極, 故號百丈'이라 되어 있는 대로 '大雄峰'은 百丈山임. '獨坐大雄峰'은 '여전히 내가 大雄峰에 이렇게 홀로 앉아 있다'. 善惡이니 悟迷니 하고 상대적인 경지를 넘어서서 더 이상 어쩔 수 없는 절대의 경지에 安住한다는 뜻. 또 이것 이상 고귀하고 기특한 일이 어디 있겠느냐는 뜻도 내포하고 있음.

한 중이 백장산의 회해 화상에게 찾아와 물었다. "요즘 뭐 특별한 일이라도 있습니까?" 백장 화상이 대답했다. "나는 여전히 대웅봉 위에 홀로 앉아 있다. [어떠냐, 이게 기특한 일이 아니겠느냐?]" 중이 [무엇을 고맙게 여겼는지] 공손히 절을 했다. 백장은 서슴없이 [그 중을] 후려갈겼다.

頌 祖域交馳天馬駒. 化門舒卷不同途, 電光石火存機變. 堪笑人來捋虎鬚.

주 ◆ 祖域(조역) — 祖師 達磨가 개척한 境域, 즉 禪의 세계. ◆ 天馬駒(천마구) — 天馬와 天駒를 말한 것이 아니라 詩句의 자수에 제한되어 天馬駒라 함. 결국 '天馬'나 '天駒'라고 해도 됨. '天馬'는 아랍産의 名馬임. 『般若多羅』의 讖言 '足下出一馬駒, 蹋殺天下人'이라는 말에서 비롯되었고 馬祖道一과 관련됨. 따라서 '天馬駒'는 '天馬(馬祖道一)의 駒', 제자인 百丈懷海를 가리킴. ◆ 化門舒卷(화문서권) — 教化門中에서의 舒(活·縱·放行)의 적극적 작용과 卷(殺·擒·把住)의 소극적 작용. ◆ 存機變(존기변) — 機가 位를 떠나 민첩한 活作用을 함. ◆ 捋(랄) — 틀 랄. 수염 따위를 배배 틂. 이 밖에 '뽑음', '쓰다듬음'의 뜻도 있음. '잡아 비틀다'.

백장은 천마를 타고 달마가 개척한 선의 세계를 종횡무진으로 치달렸다. 그 교화(敎化)의 수단은 보통 선승과는 같지 않다. 번갯불이 번쩍, 부싯돌이 반짝하는 순간에도 임기응변의 기막힌 솜씨. [이 비범한 인물에게 "기특한 일이 있느냐"(如何是奇特事)라고] 중은 공연히 호랑이의 수염만 비틀었으니 웃음을 참을 수가 없구나.

제27칙

운문이 말하기를 "가을 바람 속 앙상한 나무일세"

雲門體露金風

운문은 선기(禪機)가 지극히 원숙한 위대한 선승이었다. 그의 설화는 언제나 아주 간단하여 얼핏 보기에 좀 이해하기 힘들지만 거기 함축된 내용은 이를 데 없이 심원하다. 그의 언행은 『경덕전등록(景德傳燈錄)』 제19권, 『오등회원(五燈會元)』 제15권, 『선림승보전(禪林僧寶傳)』 제2권 등에 나와 있다.

垂示云, 問一答十, 擧一明三, 見兎放鷹, 因風吹火, 不惜眉毛, 則且置. 只如入虎穴時如何. 試擧看.

㈜ ◆ 見兎放鷹(견토방응) — 古語에 '見兎放鷹, 遇獐發箭'이라 나오는 것과 같음. 필요할 때 적시에 도와 준다는 뜻. ◆ 不惜眉毛(불석미모) — '眉毛'는 제8칙 '본칙'에도 나왔음. 눈썹 떨어지는 것을 아까워하지 않았음. 즉 '노력을 아끼지 않음'임. 위의 4구에 걸친 말. ◆ 則且置(즉차치) — 자, 그건 그렇다 치고. 實統大智의 『벽암집종전초(碧巖集種電鈔)』에는 '則'자가 없음.

수시하기를, 하나를 물으면 열을 대답하고 하나를 들으면 셋까지 깨달으며 토끼를 보면 곧 매를 놓아 주고 불을 지피면 바람 방향을 보아 잘 타도록 피우면서 노력을 아끼지 않았다. 자, 그건 그렇다 치고 호랑이 굴에 들어가[그 새끼를 얻으]려 할 때는 어떻게 해야 할까? 다음 이야기를 잘 살펴보라.

本則 擧. 僧問雲門, 樹凋葉落時如何. 雲門云, 體露金風.

주 ◆ 樹凋葉落時(수조엽락시) — '모든 수목의 잎이 시들어 떨어져 버린 겨울 경치는 어떠합니까?'는 물론 단순한 경치를 묻는 데만 뜻이 있는 것이 아님. '번뇌 망상의 나무가 시들어 깡그리 없어지고 깨달음이나 菩提의 잎도 다 떨어져 버린 身心脫落의 경지는 어떠한가'란 물음임. ◆ 體露金風(체로금풍) — '體露'는 '樹體를 노출함'. '金風'은 '西風', '가을 바람'. '나무가 그대로 드러난 채 가을 바람을 맞고 있음'임. '가식 없는 참모습을 드러내고 있음'.

한 중이 운문을 찾아와 "나뭇잎이 시들어 떨어지면 어떻게 됩니까?" 하고 묻자 운문이 대답했다. "나무는 앙상한 모습을 드러내고 천지에 가을 바람만 가득하지."

頌 問旣有宗, 答亦攸同. 三句可辨, 一鏃遼空. 大野兮凉飈颯颯, 長天兮疎雨濛濛. 君不見, 少林久坐未歸客, 靜依熊耳一叢叢.

주 ◆ 有宗(유종) — '宗'은 趣旨, 意義. '有宗'은 '깊은 의의가 깃들어 있음'. '깊은 함축이 있음'임. ◆ 攸同(유동) — 『詩經』의 '四方攸同'의 攸同과 같음. '答亦攸同'은 答에도 또한 깊은 뜻이 있음임. '攸'는 바 유. '所'와 같음. 어조사. ◆ 三句(삼구) — 雲門三句를 말함. 첫째는 函蓋乾坤의 구(函과 뚜껑이 서로 일치되듯이 우주를 따르고 있다는 긍정적인 설화). 둘째는 隨波逐浪의 구(임기응변, 긍정도 아니고 부정도 아닌 설화). 셋째는 截斷衆流의 구(부정적인 설화)임. ◆ 遼空(요공) — 원오의 착어에는 '太遠'이라 함. 遼遠과 같음. 착어에 '화살은 新羅를 날아 지나감'이라 함. ◆ 大野兮涼飇颯颯, 長天兮疎雨濛濛(대야혜량표삽삽, 장천혜소우몽몽) — 이 7언 2구는 '體露金風'의 자연의 정취를 시적으로 표현한 것. '飇'는 강한 가을 바람. '颯颯'은 바람이 쌀쌀하게 부는 소리. '濛濛'은 가랑비가 자욱이 오는 모양. ◆ 少林久坐未歸客(소림구좌미귀객) — 少林寺에서 9년 동안이나 面壁坐禪하여 발이 마비된 채 아직도 天竺으로 돌아가지 않고 있는 손님. 菩提達磨를 말함. 소림사는 河南省 嵩山에 있는 절이며 제1칙의 '본칙'에 '達磨遂渡江至魏'라 한 것은 이 嵩山의 소림사로 갔음을 말한 것임. ◆ 靜依熊耳一叢叢(정의웅이일총총) — 菩提達磨는 인도로 돌아가지 않고 여전히 熊耳山 풀숲 속에 조용히 자리잡고 있음. '叢叢'은 풀이 우거진 모양. 『景德傳燈錄』 제3권 '菩提達磨'장에 '其年十二月二十八日葬熊耳山'이라 나옴.

물음도 대답에도 깊은 뜻 서렸구나.
3구(句)를 헤아려라 화살은 먼 구름 밖…
넓은 들에 찬바람 온 하늘에 가랑비,
그대는 아는가 소림사의 나그네
웅이산(熊耳山) 깊은 숲에 잠든 듯 깨어 있음을….

제28칙

남전의 못다 말한 진리

南泉不說底法

여기 등장하는 인물은 저 양당(兩堂)의 중들이 다투던 고양이를 단칼에 베어 버린 유명한 남전 보원(南泉普願. 748년~834년)과 백장 회해의 제자이며 『열반경』을 늘 애독한 때문에 열반 화상(涅槃和尙)이라는 별명이 붙은 백장 유정(百丈惟政)이다. 그는 백장 회해의 후임자로 백장산의 제2세가 되었으나, 생사에 관한 기록이 전혀 없다.

本則 擧. 南泉參百丈涅槃和尙. 丈問, 從上諸聖, 還有不爲人說底法麽. 泉云, 有. 丈云, 作麽生是不爲人說底法. 泉云, 不是心, 不是佛, 不是物. 丈云, 說了也. 泉云, 某甲只恁麽, 和尙作麽生. 丈云, 我又不是大善知識. 爭知有說不說. 泉云, 某甲不會. 丈云, 我太煞爲儞說了也.

주 ◆ 參(참) — 禪을 배우기 위해 선배를 방문함. 지금은 그저 '찾아감, 말을 나누려고 찾아감' 정도의 뜻. ◆ 從上諸聖(종상제성) — 옛날부터 지금까지의 여러 聖賢. 물론 이 속에는 석가도 달마도 포함됨. ◆ 還(환) — 그래도. 본래. 또는 아직. ◆ 不爲人說底法(불위인설저법) — 글이나 말로 남에게 설명할 수 없는 법. 역대의 禪師들이 설명할 수 없기 때문에 그대로 남겨 둔 신비롭고 미묘한 궁극적인 진리. ◆ 不是心, 不是佛, 不是物(불시심, 불시불, 불시물) — 마음도 아니고 부처도 아니고 사물도 아님. 즉 모든 것을 초월함임. ◆ 某甲只恁麽(모갑지임마) — 나의 견해는 이미 아까 말한 대로요. '某甲'은 나, 小僧. 자기에 대한 謙稱. ◆ 大善知識(대선지식) — 대학자, 大導者. ◆ 爭知有說不說(쟁지유설불설) — 어찌 종래의 聖賢이 설명하지 못하고 남겨 둔 것을 설명할 수 있겠는가. 나는 할 수가 없음. ◆ 某甲不會(모갑불회) — 나도 모르겠음. 이 '不會'는 알지 못하는 것이 아니라 죄다 알아서 知·不知를 초월한 不會임. ◆ 太煞(태쇄) — '煞'는 殺와 같은 자이며 '매우 쇄'. '太煞'는 심히, 매우, 잔뜩. 당·송 시대의 속어. ◆ 儞(이) — 너, 당신. '爾'(너 이)의 속자. ◆ 我太煞爲儞說了也(아태쇄위이설료야) — 아무 말도 하지 않았는데 무엇을 너무 설명했다는 것인가? 결국 나는 말하지 않고 너는 모르는 것. 그 不說의 說, 不知의 知를 말함.

남전 화상이 백장 열반 화상을 찾아갔더니 열반 화상이 물었다. "역대의 조사들도 사람들을 위해 설명하지 못한 궁극적인 진리란 것이 아직 있소?" "있소!" 하고 남전 화상이 대답하니까, 열반 화상은 [다시] "사람들을 위해 설명하지 못한 진리가 뭐요?" 하고 물었다. 남전 화상이 "그건 마음도 부처도 사물도 아니오. [모든 것을 초월한 거요.]" 하고 받았다. 열반 화상이 "설명이 다 끝났소?" 하고 물으니까 남전 화상이 [또] 대답했다. "내 생각은 아까 말했소. 그래 당신의 생각은 어떻소?" 열반 화상이 말했다. "나는 천하의 대학자가 못 되오. 어찌 종래의 성현(聖賢)이 설명 못 한 것을 말할 수 있겠소?" 남전 화상 역시 "나도 모르겠소" 하고 대답했다. 열반 화상이 말했다. "그럼 나도 당신에게 지나치게 설명을 한 것 같소."

頌 祖佛從來不爲人. 衲僧今古競頭走. 明鏡當臺列像殊, 一一面南看北斗. 斗柄垂, 無處討. 拈得鼻孔失却口.

주 ◆ 不爲人(불위인) — '본칙'의 '不爲人說'을 詩句의 제약 때문에 단축 인용한 것. ◆ 明鏡當臺(명경당대) — 제9칙 '수시'의 '明鏡當臺'와 같음. ◆ 一一面南看北斗(일일면남간북두) — 남쪽을 향하고 北斗를 봄. 보는 것, 듣는 것을 후천적인 자기에 사로잡히지 않고 本心이 비쳐 주는 대로 보고 들으면 어디를 향하건 잘못 볼 리가 없음. ◆ 斗柄(두병) — 北斗七星 중 자루 쪽의 세 별. ◆ 無處討(무처토) — 어디에도 없음. 어디에나 다 있음을 암시하며 不說이 爲人의 설법임을 알아야 함. ◆ 拈得鼻孔失却口(염득비공실각구) — 코를 얻으니 입을 잃음. 코를 잡으니까 입이 딱 벌어짐. '斗柄垂, 無處討'의 결과를 나타낸 句임. 남전은 '不會'라 하고 백장 열반은 '說了'라 했다. 잠자코 있으면 說이 아니고 說하면 默을 잃는다. 不說底의 본래의 자기는 언제 어디에나 가득 차 있기 마련이지만 분별심으로 보려 하면 이미 어디에도 없으니 정녕 코를 쥐었다 했더니 입이 딱 벌어졌구나.

부처도 달마도 말 못한 것, 중들은 여전히 찾아 헤맨다.
맑고 밝은 거울은 만물을 비치고, 남쪽 하늘에 북두칠성을 보네.
칠성의 자루 별 간 데 없어라, 별이 어디 갔나 찾아 헤매는,
코 쥐고 입 벌린 그 못난 꼴들이여!

제29칙

대수의 활활 타는 불길

大隋劫火洞然

대수(大隋)는 사천성(四川省) 성도(成都)에 있는 절 이름이다. 법진(法眞)은 장경 대안(長慶大安)의 법사(法嗣)이며 대안은 백장 회해(百丈懷海)의 제자이므로 대수 법진(大隋法眞)은 백장의 법손(法孫)이다. 대수 법진은 검남(劒南) 재주(梓州) 염정현(鹽亭縣. 사천성 동주부)에서 태어났고 속성은 왕씨(王氏), 어려서 혜의사(慧義寺)에 들어가 출가한 뒤, 운수 행각을 떠나 약산, 운암, 도오, 동산 등 60여 명의 선지식(善知識)을 참견하고 대위산(大潙山)에 이르러 대안(大安) 밑에서 깨달음을 얻었다. 그 후 천하의 명산을 순례하고 고향으로 돌아가 서촉(西蜀) 천팽(天彭)의 용회사(龍懷寺)에 3년 동안 머물다가 후산(後山)의 한 고원(古院)을 발견, 거기 대수(大樹) 밑동에 커다란 공동(空洞)이 있고 그것이 저절로 암실(庵室)처럼 되어 있어 기꺼이 들어가 살며 산 이름을 대수(大隋)라고 붙였다. 당시 사람들은 그를 목선암주(木禪庵主)라 부르며 그를 따라 모여들어 이윽고 3백 도중(徒衆)이나 되고 그의 이름이 널리 퍼져나갔다. 촉왕(蜀王)이 그를 갖가지로 불러들이려 했으나 끝내 받아들이지 않고 그곳을 떠나지 않았다. 그는 오대 후량(五代後梁)의 끝 임금대인 정명(貞明) 5년(919년)에 86세로 적멸(寂滅)했다.

垂示云, 魚行水濁, 鳥飛毛落. 明辨主賓, 洞分淄素, 直似當臺明鏡, 掌內明珠, 漢現胡來, 聲彰色顯. 且道, 爲什麽如此. 試擧看,

㈜ ◆ 魚行水濁, 鳥飛毛落(어행수탁, 조비모락) — 물고기가 가면 물이 흐려지고 새가 날면 깃털이 떨어짐. 無形無相의 우리 마음의 움직임이 아무리 미묘한 것이라도 반드시 어딘가에 자국을 남김. ◆ 主賓(주빈) — 主客. ◆ 洞分淄素(통분치소) — '洞分'은 '환하게 나눔'. '분명하게 나눔'. '淄素'는 黑白. ◆ 漢現胡來(한현호래) — 제9칙 '수시'의 '漢去胡來, 胡來漢去'와 같음. ◆ 聲彰色顯(성창색현) — 明珠를 손바닥에 올려 놓고 흔들어 소리나게 해 보면 그 소리와 色相에 따라 明珠의 眞僞를 알 수 있음.

수시하기를, 물고기가 헤엄치면 물이 흐려지고 새가 날면 깃털이 떨어진다. [이렇듯 평범한 사실을 세상 사람은 알지 못한다.] 주인과 손님을 확실하게 분별하고 흑과 백을 환히 나누어 본다면 밝은 거울에 사물이 비치듯이 [진상을 있는 그대로 보고] 손바닥 안에 야광주(夜光珠)가 있듯이 [원전자재(圓轉自在)로 구르게] 되어 한인(漢人)도 호인(胡人)도 다 비치고 소리나 빛깔로 진짜 야광주를 알아낸다. 자 말해 보라. 어찌해서 그렇게 되는지를! 그럼 다음 이야기를 잘 살펴보라.

本則 擧. 僧問大隋, 劫火洞然大千俱壞. 未審, 這箇壞, 不壞. 隋云, 壞. 僧云, 恁麽則隨他去也. 隋云, 隨他去.

주 ◆ 大隋(대수) — 大隋山은 지금의 四川省 成都府(益州)에 있는 산 이름. 法眞和尙을 가리킴. ◆ 劫火洞然大千俱壞(겁화통연대천구괴) — '劫'은 劫波(kalpa)의 약어이며 바라문교에서는 梵天王의 하루, 곧 인간의 43억 2천만 년에 해당된다고 하나 불교에서는 무한의 시간을 뜻함. 인도의 옛 세계관에 의하면 이 세계는 成·住·壞·空이라는 변화를 되풀이한다고 함. '成'은 사물이 성립됨이며 生成함이다. 사물이 생성되면 한동안 그 현상을 유지하며 그것이 住이다. 이윽고 낡아서 무너져 버리고, 무너지면 본래의 空으로 돌아간다. 모든 것은 이 成·住·壞·空을 되풀이한다고 생각되었음. 그 중 住劫을 파괴하여 壞劫을 생성하는 원동력인 火·水·風의 三災 중의 火災를 劫火라 함. 아울러 水災風災도 여기에 포함되어 있음. 壞劫이 되면 먼저 大風이 불고 大水가 넘치며 이어 일곱 개의 태양이 나타나 그 열로 온 세계가 타 없어진다는 것임. ◆ 未審(미심) — 글쎄, 어떻게 되는 건지 알 수 없음. ◆ 這箇(저개) — '這'는 '此'와 같음. 이, 이것. '이것'이란 개성·자아·생명 또는 마음의 本體 등의 뜻. 곧 영원불멸이라고 여기는 佛性을 말함. ◆ 他(타) — 這箇를 包容하고 있는 세계, 곧 山川草木國土임. '평창'에는 '隨他去'라고 한 대수의 말을 알아듣지 못한 중이 이번에는 멀리 河南省 舒州 投子山으로 가서 투자 화상에게 이 이야기를 했다고 나옴. 그러자 투자는 香을 피우고 예배하며 '西蜀에 古佛이 있어 出世함'이라 찬탄한 후 '그대는 당장 돌아가라'고 꾸짖었음. 다시 대수에게 돌아와 보니 대수는 이미 죽은 뒤라 기운 없이 또 투자산으로 갔더니 투자도 죽고 없음. 이 중도 역시 '隨他去'를 한 셈이나 그 내용은 大隋의 것과는 비교가 안 될 정도로 아득히 떨어진 것임.

한 중이 대수 법진 화상에게 물었다. "[세계의 종말이 와서] 겁화가 일어나 삼천대천(三千大千) 세계의 모든 것이 파멸될 때 이것[영원 불멸의 불성(佛性)]은 어떻게 될까요? 파멸됩니까, 안 됩니까?" 대수가 대답했다. "그야 파멸되지." 중이 "이것[불성만은 영원 불멸이라 믿었는데]도 객관 세계를 따라 함께 파멸되어 없어집니까?" 하고 [다시] 물으니까 대수가 대답했다. "암, 세계와 함께 파멸되어 버리지!"

頌 劫火光中立問端, 衲僧猶滯兩重關. 可憐一句隨他語, 萬里區區獨往還.

주 ◆ 立問端(입문단) — 질문을 일으킴. 의혹을 일으킴. ◆ 兩重關(양중관) — '物'과 '心'임. '這箇'와 '他'를 가리킴. ◆ 隨他語(수타어) — '隋云, 隨他去'의 隨他去를 가리킴. '可憐一句隨他語'는 '隨他去란 한 마디가 좋구나. '可憐'은 좋다, 멋지다. (제56칙 송 참조) ◆ 萬里區區獨往還(만리구구독왕환) — 만릿길을 홀로 구구하게 오감. '區區'는 구구하게, 공연히.

[대수 법진 앞에 나타난 중은 겁화통연(劫火洞然)하게 세계가 파멸될 때 어떻게 되느냐고] 활활 타는 겁화(劫火) 속에서 질문을 던진 셈이지만 이 중은 아직도 [괴(壞)와 불괴(不壞), 저개(這箇)와 대천(大千), 마음과 사물 등 상대적으로 보려는] 두 겹의 관문에 걸려 있다. 좋구나 '수타거'란 그 한 마디, 그 말에 이끌

려 홀로 만릿길을 공연히 오가는구나!

제30칙

조주의 큰 무우

趙州大蘿蔔頭

조주 종심은 산동성(山東省) 조주(曹州) 태생으로 북부 중국 사람이지만, 주로 남부 중국에서 선의 수행을 했고 지주(池州) 남전산(南泉山)의 보원 화상(普願和尙)과는 사제 관계가 깊었다. 보원이 죽기까지 약 40년 동안이나 남전산에 있다가 북부의 조주(趙州)로 돌아와 관음원에 있을 때 일어난 이야기가 이 칙의 내용이다. 그리고 진주(鎭州)는 조주에서 얼마 떨어지지 않은 지방이며 이곳의 나복(蘿蔔, 무우)은 유명하다. 조주는 평범한 일상의 회화 속에 심오한 선의 진리를 잘 갈파하고 있다.

本則 擧. 僧問趙州, 承聞和尙親見南泉, 是否. 州云, 鎭州出大蘿蔔頭.

주 ◆ 南泉(남전) — 趙州從諗의 스승이며 池州(安徽省 池州府)의 南泉山에 禪居하던 普願和尙임. '親見南泉, 是否'는 南泉의 지도를 받은 당신이 그에게서 어떤

禪을 이어받았느냐는 뜻임. ◆ 鎭州(진주) — 趙州 西北方에 해당되는 지방이며 무우의 명산지임. ◆ 蘿蔔(나복) — 무우. 蘆菔, 萊菔이라고도 씀. ◆ 頭(두) — '大'를 뜻하는 接尾辭, '大蘿蔔頭'는 큰 무우.

어떤 중이 조주에게 물었다. "소문을 들으니 화상께선 저 유명한 남전 화상을 [퍽 오랫동안] 친히 모시고 배우면서 그 법을 이은 제자라는데 과연 그렇습니까?" [그러자] 조주가 "진주에서는 꽤 큰 무우가 난다지!" 하고 [엉뚱한] 대답을 했다.

頌 鎭州出大蘿蔔, 天下衲僧取則. 只知自古自今, 爭辨鵠白烏黑. 賊賊, 衲僧鼻孔曾拈得.

주 ◆ 取則(취칙) — 趙州가 엉뚱한 대답을 한 투를 후세의 衲僧이 흉내내어 모범으로 삼음. ◆ 只知(지지) — 잘 알고 있음. '다 아는 이야기'임. '自古'에서 '烏黑'까지에 걸친 말. ◆ 自古自今(자고자금) — 과거 · 현재 · 미래에서. ◆ 爭辨鵠白烏黑(쟁변고백오흑) — 어찌 고니가 희고 까마귀가 검다는 것을 분별하겠는가? '어떻게 鎭州의 큰 무우맛을 알겠는가'임. 원오는 '긴 것은 스스로 길고 짧은 것은 저절로 짧음'이라 함. '저절로 길고 짧은 것이 곧 鎭州 무우의 맛'임. ◆ 賊賊(적적) — 조주를 가리킨 말. 물론 반어이며, '조주는 정말 도둑놈 같은 사나이다'라는 뜻. 원오의 '평창'에는 '삼세의 諸佛도 역시 賊, 역대의 祖師도 또한 賊'이라 함. 禪門에서는 조금도 베풀기는커녕 오히려 갖고 있는 것을 죄다 빼앗아 버리는 賊機가 있어야 스님 될 자격이 있다고 함. '鎭州의 大蘿蔔' 단 한 마디에 '承聞和尙親見南泉'이라는 '佛祖로부터 的的相承된 禪'의 집착 같은 것을 절단하는 老 조주의 賊機가 있음. ◆ 曾(증) — 이미, 벌써.

'衲僧鼻孔曾拈得'은 중은 조주에게 禪이니 깨달음이니 법이니 하는 콧구멍을 꿰어 잡혀 佛見도 法見도 일시에 사라져 버렸음임. 조주는 중의 그러한 속박된 마음을 빼앗아 자유 무애의 大廣場으로 내던져 버린 것. 그러고 보니 남이 소중히 여기던 것을 빼앗은 조주는 정말 큰 도둑임.

진주의 큰 무우라 천하 중들 본받지만,
예로부터 그저 그런 줄 여겨 왔을 뿐,
고니 희고 까마귀 검음을 뉘라서 알랴!
조주는 도둑일세 중놈의 콧구멍을 꿰어 잡았으니!

제31칙

마곡이 두 곳에서 석장을 흔들다

麻谷兩處振錫

마곡, 장경, 남전, 설두 네 사람 중 설두는 나중에 제멋대로 끼여든 인물이므로 제외하면 나머지 세 사람은 모두 마조 도일의 제자이며, 백장 회해의 법계상 형제이다. 마곡은 산서성(山西省) 포주(蒲州)의 마곡산(麻谷山)에 있던 보철 화상(寶徹和尙)이고, 장경(章敬)은 서안(西安)의 장경사(章敬寺)에 있던 회휘 화상(懷暉和尙. 756년~815년)이다.

垂示云, 動則影現, 覺則冰生. 其或不動不覺. 不免入野狐窟裏. 透得徹, 信得及, 無絲毫障翳, 如龍得水, 似虎靠山. 放行也, 瓦礫生光, 把定也, 眞金失色. 古人公案, 未免周遮. 且道, 評論什麽邊事. 試擧看.

주 ◆ 動則影現(동즉영현) — 마음이 흔들리면 차례로 갖가지 망상이 떠오름. ◆ 覺則冰生(각즉빙생) — 흐르는 물이 얼듯이 자유자재의 마음이 움직임을 멈춤. '覺'은 覺하는 것과 覺되는 것이 대립하는 妄覺이며 역시 마음의 본래의 모습이 아님. ◆ 透得徹, 信得及(투득철, 신득급) — 참된 자기를 깨닫고 衆生本來佛이라는 믿음을 얻을 수 있다면. '大悟徹底함'임. ◆ 無絲毫障翳(무사호장예) — '無絲毫'는 '실밥만큼도 없음'. '자기의 자유로운 활동을 방해하는 것은 털끝만큼도 없음'임. '障翳'는 가로막는 것. '障碍'와 같음. ◆ 靠山(고산) — 山에 의지함. '靠'는 기댈 고. ◆ 放行也(방행야) — 적극적 활동을 할 때는. ◆ 把定也(파정야) — 소극적 활동을 할 때는. ◆ 古人公案(고인공안) — '公案'은 선종에서 제자에게 내어 주어 推究하게 하는 문제. '古人公案'은 이하에 나오는 마곡이나 장경의 문제를 가리킴. ◆ 未免周遮(미면주차) — '周遮'는 말이 많은 모양. '未免周遮'는 '쓸데없는 말이 많음'.

수시하기를, 마음이 흔들리면 망상이 나타나고 깨달았다고 하면 [자유자재의] 마음이 얼어 버린다. 그렇다고 움직이지도 깨닫지도 않는다면 여우가 굴 속에 들어가는 꼴이 된다. 참된 자기를 깨닫고 [중생이 본래불(本來佛)이라는] 확신을 얻으면 가로막는 것이 티끌만큼도 없어진다. 그러면 용이 물을 얻은 듯, 호랑이가 산에 의지한 듯이 된다. [그런 인물은] 적극적으로 활동하면 기왓장이나 자갈에서도 빛이 나게 하고 또 소극적으로 행동하면 진짜 금도 빛을 잃게 한다. [그의 입장에서는] 옛 사람의 공안 따위는 공연한 수작에 지나지 않는다. 자 말해 보라, '본칙'에 나오는 이야기는 무엇을 말한 것인지를! 그럼 다음을 살펴보자.

本則 擧. 麻谷持錫到章敬, 遶禪床三匝, 振錫一下, 卓然而立.

敬云, 是是. (雪竇著語云, 錯.) 麻谷又到南泉, 遶禪床三匝, 振錫一下, 卓然而立. 泉云, 不是不是. (雪竇著語云, 錯.) 麻谷當時云, 章敬道是, 和尙爲什麽道不是. 泉云, 章敬卽是, 是汝不是, 此是, 風力所轉, 終成敗壞.

㈜ ◆ 錫(석) — 錫杖. 산스크리트어로는 '喫棄羅(khakkhara)'이며 鳴杖 · 聲杖으로 음역함. 行乞 때 미리 알리는 역할과 길가의 毒蟲 등을 물리치기 위해 쓰였음. ◆ 三匝(삼잡) — 세 번 돎. '匝'은 돌 잡. ◆ 禪床(선상) — 좌선할 때 쓰는 상. ◆ 卓然而立(탁연이립) — 불쑥 일어섬. 막대기를 세우듯이 기립함. ◆ 錯(착) — 서투름, 덜됨, 잘못. ◆ 麻谷當時云(마곡당시운) — '當時'는 그때. ◆ 章敬卽是是, 汝不是(장경즉시시, 여불시) — 章敬은 옳다 옳다 하고 당신은 옳지 않다고 함. 원오는 여기서 '주인공은 어느 곳에 있는가?' 하고 착어함. '상대방을 따라 다니다가 자기의 주체성은 어떻게 했는가, 잃어버리지 않았는가' 라는 뜻. ◆ 風力所轉, 終成敗壞(풍력소전, 종성패괴) — 너의 행동은 風大를 따라 움직임. 四大分離하여 죽으면 그것으로 끝장임. 우리의 육체를 구성하는 요소는 地 · 水 · 火 · 風의 네 元素이며 禪床을 돌거나 錫杖을 흔드는 짓은 그 중 風大라는 元素의 작용에 지나지 않음. 그런 것은 絶對的 主體가 아님. '終成敗壞'는 결국 파멸로 돌아갈 뿐이라는 뜻. 분명한 是나 不是의 어디에도 구애되지 않는 無礙自在의 경지는 설두처럼 是와 不是를 아울러 '錯'으로 부정하고 거기에 停滯하지 않는 본질을 지니는 것임.

마곡이 석장(錫杖)을 들고 장경 화상에게 갔다. [방장으로 들어가더니] 장경 화상이 앉아 있는 선상 둘레를 세 번 돌고는 석장을 절그럭 한 번 흔들고 뻣뻣이 섰다. 장경이 말했다. "됐다, 됐어." (훗날 설두는 [장경이 "됐다, 됐어"라 한 것을 부정하며] "아, 실수다"라고 평했다.) 마곡은 다시 남전 화상에게 가서 선상을 세 번 돌고는 석장을 절그럭 한 번 흔들고 뻣뻣이 섰다. [그러나] 남전은 "틀렸다, 틀렸어"라고 했다. (훗날 설두는 [남전이 "틀렸다 틀렸어"라 한 것을 부정하며] "아, 잘못이다"라고 평했다.) 그 때 마곡이 "장경 화상은 됐다고 하셨는데 화상께선 어째서 틀렸다고 하십니까?" 하고 물으니까 남전 화상이 말했다. "장경 화상이 됐다고 한 것은 옳다. 하지만 네가 한 짓은 틀렸어. 그렇게 [선상을 빙빙 돌거나 석장을 절그럭거리는 따위] 풍력으로 돌아가는 짓은 결국 파멸로 끝날 뿐이다."

頌 此錯彼錯, 切忌拈卻. 四海浪平, 百川潮落. 古策風高十二門, 門門有路空蕭索. 非蕭索, 作者好求無病藥.

주 ◆ 此錯彼錯(차착피착) — '此'는 南泉이 '不是不是'라 한 말을, '彼'는 章敬의 '是是'를 가리킴. ◆ 切忌拈卻(절기염각) — '拈卻'은 拈提, 拈起이며 '마곡의 행위를 들어 이러쿵저러쿵할 것 없다'는 뜻. ◆ 四海浪平, 百川潮落(사해랑평, 백천조락) — 사해의 파도는 고요하고 백천에는 바닷물이 逆流하지 않으므로 범람하지 않음. 천하는 무사태평함. ◆ 古策風高(고책풍고) — '策'은 錫杖임. '古策'은 옛날부터 전해 내려오는 석장. 우리가 지니고 태어난 本性的인 拄杖은 먼 옛날부터 있어 온 것이란 뜻. '風高'는 '孤高함', '高大함'임. ◆ 十二門(십이문) — 이 석장에는 열두 개의 고리가 달려 있으며 十二因緣을 상징한다고 함. 우리가 태어날 때부터 지녀 온 天上天下唯我獨尊의 自性임. 고금을 통해 높다랗게 돋보이는 것임. 『錫杖經』에 '凡體法, 上臺法天, 下臺法

地, 四支法地, 四支法四天王, 十二環法十二因緣, 包含天地人天上下'라 나옴. ◆ 空蕭索(공소삭) — '蕭索'은 '쓸쓸한 모양'. 여기서는 洞豁, 곧 텅없이 넓은 모양을 말함. '空蕭索'은 휑한 공간. ◆ 非蕭索(비소삭) — '空蕭索'을 부정한 말로 '空蕭索이라고는 해도 쓸쓸하지는 않음'임. ◆ 作者(작자) — 마곡을 가리킴. ◆ 無病藥(무병약) — 病藥은 병자가 복용하는 약. '無病藥'은 병자가 아닌 사람에게 효력이 있는 약임. 선에서는 '깨달음'의 자리에 눌러앉은 채 꼼짝 못 하는 자의 병을 '無病의 大病'이라 함.

[마곡의 소행을 보고 장경은 "됐다"고 하고 남전은 "안 됐다"고 했지만] 이것도 저것도 모두 잘못일세, [그런 자의 소행을 놓고] 이러쿵저러쿵할 것 없단 말이네. 사해가 고요하고 백천이 잔잔하니 천하태평을 노래하세. 고금을 통해 우뚝 세운 열두 고리의 석장은 그대로 천상천하 유아독존의 자성(自性)이니 열두 고리마다 휑하니 드넓은 길이 열려 있네. 휑하니 드넓다고 결코 쓸쓸하지는 않다네, 저 마곡 같은 자는 병이 없는 사람에게 효험 있는 약을 구해야 할 걸세.

제32칙

정상좌가 임제에게 묻기를

定上座問臨濟

임제는 제20칙 '용아서래무의'(龍牙西來無意)에 나온 임제 의현이다. 그는 북부의 조주(曹州) 태생이지만 선의 수행은 주로 남부의 홍주(洪州) 황벽산(黃檗山)에서 했다. 그의 선기(禪機)는 아주 거칠어서 여전히 살벌한 북방 기질을 지니고 있었다. 정상좌(定上座)는 임제의 제자라는 사실 외에 전기는 거의 알려져 있지 않다. 다만 '평창'에 다음과 같은 이야기가 나와 있다. 성격이 매우 험준하고 완력도 대단했던 사람으로 되어 있다. 암두, 설봉, 흠산 세 사람이 아직 젊은 수행자였을 때의 일이다. 어느 날 남방에서 정상좌와 만났다. 암두가 "어디서 오는 길이오?" 하고 묻자 정상좌는 "네, 임제에서요!" 하고 대답했다. "우리는 지금 임제 화상을 만나 뵈러 가는 중이오. 화상께선 평안하십니까?" "아니 벌써 돌아가셨소." "아, 우리는 도연(道緣)이 없어 생전에 뵙지 못한 것이 안타깝습니다. 그럼 하다못해 화상께서 생전에 하신 말씀 한 마디라도 들려주지 않겠습니까?" 곧 정상좌는 그 "적육단상(赤肉團上)에 한 무위(無位)의 진인(眞人)이 있어 항상 그대들 서문(西門)으로 드나든다. 아직도 증거하지 못한 자는, 보라, 보라"라는 '시중(示衆)'의 1단을 임제 못지않은 박력으로 말했다. 암두는 그만 깜짝 놀랐지만 아직 젊은 흠산은 "어째서 비무위(非無位)의 진인(眞人)이라 하지 않았을까요?" 하고 그만 실언을 했다. 정상좌가 느닷없이 흠산의 가슴을 움켜잡고 "무위의 진인과 비무위의 진인이 어떻게 다르냐, 자 말하라, 말해" 하면서 목을 죄었다. 흠산은 그만 눈을 허옇게 까뒤집고 당장 숨이 넘어갈 듯했다. 암두와 설봉이 앞으로 나아가 예배하고 "이 자는 아직 신참자로서 동서도 모르니 실례한 점 부디 우리를 보아 용서해 주십시오" 하고 빌었다. 정상좌는 "두 선배가 없었다면 이 오줌싸개 같은 애송이를 요절냈을 텐데…" 하며 간신히 손을 놓았다고 한다.

垂示云, 十方坐斷, 千眼頓開, 一句截流, 萬機寢削. 還有同死同生底麽. 見成公案, 打疊不下, 古人葛藤, 試請擧看.

주 ◆ 十方坐斷, 千眼頓開(시방좌단, 천안돈개) — '坐斷十方, 頓開千眼'을 강조한 句法. '十方'은 동서남북과 그 중간의 四隅 및 상하를 뜻하나 여기서는 그런 공간적인 方角보다도 일체의 것을 제거해 버린 경지, 궁극적인 경지를 '十方坐斷'이라 함. 천길 벼랑 위에 놓인 경지임. '千眼頓開'는 그렇듯 일체의 속박을 벗어나 모든 것을 초월하면 心眼이 활짝 열린다는 뜻. '差別智가 밝아져서 자유자재로 활동할 수 있음'임. ◆ 一句(일구) — 1구로써. 그러나 반드시 1언(언어)에 국한된 것은 아님. 눈썹 하나를 움직여도 손가락 하나를 세워도 또는 한 대 후려쳐도 모두 1구임. ◆ 截流(절류) — '流'는 번뇌나 生流의 흐름임. 나아가서는 일체의 想念이나 分別임. '截流'는 이런 것을 '뚝 끊어 없앰'임.

제1칙의 '수시'에 나왔던 '截斷衆流'와 같음. ◆ 萬機寢削(만기침삭) — '萬機'는 '모든 활동', '온갖 사려 분별'. '寢削'은 '휴식', '정지하여 없어짐'임. ◆ 同死同生底(동사동생저) — '底' 밑에 '人'이나 '者'가 있다고 보면 이해하기 쉬움. '對峙할 수 있는 자' 또는 '필적할 수 있는 자'. ◆ 見成公案, 打疊不下(현성공안, 타첩불하) — '見成公案'은 現成公案과 같으며 현재 눈앞에 전개되고 있는 自然默示임. 있는 그대로의 모습이 곧 선의 '공안'이며 인생에서 규명해야 할 문제라는 뜻. '打疊不下'는 '그것을 알아채고 이해하기가 불가능함'. '打疊'은 '打成'과 같으며 '통틀어 쳐서 한덩어리로 만듦'임. '不下'는 손도 대지 못함. 결국 '見成公案, 打疊不下'는 '선의 진리, 인생의 과제가 즐비하게 놓여 있어도 이해하지 못한다면'임.

수시하기를, 일체의 속박을 벗어난 궁극의 경지에 서서 모든 것을 다 알 수 있는 마음의 눈을 크게 뜬 채 한 마디로 온갖 상념을 끊어 없애고 숱한 분별심을 멈추어야 한다. 과연 그럴 만한 자가 있는가? 눈앞에 펼쳐지는 저 자연의 공안을 깨닫지 못한다면 옛사람이 한 일을 잘 살펴 두어야 할 것이다. 그럼 다음 이야기를 들어 보라.

本則 擧. 定上座, 問臨濟, 如何是佛法大意. 濟, 下禪床, 擒住與一掌, 便托開. 定, 佇立. 傍僧云, 定上座, 何不禮拜. 定, 方禮拜, 忽然大悟.

注 ◆ 定上座(정상좌) — '定'이라는 上座. '上座'는 『阿毘曇毘婆沙論』에 '生年上座(연장자), 世俗上座(민간의 유력자), 法性上座(수행의 완료자)의 세 가지가 있다' 함. 定上座는 法性上座임. ◆ 佛法大意(불법대의) — '大意'는 '根本意'

임. '불교의 요지', '불교의 궁극적 의의'. ◆ 擒住(금주) — 움켜잡음. ◆ 托開(탁개) — 밀어 젖힘. ◆ 佇立(저립) — 우두커니 섬. '佇'는 우두커니 설 저. ◆ 傍僧(방승) — 곁에 서 있던 중. ◆ 方(방) — 마침 ~하는 중에.

정상좌가 임제 화상에게 "불법의 궁극적인 의미는 어떤 겁니까?" 하고 물었다. 임제 화상은 선상에서 내려와 그를 움켜잡고는 뺨을 한 대 철썩 때린 뒤 확 떼밀어 버렸다. 정상좌가 [그만 얼이 빠져] 멍하니 서 있으니까 곁에 있던 중이 "정상좌, 어째서 절을 하지 않나?" 하고 말했다. 정상좌는 절을 하다가 홀연히 깨달았다.

頌 斷際全機繼後蹤, 持來何必在從容. 巨靈擡手無多子, 分破華山千萬重.

주 ◆ 斷際全機繼後蹤(단제전기계후종) — '斷際'는 임제 의현의 스승인 황벽 희운에게 唐 宣宗 皇帝가 내린 勅號임. 황벽의 발랄한 禪機는 그대로 임제에게 계승되어 있다는 것이 이 구가 지닌 뜻임. '繼後蹤'은 從蹤者(후계자)인 임제에게 연속되고 있음. 젊었을 때의 임제도 역시 定上座처럼 스승인 황벽에게 '佛法의 大意란 어떤 겁니까?' 하고 물었으나 황벽은 아무 대꾸도 없이 다짜고짜로 三十棒(방)을 후려쳤다. 어째서 맞았는지 임제는 알 수가 없었기 때문에 다시 가서 같은 질문을 했다. 그러고는 또 맞았다. 그런 일이 세 번쯤 되풀이된 후 임제는 황벽을 떠나 大愚和尙에게 갔다. 지금까지 겪은 이야기를 하고 '대체 제가 무엇을 잘못했을까요?' 하고 물었더니 대우가 '황벽이란 사나이는 정말 친절하군' 하고 말했다. 그 순간 임제는 大悟했다는 것이다. '斷際의 全機는 後蹤을 이음'이란 이상의 경위를 말한 것임. ◆ 持來(지래) — 그 禪機의 전체를 임제 의현이 가지고 와서. ◆ 何必在從容(하필재종용) — '從容'은 『中庸』의 '從容中道聖人也'의 從容과 같으며 '悠然함'임. 어찌 유연하게 있을 수 있겠는가! 곧 폭력을 휘두를 것이라는 뜻이 내포되어 있는 구임. ◆ 巨靈(거령) — 옛날 黃河가 龍門에서 동쪽으로 흐르려 하자 大華山이 솟아 있어 흐를 수가 없었다. 그래서 豪雨가 내리면 강물이 넘쳐 피해가 컸다. 그것을 거령신이 華山과 首陽山이라는 두 개의 산으로 찢어 갈라 놓았으므로 강물은 그 사이를 뚫고 동쪽으로 흐르고 덕분에 강가 사람들은 수해를 면하게 되었다는 故事에서 나온 말. '巨靈擡手無多子, 分破華山千萬重'은 거령신이 손쉽게 大華山을 둘로 찢어 놓았다는 뜻임. 결국 임제를 거령신에 비유한 것. ◆ 擡手無多子(대수무다자) — '無多子'는 結句인 '分破'에 걸리는 부사로서 '손쉽게'라는 뜻. '擡'는 들 대. 결국 '손을 들어 아주 손쉽게'. ◆ 分破(분파) — 둘로 쪼갬. ◆ 千萬重(천만중) — 千峰萬岳이 중첩됨.

황벽의 발랄한 선기(禪機), 그대로 임제에게 계승되었으니, 그걸 송두리째 갖고 온 임제가 어찌 [폭력을 휘두르지 않고] 태연히 있으랴! [정상좌의 '불법의 대의(大意)' 따위는 임제에게는 아무것도 아니다. 마치 그건] 거령신이 번쩍 손을 들어 화산의 겹겹이 쌓인 산맥을 단숨에 쪼개 버린 솜씨와도 같다.

황벽의 발랄함, 임제의 사나움.

거령신이 여기 있네, 대화산이 두 쪽일세.

제33칙

진조가 자복을 만남
陳操看資福

진조(陳操)는 절강성(浙江省) 엄주부(嚴州府)의 상서(尙書)로 있던 인물이다. 임제의 선배인 목주(睦州) 진존숙(陳尊宿)의 법을 이은 대거사(大居士)이다. 자복(資福)은 강서성(江西省) 길주(吉州)의 자복사(資福寺)에 있던 여보 화상(如寶和尙)이며 위앙종(潙仰宗)의 앙산 혜적(仰山惠寂)의 손제자(孫弟子)에 해당된다. 진조(陳操)의 나이가 위이며 선력(禪歷)도 오래이다.

垂示云, 東西不辨, 南北不分, 從朝至暮, 從暮至朝, 還道伊瞌睡麽. 有時眼似流星, 還道伊惺惺麽. 有時呼南作北, 且道, 是有心, 是無心. 是道人, 是常人. 若向箇裏透得, 始知落處, 方知古人恁麽, 不恁麽. 且道, 是什麽時節. 試擧看.

주 ◆ 東西不辨, 南北不分(동서불변, 남북불분) — '不辨東西, 不分南北'의 倒置句. 동서도 분별 못하고 남북도 구별 못함. ◆ 伊瞌睡(이개수) — '伊'는 저

(이) 이. 지금은 '그'라는 뜻. '瞌睡'는 '졸고 있음', 또는 '졸고 있는 자'. '瞌'는 '앉아서 졺'(졸 개). ◆ 有時(유시) — 때로는. ◆ 惺惺(성성) — '瞌睡'의 반대이며 '깨어나 있음'. '깨어나 있는 자'. ◆ 道人(도인) — 大悟者. ◆ 常人(상인) — 일반 凡人. ◆ 落處(낙처) — '入處'와 같으며 '悟境'이나 '禪의 要諦'. ◆ 古人恁麼不恁麼(고인임마불임마) — '恁麼'는 '知落處'를, '不恁麼'는 '不知落處'를 가리키므로 '古人恁麼不恁麼'는 '古人의 언행이 깨닫고 한 짓인지 아닌지'라는 뜻.

수시하기를, 동서남북을 구별 못하고 아침부터 저녁까지 저녁부터 아침까지 날이 새는지 밤이 오는지를 모르면 졸고 있는 자라 한다. [그러나 반대로] 이따금 유성(流星)과 같은 눈초리를 번뜩이면 또렷이 깨어나 있는 자라고 한다. [그런가 하면] 어떤 때는 남을 북이라 한다. [자 이쯤 되면 바보인지 영리한 것인지 알 수가 없다.] 과연 그는 유심(有心)한지 무심(無心)한지, 뛰어난 도인(道人)인지 평범한 상인(常人)인지 어디 말해 보라! 만약 누구건 이 선의 경지(箇裏)에 이르러 비로소 그 참뜻을 깨닫는다면 옛사람의 언행이 충분히 알고 한 일인지 아닌지를 짐작할 수 있으리라. 그럼, 말해 보라. 어떤 때에 그 사실을 알 수 있는지를! 다음 이야기를 한 번 살펴보라.

本則 擧. 陳操尙書, 看資福. 福見來, 便畫一圓相. 操云, 弟子恁麼來, 早是不着便. 何況更畫一圓相. 福便掩却方丈門. (雪竇云, 陳操只具一隻眼.)

주 ◆ 尙書(상서) — 唐의 관제에 따라 三省·六部의 각 부 장관임. '三省'은 中書省·門下省·尙書省이며 尙書省이 左僕射(左司)와 右僕射(右司)로 나뉘고 다시 左僕射는 吏部·戶部·禮部로, 右僕射는 兵部·刑部·工部로 나뉨. 이 6부에 각기 한 사람씩의 장관이 있고 이를 尙書라 하고 吏部·戶部·禮部의 3부를 統監하는 관리를 左僕射(尙書令의 副官), 兵部·刑部·工部의 3부를 統監하는 관리를 右僕射(尙書令의 副官)라 함. 그리고 左右 兩僕射를 總督하는 大長官을 尙書令이라 함. ◆ 看資福(간자복) — 자복 화상을 방문함. ◆ 一圓相(일원상) — 鑑智僧璨이 『信心銘』에서 '圓同太虛, 無缺無餘'라고 한 것과 같이 '圓相'은 至道·大道·眞如·法性·絶對의 표상임. 흔히 '一圓相'에는 97종의 분류가 있다 하며 그 元祖는 혜충 국사라 한다. 혜충 국사가 그의 법을 제자인 탐원에게 전하고 탐원은 앙산에게 전했으나 그 傳書를 앙산이 태워 버렸다 한다. 어쨌든 여기에서 一圓相은 潙仰宗의 상징이 되어 버렸다. 앙산의 제자인 자복 역시 의당 그것을 傳承하고 있다. ◆ 弟子(제자) — 진조가 자복의 제자라는 뜻이 아니고 오히려 선배이지만 상대방이 중이므로 겸손해서 '小生', '나'라는 뜻으로 쓴 것임. ◆ 恁麽來(임마래) — 이렇게 왔음, 방금 왔음. ◆ 早是不著便(조시불착편) — '著便'은 '앉음'이며 '아직 와서 채 앉지도 않았는데'임. ◆ 何況更(하황갱) — 무슨 일입니까? 이게 대체 어찌 된 일입니까? ◆ 掩却(엄각) — 閉却·閉了의 뜻. 문을 탕 하고 닫아 버림. ◆ 只具一隻眼(지구일척안) — '只'는 정말, 과연, '具'를 강조하기 위해 쓴 말임. '一隻眼'은 '외눈'이 아니고 卓見·明眼·活眼임. 진조 거사는 '과연 목주의 제자답게 눈이 트여 있군'임.

진조 상서가 자복 화상을 만나러 왔다. 자복 화상은 진조가 오는 것을 보고 곧 [손가락으로 공중에 대고] 동그라미(一圓相)를 그려 보였다. 진조가 "저는 지금 와서 채 앉지도 않았는데 느닷없이 동그라미를 그리다니 대체 어찌 된 일입니까? [저는 그 따위 동그라미를 보자고 여기 온 게 아닙니다.]" 하고 들이대니까 자복 화상은 방문을 탕하고 닫아 버렸다. (설두가 "진조는 과연 눈이 트여 있군!" 하고 평했다.)

頌 團團珠遶玉珊珊. 馬載驢馳上鐵船. 分付海山無事客, 釣鼇時下一圈攣. (雪竇復云, 天下衲僧, 跳不出).

주 ◆ 團團(단단) — 둥근 것을 표현하는 형용사, 또는 부사. ◆ 珊珊(산산) — 허리에 찬 옥이 울리는 소리. 이상의 7언 1구는 자복의 一圓相을 시적으로 표현한 말. ◆ 驢馳(여타) — '驢駝'(여타)와 같으며 '당나귀 등에 짐을 실음'임. 이 承句 7언 1구는 一圓相의 무겁고 큼을 좀 유머러스하게 노래한 것임. ◆ 分付(분부) — 나누어 줌. '附與'와 같음. ◆ 海山無事客(해산무사객) — 천하의 閑人. ◆ 鼇(오) — 자라. 바다에 사는 큰 자라임. ◆ 圈攣(권련) — 거북이나 자라 따위의 목을 죄어서 잡게 되어 있는 漁獵 道具의 하나. ◆ 天下衲僧, 跳不出(천하납승, 도불출) — 이 海山無事客이 던진 一圈攣에 걸리면 튀어나올 만한 선승이 과연 얼마나 되겠는가, 아마 거의 없지 않을까 하는 뜻.

둥근 구슬 떼굴떼굴 옥은 잘그락 찰그락 [하늘에 그린 동그라미 많기도 하다], 말에 싣고 나귀에 싣고 배에도 실었다. 바다 위에 하릴없이 떠 있는 나그네에게 나눠 주어, 자라를 낚을 때 [그 동그라미를] 올가미로나 쓰게 할까! (설두는 또 "[이 동그라미의 올가미에 걸리면] 천하에 나로다 하는 납승(衲僧)도 뛰어 [빠져] 나올 수가 없으리라"고 평했다.)

제34칙

앙산이 말하기를 "산놀이도 안 갔는가"

仰山不曾遊山

앙산과 운문 그리고 한 무명승이 등장한다. 운문은 이미 앞에서 여러 차례 나온 운문 문언이다. 앙산은 위산 영우의 제자인 앙산 혜적이다. 앙산은 광동성(廣東省) 소주(韶州)에서 태어났고 소석가(小釋迦)라고 불릴 만큼 지혜가 깊은 인물이며 『임제록(臨濟錄)』에도 이 사람의 예언이 곧잘 나온다. 앙산은 위산의 왼팔이 되어 험준하기 이를 데 없는 대위산에 일대 선원(一大禪院)을 창건하고 이윽고 스승과 함께 위앙종(潙仰宗)을 창도(唱導)한 사람으로 유명하다. 그의 언행은 여러 선적에 많이 나와 있지만 그 중에서도 다음 이야기는 그의 사람됨을 잘 나타내는 재미있는 일화이다. 그가 길주(吉州) 탐원산(耽源山)에 있을 때 응진 화상(應眞和尙)이 "혜충 국사께서 당시 6조의 97개 원상(圓相)에 대해 적은 비본(秘本)을 주시면서 내가 죽은 지 30년 뒤 남쪽의 한 사미(沙彌)가 찾아와 이 교를 크게 일으키리니 그에게 전하도록 끊이지 않게 하라고 하셨다. 내가 지금 그걸 너에게 주노니 마땅히 잘 받들어 모셔야 한다"고 하고는 60여 년 간 비장 전승(秘藏傳承)되어 온 그 원상본(圓相本)을 앙산에게 주었다. 그러나 그는 한 번 죽 읽어 보고는 곧 태워 버렸다. 나중에 응진 화상(應眞和尙)이 "전날 네게 준 원상(圓相)은 비장해 둬야 한다"고 하자 앙산은 "그 때 보고 나서 이미 태워 버렸는데요" 하고 정직하게 대답했다. 응진 화상이 "그렇듯 소중한 것을 태워 버리다니!" 하고 따지자 "한 번 보고 뜻을 다 알았으니, 언제까지나 책 따위를 갖고 있을 필요가 뭐 있습니까?" 하고 반문했다. 응진 화상은 "너는 한 번 보고 다 알았으니 되겠지만 후세 사람은 그 책이 없으면 뜻을 모르지 않느냐!" 하고 거듭 따지니까 앙산은 "그렇게 소중한 책이라면 제가 써서 새 것을 만들어 놓죠" 하고는 당장 써 놓았는데 원본과 1점 1획도 틀리지 않는 원상본이었다고 한다.

本則 擧. 仰山問僧, 近離甚處. 僧云, 廬山. 山云, 曾遊五老峰麽. 僧云, 不曾到. 山云, 闍黎不曾遊山. 雲門云, 此語皆爲慈悲之故. 有落草之談.

주 ◆ 近離甚處(근리심처) — 지금까지 어디 있었는가? 또는 어디서 왔는가? 첫 대면 때의 인사이지만 禪門에서는 이 질문을 하여 상대방의 心境을 점검하므로 일반 사회의 인사와 말은 같아도 내용이 다름. ◆ 廬山(여산) — 江西省 南康府와 九江府 사이에 솟아 있는 해발 1,200미터의 명산이며 慧遠法師가 白蓮社를 세운 이래 불교의 一大學府로 불교사상 유명한 산임. ◆ 五老峰(오로봉) — 李白의 시에 '廬山東西五老峰, 靑天秀出金芙蓉'이라 나오는 峰이며 풍광이 수려하고 조망이 장관임. 牯嶺의 동쪽 棲賢寺 북쪽에 있음. 그러나 단지 경치 좋은 것만을 말하고 있지는 않다. 人人具足의 五老峰, 즉 각자의 脚下의 참된 세계, 선의 입장을 오로봉을 빌려 말한 것임. ◆ 闍黎(사려) — 산스크리트어 'Acarya(阿闍利)'의 약어이며 阿遮利耶·阿祇利라고도 음역하고 正行·軌範師라고도 漢譯함. 승려에 대한 가벼운 칭호임. ◆ 不曾遊山(부증유산) — 아직 산놀이(遊山)를 한 일이 없는가? ◆ 雲門云(운문운) — 운문이 이 자리에 있었던 것이 아니고 나중에 덧붙인 말임. ◆ 落草之談(낙초지담) — 第二義門으로 내려가서의 담화. '落草'는 풀 속에 떨어짐. '草'는 俗世間을 말함. '第二義, 第三義로 떨어짐'. 仰山은 이 중에게 어떻게 해서든지 선의 第一義諦를 깨닫도록 해주려는 大慈悲心에서 第二義로 내려가 세속적인 문답을 했다는 운문의 비평임. 그러나 그것은 표면적인 일이고 이면에는 운문투의 筆法이 있음. 실은 滿身大慈悲의 化身 같은 앙산 화상이 있는 힘을 다해 선의 第一義를 말하고 있으니 이 얼마나 고마운 일이냐고 찬탄하고 있는 것임.

찾아온 어느 중에게 앙산이 물었다. "지금까지 어디 있다 왔나?" 중이 "여산에서 왔습니다" 하고 대답하니까, 앙산은 "그럼 오로봉에는 가 보았겠군" 하고 물었다. 중이 "아니, 아직 못 가 봤습니다" 하고 대답했다. 앙산은 [어쩌는 수 없다는 듯이] "아, 그대는 [모처럼 여산에 살며] 산놀이도 안 갔는가!" 하고 말했다. 운문이 [이 말을 전해 듣고] "[앙산의] 그런 말들은 모두 깊은 자비심에서 나왔겠지만 바보 같은 중에게는 공연한 친절이었구나" 하고 말했다.

頌 出草入草, 誰解尋討. 白雲重重, 紅日杲杲. 左顧無瑕, 右眄已老. 君不見, 寒山子, 行太早, 十年歸不得, 忘卻來時道.

주 ◆ 出草入草(출초입초) — 仰山의 接得法이 出草인가 入草인가? '出草'는 俗世間에서 나옴. 向上의 第一義諦. '入草'는 속세간으로 들어감이니 向下의 第二義門임. 이 말은 雲門이 仰山의 설화를 '落草之談'이라 평했으므로 雪竇가 '앙산의 이야기는 出草에 속하는지 入草에 속하는지 아무도 알 수 없다'는 뜻에서 '出草入草, 誰解尋討'라 頌한 것임. ◆ 誰解尋討(수해심토) — 尋句逐語에만 사로잡혀 있는 자들이 仰山 이야기의 참뜻을 어찌 알겠는가라는 뜻도 깃들어 있음. ◆ 白雲重重, 紅日杲杲(백운중중, 홍일고고) — 五老峰의 자연미를 노래한 구. '重重'은 흰구름이 겹겹이 쌓인 모양. '杲杲'는 밝은 모양. ◆ 左顧無瑕, 右眄已老(좌고무하, 우면이로) — 역시 五老峰의 경치를 노래함. 왼쪽을 돌아보면 아득히 멀리까지 거치는 것이 없고 오른쪽을 바라보면 수려한 산천이 펼쳐짐. '無瑕'는 결점이 없음, 아무런 거침도 없음. '眄'은 돌아볼 면. '老'는 五老峰에서 비롯되었으며, '圓熟', '秀麗'의 뜻. ◆ 君不見(군불견) — '見'은 '비단 육안으로만 사물을 보지 않고 마음으로 이해하고 있음'임. '君不見'은 '그대들도 이미 아다시피'. ◆ 寒山子(한산자) — '寒山'은 飄飄하게 거지 같은 생활을 하며 뛰어난 禪詩를 많이 남긴 隱遁者임. ◆ 行太早(행태조) — 寒山은 天台山 國淸寺의 마당지기였던 拾得과 이만저만 친한 사이가 아니어서 둘은 함께 道를 말하고 詩를 읊으며 遊戱三昧의 생활을 보내고 있었다. 어느 날 知事인 閭丘胤이 國淸寺의 豐干和尙을 찾아와 寒山과 拾得을 만나게 해 달라고 하므로 豐干和尙이 부엌으로 안내하여 둘을 만나게 해주려 했다. 그러나 知事의 얼굴을 보자 둘은 갑자기 呵呵大笑하고는 당장 산속으로 도망쳐 모습을 감추고 말았다. '行太早'는 이 때 일을 말한 것임. 결국 禪의 경지란 무엇에건 구애되지 않는다는 뜻임. ◆ 十年歸不得, 忘卻來時道(십년귀부득, 망각래시도) — 『寒山詩』 중의 일 절임. 그 全文은 다음과 같다.

欲得安身處 寒山可長保 微風吹幽松 近聽聲愈好
下有斑白人 喃喃讀黃老 十年歸不得 忘却來時道

편히 살 데를 찾고 있다면, 한산이 길이 머무를 만한 곳이라네.

산들바람 그윽한 소나무에 불고, 가까이에서 듣는 그 소리 더욱 좋구나.
나무 밑의 머리 희끗희끗한 사람, 남남(喃喃) 황로(黃老)의 서(書)를 읽는다.
십 년이나 돌아가지 않아 왔을 때의 길마저 까맣게 잊었노라.

시 속의 '寒山'은 인물이기보다는 그가 처한 경지를 나타내는 산 이름임. 십 년 동안이나 산 속에 살며 세상에 나가지 않으면 속세의 일은 모두 잊고 맒. 그렇듯 시간도 공간도 초월한 영원한 세계가 五老峰이라는 禪의 경지임.

[운문은 낙초지담(落草之談)이라 했지만 양산의 이야기가] 출초[인 제일의제(第一義諦)]인지 입초[인 제이의문(第二義門)]인지는 아무도 몰라라. 흰 구름 뭉게뭉게 붉은 해는 눈부시다. 왼쪽을 돌아보면 아득히 멀리까지 거치는 것 없고, 오른쪽을 바라보아도 수려한 강산이 펼쳐진다. 그대들도 이미 알리라, 한산이 그리도 재빠르게 사라져 버린 일을. 십 년이나 돌아가지 않아 왔을 때의 길마저 까맣게 잊었노라.

제35칙

문수가 대답하기를 "앞에 셋셋, 뒤에 셋셋일세"

文殊前三三

문수(文殊)와 무착(無著)의 이야기이다. 무착은 앙산의 제자이며 문희 화상(文喜和尙)이라고도 한다. 무착 문희 화상이 어느 날 오대산에 갔을 때 인적 드문 산 속에 이르러 문득 문수보살을 만나 하룻밤 그 절에서 신세를 지게 되었고 그 때의 문답이 제35칙의 '본칙'이며 무착은 이것을 제자들에게 '수시'로 썼다고 한다. 흔히 문수의 지혜라고 하듯이 문수보살은 우리의 깊은 지혜의 작용을 상징하고 있다. 그래서 임제 화상도 "너희가 문수를 알려 하는가, 너희 눈앞의 용처(用處), 시종 변함이 없고 의심할 데도 없는 것, 이것이 곧 살아 있는 문수이니라"라고 말하고 있다.

垂示云, 定龍蛇, 分玉石, 別緇素, 決猶豫, 若不是頂門有眼, 肘臂下有符, 往往當頭蹉過. 只如今見聞不昧, 聲色純眞. 且道, 是皀是白. 是曲是直. 到這裏作麼生辨.

주 ◆ 定龍蛇(정용사) — 용인지 뱀인지를 판정함. ◆ 分玉石(분옥석) — 옥인지 돌인지를 분별함. ◆ 別緇素(별치소) — 흑백을 구별함. ◆ 決猶豫(결유예) — '猶豫'는 원숭이의 일종이며 의심이 많아 무슨 일을 할 때 망설임이 많다 함. 여기서 '할까 말까 망설이는 모양'이란 뜻이 생김. '決猶豫'는 '진퇴·거취를 결단함', '망설임을 결단함'임. ◆ 頂門有眼(정문유안) — 『大智論』 제2권에 '摩醯首羅天(마헤수라 = Mahesvara), 즉 大自在天은 八臂三眼이며 白牛를 타고…'라며 그 大自在天佛에게는 두 눈 외에 세로로 난 눈이 하나 더 있다 함. '頂門眼'은 이 세로로 난 눈임. 결국 '頂門眼'은 肉眼이 아닌 心眼, 곧 般若의 慧眼임. ◆ 肘臂下有符(주비하유부) — 중국의 神仙談에 肘後符라는 신비스러운 護符가 있음. 이 護符를 항상 팔 밑에 붙이고 다니면 무슨 일이든 할 수 있다고 함. '肘臂下有符'는 그것을 말함. ◆ 往往當頭蹉過(왕왕당두차과) — '往往'은 '때로는', '때에 따라서'. '當頭'는 '그 자리에서', '즉석에서'. '蹉過'는 '크게 실패함', '기회를 놓침'. ◆ 見聞不昧(견문불매) — 눈도 귀도 총명 영리함. 사물을 있는 그대로 보고 듣고 하되 조금도 그 진상을 잘못 보지 않음. ◆ 聲色純眞(성색순진) — 聲이나 色, 곧 현실 세계가 순진함. 현실을 있는 그대로 보고 들음. ◆ 皀白(조백) — 黑白. '皀'는 皁와 같으며 '검정 빛'. ◆ 這裏(저리) — 皀白·曲直의 辨別을 요하는 경우를 가리킴.

수시하기를, [모름지기 선자(禪者)란 상대를 보았을 때] 그가 용인지 뱀인지, 옥인지 돌인지, 검은지 흰지를 알아보고 망설임을 결단하려면 [마헤수라처럼] 이마 위에 눈이 하나 있고 선인(仙人)같이 팔 밑에 부적(符籍)을 달고 있어야 한다. [그렇지 못하면] 곧잘 그 자리에서 실수를 저지르게 마련이다. 지금 밝은 눈과 귀만 흐리지 않다면 소리도 빛깔도 모두 있는 그대로 들리고 보인다. 자, 어디 말해 보라. 이것이 검은지 흰지, 굽었는지 곧은지를! 이런 경우에 그것을 어떻게 알아보겠는가.

本則 擧. 文殊問無著, 近離什麽處. 無著云, 南方. 殊云, 南方佛法, 如何住持. 著云, 末法比丘, 少奉戒律. 殊云, 多少衆. 著云, 或三百, 或五百. 無著問文殊, 此間如何住持. 殊云, 凡聖同居, 龍蛇混雜. 著云, 多少衆. 殊云, 前三三後三三.

주 ◆ 如何住持(여하주지) — '住持'는 한 절의 주지승을 말하지만 '現狀을 유지함'이란 뜻도 있음. '如何住持'는 '어떻게 하고 있는가?', '현상은 어떻습니까?' ◆ 末法(말법) — 불교에서는 그 도덕적 변화를 正·像·末의 세 시대로 구분함. 첫째는 正法時代, 佛陀滅後 5백 년 동안, 둘째는 像法時代, 正法時代 다음의 1천 년 동안, 셋째는 末法時代이며 像法時代 뒤의 1만 년 동안임. ◆ 比丘(비구) — 팔리어로 'Bhikkhu'의 음역어이며 乞士·破惡 등 많은 漢譯語가 있음. 남자 승려임. '比丘尼'는 산스크리트어인 'Bhiksuni'의 음역어임. 乞士女·勤事女라 漢譯하며 여자 승려임. ◆ 少奉戒律(소봉계율) — '少'자가 이 구에서처럼 위에 붙으면 긍정적인 뜻이 있음. '많지는 않지만 계율을 지키는 자가 조금은 있음'임. 만약 '奉戒律少'이면 '少'는 부정적이며 '계율을 지키는 자가 거의 없음'이 됨. ◆ 多少衆(다소중) — 수행하는 자가 얼마나 되는가? ◆ 或三百, 或五百(혹삼백, 혹오백) — 무착의 이 대답에 대해 원오는 '이들은 죄다 野狐精'이라 평하고 있음. 아무런 독자적인 禪機도 없는 중들이 우글거리고 있다는 뜻. ◆ 此間(차간) — 이곳. 오대산. ◆ 凡聖同居, 龍蛇混雜(범성동거, 용사혼잡) — 깨달은 자도 평범한 자도, 용도 뱀도 마구 뒤범벅임. ◆ 前三三後三三(전삼삼후삼삼) — 앞에 셋셋, 뒤에 셋셋. 凡聖同居, 龍蛇混雜하여 여기저기에 섞여 있음은 龍蛇一如, 凡聖一致, 모두 각기 천차만별의 모습 그대로 佛法을 장엄하게 하고 선을 나타내고 있다는 뜻임. '본칙'은 여기서 끝나지만 '평창'에는 다음과 같은 이야기가 추가되어 있다. 그 후 문수가 차를 대접했다. 이 때 유리잔에 차를 담아 냈다. 그 茶器를 가리키면서 문수가 "그래, 남방에는 이런 게 있나?" 하고 무착에게 물었다. "아니, 없습니다" "그럼 뭣으로 차를 마시나?" 이 물음에 무착은 그만 말문이 막히고 말았다. 이윽고 무착이 문수 앞을 하직하고 떠나게 되었다. 문수가 均提童子를 시켜 山門까지 전송해 주었다. 무착이 도중에 동자에게 물었다. "아까 문수께서 前三三後三三이라 하셨는데 그건 대체 몇 사람을 말하는 걸까요?" 그러나 동자는 그 말의 대답 대신 "스님!" 하고 불렀다. 무착이 저도 모르게 "네!" 하고 대답하니까 "그건 몇이나 됩니까?" 하고 물었다고 한다.

문수보살이 무착에게 물었다. "여기 오기 전에 어디 있었나?" 무착이 대답했다. "남쪽에 있었습니다." 문수가 [다시] "남쪽의 불법은 요즘 어떻게 되어 가고 있나?" 하고 묻자 무착이 대답했다. "말법의 비구는 계율을 받드는 자가 조금은 있습니다." 문수가 "그 계율을 받드는 자가 얼마나 되나?" 하고 또 물으니까 "한 3백에서 5백 정도 될까요" 하고 무착이 대답했다. [이번에는] 무착이 문수에게 물었다. "이곳에선 어떻게 되어 가고 있습니까?" 문수가 "깨달은 자도 평범한 자도, 용도 뱀도 다 함께 뒤범벅이지" 하고 대답하니까 무착이 [다시] 물었다. "수행자는 얼마나 됩니까?" 문수가 대답했다. "앞에 셋셋, 뒤에 셋셋일세."

頌 千峰盤屈色如藍. 誰謂文殊是對談. 堪笑淸凉多少衆, 前三三與後三三.

주 ◆ 盤屈(반굴) — 꼬불꼬불함. '盤'은 돌 반, 서릴 반. 山岳이 구불구불 겹쳐져 있는 모양. 결국 이 起句는 오대산의 全景을 한 마디로 표현한 것임. ◆ 誰謂文殊是對談(수위문수시대담) — 어느 누가 문수와 대담을 했다고 하느냐? 그런 터무니없는 수작을 하는 게 누구냐? 이 말 뒤에는 오대산 전체가 하나의 살아 있는 문수이므로 거기에는 문수 아닌 것이 없다. 어디서나 문수를 볼 수 있다. 정말로 문수를 만났다면 前三三後三三 따위는 대번에 알았어야 할 것이 아니냐는 뜻이 깃들어 있음. ◆ 淸凉(청량) — 오대산은 華嚴嶺·聖鐘嶺·金閣嶺·淸凉嶺·靈鷲嶺의 총칭이며 또 이 오대산에는 大顯通寺·淸凉寺·大文殊寺 등의 大寺院이 있지만, 여기서의 '淸凉'은 오대산의 詩的異名인 '淸凉山'을 뜻하므로 곧 오대산을 가리킨 말임.

천봉은 구비구비 질푸른데, 어느 누가 문수와 말을 했다는가! 우습다, 청량산에 수도승이 얼마나 되느냐고? 앞에 셋셋, 뒤에 셋셋일세.

제36칙

장사, 떨어지는 꽃잎 좇아 돌아오다

長沙逐落花回

장사(長沙)는 호남성(湖南省)에 있는 지명이며 가까이에 동정호가 있어 경승지(景勝地)로 유명하다. 여기 살던 경잠 화상(景岑和尙. ?~868년)이 이 공안의 주인공이다. 경잠 화상은 남전 보원 화상의 제자이므로 조주와는 형제 제자가 된다. '평창'에 '장사 녹원(長沙鹿苑)의 초현 대사(招賢大師)'라 되어 있는 것으로 보아 장사(長沙)의 녹원사(鹿苑寺)에 있었다고 짐작되며 또 '기봉 민첩(機鋒敏捷)'이라고 한 표현을 보면 매우 예민한 인물이었으리라 생각된다. 상대방이 이론으로 나오면 이론으로 대하고 게송(偈頌)을 요구하면 게송을 지으며 또 기봉(機鋒)으로 대들면 기봉으로 물리치는 그런 인물이었다고 한다. 이런 이야기가 있다. 어느 날 앙산(仰山)과 둘이 달구경을 나갔다가, 앙산이 달을 가리키며 "모두 저런 마음을 지니고 있으면서도 다만 쓰지 못할 뿐일세"라고 했다. "당신더러 써 달라고 할 리도 없지" 하고 장사가 받으니까 앙산이 "그럼, 당신이 써 보시지, 어떤 솜씬지 구경 좀 해야겠군" 했다. 그 말이 채 끝나기도 전에 내가 쓰는 방법은 이렇다는 듯이 앙산을 냅다 걷어차 버렸다. 이렇듯 격렬한 기봉(機鋒)이 있었으므로 세상은 그를 '잠대충(岑大虫)[岑大虎]'이라 불렀다. 그리고 시적인 면도 풍부한 선승(禪僧)이며 무한대한 우주 속의 조그만 한곳에 머물러 공연한 선풍이나 풍기는 짓을 싫어하여 항상 자연을 벗삼아 지냈다. 또 장사 경잠(長沙景岑)은 화엄 철학의 체험자여서 『경덕전등록(景德傳燈錄)』 제10권에 그의 시 17수가 실려 있고 그 시상은 화엄 철학에 의거했다고 한다.

本則 擧. 長沙, 一日遊山, 歸至門首. 首座問. 和尙什麼處去來. 沙云, 遊山來. 首座云, 到什麼處來. 沙云, 始隨芳草去, 又逐落花回. 座云, 大似春意. 沙云, 也勝秋露滴芙蕖. (雪竇著語云, 謝答話.)

주 ◆ 門首(문수) — '門頭'와 같으며 '문 앞', '문 가'. ◆ 去來(거래) — 산책함. 또는 쏘다님. ◆ 回(회) — '回遊'와 같음. '나다님'. ◆ 大似春意(대사춘의) — '春意'는 봄기운. '아주 봄기운이 도는군요.' ◆ 也勝秋露滴芙蕖(야승추로적부거) — '秋露'는 가을 이슬. '芙蕖'는 蓮의 별칭이며 '연 잎'. 가을이 깊으면 연잎도 누렇게 시들어 버림. 그 잎에 가을 이슬이 뚝뚝 떨어진다 함은 '春意'와는 정반대로 쓸쓸한 凋落의 모습임. '시든 연 잎에 가을 이슬이 뚝뚝 떨어지는 쓸쓸한 꼴보다야 낫지'. ◆ 謝答話(사답화) — 首座를 대신하여 장사의 역량을 찬양한 말. '참으로 훌륭한 말씀이었습니다', '정말 고맙습니다.'

장사가 하루는 산놀이를 갔다가 돌아와 문 앞에 이르니까 수좌가 물었다. "화상께선 어딜 다녀오십니까?" 장사는 "산에 좀 올라갔다 왔지" 하고 대답했다. 수좌가 "어느 산에 갔다 왔습니까?" 하고

[다시] 물으니까, 장사는 "처음에는 향긋한 봄 풀을 따라갔다가 다시 하늘하늘 떨어지는 꽃잎을 좇아 돌아왔지" 하고 [시적으로] 대답했다. [이에 질세라 하고] 수좌도 한마디 했다. "봄 기운이 물씬 풍깁니다." 장사가 그 말을 받아 "그래도 시든 연 잎에 가을 이슬이 뚝뚝 떨어지는 쓸쓸함보다야 낫다네" 하고 대답했다. (설두가 "정말 훌륭한 말씀, 고맙습니다" 하고 덧붙였다.)

頌 大地絶纖埃. 何人眼不開. 始隨芳草去, 又逐落花回. 羸鶴翹寒木, 狂猿嘯古臺. 長沙無限意. 咄.

주 ◆ 大地絶纖埃(대지절섬애) — '纖埃'는 티끌, 먼지. 봄의 경치를 시적으로 표현한 구. ◆ 何人眼不開(하인안불개) — 이런 봄 경치에 누구의 눈인들 트이지 않으랴. '어느 누가 무관심할 수 있겠느냐'란 뜻. ◆ 羸鶴翹寒木(영학교한목) — '羸鶴'은 병들어 여윈 鶴. '翹'는 발돋움할 교. '지금이라도 날아갈 듯이 불안하게 앉은 채 발돋움하고 있음'임. '寒木'은 枯木. ◆ 狂猿嘯古臺(광원소고대) — 미친 원숭이가 황폐해진 옛 臺城(樓臺)에서 울부짖음. ◆ 長沙無限意(장사무한의) — 장사 경잠의 자연미에 대한 감상력은 정말 무한함. ◆ 咄(돌) — 장사의 무한한 뜻은 글로도 말로도 그 무엇으로도 표현할 수가 없음. 그저 '돌!' 하고 외치는 길밖에는.

대지에는 티끌 하나 없다, 누구의 눈인들 트이지 않으랴. 향긋한 봄 풀 따라갔다가 하늘하늘 꽃잎 좇아 돌아옴이여! 병든 학 차단한 고목에 서성대고, 미친 원숭이 황폐한 누대(樓臺)에 울부짖는다. 아,

장사의 깊고 깊은 생각이여, 돌!

제37칙

반산이 말하기를 "삼계가 다 텅 비어 있다"

盤山三界無法

반산 보적 화상(盤山寶積和尙. 720년~814년)은 마조 도일 화상(馬祖道一和尙)의 법을 이은 사람으로 유주(幽州)에 살았다는 사실 외에는 출신지도 경력도 전혀 알지 못한다. 저 유명한 진주(鎭州)의 보화 화상(普化和尙)이 그의 제자이다. 반산의 젊었을 때 일화 중에 다음과 같은 것이 있다. 반산이 탁발하고 다니다가 어느 푸줏간 앞에서 시주를 받으려고 목탁을 두들기고 있었다. 마침 손님이 와서 "좋은 고기로 주게!" 했다. 그러자 푸줏간 주인이 "우리 가게엔 좋은 고기밖에 없소!" 하고 골이 나 퉁명스럽게 받았다. 이 말을 듣는 순간 반산은 문득 크게 깨달았다고 한다. 좋은 것, 도처에 깔려 있는 이 좋은 것, 선(禪)이 바로 이 좋은 것이 아니고 무엇이겠는가!

垂示云, 掣電之機, 徒勞佇思, 當空霹靂, 掩耳難諧. 腦門上播紅旗, 耳背後輪雙劍, 若不是眼辨手親, 爭能構得. 有般底, 低頭佇思, 意根下卜度, 殊不知, 髑髏前見鬼無數. 且道, 不落意根, 不抱得失,忽有箇恁麽擧覺, 作麽生祗對. 試擧看.

주 ◆ 掣電之機(철전지기) — 번갯불을 잡아채는 것과 같은 민활한 기량, 또는 그런 禪機. '掣'은 당길 철. ◆ 徒勞佇思(도로저사) — 공연히 멍하니 선 채 생각에 잠겨 있음. '佇'는 우두커니 설 저. ◆ 難諧(난해) — 일이 성취되기 어려움. '諧'는 이룰 해. ◆ 腦門上(뇌문상) — 머리 위. ◆ 播紅旗(파홍기) — '紅旗'는 優勝旗. 옛날 인도에서는 法論을 다투어 이긴 쪽이 紅旗를 차지하는 관습이 있었음. '播'는 높이 치켜듦. ◆ 耳背後(이배후) — 背後. ◆ 搆得(구득) — '構得'과 같으며 '對敵', '競爭'의 뜻. ◆ 有般底(유반저) — 대개의 사람. 일반인. ◆ 意根下卜度(의근하복탁) — 눈앞의 事象에 사로잡혀 이것저것 생각함. '意根下'는 形而下(有形). '度'은 헤아릴 탁. ◆ 忽有箇恁麽擧覺(홀유개임마거각) — 깨달음을 얻은 자가 홀연히 나타나면. '箇'는 此. '恁麽'는 이와 같이. '擧覺'은 깨달음을 얻은 자. ◆ 祗對(지대) — 대항함. 상대함. 본래 '祗對'에는 삼가 대한다는 뜻이 있음. 祗는 공경할 지.

수시하기를, 번갯불을 낚아채는 탁월한 선기(禪機)를 지닌 사람을 만나면 바보는 공연히 멍청히 서서 생각에 잠긴 채 어쩔 줄을 모르고, 하늘에서 천둥 소리가 갑자기 쾅 하고 울리면 미처 귀를 막을 틈도 없다. 또 머리 위로는 높이 우승기를 치켜들고 뒤에서는 쌍검(雙劍)을 휘두르면 밝은 눈과 월등한 수단을 지니지 못한 자는 도저히 그와 대적하지 못한다. 대개의 사람들은 그만 고개를 푹 떨구고 멍하니 서서 생각에 잠긴 채 눈앞의 일에 사로잡혀 이것저것 망설인다. [그렇게 되면] 해골 앞에서 유령이 우굴거리듯 어쩔 줄 몰라하는 것과 같다. 그럼 말해 보라, 이것저것 망설이지 않고 이해득실에 구애되지도 않는 눈뜬 자가 홀연히 여기 나타난다면 어떻게 대하겠느냐? 이제 그 실례를 들어 보일 테니 잘 살피라.

本則 擧. 盤山, 垂語云, 三界無法. 何處求心.

주 ◆ 三界無法(삼계무법) — 欲界 · 色界 · 無色界의 세 가지를 '三界'라 함. 欲界는 食欲 · 色欲 따위의 欲을 가진 것, 凡夫가 사는 세계임. 色界는 欲은 없으나 物質이 있는 생활, 물질에서 떠나지 못하는 세계임. 無色界는 欲도 물질도 없으나 철학이니 예술이니 하는 마음의 문제로 사는 정신만의 세계임. 이 모든 것은 인연을 따라 생기며 그 자체에 고정된 自性은 없음. 따라서 일체는 유동적이고 無이며 空이므로 필경 三界는 無法임. 三界가 空이라면 三界를 三界라 인정하는 주관의 마음도 없음. 그러므로 '어디서 마음을 구하겠느냐'고 묻게 됨. 이 짤막한 盤山의 示衆은 『金剛經』에 '만약 諸相이 相이 아님을 본다면 곧 如來를 보리라'(若見諸相非相卽見如來)라고 한 말과 같은 경지, 즉 주관도 객관도 없는 絶對無의 세계를 똑똑히 보라고 한 것임.

어느 날 반산이 [대중에게] 수시했다. "삼계가 다 텅 비어 있으니 어디서 마음을 찾겠느냐?"

頌 三界無法. 何處求心. 白雲爲蓋, 流泉作琴, 一曲兩曲無人會. 雨過夜塘秋水深.

주 ◆ 白雲爲蓋, 流泉作琴(백운위개, 유천작금) — 盤山의 脫俗的인 경지를 시적으로 표현한 구임. '白雲爲蓋'는 '三界를 해탈한 대자연의 白雲 밑에서'. 蓋

는 '덮개', '덮음'. '流泉作琴'은 '流泉을 거문고 삼아'. ◆ 一曲兩曲無人會(일곡양곡무인회) — 과연 줄 없이 타는 流泉琴의 오묘한 가락을 들을 수 있는 사람이 몇이나 되겠는가? 아마 없을 것이다. 盤山의 '三界無法, 何處求心'을 알아들을 사람이 없으리라는 뜻. ◆ 雨過夜塘秋水深(우과야당추수심) — 가을 밤비에 못 물이 불었음. 자연의 비범한 이 사실, 이 이치가 그대로 三界無法의 모습임. 둑 위로 넘쳐 흐르는 저 물소리, 저것이 곧 三界無法의 소리임을 알아야 한다는 것.

삼계가 다 텅 비어 있으니 어디서 마음을 찾으랴. 흰구름 머흘머흘 머리 위를 덮고, 흐르는 물 오묘한 거문고 가락을 타건만, 한 가락 두 가락 아는 이 없구나. 가을 밤비에 불은 물이 둑에 넘친다.

제38칙

풍혈이 설법하기를 "조사의 불심인은 쇠붙이 소와 같다"

風穴祖師心印

풍혈(風穴)은 임제 화상(臨濟和尙)의 4대 법손(法孫)인 연소 화상(延沼和尙. 896년~973년)이며 여주(汝州)의 풍혈산(風穴山)에 있었기 때문에 풍혈이라 한다. 남원 혜옹 화상(南院慧顒和尙)의 법사(法嗣)이다. 그는 『오등회원(五燈會元)』 제11권에 의하면 처음에는 진사(進士)가 되어 문관(文官) 벼슬을 지망했으나 진사 시험에 낙방하고 출가하여 선승(禪僧)이 되었다고 한다.

垂示云, 若論漸也, 返常合道, 鬧市裏七縱八橫. 若論頓也, 不留朕迹, 千聖亦摸索不着. 儻或不立頓漸, 又作麼生. 快人一言, 快馬一鞭, 正恁麼時, 誰是作者. 試擧看.

주 ◆ 漸頓(점돈) — 一代時教(제14칙 '본칙' 참조)를 분류할 때 불교 술어로 教相判釋이라 하며 漸·頓은 그 一代時教를 '大(乘)·小(乘)·權(教)·實

(敎)·頓(敎)·漸(敎)·顯(敎)·密(敎)'의 8字로 분류한 중의 두 가지임. '頓敎'는 頓覺敎 곧 直覺을 따른 이해에 중점을 두는 교리이며 『華嚴經』, 『維摩經』 같은 경전이 여기에 상당하고 '漸敎'는 漸進敎 곧 점진적 개발에 중점을 두는 교리이며 소위 小乘系의 교리가 이에 해당됨. ◆ 若論漸也(약논점야) — 만약 漸敎의 입장에서 [至道를] 논의하면. ◆ 返常合道(반상합도) — 常理에 일치하고 道에 합당함. '返'은 '갔다가 돌아옴'. 곧 '일치하게 됨'임. 일설에 '어긋남'이라 보고 '常道에서 어긋나야 비로소 道와 합치된다'고 풀이하기도 함. '常'은 常法. 至道를 가리킴. ◆ 閙市裏(요시리) — 시끄러운 저자. 시끄러운 곳. '閙'의 本字는 鬧이며 시끄러울 뇨. ◆ 七縱八橫(칠종팔횡) — 縱橫自在로 움직임. ◆ 不留朕迹(불류짐적) — '朕迹'은 제13칙의 '수시'에 나온 朕迹과 같으며 '不留朕迹'은 절대, 至道의 입장에서는 本來無一物이라는 뜻. ◆ 快人一言, 快馬一鞭(쾌인일언, 쾌마일편) — '快人'은 直覺의 작용이 예민한 인물. '快人一言'은 '直覺力이 예민한 자는 하나를 듣고도 열을 앎'임. '快馬'는 駿馬임. '快馬一鞭'은 '駿馬를 달리게 하는 데에는 채찍 한 번이면 충분하다'는 뜻.

수시하기를, 선(禪)에는 점(漸)·돈(頓)의 두 가지가 있다. 만약 점교(漸敎)의 입장에서 [지극한 도(至道)를] 말하면 상리(常理)에 일치하고 도(道)에 맞으며 시끄러운 저자 속에 자유자재로 활동할 수 있다. 만약 돈교(頓敎)의 입장에서 [지극한 도를] 말하면 아무 자취도 남기지 않는 본래무일물(本來無一物)이 되어 천 명의 성인(聖人)이 찾아나서도 찾지 못한다. 그러나 이 돈·점 그 어느 쪽에도 치우치지 않으려면 어떻게 해야 할까? 현명한 사람은 한 마디면 즉시 알아내고 준마(駿馬)는 채찍 한 번이면 쏜살같이 치달린다. 자, 과연 이 돈·점에 구애되지 않고 자유로이 처리할 수 있는 사람은 누구겠느냐? 다음 이야기를 살펴보라.

本則 擧. 風穴, 在郢州衙內, 上堂云, 祖師心印, 狀似鐵牛之機. 去卽印住, 住卽印破. 只如不去不住, 印卽是. 不印卽是. 時有盧陂長老出問, 某甲有鐵牛之機, 請師不搭印. 穴云, 慣釣鯨鯢澄巨浸, 却嗟蛙步輾泥沙. 陂, 佇思. 穴喝云, 長老何不進語. 陂, 擬議. 穴, 打一拂子, 穴云, 還記得話頭麽, 試擧看. 陂, 擬開口. 穴, 又打一拂子. 牧主云, 佛法與王法一般. 穴云, 見箇什麽道理. 牧主云, 當斷不斷, 返招其亂. 穴, 便下座.

주 ◆ 郢州衙內(영주아내) — 지금의 湖北省 安陸府에 해당되는 당 · 송 때의 郢州 牧守 李史君의 州廳內. ◆ 上堂云 — 설법을 함. ◆ 祖師心印(조사심인) — 보디 달마가 傳來한 佛心印(제1칙 '본칙' 참조). '印'은 본래 決定 · 不變을 뜻하나, 사유물의 표시로 印을 사용하는 일은 불타가 처음 시작했음. 불타는 도난 방지용으로 鍮 · 石 · 赤銅 · 白銅 · 牙 · 角 6종의 印材를 써서 公印(大衆印)과 私印(私物印)을 만들었음. 결국 印이란 틀림없다는 증명을 위해 쓰는 것이며, 찍는 印과 찍힌 자취에 차이가 없음. 스승의 깨달음과 제자의 깨달음, 佛心과 자기의 마음, 그것이 心心不異이며 조금도 차이가 없다고 증명하는 것이 '心印'임. ◆ 狀似鐵牛之機(상사철우지기) — '철우'는 옛날 禹王이 황하의 범람을 막기 위해 만든 것으로 머리는 河南을, 꼬리는 河北을 향하게 했다 함. 터무니없이 큰 쇠붙이 소이며 세상은 이를 陜府의 소라 했다 함. 이 철우처럼 머리는 三十三天 위까지 치솟았고 발은 奈落의 밑바닥까지 이르러 천지에 가득 서 있는 것이 우리의 心印이며 本心本性임. 그것은 천지에 충만하여 무엇으로도 움직이지 않고 또 간다느니 있는다느니 하지도 않음. ◆ 去卽印住, 住卽印破(거즉인주, 주즉인파) — '去卽印主'는 '祖師의 心印이란 不動 중에서도 동하는 데에 그 가치가 있음. 곧 사람들 각자의 고유한 佛心을 死灰枯木처럼 고정(住)시키지 않고 활동(去)시킬 때 비로소 祖師의 心印의 印章이 나타남(住)'이라는 뜻. '住卽印破'는 '祖師의 心印인 사람들 각자 고유의 불심을 언제까지나 個性 안에 숨겨 두고 있으면 개인적으로는 불심이 固有해도 人道上 불심의 효과가 없게 됨'이란 뜻. ◆ 只如不去不住(지여불거부주) — 印을 찍고 치우지 않아 印迹이 나타나지 않는다고 한다면. 불심을 활동시키지 않아 祖師의 心印이 나타나지 않으면. ◆ 長老(장로) — 도덕이 남보다 뛰어나고 연로한 승려의 호칭. 또는 罷參의 선승에 대한 칭호. ◆ 某甲有鐵牛之機, 請師不搭印(모갑유철우지기, 청사불탑인) — 제게는 不動 속에 앉아서도 動的妙用을 다 하는 철우의 禪機가 있으니까 새삼 도장을 찍을 필요가 없습니다. '搭'은 '搨'과 같으며, 박음 탑임. 謄寫, 捺印의 뜻. ◆ 慣釣鯨鯢澄巨浸(관조경예징거침) — '鯨'은 수고래, '鯢'는 암고래. '澄'은 맑을 징. '巨浸'은 거대한 湖澤, 또는 大海. '대해를 설치는 고래를 낚아 바닷물을 맑게 하는 데에는 익숙함'이란 뜻. ◆ 却嗟蛙步輾泥沙(각차와보전니사) — '却嗟'는 불쌍함, 가소로움. 개구리가 진흙 위를 깡충 깡충 뛰는 꼴을 보니 불쌍하다는 뜻. ◆ 擬議(의의) — 무엇인가 말할 듯이 입을 움직이며 망설임. ◆ 打一拂子(타일불자) — 拂子로 한 대 후려침. '拂子'는 중국산 얼룩소의 긴 꼬리를 묶어 자루를 단 佛具. 원래 먼지를 털거나 파리를 쫓기 위해 중이 가졌던 물건. ◆ 記得話頭(기득화두) — '記得'은 기억, '話頭'는 설화. ◆ 牧主(목주) — 당시 郢州의 牧守였던 李史君을 말함. ◆ 王法(왕법) — '世法'과 같으며 세상 일반의 일을 총칭한 것. 정치 · 외교 따위도 이에 포함됨. ◆ 見箇什麽道理(견개습마도리) — 어떤 도리에 따라 그런 결론에 이르렀는가? 어째서 그렇게 되는가? ◆ 當斷不斷, 返招其亂(당단부단, 반초기란) — 결단을 내려야 할 때 단호하게 하지 않으면 오히려 나쁜 결과가 옴. ◆ 便下座(변하좌) — 곧 강단에서 내려옴.

풍혈 화상(風穴和尙)이 영주 아내(衙內)에서 설법을 했다. "조사(祖師)의 불심인(佛心印)은 쇠붙이 소(철우)의 선기(禪機)와 같다. 도장을 찍고 그 도장을 치우면 찍은 자리가 나타나지만 찍은 채 그대로 도장을 놔 두면 과연 찍혔는지 어떤지 알지 못한다. 이렇게 찍은 채 그대로 도장을 놔 두어 찍힌 자리가 나타나지 않는 경우, 찍는 게 옳은가, 찍지 않는 게 옳은가?" 이 때 노피(盧陂)라는 장로가 나서서 말했다. "제게는 쇠붙이 소의 선기가 있으니 새삼 스승의 도장을 찍을 필요가 없습니다." 그러자 풍혈 화상은 "고래를 낚아 바다를 맑게 하는 데에는 익숙하지만 진흙 바닥을 깡충거리는 개구리를 보는 건 애처롭군!" 하고 대답했다. 노피 장로가 그만 [얼이 빠져서] 머뭇거리고 있을 때 풍혈 화상이 꽥 하고 할(喝)을 터뜨리고는 "장로는 어째 다음 말을 하지 않는가!"라고 했으나 노피 장로는 [여전히] 무엇인가 말할 듯이 입을 움직거리고만 있었다. 풍혈 화상은 불자(拂子)로 한 대 딱 치고 나서 [이번에는 좀 태도를 바꾸어] 말했다. "내가 한 말을 알아들었느냐? 알았으면 뭐라고 말해 보라!" 노피 장로가 여전히 입만 움직거리고 있으므로 풍혈 화상은 다시 불자로 딱 하고 내려쳤다. [이 광경을 곁에서 지켜보고 있던] 목주(牧主)가 "불법(佛法)과 왕법(王法)이 같군요"라고 했다. 풍혈 화상은 "무슨 도리로 그렇게 된단 말이오?" 하고 물었다. 목주가 "우물쭈물하다가는 나중에 큰일납니다"고 대답하자 [비로소 좀 위안이 되었는지] 풍혈 화상은 곧 단상에서 내려왔다.

頌 擒得盧陂跨鐵牛, 三玄戈甲未輕酬. 楚王城畔朝宗水, 喝下曾令却倒流.

㊟ ◆ 擒得盧陂跨鐵牛(금득노피과철우) — 노피 장로를 붙잡아 쇠불이 소에 태움. ◆ 三玄戈甲(삼현과갑) — '三玄'은 臨濟의 '三句三玄'을 가리킨 말. 임제 특유의 棒喝 手段으로도 쓰임. '戈甲'은 干戈甲冑의 약어이며 武器 · 武具 · 軍器. ◆ 未輕酬(미경수) — '酬'는 갚을 수. 응수함임. '未輕酬'는 '아직 조금도 반응이 없음'. '風穴에 대응하지 못했음'. ◆ 楚王城畔(초왕성반) — 당 · 송 시대에 郢州는 楚의 文王이나 平王의 郢都였으므로 郢州城 李史君의 衙內를 시적으로 표현한 것. ◆ 朝宗水(조종수) — '朝宗'은 '集注함'임. '흘러서 모여듦'.

노피를 붙잡아 쇠불이 소에 [애써] 태웠으나 삼현으로 무장한 풍혈에게는 대적 못 했네. 초왕성(楚王城)가에 모여든 백천(百千)의 물줄기도 [풍혈의 우뢰 같은] 할에 대번 거꾸로 흘러 버렸네.

제39칙

운문의 약초밭 울타리
雲門花藥欄

운문 문언(雲門文偃)에 대하여 앞에 자주 나왔으므로 곧장 '수시'부터 살펴보기로 한다.

垂示云, 途中受用底, 似虎靠山, 世諦流布底, 如猿在檻. 欲知佛性義, 當觀時節因緣, 欲煅百鍊精金, 須是作家爐鞴. 且道, 大用現前底, 將什麽試驗.

㊟ ◆ 途中受用底(도중수용저) — '途中'은 현실 속의 일상 활동이나 衆生濟度의 활동을 가리키며 理想 世界, 깨달음의 絶對境을 뜻하는 '家舍'에 대응되는 말임. 세계는 언제나 도중에 있는 법, 현실적으로 이상 세계 따위가 있을 리 없음. 그러나 그 도중의 현실 세계를 이상의 목적지로 受用해 나아가지 않으면 인생은 단순한 수단이 되어 버림. 자기를 잊고 차별의 세계에 머문 채 달리 이상 세계를 공상하지 않는, 목적과 수단이 하나인 日用三昧의 생활을 할 수 있는 것이 '途中受用'임. ◆ 靠山(고산) — '靠'는 기댈 고. ◆ 世諦流布底(세제유포저) — '도중'을 목적으로 삼아 적극적으로 행동하지 못하고 괴로움이나 모순으로 가득 찬 세상에 달라붙은 채 질질 끌려 다니며 불평이나 일삼고 있

는 자주성 없는 생활을 하는 것이 '世諦流布'임. ◆ 當觀時節因緣(당관시절인연) — '時節'은 좋은 기회. '알맞은 때와 인연이 왔을 때를 잘 알아야 함'. ◆ 煆百鍊精金(하백련정금) — '煆'는 데울 하. 불에 단련하여 만듦. 수없이 단련하여 만든 순금을 뜻하나 지금은 '참된 깨달음'. ◆ 須是(수시) — '須'는 쓸 수. 用과 같음. ◆ 作家爐鞴(작가로배) — '作家'는 老熟한 禪機의 소유자. '爐鞴'는 대장간의 풀무. 곧 禪의 道場, 僧堂. '爐'는 화로 로. '鞴'는 풀무 배. ◆ 大用現前(대용현전) — 지극한 도(至道), 절대적 진리의 靈妙한 활동이 우리 둘레에 충만함. 제3칙의 '수시' 및 제8칙의 '수시' 참조. ◆ 試驗(시험) — 點檢, 확인, 認得.

수시하기를, 도중수용저(途中受用底)의 사람은 산에 의지하고 있는 호랑이와 같고, 세제유포저(世諦流布底)의 사람은 우리 속에 있는 원숭이와 같다. 불성(佛性)의 참뜻을 알려면 의당 알맞은 시절과 인연을 익히 알아야 한다. 잘 단련된 순금을 만들려면 훌륭한 대장장이의 풀무가 있어야 한다. 자 말해 보라, 지극한 도(至道)의 오묘한 활동이 우리 앞에 가득 차 있는데 어떻게 이것을 알아낼 수 있는지를!

本則 擧. 僧問雲門, 如何是淸淨法身. 門云, 花藥欄. 僧云, 便恁麽去時如何. 門云, 金毛獅子.

注 ◆ 淸淨法身(청정법신) — 毘盧遮那(비로자나. Vairocana)佛을 말함. 漢譯으로는 遍一切處나 光明遍照라고 하며 密敎에서는 大日如來라고 함. 우주 도처에 이 부처의 빛이 이르지 않는 곳이 없음. 淸淨은 깨끗한 것과 더러운 것을 모두 통틀어서 초월한 法身, 티끌 하나도 더할 것이 없는 진리를 몸으로 삼은

부처. ◆ 花藥欄(화약란) — 實統大智의 『碧巖集種電鈔』에 '竹木으로 芍藥, 牧丹 등의 四緣을 둘러침을 花藥欄이라 함'이라 함. 울타리로 막은 藥草 花園임. '欄'은 난간 란. 운문은 이 花藥欄으로 淸淨法身의 常寂光土를 나타낸 것임. 또 일설에는 '변소를 둘러쳐 막은 꽃울타리'라고도 함. 『禪語字彙』에는 '籬의 뜻이며 꽃밭을 말함'이라 함. ◆ 便恁麼去時如何(변임마거시여하) — 淸淨法身을 花藥欄이라고만 알고 있어도 괜찮습니까? '便恁麼'는 '곧 그렇게 [하면]'. ◆ 金毛獅子(금모사자) — '如何淸淨法身'에 대한 운문의 해설임. 털 하나하나가 황금빛인 사자, 과연 사자 중의 왕이란 뜻인가?

어떤 중이 운문 화상에게 물었다. "청정법신(淸淨法身)이란 어떤 겁니까?" 운문이 "약초밭의 울타리"라고 대답했다. 중이 [다시] "그렇게만 생각하고 있으면 되는 겁니까?" 하고 묻자 운문은 [다시] "황금털 사자"라고 대답했다.

頌 花藥欄, 莫顢頇. 星在秤兮不在盤. 便恁麼太無端. 金毛獅子大家看.

주 ◆ 莫顢頇(막만한) — '顢頇'은 얼굴이 큰 모양. 花藥欄이 法身이라는 따위 수작으로 다 깨달은 듯이 자랑스런 낯짝을 하지 말라. 결국 이런 말에만 구애되지 말고 진상을 볼 줄 알아야 한다는 뜻을 역설적으로 표현한 것. ◆ 星在秤兮不在盤(성재평혜부재반) — '星'은 저울대 위쪽에 붙어 있는 눈금. '秤'은 그 저울대. '盤'은 저울에 달 때 물건을 담는 그릇. 물건을 저울에 다는 것은 무게를 알기 위해서이지 盤에 담은 品名을 알기 위해서가 아님. 花藥欄이 무엇이면 어떤가! 그 따위 명칭에 구애되지 말고 중요한 눈금(곧 法身)의 향방에나 신경을 쓰라는 뜻임. ◆ 便恁麽(변임마) — 중이 '便恁麽去時如何'라고 물은 말의 省略句. ◆ 太無端(태무단) — '端'은 '端的', '진실'. '太無端'은 '진실에서 아주 멂'. '무의미함'. ◆ 大家看(대가간) — 그대들 스스로가 보라. '看'의 目的格은 '金毛獅子'임. '大家'는 '그대들', '여러분'.

약초밭의 울타리라, 잘난 체 말아.
저울대에 눈금 있다, 접시에는 없어.
그러면 되느냐고? 어림도 없다.
황금 사자는 그대들이 손수 보아야 하리.

제40칙

남전의 한 송이 꽃
南泉一株花

육환 대부(陸亘大夫. 764년~834년)는 육(陸)이 성, 환(亘)이 이름이다. 자(字)를 경(景)이라 하고 절강성(浙江省) 소주(蘇州) 태생이다. 당조(唐朝)의 어사대부(御史大夫)이며 관리의 죄를 다스리는 중요한 직책을 맡은 사람이었다. 또 남전(南泉)은 이미 여러 번 나온 보원 화상(普願和尙)이다. 조법사(肇法師, 僧肇)는 저 『금강경』의 역자(譯者)로 유명한 구마라습(鳩摩羅什. Kumarajiva. 350년~409년)의 제자이며 대단한 수재였다. 『물불천론(物不遷論)』, 『부진공론(不眞空論)』, 『반야무지론(般若無智論)』, 『열반무명론(涅槃無名論)』 등의 명저(名著)가 있으며 이 책들을 합쳐 『조론(肇論)』이라고 한다. 그의 『열반무명론(涅槃無名論)』 속의 '본칙'에 '천지여아동근 운운'(天地與我同根 云云) 하는 일절이 나온다. 그 밖에 또 『보장론(寶藏論)』, 『유마힐소설경주(維摩詰所說經註)』 같은 저서도 있다.

垂示云, 休去歇去, 鐵樹開花. 有麼有麼. 黠兒落節. 直饒, 七縱八橫, 不免穿他鼻孔. 且道, 譊訛在什麽處. 試擧看.

주 ◆ 休去歇去(휴거헐거) — '歇'은 쉴 헐, 다할 헐. 상대적 지식에서 생기는 모든 思量分別을 내버림. 곧 不思量非思量의 경지에 사는 것. ◆ 鐵樹開花(철수개화) — 生死가 如一하다고 보는 무차별 평등의 절대적 경지에 이르면 쇠나무에서 꽃이 피는 것도 당연함. ◆ 有麽有麽(유마유마) — 실제로 그런 일이 있는가? 이 말 뒤에는 분명 있다는 뜻을 지니고 있음. ◆ 黠兒落節(할아낙절) — '黠兒'는 교활한 사람. '黠'은 교활할 할. '落節'은 '실패함'. 약은 놈이 제 꾀에 빠진다는 뜻. ◆ 直饒(직요) — 비록. ◆ 不免穿他鼻孔(불면천타비공) — '穿他鼻孔'은 '남에게 코를 꿰인 소처럼 질질 끌려 다님'임. '他'는 '休去歇去'한 진짜 인물. ◆ 譊訛(효와) — 조심하지 않고 실수함. 잘못 말하거나 잘못 쓴다는 뜻. '실수'.

수시하기를, [상대적 지식에서 생기는] 사량분별(思量分別)을 모두 내버리[고 만법일여(萬法一如)의 입장에서 보]면 쇠나무에도 꽃이 핀다. 실제 그런 일이 있을 수 있는가? 있기는 있지. 그래서 아무리 교활한 자라도 [쇠나무에 꽃 핀 것을 보고는 그만] 깜짝 놀라 실수를 저지르고, 자유자재로 활약할 수 있는 인물도 [사량 분별을 깡그리 버린 인물을 만나면] 코를 꿰인 채 끌려 다니게 될 뿐이다. 말해 보라, 이러한 실수가 어디에 있는지를! 그럼 다음 이야기를 살펴보라.

本則 擧. 陸亘大夫, 與南泉語話次, 陸云, 肇法師道, 天地與我同

根, 萬物與我一體. 也甚奇怪. 南泉, 指庭前花, 召大夫云, 時人, 見此一株花, 如夢相似.

주 ◆ 天地與我同根, 萬物與我一體(천지여아동근, 만물여아일체) — 肇法師의 『肇論』의 '涅槃無名論' 제4에 나오는 문구이며 文才는 그의 『肇論新疏』에서 이 6언 2구 밑에 '天地萬物皆境也. 我卽心也. 旣云同根一體. 則本無二. 文似莊子'라 註하고 있음. 결국 이 2구는 '梵과 我가 하나이고, 非自己와 自己가 하나이며 身과 心이, 境(宇宙)과 心(個性)이 하나이고, 事와 理가 하나임'을 말한 것임. ◆ 也甚奇怪(야심기괴) — 대단한 소리가 아닙니까! 陸亘大夫가 그 문장에 크게 감동 공명한 말. 그는 아마 南泉으로부터 '대단한 研究家'라는 칭찬이라도 들으리라 생각했는지 모름. ◆ 時人(시인) — (육환 대부를 포함한) 세상 사람들. ◆ 如夢相似(여몽상사) — 무관심함. 뜰 앞의 꽃을 보아도 그저 아름다운 꽃이다 하고 꿈꾸듯이 쳐다볼 뿐 그 꽃이 곧 나이며 내가 꽃이 되었다고는 결코 깨닫지 못함. 그 꽃을 통해 '天地與我同根, 萬物與我一體'의 이치를 깨닫지 못함.

육환 대부가 남전 화상과 이야기를 나누다가 육환이 이렇게 말했다. "조법사(肇法師)는 '천지와 나는 같은 근원에서 나오고 만물과 내가 하나이다'라고 했습니다만 정말 대단하지 않습니까!" [그러자] 남전 화상은 [문득] 뜰 앞에 피어 있는 꽃을 가리키며 "대부!" 하고 부르고는 "세상 사람은 이 꽃을 꿈결처럼 바라보고만 있지" 하고 대답했다.

頌 聞見覺知非一一. 山河不在鏡中觀. 霜天月落夜將半. 誰共澄

潭照影寒.

주 ◆ 聞見覺知非一一(문견각지비일일) — 귀로 소리를 듣고 눈으로 색을 보며 마음으로 깨닫고 아는 작용이 각기 다르지 않음. 그것이 곧 꽃과 내가 하나인 경지이며 참된 聞見覺知의 모습임. ◆ 山河不在鏡中觀(산하부재경중관) — 山河는 거울 속에 비치지만 그 속에 있지는 않음. '山河'라는 客觀의 세계는 '거울'의 主觀에 비치는 셈이다. 둘은 하나인 채 둘, 둘이면서 하나이므로 主客은 대립을 넘어 산을 대하면 그저 산, 강을 보면 그저 강이 되어 스스로 대상 속에 들어가 버리고 대상이 그대로 나인 곳에는 보는 것과 보이는 것의 상대적 관계는 없음. 山河는 거울 속에 비치면서 거기 있지 않고 보여도 보이지 않음과 같으며 一體라는 의식도 대립된다는 관념도 없으므로 '거울 속에 비치면서도 있지 않음'임. ◆ 霜天月落夜將半(상천월락야장반) — 서리 내리는 한 겨울의 얼어붙을 듯한 하늘에 달은 떨어지고 밤도 깊었네. ◆ 誰共澄潭照影寒(수공징담조영한) — 차단한 물에 그림자를 비치며 누구와 함께 이 차가움을 느껴 볼까? 深夜의 幽玄한 대자연, 이곳이 곧 山河도 나도 없는 絶對無의 세계이며 '鐵樹에 꽃이 피는' 창조적 생활의 경지이다. 이러한 경지를 맛볼 때 비로소 천지 만물과 내가 같은 근원에서 나왔음을 실감하게 된다. ＊이 '송'은 『벽암록』 100칙 중의 絶唱이라는 평이 옛날부터 있었지만 또 難解하기로도 絶品이라 할 수 있다.

듣고 보고 깨닫고 아는 것이 서로 다르지 않으니,
거울에 비친 산하 거울 속에 없네.
서리 낀 하늘에 달은 지고 밤도 깊었는데,
차단한 물에 어리는 그림자, 뉘라서 나와 함께 이 밤을 지새랴.

제41칙

조주가 묻기를 “아주 죽어 버린 자가 살아나면 어떻게 하겠소?”

趙州大死底人

조주는 앞에도 나온 조주 종심(趙州從諗)이고 투자(投子)는 안휘성(安徽省) 소호(巢湖) 부근의 투자산(投子山)에 살던 대동 화상(大同和尙. 819년~914년)을 말한다. 그는 취미 무학 화상(翠微無學和尙)의 법사(法嗣)이다.

垂示云, 是非交結處, 聖亦不能知. 逆順縱橫時, 佛亦不能辨. 爲絶世超倫之士, 顯逸群大士之能. 向氷凌上行, 劍刃上走. 直下如麒麟頭角, 似火裏蓮華. 宛見超方, 始知同道. 誰是好手者. 試擧看.

주 ◆ 是非交結處(시비교결처) — 是와 非가 서로 엉겨서 판단하기 어려운 일. ‘處’는 當體, 문제. ◆ 逆順縱橫時(역순종횡시) — 逆과 順이 종횡으로 얽혀 있을 때. ◆ 絶世超倫(절세초륜) — ‘絶世’는 비범함. ‘超倫’은 ‘倫匹을 초월한’, 즉 ‘拔群無比’. ◆ 逸群大士(일군대사) — 拔群의 菩薩. ‘大士’는 보살의 漢譯名임. 그러나 大人, 大力量人의 뜻으로도 쓸 수 있음. ◆ 向(향) — ‘於’와 같음.

'~에서'. ◆ 氷凌上(빙릉상) — 미끄러운 얼음의 모서리 위. ◆ 直下(직하) — 바로. 곧장. ◆ 麒麟頭角(기린두각) — 희귀한 것. ◆ 火裏蓮華(화리연화) — 윗구의 '기린의 뿔'처럼 '실제로 존재하지 않는 것', '희귀한 것'. ◆ 宛見(완견) — 첫눈에 보고 그럴 만한지를 앎. '宛'(완연 완)은 '宛然히', '恰似'. ◆ 超方(초방) — 사방을 超出함. 모든 것을 초월함. 초인적인 수완. ◆ 同道(동도) — 비견됨. 동격임. ◆ 好手(호수) — '好漢'과 같으며 '好人物', '達人'.

수시하기를, 시비가 서로 엉겨 판단하기 어려운 것은 성인(聖人)도 알 수 없다. 역순(逆順)이 종횡(縱橫)으로 얽혀 있을 때는 부처라도 분별하기 어렵다. 발군 비범(拔群非凡)한 인물이며 보살 같은 임기응변의 큰 역량을 나타내는 자라면 얼음 모서리 위를 가고 칼날 위를 달릴 수도 있다. 그러나 이런 사람은 기린의 뿔이나 불길 속의 연꽃만큼이나 귀한 법이다. 모든 것을 초월한 사람을 만나 첫눈에 그런 줄 알고 또 그 사람과 함께 일할 만한 달인(達人)이 누구였던가? 다음 이야기를 들어 보라.

本則 擧. 趙州問投子, 大死底人却活時如何. 投子云, 不許夜行投明須到.

주 ◆ 大死底人(대사저인) — 禪의 소극적인 방면의 수행을 완료하여 소위 無念無作, 일체의 사려 분별을 떠난 大悟者란 뜻. 『경덕전등록(景德傳燈錄)』 제15권의 '舒州投子山大同禪師'의 章을 보면 이 짤막한 대화 앞에 좀더 긴 이야기가 있음. 참고로 소개해 둠. 어느 날 조주가 投子山 가까이까지 갔을 때 노상에서 서로 만났다. 비록 얼굴은 모르지만 조주는 그가 투자라고 짐작하고 "혹시 스님은 大同和尙 아니시오?" 하고 물었더니, 투자는 대답 대신 "나는 거리로 장보러 가는 중이오만 돈을 좀 布施(보시)해 주겠소?" 하고는 그냥 휙 지나가 버렸다. 조주는 그대로 먼저 투자산으로 올라가 기다렸다. 이윽고 투자가 기름 단지를 들고 돌아왔다. "투자, 투자 하고들 꽤 떠들어 대는데, 막상 와 보니 하찮은 기름 장수 중이군" 하고 조주가 내뱉었다. 투자는 워낙 검소한 사람이어서 손수 기름을 짜고 내다 팔아 생활하고 있었던 것이다. 투자가 "기름 단지에 정신이 팔려 나를 못 보시는군." 하고 마치 눈뜬 장님이라는 듯이 응수하자, 조주는 "그럼 투자의 정체를 보이시게" 했다. 투자가 기름 단지를 불쑥 내밀며 "기름이요, 기름! 기름 안 사겠소?" 하고 별안간 기름 장수로 둔갑했다. 그 다음이 '본칙'에 나오는 문답인 것이다. ◆ 却活時(각활시) — 大死底人이 부활했을 때. 禪의 소극적 활동을 시작했을 때임. ◆ 投明(투명) — 날이 새기를 기다려. '평창'은 이 둘의 문답을 '無孔笛撞着氈拍版'이라고 평하고 있음. '無孔笛'(무공적)은 불어도 소리가 나지 않는 구멍 없는 피리. '氈拍版'(전박판)은 毛氈으로 만든 版을 침임. '撞着'은 '서로 맞부딪침'. '앞뒤가 맞지 않음'. '모순됨'. 결국 '조주가 소리 없는 無孔의 피리를 불면 투자는 毛氈으로 만든 版을 치고 있다'임. 모전으로 만든 판은 쳐도 소리가 안 남. 絶世超倫之士와 逸群大士의 만남이라 울리지 않는 피리와 소리 없는 판의 合奏는 얼마나 재미있는 응수인가! 정말 훌륭하다 아니할 수 없음.

조주 화상이 투자 화상에게 "아주 죽어 버린 자가 갑자기 살아난다면 어떻게 하겠소?" 하고 물으니까 투자 화상이 대답했다. "밤에 나다니면 안 되니, 내일 아침 다시 오시오."

頌 活中有眼還同死. 藥忌何須鑒作家. 古佛尙言曾未到. 不知誰

解撒塵沙.

주 ◆ 活中有眼還同死(활중유안환동사) — '大死底人却活時如何' 따위 소리를 하며 스스로 大活人인 체하고 두 눈을 번뜩이고 있으나 그런 놈은 송장과 같다는 뜻. ◆ 藥忌(약기) — 독이 되는 약. 조주가 제기한 질문을 가리킨 말. 達人이라고 할 투자에게 와서 질문을 던진 조주는 쓸데없는 짓을 했군. ◆ 鑒(감) — '鑑'과 같으며 감정하여 식별함. '시험함'. '효과를 나타냄'. ◆ 作家(작가) — 투자를 가리킨 말. ◆ 古佛(고불) — 석가나 달마, 그 밖의 역대 조사를 총칭한 것. ◆ 未到(미도) — 大死도 大活도 다 초월한 絶對境에 아직 도달하지 못했음. 석가가 '四十九年一字不說'이라 하고 달마가 '廓然無聖'이라 한 사실을 가리킨 말임. ◆ 撒塵沙(살진사) — '撒'은 뿌릴 살. '塵沙'는 모래흙. '不知誰解撒塵沙'는 이른 자건 채 이르지 못한 자건 어느 누가 그 절대의 상황에서 모래흙을 뿌려 禪臭를 없애고 사람들을 인도할 수 있겠는가? '깨달음의 자취조차도 지워 없애고 거기 안주할 수 있는 자가 누구냐?'임.

눈은 크게 부릅떴다만 산송장일세,
투자에게 약이라니 당할 소린가!
석가도 달마도 조사들도 아직 못 간 곳,
모래 뿌리고 거기 좌정(座定)할 자 그 누군가?

제42칙

방거사가 읊기를 "좋구나 송이송이 내리는 눈이" 龐居士好雪片片

방거사(龐居士)는 중국의 선계(禪界)에서는 거사의 대표처럼 여기고 있는 사람이며 자(字)는 도현(道玄), 이름은 온(蘊)이다. 호남성(湖南省) 형양(衡陽) 사람이라고 한다. 생몰년일은 분명치 않고 처음 석두 희천 화상(石頭希遷和尙. 700년~790년)의 제자가 되었다가 후에 마조 도일(馬祖道一. 707년~786년) 밑에서 그 법을 이은 사람이므로 대강한 연대는 짐작할 수 있다. '평창'에 의하면 석두(石頭)를 처음 찾아갔을 때 "천상천하 유아독존(天上天下唯我獨尊)이라고 할 만한 사람은 누구입니까?" 하고 물었다고 한다. 그 물음이 미처 끝나기도 전에 석두가 "그거지" 하고 말문을 막아 버렸다. 이 때 깨달음의 입구쯤까지는 갔던 모양이다. 다음에 마조에게 가서도 같은 질문을 했더니 마조는 "네가 온 세상의 물을 한입에 마셔 버린다면 말해 주지"라고 대답했다. 문득 거사는 우주와 하나가 되는 참된 자기를 크게 깨달았다는 것이다. '본칙'의 이야기는 방거사가 석두 선사(石頭禪師)의 법사(法嗣)인 약산 유엄(藥山惟儼. 745년~828년) 밑에 17~18년 동안이나 머물러 있다가 떠날 무렵의 일이다.

垂示云, 單提獨弄, 帶水拖泥. 敲唱俱行, 銀山鐵壁. 擬議, 卽髑髏前見鬼, 尋思, 則黑山下打坐. 明明杲日麗天, 颯颯淸風匝地. 且道, 古人還有誵訛處麼. 試擧看.

주 ◆ 單提獨弄(단제독롱) — 무엇에도 의존하지 않고 무엇에도 구애되지 않은 채 天上天下唯我獨尊의 기백으로 활동함. ◆ 帶水拖泥(대수타니) — 물을 띠고 진흙을 끎. 중생 제도를 위해서는 진흙투성이가 되는 것쯤 아랑곳하지 않는 경지임. ◆ 敲唱俱行(고창구행) — '敲唱'은 두들기면 즉시 응하여 울림. '單提獨弄'이 그대로 '帶水拖泥'가 되듯이 두 가지 경지가 相應함임. '俱行'은 이 두 가지를 다 함께 실행함. 또는 그런 사람. ◆ 銀山鐵壁(은산철벽) — 단단하기 이를 데 없음을 시적으로 표현한 말. ◆ 擬議(의의) — 어쩔 줄을 몰라 꾸물거리고 있음. ◆ 黑山下(흑산하) — 『俱舍論』 제11권 分別世品 제3의 4에 '此贍部洲, 從中向北, 三處各有三重黑山. 有大雪山, 在黑山北'이라고 나오는 그 三重黑山이나, 이 문구 다음에 '此贍部洲下, 過二萬, 有阿鼻旨大捺落迦(地獄)…'이라 나오므로 '黑山下'는 그 大地獄을 가리킴. ◆ 打坐(타좌) — '墮在'와 같음. '떨어짐'. ◆ 明明杲日麗天, 颯颯淸風匝地(명명고일려천, 삽삽청풍잡지) — 華嚴의 교리를 따른 자연관의 시적 표현임. '杲日'은 태양, '匝地'는 滿地임. '匝'은 둘레 잡. '颯颯'은 바람 부는 소리. ◆ 誵訛(효와) — 잘못, 실수.

수시하기를, 홀로 고고하게 활동하거나 중생 제도를 위해 진흙투성이가 되는 두 가지를 아울러 실천하는 사람은 은산철벽(銀山鐵壁)이므로 도저히 가까이 갈 수 없다. 그런 사람을 대하면 그저 망설이다가 해골 앞에 있는 귀신이나 보기 십상이다. 그렇다고 그 사람에게 이것인가 저것인가 하며 따지고만 있다가는 곧 흑산(黑山) 밑의 지옥에 떨어지고 만다. 그러니 휘황한 햇빛이 하늘에 영롱하며 맑고 시원한 바람이 온 대지에 가득해야 한다. 자 말해 보라, 고인(古人)에게 이 진리를 깨닫는 데 어떤 실수가 있었는지를! 다음 이야기를 살펴보라.

本則 擧. 龐居士, 辭藥山. 山, 命十人禪客, 相送至門首. 居士, 指空中雪云, 好雪片片, 不落別處. 時, 有全禪客云, 落在什麽處. 士, 打一掌. 全云, 居士, 也不得草草. 士云, 汝恁麽稱禪客, 閻老子未放汝在. 全云, 居士作麽生. 士, 又打一掌云, 眼見如盲, 口說如啞. (雪竇別云. 初問處, 但握雪團便打.)

주 ◆ 好雪片片, 不落別處(호설편편, 불락별처) — 아, 좋구나, 송이송이 내리는 눈이 다른 데에는 하나도 안 떨어지는군. 거사가 약산을 떠날 때 눈이 내려 웅장한 雪景을 펼치고 있었던 모양임. 그러나 이 '다른 데에는 하나도 안 떨어진다'는 말에 그만 全이라는 禪客이 걸려들어 '落在什麽處'(낙재습마처) 하고 묻고 말았음. "대체 그럼 눈이 어디로 떨어집니까?" 하고. ◆ 士, 打一掌(사, 타일장) — 거사가 '여기 떨어지지 않았느냐'는 듯이 한 대 때림. 깜짝 놀란 全은 그만 당황해서 다음 질문을 하게 됨. ◆ 不得草草(부득초초) — 본래는 제4칙의 '본칙'에 나온 '不得草草'와 같으나, 여기서는 '이게 무슨 짓입니까?' '경솔한 짓 마시오'라는 뜻. ◆ 閻老子(염로자) — 閻羅大王. 산스크리트어의 'Yama' 또는 'Yama Raja'의 音譯語. 죽은 사람의 죄를 輕重에 따라 처리하는 지옥의 임금. ◆ 未放汝在(미방여재) — '放'은 放免. '너희는 이미 閻羅의 臺帳에 기입되어 있으니까 죽기 바쁘게 지옥으로 직행하게 됨'. ◆ 居士作麽生(거사자마생) — 거사라면 뭐라고 하겠습니까? ◆ 眼見如盲, 口說如啞(안견여맹, 구설여아) — 눈은 보아도 장님 같고 입은 말해도 벙어리 같음. '이 눈뜬 장님 같은 녀석, 무슨 쓸개 빠진 수작이냐!' ◆ 別云(별운) — 한 마디를 덧붙임. 자기 의견을 말하기 위해 남의 견해에 덧붙이는 말을 '別語'라 함. ◆ 初問處, 但握雪團便打(초문처, 단악설단변타) — 나라면 [全이 落在什麽處라고] 처음 물었을 때 눈덩어리를 뭉쳐서 얼굴을 쳤으련만. 정말 아깝구나! 거사보다 한 술 더 뜬 설두의 評語임.

방거사가 약산 곁을 떠날 때, 약산이 열 명 정도의 선객(禪客)을 시켜 산문(山門)까지 전송하게 했다. [마침 흰 눈이 펄펄 내리고 있었다.] 문득 거사가 하늘에서 내리는 눈을 가리키며 "좋구나, 저 송이송이 흰 눈이! 눈은 하나도 딴 데에는 안 떨어지는군" 하고 읊었다. 이 때 전(全)이라는 선객이 [불쑥] 물었다. "그럼 어디에 떨어집니까?" 거사는 다짜고짜로 한 대 때렸다. "거사님, 이건 너무하시지 않습니까?" 하고 전 선객이 대들자, 거사는 말했다. "자네가 그 따위로 선객이랍시고 거드럭거린다면 염라대왕에게 직행이다!" 그래도 지지 않고 전 선객은 "그럼 거사라면 뭐라고 하시겠습니까?" 하고 물었더니, 거사는 한 번 더 세게 때리고 나서 "이 눈뜬 장님 같은 녀석, 무슨 쓸개 빠진 수작이냐!" 하고 외쳤다. (설두 화상도 [참을 수 없었는지] 이렇게 덧붙이고 있다. "나였다면 첫마디에 눈을 뭉쳐서 그놈의 상판에 쳐박아 주었을 텐데, 아 아깝다.")

頌 雪團打雪團打. 龐老機關沒可把. 天上人間不自知. 眼裏耳裏

絶瀟灑. 瀟灑絶. 碧眼胡僧難辨別.

주 ◆ 雪團打(설단타) — 龐居士가 치는지, 全禪客이 치는지 알 수 없음. '평창'에 '古人以雪明一色邊事'라 되어 있는 것으로 보아, 거사가 '好雪片片, 不落別處'라고 한 그 무차별, 평등의 깨달음의 경지를 雪團으로 쳐부숴 주라는 뜻임. 즉 거사가 '好雪片片 云云'했을 때 즉각 雪團으로 들이쳤다면 老居士도 어쩔 수 없었으리라임. ◆ 機關沒可把(기관몰가파) — '機關'은 禪機 · 수완. '沒可把'는 沒巴鼻와 같은 용법이며 '손댈 수가 없음', '파악할 수가 없음'임. ◆ 天上人間不自知(천상인간부자지) — 본래 '好雪片片'의 當體는 天上界의 神도 佛도, 人間界의 師僧이나 雲水 · 居士도, 석가까지도 알 수 없으리라. 왜냐하면 눈에 가득 귀에 가득 어디나 눈 눈이어서 그야말로 打成一片, 白一色의 세계이기 때문임. 눈(眼)에도 눈(雪), 귀에도 눈, 코에도 눈, 들에도 산에도 눈, 全宇宙, 盡乾坤 눈 이외에는 티끌 하나 없는 '絶瀟灑'의 절대의 세계이며 絶對 淸淨, 絶對 平等의 세계이기 때문임. ◆ 絶瀟灑(절소쇄) — 흰 눈으로 뒤덮여 티끌 하나 없는 절대 눈의 세계. '瀟'는 맑을 소. '灑'는 깨끗할 쇄. '絶'은 絶景할 때와 마찬가지로 '매우', '無比'의 뜻. ◆ 瀟灑絶(소쇄절) — 身心脫落의 絶對無의 경지도 진짜 禪에서는 멂. '瀟灑'의 경지를 초월하고 '瀟灑絶'이 되어 脫落身心의 自在行을 해야 함. 이곳은 '明明杲日麗天, 颯颯淸風匝地'의 활기가 넘치는 자유 무애한 천지임. ◆ 碧眼胡僧(벽안호승) — 달마를 가리킴. '瀟灑絶'의 경지가 되면 파란 눈의 달마도 어쩔 수 없다는 것이 '碧眼胡僧難辨別'의 뜻임. 결국 龐居士의 뛰어난 작용을 한편 내려 깎으면서 또 치켜 올리고 있는 頌임.

눈을 뭉쳐서 쳐라 쳐
방거사의 솜씨 짐작도 못 하겠네.
하늘과 사람 그 누구도 알 수 없어라

눈에 가득 귀에 가득 그저 눈 눈!
그 눈마저도 없는 허허로운 곳
달마인들 어떻게 알 수 있으랴?

제43칙

동산의 추위도 더위도 없는 경지

洞山無寒暑

선종 사상(禪宗史上) 유명한 동산(洞山) 스님은 두 사람이 있다. 여기 등장하는 사람은 조동종(曹洞宗)의 개조(開祖)인 동산 양개 화상(洞山良价和尙. 807년~869년)이며 운암 담성(雲巖曇晟. 780년~841년)의 법을 이어 받았다. '마삼근(麻三斤)'의 공안(제12칙 참조)으로 알려진 동산(洞山)은 수초 화상(守初和尙)이라는 임제계(臨濟系) 사람이므로 이 동산(洞山)과는 다른 사람이다. 앞 칙에 나온 약산 유엄(藥山惟儼)은 동산 양개(洞山良价)의 법계상(法系上) 조부가 된다.

垂示云, 定乾坤句, 萬世共遵, 擒虎兕機, 千聖莫辨. 直下更無纖翳, 全機隨處齊彰. 要明向上鉗鎚, 須是作家爐韝. 且道, 從上來, 還有恁麽家風, 也無. 試擧看.

㈜ ◆ 定乾坤句, 萬世共遵(정건곤구, 만세공준) — 우주의 진리를 갈파하는 한 마디는 고금을 통해 누구나가 모두 따라야 함. ◆ 擒虎兕機(금호시기) — '兕'

는 외뿔소 시. 호랑이나 외뿔소 같은 맹수가 나타난대도 대번에 잡아 버리고 마는 역량을 지닌 사람. ◆ 纖翳(섬예) — 본래는 '작은 그늘'이란 뜻이나 여기서는 고장 · 장해물 · 지장임. ◆ 隨處齊彰(수처제창) — 全機, 전체로서의 작용(禪機)이 언제 어디서나 또 누구에게나 완전히 발휘될 수 있음. 實統大智의 『碧巖集種電鈔』에는 '齊'자가 없음. ◆ 鉗鎚(겸추) — 둘 다 대장간의 도구. '鉗'은 불 속의 금속을 꺼내는 큰 집게. '鎚'는 달군 쇠를 두들기는 망치. '明向上鉗鎚'는 '누구에게나 완전히 발휘할 수 있는 그런 第一義諦를 밝히려면'. ◆ 須是作家爐鞴(수시작가로배) — 훌륭한 師僧의 손으로 철저히 鍛鍊되어야 함. (제39칙의 '수시' 참조) ◆ 從上來(종상래) — 옛날부터 지금에 이르기까지. ◆ 還有恁麽家風, 也無(환유임마가풍, 야무) — 그런 수완을 지닌 훌륭한 사승이 과연 있었느냐, 없었느냐?

수시하기를, 우주의 진리를 갈파(喝破)하는 한 마디는 고금을 통해 누구나가 다 따라야 한다. 맹수를 단숨에 휘어잡을 역량을 지닌 사람이 나타나면 석가도 달마도 다루기 어려울 것이다. 그러나 혹 우주의 진리를 갈파하고 맹수를 휘어잡는 그런 역량을 지닌 사람이면 아무 지장 없이 전체로서의 선기(禪機)를 언제 어디서나 또 누구에게나 충분히 발휘할 수 있다. 그렇듯 높은 제일의제(第一義諦)를 밝히려면 훌륭한 사승의 손에 철저하게 단련되어야 한다. 말해 보라. 옛날부터 지금까지 그런 훌륭한 사승이 과연 있었는지 없었는지를! 다음 이야기를 살펴보라.

本則 擧. 僧問洞山, 寒暑到來, 如何廻避. 山云, 何不向無寒暑處去. 僧云, 如何是無寒暑處. 山云, 寒時寒殺闍黎, 熱時熱殺闍黎.

주 ◆ 寒暑到來, 如何廻避(한서도래, 여하회피) — 추위와 더위가 오면 어떻게 피하겠는가? 이 말의 이면에는 '생사의 一大事에 직면했을 때, 어떻게 하면 그것을 해탈할 수 있습니까?'라는 뜻이 있음. ◆ 何不向無寒暑處去(하불향무한서처거) — 어째서 추위도 더위도 없는 곳으로 가 버리지 않나? '생사가 없는 세계로 가면 되지 않겠나'. ◆ 寒時寒殺闍黎, 熱時熱殺闍黎(한시한살사리, 열시열살사리) — 추울 때는 당신을 얼려 죽이고 뜨거울 때는 당신을 쪄 죽인다. 역시 '살 때는 있는 힘을 다해 살 뿐이고 죽으면 盡天盡地 철저하게 죽는다'는 뜻임. 相對를 초월한 無寒暑, 超生死의 영원한 세계가 있는 것임. '闍黎'는 阿闍黎耶(Acarya)의 略語이며 阿闍黎耶는 阿遮利夜, 阿遮梨耶라고도 音譯함. 教授 · 軌範師 · 正行士 등의 漢譯語가 있음.

한 중이 동산에게 물었다. "추위와 더위가 닥칠 때 어떻게 피합니까?" 동산이 대답했다. "어째서 춥지도 덥지도 않은 곳으로 가지 않나?" 중이 [다시] "그 춥지도 덥지도 않은 곳이 어딥니까?" 하고 물으니까 동산은 "추우면 너를 얼려 죽이고 더우면 너를 쪄 죽이지" 하고 대답했다.

頌 垂手還同萬仞崖. 正偏何必在安排. 琉璃古殿照明月. 忍俊韓獹空上階.

주 ◆ 垂手(수수) — 後進을 인도하기 위해 가르침의 손을 늘어뜨림. 또 중생제도를 위해 구원의 손을 폄. 이런 일이 그저 평범해 보이지만 실은 그대로 第一義諦의 세계에 확고하게 자리잡고 있음과 같아 쉽사리 접근할 수 없는 험준한 경지이기도 함. 그래서 '萬仞崖'(만인애)라고 하는 것임. 洞山이 '無寒暑

處去'니 '寒時寒殺闍黎 云云'한 것은 얼핏 보기에 흔해 빠진 禪의 상투어 같지만 실은 그대로가 오히려 '萬仞崖'의 험준한 경지이기도 함. ◆ 正偏(정편) — 洞山良价의 提唱에 의한 '五位說' 속에 나오는 正位와 偏位를 가리킨 말임. '正位'는 萬法의 絶對觀, 平等, '偏位'는 萬法의 相對觀, 差別임. 이 洞山良价의 '五位說'에 관한 저서는 曹山의 『五位顯訣』을 비롯하여 아주 많음. ◆ 安排(안배) — '安置排列'의 약어. 분류, 범주의 뜻. '正偏何必在安排'는 正偏이 어찌 반드시 安排에 있으랴, 洞山은 우주를 正과 偏의 범주에 넣고 설명하지만 우주는 그런 범주 밖에서 엄연히 존재함. ◆ 琉璃古殿照明月(유리고전조명월) — 洞山의 正偏自在의 수완을 시적으로 표현한 구임. '琉璃'는 靑色寶玉이라고도 하고 유리의 古名이라고도 함. 유리로 만든 옛 궁전에 달이 비침. 이 찬란하기 그지없는 궁전이야말로 洞山의 '無寒暑處'임. ◆ 忍俊(인준) — '忍'은 의지가 강함. '俊'은 영리 혜민함. ◆ 韓獹(한로) — 『戰國策』 上卷 '齊上宣王'章에 淳于髡이 그의 長技인 滑稽談을 하기를, 개가 토끼를 쫓다가 이윽고 둘 다 지쳐서 쓰러져 죽은 것을 田父가 주웠다는 비유를 써서 齊王에게 충고하고 魏 공격을 단념하게 했다는 설화가 있음. 거기에서 '韓家의 개는 영리하고 민첩(忍俊)했으나 토끼를 쫓다 함께 지쳐 죽었다'고 나옴. 과연 이쯤 되면 영리한지 바보인지 알 수 없음. 이 개처럼, 洞山에게 질문한 중도 無寒暑處가 어디 있느냐고 찾아 다니며 2층에 올라가고 지붕 위에도 올라가 보며 달빛을 좇고 있는 똑똑한 바보개임. ◆ 空上階(공상계) — 덧없이 2층에 올라감.

따뜻한 손길이 천길 벼랑일세,
우주가 어찌 평등과 차별에만 있으랴!
찬란한 유리 궁전 달빛에 눈부시다,
헛 똑똑한 개가 덧없이 2층을 오르네.

제44칙

화산의 북 솜씨 "쿵쿵 쿵더쿵!"

禾山解打鼓

화산(禾山)은 길주(吉州) 화산(禾山)의 무은 화상(無殷和尙. 891년~961년)을 말하며 복건성(福建省) 복주(福州) 태생이다. 7세 때 설봉 의존 화상(雪峰義存和尙) 밑에서 출가하여 11년 있다가 스승이 죽은 뒤 20세 때 약산(藥山) 밑의 구봉 도건(九峰道虔)의 제자가 되어 그 법을 이었다.

本則 擧. 禾山, 垂語云, 習學謂之聞, 絶學謂之鄰, 過此二者, 是爲眞過. 僧出問, 如何是眞過. 山云, 解打鼓. 又問, 如何是眞諦. 山云, 解打鼓. 又問, 卽心卽佛, 卽不問, 如何是非心非佛. 山云, 解打鼓. 又問, 向上人來時如何接. 山云, 解打鼓.

주 ◆ 習學謂之聞, 絶學謂之鄰, 過此二者, 是爲眞過(습학위지문, 절학위지인, 과차이자, 시위진과) — 肇大師의 『寶藏論』 廣照空有品 제1에서 '夫學道者有三. 其一謂之眞. 其二謂之鄰. 其三謂之聞. 習學謂之聞. 絶學謂之鄰. 過此二者,

謂之眞'이라는 글의 후반을 인용한 것. '習學謂之聞'은 남에게 배워 습득한 지식은 들어서 외워 둔 지식임. '絶學謂之鄰'은 배울 것을 다 배워 이제 더 배울 것이 없는 境界는 第一義諦에 가까움. 이상 두 가지의 경지도 결코 쉬운 일은 아니지만 거기 안주할 수는 없는 것, 이 두 가지를 초월한 곳이야말로 '眞過'라 하여 聖도 佛도 함부로 斷定할 수는 없는 절대 세계(過此二者, 是爲眞過)임. 결국 '習學'은 須陀亘·斯陀含·阿那含 따위의 지위, '絶學'은 阿羅漢의 지위, '眞過'는 菩薩·佛의 지위임. ◆ 解打鼓(해타고) — 원오는 '著語'에서 이 구를 '鐵橛'(철궐) 즉 쇠말뚝, 또는 '鐵蒺藜'(철질려) 곧 마름쇠이며, 지상에 세워 적의 침입을 막는 것이라 평하고 있음. 이 '解打鼓'에는 그 누구도 적수가 되지 않는다. 雪峰이 누구건 만나면 소매 속에서 공을 꺼내 떼굴떼굴 굴려 보였다든가, 忠國師가 사발에 물을 담고 쌀 일곱 알을 넣은 후 그 위에 젓가락을 놓고는 '이게 뭐냐?'고 했다든가, 또 趙州가 누가 뭐라고 하든 '喫茶去'라고 퉁명스레 대꾸했다는 일화와 함께 옛날부터 '解打鼓'는 난해한 화두로 간주되고 있음. 글자 그대로 '북을 두들길 줄 안다'는 따위로 함부로 풀이할 수 없는 말임. ◆ 眞諦(진제) — 聖諦第一義. (제1칙의 '본칙' 참조). ◆ 卽心卽佛, 卽不問, 如何是非心非佛(즉심즉불, 즉불문, 여하시비심비불) — 우리의 밉다 좋다 하는 마음이 그대로 佛心이라는 것은 알고 있으니 그대로 두고, 非心非佛이란 대체 뭡니까? 이 물음은 다음 이야기와 관련이 있다. 馬祖道一和尙에게 한 중이 '스님은 어째서 卽心卽佛이라 하십니까?' 하고 물었을 때, '어린애가 우니까, 멈추기 위해서야'라고 대답했다. '그럼 어린애가 울음을 그친 뒤에는 어떻게 합니까?' 중이 다시 묻자 '非心非佛'이라 대답했다. 非心非佛은 卽心卽佛的인 속박에서 해방시키기 위한 방편임. ◆ 向上人來時如何接(향상인래시여하접) — 석가나 달마 같은 한층 훌륭한 인물이 왔을 때는 어떻게 대접하겠는가?

화산 화상이 수시했다. "글을 배워 얻은 지식을 문(聞)이라 하고 다 배워서 더 배울 것이 없음을 인(鄰)이라 한다. 이 두 가지를 초월한 것, 그것을 진과(眞過)라 한다." 한 중이 나서서 "그 진과란 어떤 겁니까?" 하고 물었다. 화산 화상은 "내게 북 솜씨가 있지(解打鼓) — 쿵쿵 쿵더쿵!" 하고 대답했다. "그럼 [진과도 초월한] 성제(聖諦)의 제일의(第一義)는 무엇입니까?" 하고 [중이] 또 묻자 화산 화상은 역시 "쿵쿵 쿵더쿵!" 하고 대답했다. "우리의 이 마음이 곧 불심(佛心)임은 잘 알고 있으니까 그건 그대로 두고, 비심비불(非心非佛)은 어떤 겁니까?" 하고 다시 물으니까 화산 화상은 이번에도 역시 "쿵쿵 쿵더쿵" 했다. 그래도 단념하지 않고 중이 "석가나 달마 같은 한층 훌륭한 분이 오신다면 어떻게 맞겠습니까?" 하고 물었다. 그러나 화산 화상은 끝까지 "쿵쿵 쿵더쿵!"이라고 했다.

頌 一拽石. 二般土. 發機須是千鈞弩. 象骨老師曾輥毬, 爭似禾山解打鼓. 報君知, 莫莽鹵, 甜者甜兮苦者苦.

주 ◆ 一拽石(일예석) — 馬祖의 法嗣인 盧山의 歸宗智常和尙(?~827년) 이야기에서 나온 구임. 어느 날 僧堂의 전원이 작업을 하고 있었다. 거기에 歸宗이 찾아와 維那和尙에게 '무엇을 하고 있나?' 하고 물으니까 '네, 맷돌을 돌리고 있습니다'고 했다. '그래? 그거야 자네 멋대로 돌리게나. 하지만 맷돌의 중심은 흔들리지 않게 하게나'고 했다. 이것이 '一拽石'임. '拽'는 끌 예. ◆ 二般土(이반토) — 盤龍山 可文和尙의 法嗣, 袁州 木平山에 살던 善道和尙의 고사에서 나온 구임. 善道和尙은 새로 온 운수에게 반드시 세 짐의 흙을 운반시켜 시험을 했다 한다. 이 일을 그는 '東山의 길은 좁고 西山은 낮다, 그대들 세 짐의 흙을 사양 말라. 길에서 한세월 다 보내는 게 안타깝구나, 환히 깨닫지 못하니 끝내 어둠일세!'라고 頌하고 있다. ◆ 發機須是千鈞弩(발기수시천균노)

— 馬祖의 法嗣, 石鞏慧藏和尙이 누가 오기만 하면 활시위에 살을 얹고 '화살을 보라'며 그 사람의 가슴을 겨누었다는 고사를 따른 구. 이렇듯 學人을 접할 때는 몇 만 근의 强弓을 잡아당기듯 活機가 늠름해야 한다는 뜻. '發機'는 활을 쏨. '機'는 弩에 장치한 機巧. '弩'는 그 機巧의 장치가 있는 機關弓. '千鈞'은 3만 근의 무게. ◆ 象骨老師(상골노사) — 제22칙의 '송'에 나오는 '象骨巖高人不到'의 경우와 같이 雪峰山을 가리킨 것. '象骨老師'는 禾山의 스승 雪峰義存임. ◆ 輥毬(곤구) — 나무로 만든 공. 雪峰은 언제나 나무공 세 개를 갖고 있다가 굴려 사람들을 시험했다 함. 언제인가 玄沙가 오는 것을 보고 역시 나무공 셋을 던졌더니 玄沙는 그런 데 구애되지 않고 느닷없이 칼로 베는 시늉을 해 보여 雪峰은 그 玄沙의 禪機에 깊이 감동했다 함. 이상 師家는 각기 독특한 學人接得의 방법을 지니고 있으나 禾山의 '解打鼓'는 더욱 돋보여 아무도 미치지 못함을 '爭似禾山解打鼓'라 한 것임. ◆ 莽鹵(망로) — 애매함. 조잡함. 곧 '아무렇게나 함'임. '莽'은 거칠 망. '鹵'는 염밭 로. '황폐함'임. '報君知, 莫莽鹵'는 '부디 일러 두겠는데 禾山의 解打鼓를 결코 함부로 깔보면 안 된다'임. ◆ 甜(첨) — 달 첨, 맛날 첨. '甜者甜兮苦者苦'는 '단 것은 달아야 하고 쓴 것은 써야 함'임. 각기 자기가 놓인 처지에서 스스로의 맡은 일을 충실히 할 때 바로 '眞過'가 실현되는 법.

맷돌 돌리기와 흙 나르기,
팽팽한 활시위라, 설봉(雪峰)의 나무공, [정말 잘들도 생각해 냈네만,]
화산의 쿵쿵 쿵더쿵을 어찌 따르랴!
그대들도 함부로 손대지 마소,
단 것은 달아야 하고 쓴 것은 써야 한다네.

제45칙

조주에게 묻기를 "모든 것이 하나로 돌아간다지만, 과연 어디로 갑니까?"

趙州萬法歸一

낮익은 조주 관음원(觀音院)의 종심 화상(從諗和尙. 778년~897년)은 『조주록(趙州錄)』을 보아도 알 수 있듯이, 선문(禪門) 중 고금 제1급의 거장이다. 스스로 선자(禪者) 티를 조금도 풍기지 않는 일상의 평범한 말로 담담하게, 그러면서도 지극히 깊은 경지를 자유자재로 표현한 사람이었다.

垂示云, 要道便道, 擧世無雙. 當行卽行, 全機不讓. 如擊石火, 似閃電光, 疾焰過風, 奔流度刃, 拈起向上鉗鎚, 未免亡鋒結舌, 放一線道. 試擧看.

주 ◆ 要道便道(요도변도) — 말하고 싶으면 서슴없이 그 생각을 말함. ◆ 當行卽行(당행즉행) — 해야 할 일이 있으면 망설임 없이 실행함. ◆ 全機不讓(전기불양) — 실행자의 全機(全手腕)는 남에게 뒤지지 않음. 어느 누구에 비해도 손색이 없음. ◆ 疾焰過風, 奔流度刃(질염과풍, 분류도인) — '疾焰'은 타

오르는 불길. '過風'은 휘몰아치는 바람. '奔流'는 激流. '度刃'은 칼날을 건넘. '度'는 '渡'와 같음. 모두 잠깐의 停滯도 없는 마음의 작용을 형용한 말임. ◆ 向上鉗鎚(향상겸추) — 지극한 活手段. '鉗'은 부젓가락, 집게. '鎚'는 망치. 禪門은 제자 훈련을 대장간에서 쇠를 단련하는 일에 비유함. 따라서 '向上鉗鎚'는 최고의 단련 수단임. ◆ 亡鋒結舌(망봉결설) — 舌鋒이 무뎌져서 혀가 굳음. 아무 말도 못함. 결국 '拈起向上鉗鎚, 未免亡鋒結舌'(염기향상겸추, 미면망봉결설)은 '아무리 대단한 솜씨를 부려도 어떻게 손을 대 볼 수가 없음'임. 趙州와 같은 語言三昧의 達人에게는 무슨 수단으로 대응해도 어떻게 해볼 수가 없음. ◆ 放一線道(방일선도) — 第二義로 내려가 수행자가 지나가기 쉬운 하나의 길을 뚫어 줌. '放'은 '開'와 같음. '一線道'는 一線路.

수시하기를, 서슴없이 제 생각을 말하면 세상에 따를 자가 없고 망설이지 않고 실행하면 누구에게도 뒤지지 않는 솜씨를 발휘한다. 마치 부싯돌이 반짝하고 번갯불이 번쩍하는 것과 같다. 그것은 또 타오르는 불길, 휘몰아치는 바람, 사나운 격류, 번뜩이는 칼날이다. [이런 사람은] 아무리 비상한 수단을 써도 어떻게 해볼 수가 없다. 그러나 여기 길을 하나 터 놓았다. 다음 이야기를 잘 살펴보라.

本則 擧. 僧問趙州, 萬法歸一, 一歸何處. 州云, 我在青州, 作一領布衫. 重七斤.

주 ◆ 萬法歸一(만법귀일) — 우주의 모든 것은 결국 근원적인 하나로 귀착됨. 『維摩經』에 '萬法卽眞如, 由不變故. 眞如卽萬法, 隨緣故'라 나옴. '萬法'은 우주간의 유형 무형, 온갖 事象을 총괄하는 말. 흔히 宇宙萬有라고 하지만 그 뜻은 더욱 광대함. ◆ 靑州(청주) — 山東省 靑州이며 조주가 태어난 곳. ◆ 一領布衫(일령포삼) — '一領'은 한 장. '布衫'은 베옷. 또는 삼베 적삼. 萬法이 하나로 귀착되니 하나는 의당 萬法에 歸一하리라는 식으로 이렇게 저렇게 따져 보는 것이 아니라, 만법이 그대로 하나 자체의 모습으로 수긍되는 세계가 곧 '我在靑州, 作一領布衫. 重七斤'임. 이런 대답이 자연스럽게 나오는 데에 조주 특유의 口脣皮禪이 있다 하겠음.

한 중이 조주 화상에게 물었다. "우주의 모든 것이 하나로 돌아간다고 합니다만, 그럼 그 하나는 어디로 돌아갑니까?" 조주 화상이 대답했다. "나는 청주에 있을 때 베 적삼 하나를 만들었는데 그 무게가 일곱 근이었지."

頌 編辟曾挨老古錐. 七斤衫重幾人知. 如今拋擲西湖裏. 下載淸風付與誰.

주 ◆ 編辟(편벽) — 참선하는 자가 사승에게 하는 질문을 그 질문자의 동기로 보아 분류한 것에 『汾陽十八問』이란 글이 있음. 汾陽善昭가 만든 글이며, '編辟'은 그 第五問의 '編辟問'을 가리킨 것. '평창'에는 '萬法을 한쪽으로 치우치게 짜서 一致로 돌아가게 함'(編辟萬法, 敎歸一致)이라 풀이하고 있음. 곧 '編辟'은 '짚신을 삼을 때, 짚을 차례로 짜며 한쪽으로 몰아붙임'임. 결국 萬法은 하나로 歸着된다고 編辟하고 다시 어느 곳으로 귀착되느냐고 몰아붙였음을 말함. ◆ 曾挨(증애) — '挨'는 밀칠 애. '조금 대항해 봄', '슬쩍 건드려 봄'. ◆ 老古錐(노고추) — 많이 써서 끝이 더욱 날카로워진 송곳이며 여기에 '老'라는 경칭을 붙여, 機鋒이 날카로운 趙州古佛을 가리킴. ◆ 如今拋擲西湖裏(여금포척서호리) — '如今'은 지금. '抛擲'은 휙 집어던짐. '西湖'는 浙江省 杭州府에 있는 명승지임. 이 구는 '老古錐 같은 趙州의 대답이 기세 좋게 덤벼드는 雲水의 질문을 잡아서 西湖에 집어던진다'는 뜻임. 一이니 萬物이니 또 無니 깨달음이니 하고 잔뜩 지고 온 중의 그 무거운 짐을 西湖에다 휙 집어던져 버림. ◆ 下載淸風付與誰(하재청풍부여수) — '下載淸風'은 짐 실은 배가 그 짐을 풀어 놓아 가볍게 淸風을 안고 急流를 내려감과 같은 맑고 시원한 심경을 말한 것임. 곧 '이 맑고 시원한 기분을 여러분께 드리고 싶지만 과연 누가 받아 주겠나?'를 뜻함. 중이 조주의 대답에서 그 심경을 터득할 수 있었을까?

노승(老僧)을 세차게 몰아는 붙였다만
그 누가 일곱 근 베 적삼의 무게를 알랴!
구차한 짐일랑 이제 서호에 내던지니
맑고 시원한 이 바람 받을 이 누군고?

제46칙

경청의 빗방울 소리

鏡淸雨滴聲

경청(鏡淸)은 제16칙에도 나왔지만 온주(溫州) 사람이며 설봉(雪峰)의 뒤를 이은 도부 화상(道怤和尙. 868년~937년)이다. 젊었을 때 현사 사비 화상(玄沙師備和尙) 밑에 있었으나 전혀 터득되는 것이 없어 어느 날 현사(玄沙)에게 "저는 여기 온 뒤로 열심히 애를 썼습니다만 아직 아무런 실마리도 못 잡았습니다. 대체 선은 어디로 해서 들어가야 합니까?" 하고 물었더니 현사가 "저 개울 물소리가 들리나?" 하고 말했다. "네, 잘 들립니다." "그럼 그리로 들어가지." 문득 깨달음의 기연(機緣)을 얻은 그는 그 후 사람들을 지도할 때 곧잘 이 수법을 썼다 한다. '평창(評唱)'에 몇 가지 그런 예가 나와 있다. 언제인가 한 중에게 "문 밖의 저게 무슨 소리지?" 하고 물으니까 그 중이 "비둘기 울음 소리입니다" 하고 대답했다. 즉시 경청은 "지옥에 떨어지고 싶지 않으면 석가의 설법을 비둘기 울음 소리라고 헐뜯지는 말게"라고 했다. 또 어떤 중에게 "문 밖의 저게 무슨 소린가?" 하고 물었을 때 "개구리가 뱀에게 잡혀 먹히는 비명 소리입니다" 하고 대답하므로 경청은 "개구리가 잡혀 먹히는 건 불쌍하다고 생각하지만 그보다 더욱 가련한 너 같은 놈도 있구나!" 하고 쏘아 주었다.

垂示云, 一槌便成, 超凡越聖. 片言可折, 去縛解粘. 如氷凌上行, 劍刃上走, 聲色堆裏坐, 聲色頭上行, 縱橫妙用則且置. 刹那便去時如何. 試擧看.

㊟ ◆ 一槌便成(일추변성) — 망치로 한 대 딱 치면 곧 이루어짐. 이것 저것 이유를 늘어놓지 않고 단 한 마디로 수행자의 妄見을 타파하고 참된 깨우침을 열어 줌. ◆ 片言可折(편언가절) — '片言'은 한 마디의 반이므로 '아주 말이 적음'임. '折'은 『論語』 顔淵 제12의 '片言可以折獄者, 其由也與'의 折과 같음. '折獄'은 재판의 판결을 내림. '반 마디만을 듣고도 옳고 그름을 단정할 수 있음'. 禪者는 모름지기 사물에 단정을 내릴 때 '片言可折'이어야 하는 것임. ◆ 去縛解粘(거박해점) — 우리 본심의 작용을 속박하는 번뇌나 망상, 또는 견해나 깨달음에 달라붙은 채 떨어지지 않는 욕망과 의혹 따위를 풀어 없애 버림. (제22칙의 '수시' 참조) ◆ 如氷凌上行, 劍刃上走, 聲色堆裏坐, 聲色頭上行(여빙릉상행, 검인상주, 성색퇴리좌, 성색두상행) — 얼음 모서리를 가고 칼날 위를 달리며 노랫소리 시끄러운 속에 조용히 좌정하고 왁자한 저자에서 유유히 다님. ◆ 縱橫妙用則且置(종횡묘용즉차치) — 그런 縱橫의 妙用을 발휘할 수 있는 인물은 잠시 그대로 놓아 두고. ◆ 刹那便去時(찰나변거시) — '刹那'는 산스크리트어인 'Ksana'의 音譯이며 須臾(수유)라고도 번역함. 매우 짧은 시간. 『俱舍論』에 남자의 一彈指中에 65의 찰나가 있다고 하므로 1찰나는 1초의 60분의 1 정도임. '劫'(劫波. Kalps)은 시간의 最大長이고 '刹那'는 시간의 最小長임. '便去'는 便成去의 略句이므로 '刹那便去時'는 '刹那便成超凡越聖去時', 즉 '눈 깜짝할 사이에 凡聖을 초월함을 완료할 때'.

수시하기를, 한 대만 딱 쳐도 대번 깨우치고 범성(凡聖)을 초월하며 반 마디만 해도 옳고 그름을 단정하여 온갖 속박이나 점착물(粘着物)을 풀어 없애야 한다. 얼음 모서리를 가고 칼날 위를 달리며 노랫소리 시끄러운 속에 조용히 좌정하고 왁자한 저자에서 유유히 다니는 그런 종횡(縱橫)의 묘용(妙用)을 발휘할 수 있는 인물은 잠시 그대로 두고, 눈 깜짝할 사이에 범성(凡聖) 초월의 묘용을 이룩해야 할 때, 그대들은 어떻게 하겠는가? 다음 이야기를 살펴보라.

本則 擧. 鏡淸問僧, 門外是什麽聲. 僧云, 雨滴聲. 淸云, 衆生顚倒, 迷己逐物. 僧云, 和尙作麽生. 淸云, 洎不迷己. 僧云, 洎不迷己意旨如何. 淸云, 出身猶可易, 脫體道應難.

주 ◆ 雨滴聲(우적성) — 빗방울 소리. ◆ 衆生顚倒, 迷己逐物(중생전도, 미기축물) — 중생은 마음이 전도되어 있으므로 자기라는 것에 미혹되어 주관과 객관이 뒤죽박죽이 된 채 객관의 노예가 되어 있음. '迷己'는 자기를 忘了함. '逐物'은 환경의 事象에 사로잡힘. '너는 빗방울이란 것에 사로잡혀 있구나'라는 뜻임. ◆ 和尙作麽生(화상자마생) — 화상께선 저 소리를 무슨 소리로 듣습니까? ◆ 洎不迷己(기불미기) — '洎'는 '曁'(미칠 기)와 같으며 '미침(及)'. 이 구는 '스스로에 미혹되지 않음에 이름', '스스로에 미혹되지 않음에 가까움'이므로 '간신히 나 자신에 미혹되는 건 면했다네'란 뜻임. ◆ 出身猶可易, 脫體道應難(출신유가이, 탈체도응난) — '出身'은 '갖가지 속박을 벗어나 자유로워짐'. '可易'는 '그래도 쉬움'. '脫體'는 '있는 그대로', '구체적으로' 등의 뜻이며, 여기서는 主客不二의, 빗방울이 뚝뚝 떨어지는 현실 그대로를 말함. 곧 '수시'의 '聲色堆裏坐, 聲色頭上行'이며 나아가서는 사물이 되어 생각하고 사물이 되어 실천하는 창조적인 세계임. '道'는 '말함', '표현함'임.

경청 화상이 한 중에게 "문 밖에서 들리는 게 무슨 소리냐?" 하고 물었다. 중은 "빗방울 소리입니다" 하고 대답했다. 경청 화상이 말했다. "너는 빗방울에 사로잡혀 있구나!" 그러자 "화상께선 저 소리를 뭘로 듣습니까?" 하고 중이 물었다. 경청 화상은 "자칫하면 나도 사로잡힐 뻔했지" 하고 대답했다. "자칫하면 사로잡힐 뻔하시다니 그건 또 무슨 뜻입니까?" 중이 [다시] 물으니까 경청 화상은 이렇게 잘라 말했다. "속박에서 벗어나 자유로워지기는 그래도 쉽지만, 있는 그대로의 현실을 표현하기란 어려운 법이다."

頌 虛堂雨滴聲, 作者難酬對. 若謂曾入流, 依前還不會. 會, 不會. 南山北山轉雱霈.

주 ◆ 虛堂(허당) — 텅 빈 방. ◆ 作者難酬對(작자난수대) — 눈이 밝은 뛰어난 禪僧이라도 대답하기 어려움. 빗방울 소리를 듣고 '저건 빗방울 소리야'라고 한다면 그것은 마음 밖에서 빗방울 소리를 인정하는 셈이 되고 그렇다고 빗방울 소리가 아니라고 한다면 사실이 아니므로 대답하기 어려움. 다만 '텅 빈 방의 빗방울 소리' 같은 경지에서 천지 만물이 다 빗방울 소리가 되는 것뿐임. ◆ 若謂曾入流(약위증입류) — '流'는 객관이 주관 속에 흘러듦. '入'은 그것을 받아들이는 주관의 작용임. '入流'는 빗방울 소리를 빗방울 소리로 받아들임. '언제까지나 빗방울 소리에 구애됨'임. ◆ 會, 不會(회, 불회) — 아느냐,

모르느냐? 안대도 빗방울은 뚝뚝 떨어지고 모른대도 역시 뚝뚝 떨어지니, 차라리 이 둘을 없애야 할 것을…. ◆ 南山北山轉雱霈(남산북산전방패) — '轉'은 더욱 전. '雱'은 滂(죽죽 퍼부을 방)과 같음. '霈'는 비 쏟아질 패. '雱霈'는 큰 비가 좍좍 쏟아짐. 南山도 北山도 어디나 한층 더 비만 좍좍 내림. 깨달았건 깨닫지 못했건 비는 비임. 그러니 빗방울 소리에 사로잡힌 중아 어떻게 할 테냐 하는 기분이 이 구에 깃들어 있음.

빈방의 빗소리, 뭐라고 하겠는가?
빗소리라 한다면, 아직 모르는 것.
아는가 모르는가,
남산도 북산도 비만 좍좍.

제47칙

운문이 말하기를 "법신은 너무 커서 육대로도 다 못 담는다"

雲門六不收

운문 문언 화상(雲門文偃和尙)에 관해서는 앞에 여러 번 나왔으므로 새삼 말할 것도 없다.

垂示云, 天何言哉, 四時行焉. 地何言哉, 萬物生焉. 向四時行處, 可以見體, 於萬物生處, 可以見用. 且道, 向什麽處, 見得衲僧, 離却言語動用, 行住坐臥, 併却咽喉脣吻. 還辨得麽.

주 ◆ 天何言哉(천하언재) — 이하 '萬物生焉'까지는 『論語』 陽貨 제17의 '天何言哉, 四時行焉, 百物生焉, 天何言哉'에서 비롯된 말임. '何言哉'는 긍정을 의문형으로 표현한 것이며 '아무 말도 하지 않음'이란 뜻. 하늘은 지상의 모든 것에 빛과 열을 아낌 없이 주면서도 아무 말 없이 '四時行焉', 즉 춘하추동 사철을 운행함. 곧 無形의 하늘이 그려 내는 有形의 모습임. 『證道歌』에도 '江月照松風吹. 永夜淸宵何所爲'라고 하고 있음. 江月이 비치는 것, 솔바람이 부는 것도 하늘의 무언의 所爲임. ◆ 體(체) — 本體 · 實體 · 理法. 불교의 法體를 가리킴. 사철이 운행되는 근원에서 無形無相의 佛心의 본체를 보아야 한다는 것이 '向四時行處, 可以見體'의 뜻. ◆ 用(용) — 法體의 妙用. '體'가 不變眞如라면 '用'은 變易眞如임. 만물이 유전 변화하는 곳에서 불심의 작용을 보아야 한다는 것이 '於萬物生處, 可以見用'의 뜻임. 佛性도 천지와 마찬가지로 無形無相이면서 버들에 들어가면 푸르게 되고 꽃에 들어가면 붉은 빛으로 스스로를 나타내고 있음. 눈에 있으면 보는 작용을 하고 코에 있으면 냄새 맡는 작용을 하며 혀에 있으면 맛보고 손에 있으면 쥐고 발에 있으면 걷는 등 천태만상의 표현을 하는 것임. ◆ 見得(견득) — 보고 얻음. 터득함. 이 두 자는 '倂却咽喉脣吻'에까지 걸침.

수시하기를, 하늘은 아무 말이 없어도 봄·여름·가을·겨울의 사철을 제대로 운행하고 땅은 묵묵히 입을 다물고 있어도 만물을 자라게 한다. 사철이 운행되는 근원에서 무형무상(無形無相)의 불심(佛心)의 본체를 보고 만물이 유전 변화하는 곳에서 불심의 작용을 보아야 한다. 자 말해 보라, 납승들이 언어와 동작, 가고 멎고 앉고 눕는 따위 몸의 거동을 모두 떠나고 또 목구멍이나 입술의 작용도 죄다 내버린 상태가 어떤 것인지 알 수 있겠느냐?

本則 擧. 僧問雲門, 如何是法身. 門云, 六不收.

주 ◆ 法身(법신) — 佛身에 대하여 예로부터 法·報·應의 三身說이 있음. '法身'은 영원불멸의 진리이며 佛의 本體임. '報身'은 오랜 세월에 걸쳐 수행한 결과 진리를 깨달은 보답으로서 완성되는 佛의 모습임. '應身'은 진리의 本體가 중생 제도를 위해 상대방에 따라 나타나는 人格身이며 佛의 작용임. (제

39칙 '본칙' 참조) ◆ 六不收(육불수) — '收'는 『大方等大集經』(曇無識譯)의 '一葉落天下秋, 一塵起天地收'의 收와 같음. '六'은 六大(地·水·火·風·空·識)의 약어임. 결국 '六不收'는 '法身이란 六大로도 수용할 수 없을 만큼 광대무변한 것'이란 뜻임.

한 중이 운문 화상에게 물었다. "부처님의 본체란 어떤 겁니까?" 운문 화상은 "너무 커서 6대(大)로도 다 담을 수 없다"고 대답했다.

頌 一二三四五六. 碧眼胡僧數不足. 少林謾道付神光. 卷衣又說歸天竺. 天竺茫茫無處尋. 夜來却對乳峰宿.

주 ◆ 一二三四五六(일이삼사오륙) — 뭐라고도 설명할 수가 없고 그저 이것이라 할 수밖에 없음. '六不收'도 이 숫자와 마찬가지여서 숫자인 동시에 수량을 초월한 것이므로 분별이 끼여들 여지가 없음. 그저 一二三四五六이라고 할 뿐임. 이것이 法身의 實體이며 설명할 수 있다면 법신이 아님. ◆ 碧眼胡僧(벽안호승) — 보디 달마의 별칭. ◆ 數不足(수부족) — '足'은 得 또는 能의 뜻. '셀 수 없음'. ◆ 少林謾道付神光(소림만도부신광) — 세상 사람은 少林山에서 碧眼胡僧이 법신의 결정인 正法眼藏을 神光에게 부여했다는 따위 거짓말을 하고 있음. '謾道'는 '세상 사람이 거짓을 말함'임. '謾'은 속일 만. '道'는 말할 도. '少林'은 '少林山에서'. '神光'은 2조 慧可大師. ◆ 卷衣又說歸天竺(권의우설귀천축) — 달마는 法衣를 몸에 두르고 천축으로 돌아갔다고도 함. 달마가 2조에게 법을 전한 뒤, 法敵에게 독살되어 熊耳山에 묻혔으나 나중에 조사해 보니까 신 한 짝을 갖고 인도로 돌아갔다는 전설에 의거한 구임. 그러나 다르마(Dharma=달마), 곧 법신은 그 같은 去來의 相에 있지 않음. ◆ 天竺茫茫無處尋(천축망망무처심) — '天竺'은 身毒·賢豆·天篤이라고도 쓰며 산스크리트어인 'Sindhoo(信度)'의 音譯語임. '信度'는 지금의 인더스강이며 고대에 이 강 유역을 信度라 불렀음. 그리고 그 지방은 알렉산더 대왕의 인도 침입 이후 약 3백여 년 동안, 그리스계 민족의 통치하에 있었고, 또 大乘佛教가 거기에서 발달했으므로 '天竺'은 옛날부터 전 인도를 뜻하는 말로 쓰여 왔음. '茫茫'은 '넓고 아득함'. '無處尋'은 '찾아야 할 곳이 없음'. '어디에 있는지 알 수가 없음'. 去來의 相이 없는 달마는 과연 온 인도를 다 찾아 다녀도 찾을 수가 없음임. ◆ 夜來却對乳峰宿(야래각대유봉숙) — 어젯밤부터 이 乳峰에 머물러 있었군. 그리도 찾던 달마가 곁에 있었음을 뜻함. 결국 산 달마는 어디에도 가지 않고 바로 여기 있었네. 그러고 보면, '天竺茫茫無處討'는 어디에도 없다는 뜻이 아니라 실은 어디에나 다 있다는 셈이었구나! '乳峰'은 이 '송'의 작자인 설두가 사는 산 이름임.

일이삼사오륙… 파란 눈의 스님도 다 셀 수가 없네.
소림사에서 법을 전했다 하고
천축으로 돌아갔다 하나
천축은 아득타 찾을 길 없어라.
[과연 어디 갔을까? 찾고 또 찾다 보니]
밤새에 이 설두산(雪竇山)에 와 있네.

제48칙

왕태부 차 대접을 받다

王太傅煎茶

왕태부(王太傅), 낭상좌(朗上座), 명초(明招) 등 세 인물이 나온다. 왕태부는 장경 혜릉 화상(長慶慧稜和尙) 밑에서 불도를 닦은 거사이며 이름은 연빈(延彬)이다. 태부(太傅)는 관명이고 천자(天子)를 돕는 삼공(三公 — 太師 · 太傅 · 太保) 중의 한 관직이다. 왕태부는 장경의 도풍(道風)을 흠모하여 그가 천주(泉州)의 장관으로 있을 때 초경사(招慶寺)로 초치하여 주지 자리를 마련했다 한다. 낭상좌는 후에 장경의 법을 이어 보자 혜랑 화상(報慈慧朗和尙)이 된 사람이며 왕태부와는 동참(同參)의 사이이다. 또 명초(明招)는 암두 전활(巖頭全豁)의 법손(法孫)인 명초 덕겸 화상(明招德謙和尙)이다. 혜랑(慧朗)과 덕겸(德謙)의 생사 연월일은 전혀 알 길이 없다.

本則 擧. 王太傅, 入招慶煎茶. 時, 朗上座, 與明招把銚. 朗, 翻却茶銚. 太傅見, 問上座, 茶爐下是什麽. 朗云, 捧爐神. 太傅云, 旣是捧爐神, 爲什麽, 翻却茶銚. 朗云, 仕官千日, 失在一朝. 太傅, 拂袖

便去. 明招云, 朗上座, 喫却招慶飯了, 却去江外, 打野榸. 朗云, 和尙作麽生. 招云, 非人得其便. (雪竇云, 當時但踏倒茶爐.)

주 ◆ 招慶(초경) — 福建省 泉州의 招慶寺. ◆ 煎茶(전다) — 차를 달임. 茶席에 참여함. '煎'은 달일 전. ◆ 與明招把銚(여명초파요) — 접대역인 朗上座가 明招를 위해 '銚'(남비 요)라는 금속 茶甁의 자루를 잡고 차를 따르려 함. ◆ 翻却(번각) — 뒤집음. ◆ 茶爐下是什麽(다로하시습마) — 그 차 끓이는 화로 밑은 뭡니까? 즉 '茶爐 밑에 翻却을 막는 捧爐神이 지키고 있는데 그것도 못 보았는가?'란 뜻임. ◆ 捧爐神(봉로신) — 커다란 금속 화로의 다리에 귀신의 얼굴 따위를 조각한 것으로서 말하자면 화로를 받드는 신, 곧 화로의 수호신임. ◆ 仕官千日, 失在一朝(사관천일, 실재일조) — 천 날을 잘 근무해도 단 한 번의 실수로 벼슬을 잃음. 그러니 지금 내가 茶銚를 뒤집은 실수쯤은 거기에 비하면 아무것도 아니라는 뜻임. 관리인 왕태부에게는 이만저만 실례가 되는 말이 아님. 원오도 '착어'하기를 '錯指注(착지주) — 말하지 않았으면 좋았을 걸'이라 하고 있음. ◆ 拂袖便去(불수변거) — 옷소매를 털고 일어나 당장 가버림. ◆ 却去江外, 打野榸(각거강외, 타야최) — '却去'는 오히려 가서. '江外'는 揚子江 지방 이외의 먼 곳을 말하나 여기서는 '남의', '쓸데없이'란 뜻. '野榸'는 원오가 '평창'에서 '即是荒野中, 火燒底木橛, 謂之野榸'라고 하고 있듯이 들판을 개간할 때 캐낸 나무뿌리를 태우다 남은 것임. 결국 '나무그루'. 따라서 이 구는 '[밥을 얻어먹고 있는 招慶寺를 위한 생각은 않고] 江外에서 들판의 나무그루나 박고 있는 따위 쓸데없는 짓을 하지 않았는가!'란 뜻임. '榸'는 마른 나무 뿌리 최. ◆ 和尙作麽生(화상자마생) — 和尙께서는 어떻게 하시겠습니까? ◆ 非人得其便(비인득기편) — '非人'은 귀신. 捧爐神. '得其便'은 '[非人이] 그의 솜씨를 발휘할 기회(便)를 얻음'임. 네가 멍청하니까 捧爐神이 멋대로 활약했다는 뜻. ◆ 當時但踏倒茶爐(당시단답도다로) — 내가 그 자리에 있었다면 화로째 차서 쓰러뜨렸을 텐데!

왕태부가 초경사(招慶寺)에 와서 차 대접을 받았다. [마침 장경 화상이 출타 중이므로] 낭상좌가 이 때 [동석한] 명초 화상에게 찻주전자 손잡이를 잡고 차를 따르려다가 그만 찻주전자를 뒤집어 엎고 말았다. 태부가 보고 상좌에게 물었다. "차 달이는 화로 밑에 뭐가 있소?" "봉로신(捧爐神)이 있죠" 낭상좌가 대답하니까 태부가 [곧 이어] 말했다. "이미 봉로신이 있는데도 어째서 찻주전자가 뒤집히오?" 그러자 "천 날 동안 일을 잘해도 한 번 실수로 벼슬을 잃고 마오"라고 [모욕적인] 대답을 했다. 태부는 [그만 화가 나서] 옷소매를 털고 일어나 당장 가 버리고 말았다. [이 광경을 보다못한] 명초 화상이 "초경사의 밥을 먹으면서 딴전만 피우다니, 이 밥벌레 같으니라구!" 하고 꾸짖었다. "그럼, 화상께선 어떻게 하셨겠습니까?" 낭상좌가 물으니까 명초 화상은 "봉로신이 활개를 쳤겠지" 하고 대답했다. (설두 화상이 "그 때 내가 있었다면 화로째 차서 쓰러뜨려 버렸을 텐데!" 하고 덧붙였다.)

頌 來問若成風, 應機非善巧. 堪悲獨眼龍. 曾未呈牙爪. 牙爪開, 生雲雷, 逆水之波經幾回.

주 ◆ 來問若成風(래문약성풍) — 왕태부의 질문의 걸출함을 말한 것. '成風'은 『莊子』 雜篇의 徐無鬼篇에 나오는 '郢人堊漫其鼻端, 若蠅翼, 使匠石斲之. 匠石運斤成風, 聽而斲之. 墨堊鼻不傷'이라는 글에서 비롯됨. 匠石이 도끼를 휙 휘둘러 코끝에 붙은 白土를 깎아 버린 그 솜씨를 왕태부의 질문에 비유한 말임.

◆ 應機(응기) — 낭상좌가 왕태부에게 대답한 태도. '應'은 응답, 응대. '機'는 그 기교. ◆ 善巧(선교) — 때에 따라 적응함. 『佛地經論』 제7권에 '稱順機宜, 故名善巧'라 함. ◆ 獨眼龍(독안룡) — 왼쪽 눈을 잃은 明招和尙에 대해 世人은 '獨眼龍'이라 불렀음. ◆ 呈牙爪(정아조) — 어금니와 손톱을 드러냄. '獨眼龍'이란 字에서 연상된 말이며 진면목을 드러낸다는 뜻. '牙'는 어금니 아. '爪'는 손톱 조.

물음은 기막힌데 대답이 시원찮네,
애석타 외눈박이 용이여 어금니와 발톱을 드러내지 않다니,
그랬으면 번개를 떨치고 치솟는 물 거꾸로 흐르게 했으련만….

제49칙

삼성의 "그물 벗어난 금빛 물고기"

三聖透網金鱗

삼성(三聖)은 임제 의현 화상(臨濟義玄和尙) 밑에 17년이나 있었다는 진주(鎭州) 삼성원(三聖院)의 혜연 화상(慧然和尙)을 말하며 『임제록(臨濟錄)』을 편집한 인물이다. 임제 화상이 죽을 무렵 "내가 간 뒤 나의 정법안장(正法眼藏)을 없어지지 않게 하라"고 하자 삼성(三聖)이 나아가 꽥! 하고 대갈(大喝)했다는 유명한 일화가 있다. 그러나 그 밖의 전기는 전혀 모르며 생몰 연대도 알 수 없으나 그가 앙산 혜적(仰山慧寂), 덕산 선감(德山宣鑑), 설봉 의존(雪峰義存) 등과 문답한 사실은 전하고 있다. 따라서 이들과 동시대의 사람으로 여기고 있다.

垂示云, 七穿八穴, 攙鼓奪旗, 百匝千重, 瞻前顧後, 踞虎頭收虎尾, 未是作家. 牛頭沒馬頭回, 亦未爲奇特. 且道, 過量底人來時如何. 試擧看.

주 ◆ 七穿八穴(칠천팔혈) — '七通八達'과 같음. '사방팔방에서 적진에 쳐들어감'임. '穿穴'은 구멍을 판다는 뜻이 아니고 '적진에 돌입함'임. '穿'은 꿰뚫을 천. ◆ 攙鼓奪旗(참고탈기) — '攙'은 찌를 참. 북을 찌르고 기를 빼앗음. 곧 적의 무기를 빼앗고 승리함. '본칙'에서 三聖이 상대방의 지혜와 깨달음을 빼앗는 활동을 나타낸 말임. ◆ 百匝千重(백잡천중) — 겹겹이 진지를 둘러쳐서 튼튼하게 함. ◆ 瞻前顧後(첨전고후) — 앞을 살피고 뒤를 돌아봄. 앞뒤를 잘 살펴 엄중하게 방위함. '瞻'은 볼 첨. ◆ 踞虎頭收虎尾(거호두수호미) — 호랑이 대가리에 올라앉고 그 꼬리를 잡음. 즉 호랑이 같은 대단한 상대를 마음대로 다룰 수 있는 솜씨가 있다 해도. ◆ 未是作家(미시작가) — 아직 禪者로서는 충분치 못함. ◆ 牛頭沒馬頭回(우두몰마두회) — 제5칙의 '송'에 나온 것과 같은 구이며 모든 갈등, 공연한 言句를 없애 버린 천하 태평 무사함을 말함. ◆ 過量底人(과량저인) — 보통 度·量·衡으로 잴 수 없는 비범한 인물. 즉 상식을 초월한 위대한 인물.

수시하기를, 사방에서 공격하여 쳐들어가 [적의] 북을 찢고 기(旗)를 빼앗거나, 겹겹이 둘러치고 앞뒤를 잘 살피며 호랑이 대가리에 올라탄 채 꼬리를 잡을 수 있는 솜씨가 있다 해도 아직 선자(禪者)로서는 충분하지 않다. 온갖 갈등·언구(言句)를 없애 버리고 자유롭다 해도 새삼 기이할 것은 없다. 자 말해 보라, 상식을 뛰어넘은 위대한 인물이 나타나면 어떻게 하겠는지를! 그럼 다음 이야기를 살펴보라.

本則 擧. 三聖問雪峰, 透網金鱗. 未審以何爲食. 峰云, 待汝出網來, 向汝道. 聖云, 一千五百人善知識, 話頭也不識. 峰云, 老僧住

持事繁.

주 ◆ 透網金鱗(투망금린) — 그물 밖으로 빠져나온 금빛 비늘의 물고기. 결코 작아서 그물눈 사이로 빠져 나왔다는 뜻이 아니라 크고 힘이 세어서 그물 밖으로 뛰쳐 나왔거나 그물을 찢고 나온 것임. 일단 그물 밖으로 나왔으니 어디로 가든 자유로움. 수행이니 계율이니 하는 따위 테두리를 뛰어넘은, '수시'에서 말한 '過量底人'임. ◆ 未審以何爲食(미심이하위식) — 그런 '過量底人'은 매일을 어떻게 보내야 하는지 알 수 없음. 수행이니 깨달음이니 하는 것들을 뛰어넘어 완전히 자유로워진 뒤에는 어떻게 하면 되겠는가고 물은 것임. 물론 삼성이 몰라서 한 질문이 아니고 설봉의 대답을 들어 보려고 한 말임. ◆ 待汝出網來, 向汝道(대여출망래, 향여도) — 네가 그물에서 나온 후에 말해 주겠음. ◆ 一千五百人善知識(일천오백인선지식) — 『五燈會元』 제7권 '福州雪峰義存禪師'章에 '師(義存)之法席, 常不減千五百衆'이라 나옴. 설봉을 가리킴. ◆ 話頭也不識(화두야불식) — 말뜻을 모르는군. ◆ 老僧住持事繁(노승주지사번) — 나(老僧)는 절 일이 바쁨. 그러니 자네 따위를 상대로 해서 입방아나 찧고 있을 수가 없다는 뜻. '住持事'는 住持의 일이 아니고 '維持經營(住持)하는 일'임. '절 일'.

삼성이 설봉 화상에게 물었다. "그물을 벗어난 금빛 물고기는 뭣을 먹어야 하는지 모르겠습니다." 설봉 화상이 "자네가 그물을 벗어난 뒤에 말해 주지" 하고 대답하자 삼성은 "천오백 명이나 제자가 있다면서 남의 말뜻도 못 알아듣는군요" 하고 쏘아붙였다. 곧 설봉 화상은 "나는 절 일이 바쁘다네" 하고 대답했다.

頌 透網金鱗, 休云滯水. 搖乾蕩坤, 振鬣擺尾, 千尺鯨噴洪浪飛, 一聲雷震淸飇起. 淸飇起, 天上人間知幾幾.

주 ◆ 透網金鱗, 休云滯水(투망금린, 휴운체수) — 그물을 벗어난 金鱗은 자유자재이므로 썩은 물속에 머물러 먹이를 구할 까닭이 없음. 그런데 삼성이 설봉 화상에게 '透網金鱗, 未審以何爲食'이라 물은 것은 자기를 透網底의 金鱗이라 생각하는 모양이나 실은 아직도 썩은 물속에 머문 채 먹이를 찾는 피라미에 지나지 않는다는 뜻임. '休云滯水'는 '물에 머물러 있다고 말하지 말라'. ◆ 搖乾蕩坤(요건탕곤) — 천지를 뒤흔듦. ◆ 振鬣擺尾(진렵파미) — '鬣'은 지느러미 렵. '擺'는 흔들 파. 지느러미와 꼬리를 흔듦. ◆ 鯨噴(경분) — 고래가 물을 내뿜음. ◆ 一聲雷震淸飇起(일성뢰진청표기) — 무더운 여름날 소낙비와 함께 꽝 꽈르르릉! 하고 우뢰가 울린 뒤 淸風이 휙 불고 지나가는 것과도 같은 시원함이 있다는 뜻. 시원한 바람이 일어(淸飇起) 기분은 좋지만 원오는 그 청풍이 과연 '어디에 있는가, 돌!'(在什麽處, 咄)이라 하고 있듯이, 어디를 어떻게 불고 있는지 주의해야 함. ◆ 天上人間知幾幾(천상인간지기기) — 淸風의 시원함을 맛볼 수 있는 자가 天上界 · 人間界에 몇이나 되랴. '幾幾'는 幾人과 같음. 三世古今에 그저 청풍, 시방 세계에 오직 颯颯, 이야말로 '透網金鱗'만이 알 수 있는 자유의 경지임.

그물 밖에 나온 금빛 물고기 썩은 물속에 있을 리 없다.
천지를 뒤흔들며 몸부림쳐서 천길 물을 뿜어 큰 파도 일으키고
우뢰같이 쩡 울리면 맑은 바람 인다.
아, 천상 천하에 이 맑은 바람을 아는 이 몇이나 되랴!

제50칙

운문의 "진진삼매"

雲門塵塵三昧

역시 설명이 필요 없는 운문 문언 화상(雲門文偃和尙)의 이야기이다.

垂示云, 度越階級, 超絶方便, 機機相應, 句句相投. 儻非入大解脫門, 得大解脫用, 何以權衡佛祖, 龜鑑宗乘. 且道, 當機直截, 逆順縱橫. 如何道得出身句. 試請擧看.

㊟ ◆ 度越階級(도월계급) — '度越'은 통과 · 초월. '階級'은 수행상의 계단, 즉 菩薩乘의 52位, 또는 42位의 계급 따위. 이러한 佛道修行의 52단계를 뛰어넘어. 禪에서는 一超直入如來地라 하고 直指人心見性成佛이라 하여 釋尊 一代의 가르침도 요는 자기를 自覺시키기 위한 방편 수단이라는 것. ◆ 方便(방편) — 중생 제도를 위한 敎化를 함. ◆ 機機相應, 句句相投(기기상응, 구구상투) — 어떤 미묘한 작용(機)에도 대응할 수 있는 수단이 있고 무슨 言句에도 契合(投)할 수 있음. 『碧巖集種電鈔』에는 '此二句, 述師學二機, 互相扣答處, 不假安排, 函蓋相應, 自然投合也'라 함. ◆ 儻(당) — 혹시 당. '만일'. ◆ 入大解脫門, 得大解脫用(입대해탈문, 득대해탈용) — 大解脫의 문으로 들어가 大解脫의 妙用을 얻음. '解脫'이 없는 것은 禪이 아니고 '解'란 일체의 기성 개념이 '解'消됨이며

온갖 구애나 속박에서 '解'脫함임. 따라서 '解脫'은 迷妄이나 번뇌뿐만 아니라 神과 佛, 진리와 깨달음 따위에 속박되는 데서도 탈출하여 자유로워짐임. ◆ 權衡佛祖(권형불조) — '權'은 저울추, '衡'은 평형이므로 '權衡'은 저울질함, 평균함, 나아가서는 比肩함, '필적함'임. 佛祖와 비견함, 佛祖와 나란히 서게 됨이란 뜻. ◆ 龜鑑宗乘(귀감종승) — '龜'는 길흉을 점치는 데 쓰이는 龜甲. 사물의 정확한 판정을 뜻함. '鑑'은 鏡. 사물의 진정한 모범을 뜻함. '龜鑑'은 모범, 전형. '宗乘'은 제2칙 '수시'에도 나왔음. '宗'은 宗教 · 宗師, '乘'의 형용사임. '乘'은 大乘 · 小乘의 乘(Yana)이며 본래는 배 · 뗏목이지만 종교적으로는 '此岸(迷妄의 세계)에서 彼岸(깨달음의 세계)으로 건너가는 방법을 가르치는 교리'란 뜻으로 쓰임. 이 구는 '宗乘의 典型이 됨' 또는 '模範的宗乘을 제창할 수 있는 대인물이 됨'임. ◆ 當機直截(당기직절) — 당면한 문제를 그 자리에서 척척 적절히 처리함. ◆ 逆順縱橫(역순종횡) — 順境이건 역경이건 종횡무진으로 활약함. ◆ 出身句(출신구) — 一切에서 빠져 나온 解脫自在의 한 마디.

수시하기를, 불도(佛道) 수행의 여러 단계를 뛰어넘고 갖가지 방편 수단을 없애 버리면 어떤 미묘한 작용에도 대응하며 무슨 언구(言句)에도 투합(投合)될 수 있다. 만약 대해탈의 문으로 들어가 그 묘용(妙用)을 얻지 못하면 어찌 불조(佛祖)와 어깨를 나란히 하고 종승(宗乘)을 모범 삼을 수 있겠는가? 자 말해 보라, 당면한 문제를 즉석에서 척척 처리하고 역경이든 순경(順境)이든 종횡으로 활약할 수 있는 해탈 자재(解脫自在)의 한 마디를 어떻게 말할 수 있는지를. 다음 이야기를 살펴보라.

本則 擧. 僧問雲門, 如何是塵塵三昧. 門云, 鉢裏飯, 桶裏水.

주 ◆ 塵塵三昧(진진삼매) —『華嚴經』(八十華嚴, 實叉難陀譯) 賢首品偈의 '一微塵中入三昧, 成就一切微塵定'이라는 문구에 의거함. 우주에 존재하는 무한·무수·무량의 분자나 원자는 모두 절대적 진리의 露現이며 神의 默示이고, 그 각 분자, 각 원자 속에 佛도 神도 진리도 여전히 살아 있음. '三昧'는 'Samadhi(三摩地)'의 音譯이며 定·正受·正心行處 등의 譯語가 있음. 결국 '세계는 크고 티끌은 작다는 따위 통속적인 관념을 떠나 한 티끌 속에 無量의 萬有가 따르며 一卽多, 多卽一의 관계, 즉 一多相卽相入의 도리를 우리가 뚜렷이 터득한 경지'를 '塵塵三昧'라 함. 이러한 '塵塵三昧'에『화엄경』의 궁극적인 의미, 선의 참된 경지가 있는 것임. '如何是塵塵三昧'는 그것을 묻고 있으므로 결국 華嚴의 궁극적 의미, 禪의 참된 경지가 어떤 겁니까? 하고 물었다고 해도 됨. ◆ 鉢裏飯, 桶裏水(발리반, 통리수) — '鉢'은 바리때 발. 중의 밥그릇, 산스크리트어의 'Patra'의 약어. '桶'은 통 통. 나무로 만든 둥근 그릇. 바리때 속의 밥, 통 속의 물. 밥도 물도 모두 그대로가 절대인 것임. 원오는 '含元殿裏不問長安'이라 著語하고 있음. '含元殿'은 당나라 때의 궁전이며 長安城 안에 있었음. 즉 장안 한가운데 있으면서 함원전이 어디 있느냐?고 묻는 것과 같다는 뜻임. 바리때 속에 밥이 있고 통 속에 물이 있듯이 내가 나라는 것은 물을 필요도 없음. 버들은 푸르고 꽃은 붉다는 사실이 塵塵三昧이며 事事無礙의 세계이고 華嚴의 法理임.

한 중이 운문 화상에게 물었다. "[화엄경에 나오는] 진진삼매(塵塵三昧)가 무슨 뜻입니까?" 운문 화상은 "바리때 속의 밥, 통 속의 물"이라고 대답했다.

頌 鉢裏飯桶裏水. 多口阿師難下觜. 北斗南星位不殊, 白浪滔天平地起. 擬不擬. 止不止. 箇箇無裩長者子.

주 ◆ 多口阿師(다구아사) — 말 많은 사람. 수다스런 중. 운문 앞에 나타난 한 무명승을 가리킴. '阿'는 남을 부를 때 친근함을 나타내기 위해 붙이는 호칭. ◆ 下觜(하취) — 말참견을 함. '觜'는 부리 취. 부리를 들이민다는 데서 온 말. ◆ 北斗南星位不殊(북두남성위불수) — 北斗星은 북방에, 南極星은 남방에 있으며 위치의 변동도 가치의 높고 낮음도 없음. 있는 그대로의 三昧境에 있음임. ◆ 白浪滔天平地起(백랑도천평지기) — 평지에 하늘까지 닿을 듯한 白浪이 읾. 운문의 답은 평지에 일어난 노도 같아서 질문한 중의 간담이 서늘해졌을 것이라는 뜻. ◆ 擬不擬(의불의) — 헤아리려 해도 짐작할 수 없음. '擬'는 헤아릴 의. 헤아려 짐작함. ◆ 止不止(지부지) — 생각을 그치려 해도 그쳐지지 않음. 결국 '擬不擬, 止不止'는 '헤아릴까 말까, 그만 둘까 계속 할까 하고 몸부림치듯 망설이며 괴로워함'임. ◆ 箇箇無裩長者子(개개무곤장자자) — 『碧巖集種電鈔』에는 '人人住箇三昧, 不知三昧, 故流浪諸趣, 缺瓔珞細燸衣服, 露醜陋於永劫'이라 하여 '箇箇'를 '어느 놈이나'란 뜻으로 봄. '無裩'은 잠방이도 없는 가난한 처지. '裩'은 褌(잠방이 곤)과 같음. '長者子'는 부잣집 아들. 결국 이 구는 '어느 놈이건 모두 부잣집 자식이면서도 가난뱅이가 되어', 즉 본래 佛身이면서 그것을 자각하지 못하고 번뇌로 가득 찬 凡夫가 되다니 정말 한심하다는 뜻. 운문에게 '如何是塵塵三昧'라고 물은 무명승을 가리킨 말임.

바리때 속의 밥, 통 속의 물,
수다스런 중놈도 말참견 못 해.
북두(北斗)도 남성(南星)도 제자리에 있건만,
평지에 출렁이는 노도 앞에서
헤아릴까 말까 그만둘까 계속할까 망설이는,
모두가 잠방이도 못 입은 부잣집 자식놈일세.

제51칙

설봉이 묻기를 "무슨 일이냐?"

雪峰是什麽

설봉 의존(雪峰義存)과 암두 전활(巖頭全豁)의 이야기이다. 둘 다 덕산 선감(德山宣鑑)의 제자이고 태어난 고장도 같은 복건성(福建省) 천주(泉州)인데다 나이도 비슷하며 (암두가 6세 아래이나 선종상으로는 형이다) 같은 시대에 출가하여 운수 행각도 함께 한 모양이다.

垂示云, 纔有是非, 紛然失心, 不落階級, 又無摸索. 且道, 放行卽是, 把住卽是. 到這裏, 若有一絲毫解路, 猶滯言詮, 尙拘機境, 盡是依草附木. 直饒便到獨脫處, 未免萬里望鄕關. 還搆得麽. 若未搆得, 且只理會箇現成公案. 試擧看.

㈜ ◆ 纔有是非, 紛然失心(재유시비, 분연실심) — '纔'는 겨우 재. 조금 재. 이 구는 3조 鑑智僧璨의 『信心銘』에 나오며 뒤에 '二由一有, 一亦莫守, 一心不生, 萬法無咎'가 추가됨. '是非'는 시비 선악이라기보다는 본래 하나인 것을 둘로 보는 분별심의 소산이라고 보아야 함. 이 구는 '사물에 대해 분별심이 생기면 그 사물에 사로잡혀 마음의 정상적인 상태를 잃음'임. 그렇게 되면 있는 그대

로의 참모습을 볼 수 없음. '紛然'은 失心後의 상태를 말한 것임. ◆ 不落階級(불락계급) — 佛道修行의 단계를 거치지 않으면. ◆ 無摸索(무모색) — '摸索'은 손으로 더듬어 찾음. '無摸索'은 摸索不着(摸索不可得)과 같은 뜻. 비록 禪은 卽身成佛의 道라고는 하나 수행에는 단계가 있어서 일단은 그런 '단계'를 거치지 않으면 본래의 면목을 찾아낼 수가 없음임. ◆ 放行卽是, 把住卽是(방행즉시, 파주즉시) — '放行'은 멋대로 내버려두어 하고 싶은 대로 하게 하는 긍정의 길, 차별의 세계. '把住'는 움켜 잡고 꼼짝 못 하게 하는 부정의 길, 곧 평등의 세계임. 그때그때 형편에 따라 把住放行, 부정 긍정을 자재로 쓰면서 자유로이 활동하는 것이 禪의 길임. ◆ 到這裏(도저리) — 放行할까, 把住할까를 결정해야 하는 경우에. ◆ 一絲毫解路(일사호해로) — 머리칼 하나 정도의 解路. '解路'는 작은 통로, 사소한 이해라는 뜻. ◆ 滯言詮(체언전) — 말(言說)에 구애됨. '詮'은 설명할 전. ◆ 拘機境(구기경) — 機(사람)와 境(경우)에 구속됨. ◆ 依草附木(의초부목) — 혼자서는 있을 수가 없어 초목 따위 他物에 의존하여 나타나는 유령. 남에게 의존해야만 겨우 존재하는 불쌍한 자. ◆ 直饒(직요) — 비록. ◆ 獨脫處(독탈처) — 獨力解脫(自力解脫)處란 뜻. 頓悟의 경지임. ◆ 未免萬理望鄕關(미면만리망향관) — 獨脫處에 안주하는 자는 그 경지와 진리 사이의 간격이 아득히 멀어, 진리가 만리 저쪽의 고향을 바라봄과 같음. '獨脫' 같은 잘난 체하는 티가 남아 있는 동안은 아직 멀었다는 뜻. '鄕關'은 鄕土·鄕國과 같으며 '고향'임. ◆ 搆得(구득) — 이해·了解·會得. ◆ 現成公案(현성공안) — 눈 앞에 있는 공안. 생생한 공안.

수시하기를, 사물에 대해 조금이라도 분별심이 생기면 이미 마음의 정상적인 상태를 잃고 어지러워진다. 불도(佛道) 수행의 단계를 거치지 않으면 또한 본래의 참모습을 찾아낼 수가 없다. 그럼 말해 보라. 멋대로 함이 옳은가 꼼짝 못 하게 함이 좋은가를! 그런 경우에 머리칼만큼의 좁은 길이 있다 해도, 말에 구애되거나 상대자와 환경에 사로잡히면 숲 귀신 같은 가련한 꼴이 된다. 그러나 비록 무엇에도 의존하지 않는 깨달음의 경지에 홀로 있다 해도 진리는 만리 저편의 아득한 고향처럼 멀다. 만약 아직 내 말을 알아듣지 못하겠으면 잠시 이 눈앞에 놓인 생생한 공안을 터득하라. 자 다음 이야기를 살펴보자.

本則 擧. 雪峰住庵時, 有兩僧來禮拜. 峰見來, 以手托庵門, 放身出云, 是什麽. 僧亦云, 是什麽. 峰, 低頭歸庵. 僧後到巖頭. 頭問, 什麽處來. 僧云, 嶺南來. 頭云, 曾到雪峰麽. 僧云, 曾到. 頭云, 有何言句. 僧擧前話. 頭云, 他道什麽. 僧云, 他無語低頭歸庵. 頭云, 噫, 我當初悔, 不向他道末後句. 若向伊道, 天下人不奈雪老何. 僧至夏末, 再擧前話請益. 頭云, 何不早問. 僧云, 未敢容易. 頭云, 雪峰雖與我同條生, 不與我同條死. 要識末後句, 只這是.

주 ◆ 來禮拜(내예배) — 경의를 나타내기 위해 찾아왔음. ◆ 托(탁) — '托開'의 뜻. 밀어 엶. ◆ 放身出(방신출) — 갑자기 두 팔을 휘저으며 나옴. ◆ 嶺南(영남) — '嶺'은 廣東省과 湖南·江西·福建, 三省의 경계에 있는 南嶺을 말함. '嶺南'은 廣東省 지방이지만 唐의 행정구상 '嶺南道'는 廣西省·安南까지 포함하고 있었음. ◆ 噫, 我當初悔(희, 아당초회) — 噫, 我悔當初의 도치구임. '아, 그 때가 애석하다. 아, 그 때가 후회스럽다.' '當初'는 德山禪院에 있을 때를 말함. ◆ 不向他道末後句(불향타도말후구) — 그에게 末後의 一句를 말해주지 않은 것이. '末後句'는 佛道至妙의 一句. 禪의 궁극적인 한 마디. ◆ 若向

伊道, 天下人不奈雪老何(약향이도, 천하인불내설로하) — 만약 그에게 말해 주었던들 천하 사람은 雪峰을 어떻게도 하지 못했으련만. 즉 雪峰은 천하무적의 禪者가 되었을 텐데. ◆ 至夏末(지하말) — 90일 동안의 夏安居가 끝날 무렵이 되어서. ◆ 請益(청익) — 다시 물음. ◆ 何不早問(하불조문) — 그렇듯 소중한 문제를 어째서 좀더 일찍 묻지 않았는가. ◆ 未敢容易(미감용이) — 아무리 생각해도 쉽지 않은 공안임. ◆ 雪峰雖與我同條生, 不與我同條死(설봉수여아동조생, 불여아동조사) — 雪峰과 나는 함께 배우고 깨우쳤지만 방법은 다르다네. '同條生'은 같은 나뭇가지에 숱한 새들이 나란히 머물거나 그 둘레를 날아다님. 같은 고향, 같은 스승, 같은 수행을 했다는 뜻. '不與同條死'는 그렇듯 함께 있던 새들도 죽을 때는 각기 다름. '각기 禪機나 禪風이 다름'임. ◆ 要識末後句, 只這是(요식말후구, 지저시) — 雪峰에게 들려주고 싶다는 末後의 1구를 알고 싶은가, 그것은 그저 이 말뿐일세. '雪峰雖與我同條生, 不與我同條死'.

설봉 화상이 암자에 살고 있을 때 중 둘이 찾아와 예배를 했다. 설봉 화상은 그들을 보자 손으로 문을 밀어 열고는 활개치듯 달려나가며 "그래 무슨 일이냐?" 하고 물었다. 중들 역시 "그래 무슨 일입니까?" 하고 되물었다. 설봉 화상은 그만 고개를 숙이고 암자로 돌아가 버렸다. 두 중이 그 후 암두 화상을 찾아왔다. 암두 화상이 물었다. "어디서 왔느냐?" "영남(嶺南)서 왔습니다" 하고 그들이 대답하니까 암두 화상은 "그럼 설봉을 만났느냐?"고 물었다. "네 만났습니다"라는 대답에 암두 화상은 "뭐라고 하더냐?" 하고 되물었다. 두 중은 거기서 있었던 이야기를 했다. 암두 화상이 "그리고 또 뭐라고 했느냐?"고 [캐어] 물으니까 "아무 말 없이 고개를 숙인 채 암자로 돌아갔습니다" 하고 대답했다. 암두 화상은 "아, 애석하구나, 그 때 그에게 말후(末後)의 한 마디를 해주었어야 할 걸. 그렇게 했다면 천하의 어느 누구도 설봉을 감당치 못했을 텐데!" 하고 탄식했다. [훗날 이곳에 머물고 있던] 중들이 하안거가 끝날 무렵이 되어 다시 이전 이야기를 꺼내면서 물었다. 암두 화상은 "왜 좀더 일찍 묻지 않았느냐?" 하고 나무라듯 말했다. "아무리 해도 알 수 없는 공안이어서 늦었습니다" 하고 뇌까리는 그들에게 암두 화상은 말했다. "설봉과 나는 함께 배우고 깨우쳤지만 방법은 다르다네. [설봉에게 들려 주고 싶었던] 말후(末後)의 한 마디를 알고 싶다지? 그게 바로 이거야!"

頌 末後句爲君說, 明暗雙雙底時節. 同條生也共相知, 不同條死還殊絶. 還殊絶. 黃頭碧眼須甄別. 南北東西歸去來. 夜深同看千巖雪.

주 ◆ 末後句爲君說(말후구위군설) — 末後의 1구를 그대들을 위해 이 설두가 말할까? 그러나 원오는 '말하면 혀가 떨어진다. 말할 수가 없는 거야. 말을 하면 完全圓滿性을 잃고 만다'(舌頭落也. 說不着. 有頭無尾有尾無頭)고 著語하고 있음. 과연 '無語低頭歸庵'밖에 방법이 없을까? ◆ 明暗雙雙底時節(명암쌍쌍저시절) — '明'(차별)과 '暗'(평등)이 하나가 된 것. 그러나 각기 특이성을 그대로 지닌 채 一體가 평등인 상태임. ◆ 共相知(공상지) — 누구나가 다 잘 알고 있는 일임. ◆ 不同條死還殊絶(부동조사환수절) — 巖頭가 '不與我同條死'라 한 것은 정말 뛰어난 말(殊絶)임. '殊絶'은 아주 우수함. '卓見'을 뜻함. ◆ 黃頭碧眼(황두벽안) — '黃頭'는 석가. '碧眼'은 달마임. ◆ 須甄別(수견별) — '甄'은 살필 견. 밝힐 견. '甄別'은 사물의 좋고 나쁨을 '판별함' 또는 '잘 살펴

듬'. ◆ 南北東西歸去來. 野心同看千巖雪(남북동서귀거래. 야심동간천암설) — 남북동서로 돌아갈거나. 밤은 깊어 캄캄한데 함께 千巖의 흰 눈을 본다. 캄캄한 밤에 그것이 보일까? 보이는 것을 明暗雙雙의 경지라고 할 수 있으리라. 원오는 '還識得末後句麽. 便打.'라고 착어하고 있음. 어찌 터득했다고 할 末後의 1구가 있겠느냐, 터득했다 해도 옳지 않고 터득하지 못했다 해도 틀리며 차라리 한 대 쳐서 일체를 깨끗이 씻어 버리라는 뜻임. 이것이 곧 末後之句일까? 결국 이 7언 2구는 설두가 巖頭의 '不與我同條死'를 윤리적으로 풀이한 말이며, '사람들 각자가 그 천품에 따라 해야 할 일이 달라지므로 각자의 일을 자각하고 실천하는 데에서 末後之句를 알게 된다. 공연히 언제까지나 雲水의 旅路를 헤맬 필요는 없다. 어서 바삐 자기가 귀착되어야 할 곳에 돌아가 조용히 앉아서 末後之句의 실현을 위해 노력해야 한다'는 뜻임.

진짜 선(말후구)의 뜻 말해 주랴,
차별과 평등이 하나가 되는 것.
함께 배우고 깨달았음은 다 알지만,
방법이 틀리다니 정말 훌륭하구나!
그 훌륭함을 석가도 달마도 잘 살펴 두라.
남북동서로 이제는 돌아가,
깊은 밤 바위 위의 흰 눈이나 함께 보세.

제52칙

나귀도 말도 건너가는 조주의 돌다리

趙州渡驢渡馬

조주 종심 화상(趙州從諗和尙)은 만년에 하북성(河北省) 조주의 관음원에 살았다. 당시 '천하의 3석교(石橋)'라 하여 유명한 돌다리가 셋 있었다. 천태산(天台山), 남악(南岳) 그리고 이 조주이다. '본칙'의 소재가 된 조주의 석교는 조주 화상이 살던 관음원에서 30리쯤 떨어진 곳에 있었다고 한다.

本則 擧. 僧問趙州, 久響趙州石橋, 到來只見略彴. 州云, 汝只見略彴, 且不見石橋. 僧云, 如何是石橋. 州云, 渡驢渡馬.

주 ◆ 久響(구향) — 옛날부터 이름이 있음. ◆ 略彴(약작) — '평창'에 '略彴者卽是獨木橋也'라 함. '彴'은 외나무 다리 작. '略'은 간단한. ◆ 石橋(석교) — 돌다리. 獨木橋가 아닌 진짜 돌다리. '조주의 참모습'임. ◆ 渡驢渡馬(도려도마) — 나귀도 건너가고 말도 건너감. 趙州의 경지에서는 石橋나 略彴 따위 모양은 아무래도 좋음. 모두가 그대로 佛性의 露呈임. 일체가 돌다리이다 보면 돌다리 아닌 것이 없어짐. 『五燈會元』에 의하면 (『趙州錄』에는 없음) 중은 여기서 다시 '돌다리는 알았는데, 그럼 외나무 다리는 뭡니까?' 하고 쓸데없이 묻고 있음. 돌다리라면 말도 나귀도 수레도 다 지나갈 테지만 외나무 다리로는 건널 수가 없다는 뜻임. 그러자 조주는 '한 사람 한 사람을 건너게 하지' 하고 대답했음. 그야말로 大乘菩薩의 行願이라 할 수 있음. 감히 어느 누가 여기 손댈 수 있겠는가.

한 중이 조주 화상에게 물었다. "오래전부터 조주의 돌다리가 유명하다기에 막상 와 보니 그저 간단한 외나무 다리가 아닙니까?" 조주 화상은 대답했다. "너는 간단한 외나무 다리만 보고 돌다리를 보지 못하느냐?" 중이 [다시] "그 돌다리는 어떤 겁니까?" 하고 물으니까 조주 화상은 "나귀도 건너가고 말도 건너가지" 하고 대답했다.

頌 孤危不立道方高. 入海還須釣巨鼇. 堪笑同時灌溪老. 解云劈箭亦徒勞.

주 ◆ 孤危不立(고위불립) — '孤危'는 孤峰이 危然히 솟아 있음. '不立'은 스스로 그런 투를 보이지 않음. 준엄함이 보이지 않음. 趙州의 禪機를 말한 것. 조주가 觀音院에 살 때는 이미 80세에서 120세까지 사이라 하므로 충분히 원숙하게 되어 모가 없어진 뒤임. ◆ 道方高(도방고) — 조주의 道風이 숭고함. 『碧巖集種電鈔』에는 '조주 평생의 禪은 孤危를 不立하면서도 孤危하니 그는 오로지 禪中의 聖인가!'라 하고 있음. ◆ 入海還須釣巨鼇(입해환수조거오) — 禪中의 聖인 老趙州가 禪海에 낚시를 드리웠으니 새우나 雜魚가 낚일 리 없음. 엄청난 바다 자라임. 『種電鈔』에는 '此讚趙州作略也. 尋常津梁而禪海, 吐一句半語, 皆是爲釣如巨鼇, 出路之大器也'라 함. ◆ 堪笑同時灌溪老(담소동시관계로) —

'灌溪'는 臨濟의 법을 이은 鄂州灌溪의 志閑和尙을 말함. 조주보다 2년 전에 죽었으므로 '同時'라 한 것임. 이 구의 뒤에는 다음과 같은 일화가 있음. 한 중이 灌溪和尙에게 '오래전부터 관계가 유명하다는 말을 들어 왔습니다만 막상 와 보니 큰 계곡(灌溪)은커녕 베나 담글 정도의 조그만 웅덩이(漚麻池)군요!' 하고 말하자 관계 화상은 '너는 작은 웅덩이만 보고 관계를 보지 못하는구나' 하고 대답했다. 그랬더니 중은 '그럼 관계는 어떤 겁니까?' 하고 물었다. '화살보다 빠른 激流(劈箭急)지' 하고 대답했다. 이러한 대답을 두고 '아 우습다, 그 무렵의 灌溪老'라 한 것임. 조주의 대꾸에 비하면 너무 힘을 준 느낌이 들어 떨어진다는 뜻임. ◆ 解云劈箭亦徒勞(해운벽전역도로) — '劈箭'은 灌溪和尙이 중에게 대답한 '劈箭急'을 말함. 화살보다 빠른 激流임. '徒勞'는 헛수고. 결국 '灌溪老, 힘을 주어 가며 잘난 체, 화살보다 빠른 急流 같은 禪機를 지녔다고 하지만 渡驢渡馬의 大慈悲에 비하면 공연한 헛수고'란 뜻임. 원오는 '猶較半月程'이라 착어하고 있다. 조주의 경지에 이르려면 보름 정도의 日程이 있어야 할 것이라는 말임.

원숙하고 숭고한 그의 도풍(道風)이여,
바다에 들어갔으면 큰 자라 잡아야지.
우습구나 이 무렵의 관계 노사(灌溪老師),
화살보다 빠른 급류도 헛수고일세.

제53칙

백장의 들오리
百丈野鴨子

마 대사(馬大師)는 제3칙에 나온 마조 도일 화상이다. 대사라고 한 점을 보아도 알 수 있듯이 선문(禪門)에서는 대기 대용(大機大用)의 인물로 알고 있다. 그리고 백장(百丈)은 앞에도 나왔지만(제26칙), 『백장청규(百丈淸規)』의 제정자인 유명한 백장 회해 화상(百丈懷海和尙)이다. 백장은 마조의 제자이며 그의 법을 이어받은 사람이다. 마조하(馬祖下) 84인이라 하여 마조는 많은 걸출한 제자를 배출하고 크게 강서(江西)에 선풍(禪風)을 떨쳤다. 그 중 이 백장(百丈)과 남전 보원 화상이 남달리 돋보인다. '본칙'에서 전개된 이야기는 백장이 아직 수행승으로 마조산(馬祖山)의 마조 화상 밑에 있을 때였다고 짐작한다.

垂示云, 徧界不藏, 全機獨露. 觸途無滯, 著著有出身之機. 句下無私, 頭頭有殺人之意. 且道, 古人畢竟向什麽處休歇. 試擧看.

주 ◆ 偏界不藏(편계부장) — 온 세계에 두루 있으므로 어느 한 곳에 묻혀 있지는 않음. (제13칙 '수시' 참조). ◆ 全機獨露(전기독로) — 모든 機用을 그대로 드러냄. 자기의 모든 것을 있는 그대로 다 드러냄. '偏界不藏, 全機獨露'의 主格인 至道라든가 大道 따위 말이 생략되어 있음. '偏界不藏'은 至道의 體에 대해, '全機獨露'는 至道의 用에 대해 말한 것임. ◆ 觸途無滯(촉도무체) — 어떤 경우에도 전혀 주저하지 않음. ◆ 著著有出身之機(착착유출신지기) — '著著'은 箇箇와 같으며 '어떤 사물에 대해서도'임. '出身之機'는 일체의 속박을 벗어나 자유자재로 활약하는 해탈의 경지임. ◆ 句下無私(구하무사) — 말을 하는 데에 私心이 없음. '至道에 의거하고 있음'임. ◆ 頭頭(두두) — 누구에게나. ◆ 有殺人之意(유살인지의) — 活殺自在의 妙用을 지니고 있음. 망상을 죽이고 번뇌를 죽이며 無明을 죽이고 私情을 죽이며 나아가서는 깨달음도 佛見도 法見도 모두 분쇄하여 '全機獨露'에 이르게 하는 것임. 禪者의 1언 1행에는 이처럼 '著著有出身之機'가 있어 남을 살리고 또 '頭頭有殺人之意'가 있어서 妄我를 말살하는 대역량을 지녀야 하는 것임. ◆ 休歇(휴헐) — '歇'은 쉴 헐. 다할 헐. '休歇'은 '일체의 번뇌 망상을 배제하고 不思量非思量의 경지에 안주함'임. '無事安樂의 大休息處'.

수시하기를, 지극한 도(至道)는 온 세계에 두루 미쳐 있으므로 어느 한곳에 묻혀 있지 않다. 있는 그대로를 고스란히 드러내고 있어서 어떤 경우에도 막히지 않는다. 무엇에나 자유자재로 응할 수 있는 해탈의 경지에 든 사람은 그 말에 사견(私見)이 없고 누구에게나 활살 자재(活殺自在)의 묘용을 발휘한다. 자 말해 보라. 옛 사람은 필경 어떤 경지에 편히 머물러 있었는가를! 그럼 다음 이야기를 살펴보라.

本則 擧. 馬大師, 與百丈行次, 見野鴨子飛過. 大師云, 是什麽. 丈云, 野鴨子. 大師云, 什麽處去也. 丈云, 飛過去也. 大師, 遂扭百丈鼻頭, 丈作忍痛聲. 大師云, 何曾飛去.

주 ◆ 與百丈行次(여백장행차) — 百丈을 거느리고 어디로 가는 도중에. ◆ 飛過(비과) — 하늘을 낢. ◆ 野鴨子(야압자) — '子'는 狗子 · 拄杖子의 子처럼 명사에 붙는 접미사임. '野鴨'은 들오리. ◆ 什麽處去也(습마처거야) — 어디로 갔는가? 제42칙에서 龐居士가 藥山을 떠날 때 마침 내리는 눈을 가리키며 '好雪片片, 不落別處'라 하니까 全禪客이 '그럼 어디로 떨어집니까?' 하고 반문했다. 龐居士는 全禪客의 따귀를 갈겨 落處를 가리켰다는 이야기가 나왔지만, 비슷한 경우임. ◆ 飛過去也(비과거야) — 저쪽으로 날아가 버렸음. 별로 목적지가 있어 그리로 날아간다기보다는 그저 날아가고 있었다는 뜻. ◆ 扭(뉴) — 누를 뉴. 비틀 뉴. ◆ 忍痛聲(인통성) — 참아도 너무 아파서 터져 나오는 울음소리. ◆ 何曾飛去(하증비거) — 어찌 아까 날아갔단 말이냐. 지금 여기 있지 않으냐! 이 구는 '何曾不飛去'와는 전혀 다른 어법임. '何曾飛去'는 어찌 날아갔다고 하느냐. 날아가 버리지 않았다는 뜻이고 '何曾不飛去'는 이미 날아가 버렸음을 뜻함.

마 대사가 백장을 거느리고 길을 가다가 날아가는 들오리를 보고 [불쑥] 말했다. "저게 뭐냐?" "들오리입니다." 백장이 대답하니까 마대사는 다시 "어디로 갔지?" 하고 물었다. "저쪽으로 날아가 버렸습니다." 백장의 이 대답에 마 대사는 느닷없이 백장의 코끝을 잡아 [힘껏] 비틀었다. 백장은 너무 아파 참을 수가 없어서 울음을 터뜨렸더니 마 대사가 "가긴 어딜 가! [여기 있지 않으냐!]" 하고 말했다.

頌 野鴨子, 知何許. 馬祖見來相共語, 話盡山雲海月情. 依前不會還飛去, 欲飛去, 却把住. 道道.

주 ◆ 野鴨子, 知何許(야압자, 지하허) — 들오리는 과연 어디로 가는 것일까? 馬祖가 '什麽處去也'라 한 말에 대한 구임. '何許'는 『晋書』의 '山公出何許'와 같으며 何處임. 즉 들오리의 실체가 무엇인지 아는 자가 세상에 몇이나 될까? 아마 많지 않으리라는 뜻. 한편 원오의 '著語'는 '成群作隊'라 하고 『碧巖集種電鈔』에는 '這野鴨子, 現千萬身百億無量身'이라 하여 '何許'를 '몇 마리나 되는가?'로 풀이하나 '본칙'의 이야기와 어긋나므로 여기서는 따르지 않음. ◆ 馬祖見來相共語, 話盡山雲海月情(마조견래상공어, 화진산운해월정) — 馬祖는 우주의 한구석에서 날아가는 들오리를 보고 그 들오리를 빌려 山雲海月의 情을 百丈과 함께 마음껏 나누려 했음. '山雲海月情'은 '우주의 아름다움', '자연의 妙機', 또는 '至道의 활동'이란 뜻. ◆ 依前不會(의전불회) — 백장이 마조의 마음을 깨닫지 못하고 '飛過去也'라니 그게 무슨 소리냐고 꾸짖은 것을 가리킴. 여전히 마조의 마음을 알아보지 못했음임. ◆ 欲飛去, 却把住(욕비거, 각파주) — 날아가려다 오히려 꽉 붙잡혔구나. 백장은 마조의 질문에 대해 '飛過去也'라고 받아넘긴 셈이지만, 마조에게 코끝이 잡혀 비틀리자 그만 얼이 빠진 꼴을 '欲飛去, 却把住'라 함. ◆ 道道(도도) — 자 말해 보라. 과연 코를 잡히고 뭐라고 할 수 있는가? 어디 말할 수 있으면 해 보라!

들오리 어디로 갔나? 산의 구름, 바다 위의 달 —
마조는 두루 그 정경(情景)을 말해 주었건만,
여전히 뜻을 모른 채 "날아갔다"니,
날려다 오히려 코를 잡혔네. 자 어디 말 좀 해 보라!

제54칙

운문 두 손을 불쑥 내밀다
雲門卻展兩手

또 운문 문언 화상(雲門文偃和尙)이 등장한다.

垂示云, 透出生死, 撥轉機關, 等閑截鐵斬釘, 隨處蓋天蓋地. 且道, 是什麼人行履處. 試擧看.

주 ◆ 透出生死(투출생사) — 생사를 빠져 나옴. 생사를 해탈함. ◆ 撥轉(발전) — '撥'은 다스림. '撥轉'은 활용 · 운용 · 발휘의 뜻. ◆ 機關(기관) — '작용'. 깨달음의 관문이나 수단, 즉 禪機. '撥轉機關'은 '佛祖向上의 선기를 自由無礙로 발휘함'임. ◆ 等閑(등한) — 아무렇게나 내버려둠. 여기서는 '쉽사리'란 뜻. ◆ 隨處蓋天蓋地(수처개천개지) — 천하 어디에서든지 그 자유로운 솜씨를 발휘함. ◆ 行履處(행리처) — '安住地'. (제1칙 '수시' 참조).

수시하기를, 생사를 초월하여 선기(禪機)를 발휘하면 손쉽게 무쇠도 못도 뚝뚝 끊고 천하 어디에서든지 자유로이 활동하게 된다. 자, 말해 보라. 어떤 사람이 그런 편한 곳에 있을 수 있는지를! 다음 이야기를 살펴보라.

本則 擧. 雲門問僧, 近離甚處. 僧云, 西禪. 門云, 西禪近日, 有何言句. 僧, 展兩手. 門, 打一掌. 僧云, 某甲話在. 門, 卻展兩手. 僧, 無語. 門, 便打.

주 ◆ 近離甚處(근리심처) — 요즘 어디 있다 왔나? (제10칙의 '본칙' 참조) ◆ 西禪(서선) — 蘇州의 西禪和尙. 그는 南泉普願의 제자이며 雪峰義存과 같은 시대의 禪僧임. ◆ 某甲(모갑) — 나, 소인 등을 뜻하는 제1인칭 단수 대명사. ◆ 話在(화재) — 할말이 있음. ◆ 卻展兩手(각전양수) — 雲門이 이번에는 두 손바닥을 펴서 앞으로 내밂. 중이 '某甲話在'라 하면서 轉機를 만들어 主客의 입장을 바꾸려 했으나 거기에 속을 운문이 아니므로 재빨리 主位를 차지하여 먼저 展兩手한 것임. 그야말로 티끌 하나 없는 '蓋天蓋地'의 경지를 보여 주었음. 이 때 중의 모양을 원오는 '駕與靑龍不解騎'라 着語하고 있음. 중은 靑龍을 타고 있으면서도 그 사실을 깨닫지 못함.

운문 화상이 찾아온 중에게 "요즘 어디 있다 왔나?" 하고 물었더니 그 중이 "서선 화상에게서 왔습니다" 하고 대답했다. 운문 화상은 "서선 화상은 요즘 무슨 말을 했나?" 하고 [다시] 물었다. 중이 말 대신 두 손을 불쑥 내밀었다. 곧 운문 화상은 한 대 때렸다. 중이 "제게도 할말이 있습니다" 하니까 이번에는 운문 화상이 두 손을 불쑥 내밀었다. 중이 그만 아무 대꾸도 못 하므로 운문 화상은 다시 한 대 때렸다.

頌 虎頭虎尾一時收, 凜凜威風四百州. 卻問不知太嶮. (師云, 放過一著.)

주 ◆ 虎頭虎尾一時收(호두호미일시수) — 호랑이 같은 중을 머리도 꼬리도 한꺼번에 거머쥐고 꼼짝 못 하게 함. ◆ 凜凜(늠름) — 위엄이 있음. ◆ 四百州(사백주) — 중국 전토. ◆ 卻問不知太嶮(각문부지태험) — 묻노니, 어디가 雲門의 아주 험준한 곳인가? '太嶮'은 너무 험준하여 보통 사람이 다가갈 수 없는 곳. ◆ 師云, 放過一著(사운, 방과일착) — 다음 한 구는 다른 사람이 말해 보라고 설두 화상이 덧붙임. 結句는 각자가 자기 역량으로 뭐라고 해 보라는 뜻. 이에 대해 원오는 '擊禪床一下'라 착어하고 있음. '나 같으면 禪床을 한 대 꽝 쳤겠다!'.

호랑이를 단숨에 사로잡아
위풍을 4백 주에 떨쳤네,
묻노니 어디가 그토록 험준한가?
(그 다음 한 마디는 너희가 하라!)

제55칙

도오와 점원의 문상

道吾漸源弔慰

도오(道吾)는 약산 유엄(藥山惟儼)의 법사(法嗣)이며 담주(潭州) 도오산(道吾山)에 주지한 원지 화상(圓智和尙. 769년~835년)이고, 점원(漸源)은 도오 원지(道吾圓智)의 제자인 담주 점원 중흥 화상(潭州漸源仲興和尙. 생몰년 미상)을 말한다. 또 석상(石霜)도 역시 도오의 제자이며 점원의 법형이 되는 석상 경제 화상(石霜慶諸和尙. 807년~888년)이다. 그리고 태원부(太原孚)는 태원(太原. 산서성 태원부) 태생의 ○부(孚)라는 불교학자이며 만년에 설봉 의존(雪峰義存)의 법사가 된 부상좌(孚上座)이다.

垂示云, 穩密全眞, 當頭取證, 涉流轉物, 直下承當. 向擊石火, 閃電光中, 坐斷誵訛, 於據虎頭, 收虎尾處, 壁立千仞, 則且置. 放一線道, 還有爲人處, 也無. 試擧看.

주 ◆ 穩密全眞(온밀전진) — '穩密'은 安穩綿密함이며 말이 미치지 못하는 세계, 무엇이라 설명할 수 없는 경지임. '全眞'은 '우주 전체의 眞相이 나타남'. ◆ 當頭取證(당두취증) — '當頭'는 直下(당장), '取證'은 證悟, 契悟(깨달음). 꽃을 보면 꽃, 버들을 보면 버들에서 우주의 참모습을 알아봄임. 여기까지를 把住, 즉 否定의 입장이라 함. ◆ 涉流轉物(섭류전물) — '涉流'는 '보고 듣는 사물을 자기 것으로 삼아 꽃을 보면 스스로 꽃이 되어 난만하게 피어나고 산을 대하면 스스로 산이 되어 높이 치솟은 채 부동의 모습을 나타냄'임. '轉物'은 '하나하나의 대상에 사로잡히지 않고 그 대상들을 살려서 활동시켜 그것들을 본바탕의 風光으로 받아들임'임. 결국 이 구는 '放行'이며 긍정적인 입장임. ◆ 直下承當(직하승당) — '直下'는 '당장에'. '承當'은 證悟. 앞 구의 '하나하나의 대상물을 있는 그대로 포용하고 살려서 활용하는' 그런 차별이 본래의 모습이라고 받아들이는 것이 '直下承當'임. ◆ 擊石火, 閃電光(격석화, 섬전광) — 부싯돌이 반짝, 번갯불이 번쩍 하는 정도의 빠른 속도로. ◆ 坐斷誵訛(좌단효와) — '誵訛'는 제40칙 '수시'에 나온 것과 같으며 과실 · 결점. '坐斷'은 제8칙 '수시'에 나온 것과는 달리, 타파함, 없애 버림임. 결점을 없애 버림. 禪者의 솜씨를 말한 것임. ◆ 壁立千仞(벽립천인) — 치솟은 벼랑처럼 근접하기 어려움. 독자적인 경지에 있음. ◆ 放一線道(방일선도) — 한 줄기 좀 쉬운 방편의 길을 열어 第二義門으로 내려감. (제45칙 '수시' 참조). ◆ 爲人處(위인처) — 사람들을 위해 일함. 중생 제도를 위해 일함.

수시하기를, 무엇이라 말로 설명할 수 없는 [선(禪)의] 경지에 우주의 참모습이 나타난다. [그런 경지에 있으면] 눈앞에 펼쳐지는 만물에서 우주의 참모습을 보며, 보고 듣는 사물을 내 것으로 삼아 모두 활용하여 온갖 차별을 그대로 다 받아들이게 된다. 그러면 부싯돌이 반짝, 번갯불이 번쩍 하는 순간에도 잘못을 없애 버리고 호랑이 대가리에 올라앉아 꼬리를 거머쥐며 천길 벼랑 위의 아득한 경지에 있게 된다. 그건 그렇다 하고, 한 줄기 길을 열어 중생을 위해 일할 만한 곳이 있느냐 없느냐? 다음 이야기를 살펴보라.

本則 擧. 道吾, 與漸源, 至一家弔慰. 源, 拍棺云, 生邪死邪. 吾云, 生也不道, 死也不道. 源云, 爲什麽不道. 吾云, 不道, 不道. 回至中路, 源云, 和尙, 快與某甲道. 若不道, 打和尙去也. 吾云, 打卽任打, 道卽不道. 源, 便打. 後, 道吾遷化. 源, 到石霜, 擧似前話. 霜云, 生也不道, 死也不道. 源云, 爲什麽不道. 霜云, 不道不道. 源, 於言下有省. 源, 一日將鍬子, 於法堂上, 從東過西, 從西過東. 霜云, 作什麽. 源云, 覓先師靈骨. 霜云, 洪波浩渺, 白浪滔天. 覓什麽先師靈骨. (雪竇著語云, 蒼天蒼天.) 源云, 正好著力. 太原孚云, 先師靈骨猶在.

주 ◆ 至一家弔慰(지일가조위) — 어떤 초상집에 弔問하러 감. ◆ 拍棺(박관) — 관을 두들김. ◆ 生邪死邪(생야사야) — 살아 있느냐, 죽었느냐? 원오는 이 구에 대해 '好不惺惺. 這漢猶在兩頭'라 착어하고 있음. '잠꼬대 말아, 그런 너는 살아 있는지 죽어 있는지 아느냐? 이 사나이 그럴 듯한 소리는 했지만 生과 死, 두 길에 걸쳐 있구나!'. ◆ 回至中路(회지중로) — 돌아오는 도중에. ◆ 快與某甲道(쾌여모갑도) — '快'는 급속의 뜻. '빨리 제게 말해 주십시오'. ◆ 遷化(천화) — 죽음. ◆ 擧似(거사) — '擧示'와 같으며 말해 줌. 들려줌. ◆ 鍬子(초자) — 가래. 농기구의 하나. '子'는 접미사. ◆ 覓什麽(멱습마) — '覓'은 구할 멱. 다음의 '先師靈骨'에 대한 의문 형용사임. '先師의 무슨 사리(靈骨)를 찾느냐?'는 뜻. ◆ 洪波浩渺, 白浪滔天(홍파호묘, 백랑도천) — '渺'는 아득할 묘. '滔'는 창일한 도, 넘침. 대해의 큰 파도가 출렁이며 흰 물결이 하늘에 넘침. 先師의 靈骨이 전 우주에 충만해 있다는 뜻. ◆ 蒼天蒼天(창천창천) — '蒼天'은 푸른 하늘. '蒼天蒼天' 하고 겹쳐서 숙어가 되었을 때는, 悲哀 · 感傷을 나타내는 間投辭임. '아 슬프구나, 슬퍼'. ◆ 正好著力(정호착력) — '好'는 可. '著'은 顯揚 · 表彰. 先師의 은혜에 보답하려고 있는 힘을 다해 이렇게 애쓰고 있음. ◆ 猶在(유재) — 아직 여기 있음. '도오 화상의 靈骨은 아직 여기 있음'.

도오 화상이 점원을 데리고 상가에 문상을 갔다. 점원이 [상가에 들어가더니] 관을 두들기며 "살아 있습니까, 죽었습니까?" 하고 물었다. 도오 화상은 "살았다고도 못 하고 죽었다고도 못 한다" 하고 대답했다. 점원이 "어째 못 합니까?" 하고 다그치자 도오 화상은 "못 하지, 못 해"라고만 했다. 돌아오는 길에 점원이 "스님, 빨리 말씀해 주십시오. 만약 말씀해 주시지 않으면 스님을 치겠습니다" 하고 말했다. 도오 화상은 "치고 싶으면 쳐도 좋지만 [살았느냐 죽었느냐 하는 문제에 대해] 할말은 없다"고 대답하므로 점원은 한 대 쳤다. 그 후 도오 화상이 죽어서 점원은 석상 화상을 찾아갔다. 그리고 이전 이야기를 꺼냈다. 그랬더니 석상 화상도 "살았다고도 못 하고 죽었다고도 못 한다"고 했다. 점원이 "어째서 못 합니까?" 하고 물으니까 석상 화상은 "못 하지, 못 해" 하고 대답했다. 점원은 그 말에 당장 깨우침을 얻었다. 어느 날 점원이 가래를 들고 법당 위에 올라가 이리저리 왔다갔다했다. 석상 화상이 "뭣 하는 짓이냐?" 하고 물으니까 "돌아가신 스님의 사리를 찾고 있습니다" 하고 점원은 대답했다. 석상 화상이 "온 천지가 스님의 사리로 가득 찼는데 무슨 사리를 또 찾는단 말이냐?" 하고 물었다. (설두가 끼여들어 "아, 슬프구나, 슬퍼!"라고 착어했다.) 점원은 "스님의 은혜에 보답하려고 이렇게 애쓰고 있습니다" 하고 대답했다. [나중에] 태원의 부상좌(孚上座)가 "스님의 사리는 아직 여기 있지 않소!" 하고 덧붙였다.

頌 兎馬有角, 牛羊無角. 絶毫絶釐, 如山如嶽. 黃金靈骨今猶在, 白浪滔天何處著. 無處著, 隻履西歸曾失卻.

주 ◆ 兎馬有角, 牛羊無角(토마유각, 우양무각) — '不道, 不道'를 노래한 구임. 토끼나 말에는 뿔이 없을 텐데 있다 하고 소나 양에게는 의당 뿔이 있지만 없다고 함. 관 속에 들어간 사람은 죽었을 텐데 살았다고 할 수 없고 죽었다고도 할 수 없다니, 토끼와 말에 뿔이 있고 소와 양에게 뿔이 없다는 것과 같지 않은가! 그러나 깨달음의 경지에 이르면 어찌 살았다고 하고 죽었다고 할 수 있으랴…. ◆ 絶毫絶釐, 如山如嶽(절호절리, 여산여악) — '毫'는 짐승의 가을 털, '釐'는 小數의 하나이며 1의 100분의 1. 둘 다 '아주 미세함'임. 이런 것들을 없애 버려 티끌 하나 없음이 '絶毫絶釐'임. '如山如嶽'은 하늘에도 땅에도 가득 찰 만큼 우람하고 높이 치솟은 산악과 같다. 결국 생사의 本體, 우주의 참 생명은 없다면 無形無相이어서 아무것도 없지만, 있다면 明歷歷, 露堂堂 어디에든 그것 아닌 것이 없음을 노래함. 鑑智僧璨의 『信心銘』에 '極小同大, 忘絶境界, 極大同小, 不見邊表. 有卽是無, 無卽是有'라고 하는 경지임. ◆ 何處著. 無處著(하처착, 무처착) — 어디다 둘까? 둘 데가 없다. 道吾和尙의 舍利(個性)는 죽음과 함께 온 우주에 널려 法界에 가득 차 있으니 어떤 특정한 곳에 놓아둘 수가 없다는 뜻임. ◆ 隻履西歸曾失卻(척리서귀증실각) — '隻履'는 신 한 짝. 달마는 죽은 뒤 熊耳山의 吳坂에 묻힌 줄 알았으나 어느새 신 한 짝을 들고 인도로 돌아갔다는 전설에서 나온 말임. 그러나 인도에도 달마를 만났다는 사람은 없이 자취를 감추고 말았다는 뜻. 정말 달마인 道法은 중국에 온 일도 없고 인도로 돌아간 일도 없음. 본래 生死去來의 相이 없는 것임.

있다 없다 다툴 것 없네,
없다면 티끌 하나 없고 있다면 우람하고 그득해.
금빛 사리는 지금도 있네만,
출렁이는 파도에 어디다 두랴.
이 세상 천지 둘 데란 없다.
달마는 서녘으로 간 채 소식 없어라!

제56칙

흠산의 화살 하나로 관문 셋 뚫기

欽山一鏃破三關

흠산(欽山)은 암두(巖頭)나 설봉(雪峰)과 절친한 사이여서 언제나 셋이 함께 곳곳을 수행하고 다녔다는 흠산 문수 화상(欽山文邃和尙)을 말한다. 그는 동산 양개 화상(洞山良价和尙)의 법사이고 27세 때 예주(澧州) 흠산에 들어가 선거(禪居)를 정했다는 사실밖에는 언제 태어나고 죽었는지 기록이 없다. 그리고 양선객(良禪客)은 거량(巨良)이라는 선객(禪客)이며 나중에 선승이 되었다는 정도밖에 역시 알 수 없다.

垂示云, 諸佛不曾出世, 亦無一法與人, 祖師不曾西來, 未嘗以心傳授. 自是時人不了, 向外馳求, 殊不知, 自己脚跟下, 一段大事因緣, 千聖亦摸索不著. 只如今, 見不見, 聞不聞, 說不說, 知不知, 從什麽處得來. 若未能洞達, 且向葛藤窟裏會取. 試擧看.

㈜ ◆ 諸佛不曾出世, 亦無一法與人(제불부증출세, 역무일법여인) — 諸佛은 아

직 세상에 나타난 일이 없고 또 佛法을 사람들에게 베푼 일도 없음. '참된 자기란 諸佛이 이 세상에 나타난 것과는 아무 상관이 없음'임. ◆ 祖師不曾西來, 未嘗以心傳授(조사부증서래, 미상이심전수) — 달마가 멀리 인도에서 중국으로 건너와 直指人心, 見性成佛의 禪을 전한 일이 없음. '마음'이란 달마가 중국에 오기 전부터 천하에 두루 있었고 사람들 마음에 본래부터 갖추어져 있어 왔음. ◆ 自是時人不了, 向外馳求(자시시인불료, 향외치구) — 이러한 도리를 요즘 사람들은 알지 못하므로 공연히 이곳저곳 밖을 향해 좇아다니며 구하고 있음. ◆ 殊不知, 自己脚跟下(수부지, 자기각근하) — 특히 자기의 발밑을 살펴 알지 못하면. '참된 자기란 자기 눈으로 보고 자기 코로 냄새를 맡지 않으면'의 뜻. '跟'은 발꿈치 근. ◆ 一段大事因緣(일단대사인연) — 한층 중요한 인연. '因緣'은 『法華經』 方便品 제2에 '諸佛世尊, 唯以一大事因緣故. 出現於世'라 나오지만, 解脫이나 大悟의 導因이 되고 緣由가 됨을 뜻함. ◆ 千聖亦摸索不著(천성역모색불착) — 어느 성현도 그 一段大事因緣을 더듬어 찾아내 줄 수가 없음. 현실의 자기를 초월하여 근원적인 참 자기로 돌아가는 일은 각자 스스로 체험해야 한다는 뜻. ◆ 只如今(지여금) — 지금과 같은 경우, 이러한 경우. ◆ 見不見, 聞不聞, 說不說, 知不知, 從什麽處得來(견불견, 문불문, 설불설, 지부지, 종습마처득래) — 보려 해도 보이지 않고 들으려 해도 들리지 않으며 말하려 해도 말할 수 없고 알려 해도 알 수 없는 그 '摸索不著'의 禪을 대체 어떻게 하면 얻을 수 있겠는가? ◆ 洞達(통달) — 철저하게 이해함. ◆ 葛藤窟裏(갈등굴리) — 글이나 말로 이러쿵저러쿵 따질 때의 그 글과 말. ◆ 會取(회취) — 會得 · 理解.

수시하기를, 제불(諸佛)은 세상에 나와 사람들에게 불법을 베풀지 않았고 달마도 멀리 인도에서 건너와 이심전심(以心傳心)의 선(禪)을 전한 일이 없다. 이러한 도리를 요즘 사람들이 알지 못하고 공연히 밖으로만 좇아 다니며 특히 자기 발밑에 중요한 인연이 있음을 알지 못하니 어느 성현(聖賢)도 그것을 찾아내 줄 수가 없다.

이런 때 보려 해도 안 보이고 들으려 해도 안 들리며 말하려 해도 말 못 하고 알려 해도 알지 못하는 선의 경지를 어떻게 하면 얻을 수가 있을까? 만약 내 말로도 분명하게 알 수 없다면 옛사람의 말 속에서나 터득해 보아야 한다. 다음 이야기를 살펴보라.

本則 擧. 良禪客, 問欽山, 一鏃破三關時如何. 山云, 放出關中主, 看. 良云, 恁麼則知過必改. 山云, 更待何時. 良云, 好箭放, 不著所在. 便出. 山云, 且來闍黎. 良回首. 山把住云, 一鏃破三關, 卽且止. 試與欽山發箭, 看. 良擬議. 山打七棒云, 且聽, 這漢疑三十年.

주 ◆ 一鏃破三關時如何(일촉파삼관시여하) — 화살 하나로 세 개의 관문을 뚫었는데 어떻습니까? 한 마디로 '일체의 葛藤 · 衆流를 截斷해 버리듯, 禪의 온갖 관문을 통과한 대인물이 나타났다면'. ◆ 放出關中主(방출관중주) — 그렇다면 관문 안의 주인공을 쏘았을 테지, 그놈을 여기 내놓아 보라! ◆ 看(간) — 한 번 보자. 구경 좀 하자. 원오는 '主山高按山低'라 착어하고 있음. 높은 산은 높고 낮은 산은 낮음. 이것이 關中 주인공의 모습이라는 뜻임. ◆ 知過必改(지과필개) — 잘못을 알았으니 꼭 고치겠음. 關中의 주인공을 쏘아 맞히지 못했으니 다시 한 번 쏘겠습니다. ◆ 更待何時(갱대하시) — 다시 또 어느 때를 기다리겠는가? 곧 다시 기다릴 것 없이 지금 당장 해보라. ◆ 好箭放, 不著所在(호전방, 불착소재) — 일껏 화살을 잘 쏘았는데, 그것이 어디가 박혔는지도 모른다. ◆ 且來(차래) — '잠깐 기다려라', '잠깐 오라'. ◆ 把住(파주) — 움켜잡음. ◆ 卽且止(즉차지) — 잠시 그대로 둠. 그런대로 괜찮음. (제13칙 '수시' 참조). ◆ 擬議(의의) — 주저함. ◆ 且聽, 這漢疑三十年(차청, 저한의삼십년) — '聽'은 기다릴 청. '待'와 같음. '且聽'은 '두고 봐라'.

이 구는 '두고 봐라 이 녀석, 30년쯤 지나면 의문이 풀릴 게다'라는 뜻. 여기서 원오는 '這箇棒合是欽山喫'이라 착어하고 있음. 그 방망이로 바로 흠산을 때려 줬어야 할 걸! 또 '평창'에도 '當時這僧, 若是箇漢, 欽山也大嶮'이라 말하고 있음. 당시 만약 상대자가 상당한 인물이었다면 흠산도 위험했으리라는 것.

양선객(良禪客)이 흠산 화상에게 물었다. "화살 하나로 관문 셋을 뚫었는데 어떻습니까?" 흠산 화상이 "그 관문 속의 주인을 끌어내라, 어디 구경 좀 하자"고 대답했다. 양선객은 즉시 "관문 속의 주인은 못 맞혔습니다. 다시 한 번 쏘도록 하겠습니다" 하고 말하자 흠산은 "그럼 딴 때를 기다릴 것 없이 지금 당장 쏘아 보라"고 했다. 양선객도 지지 않고 "화살은 잘 쏘았건만 어디 가 꽂혔는지를 모르다니! [그런 사람에게 무슨 말을 해도 소용없지]" 하고는 나가려 했다. 흠산이 "잠깐, 스님!" 하고 부르니까 양선객이 돌아보았다. 순간, 흠산은 그의 멱살을 움켜잡으며 "화살 하나로 관문 셋을 뚫은 건 그렇다 치고, 어디 나를 한번 쏘아 보라!" 하고 다그쳤다. 양선객이 그만 머뭇거리자 흠산은 방망이로 딱딱 일곱 번을 후려치고는 말했다. "두고 봐라 이 녀석, 한 삼십 년쯤 공부해야 알게 될 게다!"

頌 與君放出關中主. 放箭之徒莫莽鹵. 取箇眼兮耳必聾, 捨箇耳兮目雙瞽. 可憐一鏃破三關. 的的分明箭後路. 君不見, 玄沙有言

兮, 大丈夫先天爲心祖.

주 ◆ 與君放出關中主(여군방출관중주) — 자, 너에게 關中의 주인공을 꺼내 주겠다. ◆ 放箭之徒(방전지도) — 활을 쏘는 자. 良禪客처럼, 활 쏘기를 좋아하는 선객의 무리. ◆ 莫莽鹵(막망로) — '莽鹵'는 '조잡함', '되는 대로'임. '莫莽鹵'는 '되는 대로 함부로 하지 말라'. '정신 차려서 잘 쏘라'. ◆ 取箇眼兮耳必聾, 捨箇耳兮目雙瞽(취개안혜이필롱, 사개이혜목쌍고) — 눈에 주의하다 보면 귀가 안 들리고 귀에 치우치면 안 된다 하여 그 귀를 잊으려 하면 눈이 안 보이게 됨. 그래서 取捨를 떠난 天地一如의 경지에 들어가면 눈이 멀고 귀가 막혀서 取捨도 分別도 없는 세계를 터득하게 됨. 바로 여기에 關中의 주인공이 있다고 할까? ◆ 可憐(가련) — 여기서는 '불쌍하다'가 아니라 '좋다', '멋있다'는 뜻. ◆ 的的分明箭後路(적적분명전후로) — '的的'은 分明의 정도를 나타낸 부사. 화살이 지나간 자국은 분명하다는 뜻. 良禪客이 '一鏃破三關時如何'라고 한 쏜살같은 화두가 명백하게 보인다는 말임. ◆ 玄沙(현사) — 玄沙師備(제22칙 참조). ◆ 大丈夫先天爲心祖(대장부선천위심조) — 一鏃破三關底의 대장부라면 禪의 극치인 마음, 一切萬物을 낳는 마음, 그 마음조차도 초월한 마음의 祖라 할 수 있음. 이러한 대장부가 關中의 주인공임. '大丈夫'는 『孟子』 滕文公 下의 '富貴不能淫, 貧賤不能移, 威武不能屈, 此之謂大丈夫'와 같음. 여기서는 대역량을 지닌 사람, 비범한 禪僧. 이 구에 대해 원오는 '평창'에서 '大丈夫先天爲心祖. 玄沙常以此語示衆, 此乃是歸宗有此頌. 雪竇誤用爲玄沙語'라 하여, 본래 廬山 歸宗寺에 살던 歸宗智常의 頌으로 봄.

자 나간다 관중주, 한눈 팔지 말고 잘 겨누라,
눈에도 귀에도 치우치지 말고….
좋구나, 한 화살에 셋을 꿰다니,
화살 간 자국이 뚜렷하다네….

그대는 모르는가 현사의 이 말,
"대장부의 마음은 하늘보다 먼저니라!"

제57칙

조주가 꾸짖기를 "이 촌놈아, 분별심이 어디 있느냐!"

趙州田庫奴

조주 종심 화상(趙州從諗和尙)의 일화이다. 이 칙은 제2칙 조주지도무난(趙州至道無難), 제58칙 조주분소불하(趙州分疎不下), 제59칙 조주지저지도(趙州只這至道) 등과 내용이 아주 비슷하여 4편의 공안을 함께 연구해야 한다.

垂示云, 未透得已前, 一似銀山鐵壁, 及乎透得了, 自己元來是鐵壁銀山. 或有人問且作麽生, 但向他道, 若向箇裏, 露得一機, 看得一境, 坐斷要津, 不通凡聖, 未爲分外. 苟或未然, 看取古人樣子.

㊟ ◆ 未透得已前(미투득이전) — 도의 요점(지극한 도)에 이르는 난관을 통과하지 못했을 때. ◆ 一似銀山鐵壁(일사은산철벽) — 그 지극한 도가 銀山鐵壁처럼 보임. '一似'는 '마치 ~와 같다'임. ◆ 問且作麽生(문차자마생) — 지극한 도를 어째서 銀山鐵壁처럼 여기는가 하고 묻는다면. ◆ 向箇裏(향개리) — 지극한 도의 경지에서. ◆ 露得一機(노득일기) — 一機略을 드러냄(露呈). 지극한

도에 의거한 禪機를 발휘함. ◆ 看得一境(간득일경) — 어떤 것을 통해서 지극한 도를 깨달음. 靈雲이 桃花를 보고 깨닫고 香嚴이 대나무 부딪는 소리로 大悟한 것과 같은 행위. ◆ 坐斷要津(좌단요진) — 선의 가장 중요한 渡船場이라고나 할 要所를 차지함. ◆ 不通凡聖(불통범성) — 범부도 성인도 접근을 못하게 함. 壁立千仞의 경지에 있음. ◆ 分外(분외) — 非凡・絶倫, 있을 수 없는 일. '未爲分外'는 '아무것도 아닌 일'. ◆ 苟或未然(구혹미연) — 만약 아직 그렇지 못한 자가 있다면.

수시하기를, 아직 지극한 도(至道)의 요점을 터득 못 했을 때는 그것을 마치 은산철벽(銀山鐵壁)처럼 [까마득하게] 보지만 일단 터득하고 나면 자기 자신이 본래부터 철벽은산[인 지극한 도]임을 깨닫는다. 혹시 어느 누가 왜 그러냐고 물으면 그에게 이렇게 말해 주리라. 만약 그런 경지에서 조그만 일로도 선기(禪機)를 발휘하고 하찮은 것을 통해서도 지극한 도를 깨닫는다면 선의 요소(要所)를 차지한 채 성인도 범인도 얼씬 못 하게 하는 일쯤 식은 죽 먹기이다. 혹 그렇지 못한 자가 있으면 옛사람의 [다음과 같은] 거동을 잘 살펴 두라.

本則 擧. 僧問趙州, 至道無難, 唯嫌揀擇, 如何是不揀擇. 州云, 天上天下唯我獨尊. 僧云, 此猶是揀擇. 州云, 田庫奴, 什麽處是揀擇. 僧, 無語.

주 ◆ 至道無難, 唯嫌揀擇, 如何是不揀擇(지도무난, 유혐간택, 여하시불간택)

— 지극한 大道를 실천하기는 어렵지 않다, 다만 이것저것 분별하는 분별심만 없으면 된다고 스님께서 늘 말씀하시는데, 그럼 분별을 하지 않는다는 것은 무엇입니까? (제2칙 '본칙' 참조) ◆ 天上天下唯我獨尊(천상천하유아독존) — 小乘佛敎는 이 말을 '불타 자신'에 관한 표현으로 보나, 大乘佛敎에서는 불타가 인간 각자의 개성(佛性)이 절대적으로 가치 있음을 선언했다고 이해함. 결국 이 세상에 존재하는 사물은 모두가 절대이며 無難한 至道의 모습 아닌 것이 없음. 존재는 揀擇 · 不揀擇을 초월한 實相이며 唯佛與佛의 세계임. 영국의 시인 포오프(Alexander Pope)가 노래한 'Whatever is, is right'의 경지임. ◆ 田庫奴(전고노) — 촌놈. 시골뜨기. 원오는 '山崩石裂'이라고 착어함. 조주의 기세가 산이 무너지고 돌이 부서져 나가는 듯하다는 뜻임.

한 중이 조주 화상에게 물었다. "지극한 도는 어렵지 않다, 다만 분별심이 없어야 한다고 합니다만 그 분별심이 없어야 한다는 것은 무엇입니까?" 조주 화상은 "천상천하 유아독존" 하고 대답했다. 중이 다시 "그것도 하나의 분별심이 아닙니까?" 하고 따지니까 조주 화상은 "이 촌놈아, 분별심이 어디 있느냐!" 하고 크게 꾸짖었다. [그만 얼이 빠진] 중은 아무 대답을 못 하고 잠자코 있었다.

頌 似海之深, 如山之固. 蚊蝱弄空裏猛風, 螻蟻撼於鐵柱. 揀兮擇兮, 當軒布鼓.

주 ◆ 似海之深, 如山之固(사해지심, 여산지고) — 조주가 '天上天下唯我獨尊'이라 하고 '田庫奴'라 꾸짖은 모양은 圓轉無礙하여 그 경지가 깊은 바다와 같고 확고부동한 산과도 같음. 조주의 심원한 식견과 숭고한 道風을 칭찬한 말임. ◆ 蚊虻弄空裏猛風(문맹롱공리맹풍) — 모기나 등에는 바람이 없을 때는 제법 하늘에서 앵앵대지만 사나운 바람만 불면 대번에 날려가 버림. ◆ 螻蟻撼於鐵柱(누의감어철주) — 땅강아지나 개미는 썩은 나무 따위에 구멍을 뚫지만 鐵柱에는 어쩔 수가 없음. '螻'는 땅강아지 루. '撼'은 흔들(릴) 감. 이상 2구는 暴風이나 鐵柱 같은 老趙州에게 모기·개미 같은 중이 덤벼든다는 짓부터가 애당초 무리라는 뜻. ◆ 揀兮擇兮(간혜택혜) — 揀이니 擇이니. 揀擇이니 不揀擇이니 함. 즉 老趙州 앞에서 揀擇, 不揀擇함. ◆ 當軒布鼓(당헌포고) — 난간에 매달아 놓은 헝겊으로 바른 북. 가죽으로 바르지 않았으므로 소리가 나지 않음. 조주의 원숙한 無心의 경지를 말한 것임. 그 경지는 不揀擇의 揀擇, 無分別의 分別이라고도 할 수 있음.

조주의 그 경지 바다 같고 산 같아라.
큰 바람, 쇠말뚝을 모기·개미가 어쩌랴!
간택(揀擇)이네 분별(分別)이네, 소리 안 나는 북일세.

제58칙

조주가 대답하기를 "아직 뭐라고 해야 할지 모르겠네"

趙州分疎不下

조주 종심 화상의 '지도무난'에 관한 문답은 이것으로 세번째가 된다. 조주는 감지 승찬(鑑智僧璨)의 『신심명(信心銘)』에 나오는 이 문구가 무척 마음에 들어 항상 '지도무난, 유혐간택'을 뇌까렸다 한다.

本則 擧. 僧問趙州, 至道無難, 唯嫌揀擇, 是時人窠窟否. 州云, 曾有人問我, 直得五年分疎不下.

주 ◆ 是時人(시시인) — '時人'은 요즘 사람, 또는 요즘 禪僧들. 그러나 중은 세상 사람들의 기호 따위를 문제삼지 않으므로 여기서는 조주를 가리킴. '是'는 '至道無難, 唯嫌揀擇'을 가리킴. ◆ 窠窟(과굴) — 소굴. '窠'는 보금자리 과. '窟'은 굴 굴. '至道無難, 唯嫌揀擇'(지극한 도는 어렵지 않다, 다만 분별심이 없어야 한다)이라는 三祖의 『信心銘』 첫머리의 이 1구는 '조주 화상의 소굴이 아니오? 당신은 그곳에 머문 채 오도가도 못하고 있는 게 아니오?'라는 뜻. 번뇌나 망상만이 '과굴'이 아님. 깨달음도 학문도 역시 그러함. 지식이나 과학은

근대인이 빠져 버린 과굴이 아닐까? ◆ 曾有人問我, 直得五年分疎不下(증유인문아, 직득오년분소불하) — 5~6년 전에 같은 질문을 받았지만 아직도 난 좋은 대답이 떠오르지 않는다네. '分疎不下'는 分別辨疎도 내리지 못함. 곧 '변명할 수가 없음'임. '直'은 다만(但). '得'은 밑의 不에 걸리는 자이며 '不得'으로 풀이해야 함. '五年'은 윗 구의 '曾有人問我'의 일이 있은 때부터의 시간을 말함. 꼭 5년을 뜻한다기보다 그저 '오랫동안' 정도임. '평창'도 '趙州在窠窟裏答他, 在窠窟外答他'라고 평하고 있음. 글쎄 조주에게는 애당초 안도 밖도 窠窟이란 없었을 텐데…. 옛날 龐居士의 일가가 이 至道無難, 唯嫌揀擇의 문제를 논한 일이 있다. 먼저 거사가 '無難이라고 하지만, 천만에! 대단한 難問이다. 기름이 든 통을 백 개쯤 하나의 나무 위에다 끌어올려 놓는 것만큼 힘든 거야' 하자 그의 아내가 '아뇨, 그렇지 않아요. 그렇게 쉬운 것도 없다우. 왜냐하면 이 세상의 만물은 모두 부처님인 걸요!' 하고 남편과는 반대 의견을 내놓았다. 이윽고 딸이 말했다. 이 딸은 아버지 못지않게 禪의 경지를 터득하고 있어서 靈照尼라고 불리는 이름난 여자이다. '그건 어렵지도 않고 쉽지도 않아요, 밥 때가 되면 밥 먹고 차가 나오면 차를 마시는 것, 그거예요.' 至道無難을 나누어 말한다면 이런 여러 면이 있을지 모른다.

한 중이 조주 화상에게 "지극한 도는 어렵지 않다, 다만 분별심이 없어야 한다고 늘 말씀하시는데 그건 스님이 좋아하[여 빠져 있]는 소굴이 아닙니까?" 하고 물었다. 조주 화상은 "한 5년쯤 전에도 같은 질문을 받았다만 아직 뭐라고 해야 할지 모르겠네" 하고 대답했다.

頌 象王嚬呻, 獅子哮吼. 無味之談. 塞斷人口. 南北東西, 烏飛兎走.

주 ◆ 象王嚬呻, 獅子哮吼(상왕빈신, 사자효후) — '象王'은 여러 코끼리를 지도하는 큰 코끼리(大象)이지만 佛典 속에서는 諸佛 또는 보살을 나타내는 말임. '獅子'도 佛典 속에서는 96종의 外道를 쳐 물리친 불타의 表示語로 쓰이고 있음. '嚬呻'은 본래 '찡그리고 신음함'이나, 여기서는 지쳤을 때 '하품을 하거나 기지개를 켬'임. (『祖庭事苑』 제2권 참조) '哮吼'는 『證道歌』의 '獅子兒衆隨從, 三歲便能大哮吼'와 같음. 이상은 조주를 두고 한 말임. 조주의 '五年分疎不下'라는 대답에는 이렇듯 두려운 위력이 담겨 있다는 것임. ◆ 無味之談(무미지담) — 조주의 대답은 코끼리의 하품, 사자의 울부짖음 같기도 하지만 그 맛을 알 수가 없음. 이 '無味한 말'이야말로 趙州禪의 老熟한 깊은 맛임. ◆ 塞斷人口(색단인구) — 질문자를 꼼짝 못하게 만듦. ◆ 南北東西, 烏飛兎走(남북동서, 오비토주) — 글자 그대로 '까마귀나 토끼가 동서남북 어디로든 다 달려간다'이지만, 이 이면에는 '金烏(日)와 玉兎(月)가 우주(남북동서)를 운행하는 곳에 至道無難의 사실이 활약하고 있다'는 뜻이 있음. '南北東西'는 '烏'와 '兎'라는 글자에서 연상된 구임. 원오는 이 4언 2구 밑에 '一時活埋'라 착어하고 있음. 공연히 至道만 내두르면 한꺼번에 생매장해 버리겠다는 말임.

코끼리의 하품 사자의 울부짖음,
아무 뜻도 없는 이 소리에 말문들이 막혀 버려….
동서남북 까마귀 날고
토끼 뛰는 곳, 도(道) 아닌 것 없어라!

제59칙

조주가 말하기를 "그렇다, 지극한 도는 어렵지 않다"
趙州只這至道

조주가 얼마나 재기 발랄하며 원숙한 선사였는가 하는 것은 지금까지의 여러 공안에서도 충분히 엿볼 수 있지만, 또 이런 재미있는 일화가 있다. 어느 노파가 사람을 시켜 조주에게 보시(布施)를 들려 보내면서 양(梁)의 부대사(傅大士)가 고안해 낸 윤장[輪藏 — 회전식의 일체장경함(一切藏經函)]을 전독(轉讀)해 달라고 부탁했다. 그러나 조주는 보시를 받고 앉아 있던 선상(禪牀)에서 내려오더니 제 몸을 한 바퀴 빙그르르 돌리고 나서 심부름 온 자에게 "돌아가 노파에게 일체장경의 전독은 끝났다고 전해 주시오"라고 말했다. 이 이야기는 『오등회원(五燈會元)』 제4권 '조주관음원종심선사(趙州觀音院從諗禪師)' 장에 나온다.

垂示云, 該天括地, 越聖超凡, 百草頭上, 指出涅槃妙心, 干戈叢裏, 點定衲僧命脈. 且道, 承箇什麽人恩力, 便得恁麽. 試擧看.

주 ◆ 該天括地(해천괄지) — '該'는 包含 · 該通. '括'은 結束 · 包括. 하늘과 땅을 포괄함. 결국 지극한 도(至道) 자체를 가리킨 말로서 이 세상에 지극한 도 아닌 것이 없다는 뜻임. ◆ 越聖超凡(월성초범) — 凡聖 · 賢愚의 差別相을 초월하여 절대와 하나가 됨. ◆ 百草頭上, 指出涅槃妙心(백초두상, 지출열반묘심) — 어느 풀잎에서이든 '至道'를 볼 수 있음. '涅槃妙心'은 不生不滅의 妙心, 영원불멸의 佛心. 여기서는 '지극한 도'. '지극한 도는 이름 모를 잡초 위에도 역력히 그 모습을 드러내고 있음'. '涅槃'은 본래 산스크리트어인 'Nirvana'의 音譯語이며 지극한 도의 실체라고 생각하고 있는 佛性 · 眞如 · 法性 등과 동의어임. '指出'은 '拈出', '드러냄'임. ◆ 干戈叢裏(간과총리) — '干'은 방패 간. '戈'는 창 과. 무기가 잔뜩 쌓인 싸움터. '禪의 法戰場에'. '禪의 치열한 문답 속에서'. ◆ 點定(점정) — 點檢判定의 약어. 사물을 검사하고 그 가치를 판정함. ◆ 衲僧命脈(납승명맥) — 수행자의 眞價. ◆ 恩力(은력) — 조력 · 가호 · 비호 등의 뜻. '承箇什麽人恩力, 便得恁麽'는 그렇듯 높은 경지를 얻어 자유자재로 힘을 발휘할 수 있는 것은 대체 누구 덕인가?

수시하기를, 천지를 포괄하고 범성(凡聖)을 초월하면 풀잎 하나에서 지극한 도(至道)를 볼 수 있고 치열한 선문답 속에서도 수도자의 진가(眞價)를 알아본다. 자 말해 보라. 그렇듯 높은 경지를 얻어 자유자재로 힘을 발휘하는 자가 누구인지를. 그럼 다음 이야기를 살펴보라.

本則 擧. 僧問趙州, 至道無難, 唯嫌揀擇. 纔有語言, 是揀擇. 和尙, 如何爲人. 州云, 何不引盡這語. 僧云, 某甲只念到這裏. 州云, 只這至道無難, 唯嫌揀擇.

주 ◆ 至道無難, 唯嫌揀擇. 纔有語言, 是揀擇. 和尙, 如何爲人(지도무난, 유혐간택. 재유어언, 시간택. 화상, 여하위인) — 화상께선 늘 입버릇처럼 至道無難, 唯嫌揀擇이라고 하시면서 우리가 뭐라고만 하면 그건 揀擇이네, 分別이네 하고 꾸짖는데, 그러나 아무 말도 않고 어떻게 중생 제도를 할 수 있습니까? '纔有語言'은 '語言이 조금만 있으면', 즉 '뭐라고 조금만 말하면'. ◆ 何不引盡這語(하불인진저어) — 어째서 내 말을 인용하다 마는가? '這語'는 『信心銘』의 '至道無難, 唯嫌揀擇' 다음에 '但莫憎愛, 洞然明白…'이라고 나오는 문구를 말함. ◆ 念到這裏(염도저리) — 나는 거기까지밖에 외우고 있지 않습니다. '念到'의 '念'은 마음에 새겨 잊지 않음. '到'는 조동사임. ◆ 只這至道無難, 唯嫌揀擇 — 그렇다. 지극한 도는 어렵지 않다. 다만 분별심이 없어야 한다. 원오는 이 조주의 대답에 대해 '被他換卻眼睛'이라 착어함. '조주에게 눈알을 바꿔치기 당했구나'임.

한 중이 조주 화상에게 "늘 입버릇처럼 '지도무난 유혐간택'이라고 하시면서 우리가 뭐라고만 하면 그건 간택이네 분별이네 하고 꾸짖는데, 그래 스님께선 아무 말도 않고 어떻게 중생을 제도하십니까?" 하고 물었더니 조주 화상은 "왜 말을 하다 마느냐?" 하고 받았다. 중은 "저는 거기까지밖에 외워 두지 못했습니다" 하고 대답했다. 조주 화상이 "그렇다. 지극한 도는 어렵지 않다. 다만 분별심이 없어야 할 뿐이다" 하고 말했다.

頌 水灑不著, 風吹不入. 虎步龍行, 鬼號神泣. 頭長三尺知是誰. 相對無言獨足立.

주 ◆ 水灑不著, 風吹不入(수쇄불착, 풍취불입) — 지극한 도는 물을 뿌려도 묻지 않고 바람이 불어도 새어들지 않음. '지극한 도는 우주의 절대 그 자체이므로 누구의 지배도 받지 않음. 따라서 인간의 말 따위로 표현할 수 없는 것'임. ◆ 虎步龍行, 鬼號神泣(호보용행, 귀호신읍) — 조주의 풍모는 위풍당당하여 호랑이처럼 걷고 용같이 가며 귀신·혼령마냥 울부짖어 아무도 근접치 못하는 늠름함을 지님. ◆ 頭長三尺(두장삼척) — 어떤 중이 洞山良价和尙에게 '부처란 어떤 겁니까?' 하고 물었더니 동산은 '頭長三尺, 頸長二寸'이라고 대답했다 하지만, 그렇듯 이상한 모습에 빗댄 사람이 조주임. 조주가 뭐라고 형용할 수 없는 존재인 동시에 지극한 도 역시 형상을 초월한 것임을 나타낸 말임. ◆ 知是誰(지시수) — 그 머리 길이 석 자인 사람이 누구인지 알고 있느냐? ◆ 相對無言獨足立(상대무언독족립) — 그 頭長三尺의 대인물과 마주 대하고 있어도 아무 말 없이 외발로 서 있음. '獨足立'은 '외발로 서 있음'.

물도 안 묻고 바람도 안 스민다네,
호랑이·용같이 걷고 귀신·혼령처럼 울부짖는다.
석자 머리 괴이한 사나이가 과연 누구냐?
묵묵히 마주보며 외발로 서 있구나!

제60칙

용이 된 운문의 지팡이

雲門拄杖化爲龍

운문 문언 화상에 대하여는 조주 못지않게 자주 나왔으므로 설명이 새삼 필요 없다.

垂示云, 諸佛衆生, 本來無異. 山河自己, 寧有等差. 爲什麽, 卻渾成兩邊去也. 若能撥轉話頭, 坐斷要津, 放過卽不可. 若不放過, 盡大地不消一捏. 且作麽生, 是撥轉話頭處. 試擧看.

주 ◆ 諸佛衆生, 本來無異(제불중생, 본래무이) — 諸佛과 중생이 본래 다르지 않음. 『華嚴經』에 '心佛及衆生, 是三無差別'이라 나옴. 인간의 본질에서 말한다면 부처와 조금도 다를 것이 없다는 뜻. ◆ 山河自己, 寧有等差(산하자기, 영유등차) — 산하와 자기와 무슨 等差가 있으랴. 산이나 강, 풀이나 나무는 자연이므로 一見 우리와 직접 관계가 없는 듯이 생각되기 쉬우나, 부처가 成道했을 때 '草木國土悉皆成佛'이라 한 것과 같이 자기의 본질을 헤아려 보면 결국 같다는 점을 알게 됨. 『華嚴經』에 '有情非情同時成道'라 나옴. ◆ 爲什麽, 卻渾成兩邊去也(위습마, 각혼성양변거야) — 어째서 서로 다른 두 가지 것으로 대립하게 되는가? '爲什麽'는 '어째서'. '渾成'은 '완성'. '兩邊'은 '諸佛과 중생',

'산하와 자기' 식으로 되어 있는 두 개의 범주. '去'는 '가 버린다'가 아니라 '~이 되어 버림'이라는 뜻의 조동사임. ◆ 若能撥轉話頭(약능발전화두) — 만약 그 문제를 밝힐 수 있다면. '撥轉'은 활용 · 발휘 · 道破의 뜻. '화두'는 '공안'이지만 여기서는 諸佛과 중생, 산하와 자기 같은 본래 하나인 것이 어째서 두 가지가 되었느냐 하는 '문제'임. ◆ 坐斷要津(좌단요진) — 至道의 要所를 분명하게 차지함(제22칙 · 제57칙 '수시' 참조). ◆ 放過(방과) — 긴장을 풂. 멋대로의 게으른 티를 냄. 또는 등한히 함. ◆ 盡大地不消一捏(진대지불소일날) — 이 온 지구 정도는 단숨에 짓이겨 버리기에도 부족함. '消'는 '要'의 假借. '捏'은 '이길 날'.

수시하기를, 제불(諸佛)과 중생은 본래 다르지 않고 산하와 나 사이에 어찌 차이가 있겠는가! 그런데 어째서 서로 다른 두 가지로 대립하는가? 만약 이 문제를 밝힐 수 있으면 지극한 도(至道)의 요소를 차지하지만, 조금이라도 소홀히 하면 어림없다. 만약 소홀히 하지 않는다면, 이 대지 따위는 단숨에 짓이겨 버릴 수 있다. 자 어떻게 하면 이 문제를 밝힐 수가 있는가? 다음 이야기를 살펴보라.

本則 擧. 雲門, 以拄杖示衆云, 拄杖子化爲龍, 呑卻乾坤了也. 山河大地甚處得來.

注 ◆ 拄杖(주장) — 行脚僧이 갖고 다니는 지팡이(제18칙 '본칙' 참조). ◆ 拄杖子化爲龍(주장자화위룡) — 주장자가 변하여 용이 됨. 원오는 이 구에 대해 '用化作什麼'라고 착어하고 있음. 뭐 새삼 지팡이가 용이 될 필요는 없다. '지팡이는 지팡이로 있어도 되지 않는가!'라는 뜻임. ◆ 呑卻乾坤了也(탄각건곤

료야) — '呑卻'은 '삼켜 버림'. '乾坤'은 우주. ◆ 山河大地甚處得來(산하대지심처득래) — 山河大地는 어느 곳에 있는가? 모든 산하 대지는 어디로 가 버리는가? 여기서 우주의 全一的인 참모습을 운문은 俱胝가 손가락 하나로 나타냈듯이 拄杖子로 나타낸 것임.

운문 화상이 대중에게 주장자(拄杖子)를 불쑥 내밀며 "이 주장자가 변해 용이 되어 우주를 삼켜 버렸다. 자 산하와 대지는 어디 있느냐?" 하고 말했다.

頌 拄杖子呑乾坤, 徒說桃花浪奔. 燒尾者, 不在拏雲攫霧. 曝腮者, 何必喪膽亡魂. 拈了也. 聞不聞. 直須灑灑落落, 休更紛紛紜紜, 七十二棒且輕恕. 一百五十難放君. (師驀拈拄杖下座, 大衆一時走散.)

주 ◆ 拄杖子呑乾坤(주장자탄건곤) — 용으로 변하는 것이 아님. 拄杖은 拄杖 그대로 절대이므로 새삼 용이 되거나 凡夫가 깨달아 부처가 될 필요는 없음. 원오는 '道什麽, 只用打狗'라 착어함. 무슨 소리냐? 乾坤을 삼켜서 어쩌겠다는 거냐? 나 같으면 그 拄杖을 개 치는 몽둥이로나 쓰겠다고 설두를 나무라고 있음. ◆ 徒說桃花浪奔(도설도화랑분) — 공연히 복숭아꽃으로 덮인 물결을 타고 가서 龍門을 올라 용이 된다는 소리를 함. 禹門이라는 곳에 있는 폭포는 3단으로 되어 있으며 3월 복숭아꽃이 필 무렵이 되면 잉어가 천지의 기를 받아 그 3단의 폭포를 오르며, 이윽고 뛰어넘은 잉어는 용이 되어 승천한다는 전설이 있음. 그러나 '徒說', 즉 공연히 부질없는 소리 할 것 없다, 잉어는 잉어면 되고 나는 나면 되는 것, 용이 되어 승천한다는 따위는 공연한 짓이 아니냐는 뜻임. ◆ 燒尾者, 不在拏雲攫霧(소미자, 부재나운확무) — '拏'는 잡을 나.

'攫'은 움킬 확. 禹門三級의 폭포를 넘어 용이 되면 번갯불이 잉어 시대의 유물인 꼬리를 태운다고 하지만 그런 짓 정도로는 아직 구름을 잡고 안개를 움키는 활동력을 지닌 진짜 용이 못 됨. 비록 구름을 잡고 안개를 움켜잡는 역량이 있다 해도 拄杖이 乾坤을 삼키는 데에 비하면 아무것도 아님. '不在'는 '꼭 ~는 아님'. ◆ 曝腮者, 何必喪膽亡魂(폭시자, 하필상담망혼) — 3단의 폭포를 넘지 못하고 밑에서 아가미를 드러내 놓고 헐떡이고 있는 자도 결코 실망 · 낙담할 것은 없음. 못 오른 자는 못 오른 대로 절대이니까. '曝'은 쬘 폭. '腮'는 '顋'의 속자이며 아가미 시. ◆ 拈了也(염료야) — 이것으로 拄杖이 용이 되어 乾坤을 삼킨 이야기는 끝임. ◆ 聞不聞(문불문) — 여러분, 들었소, 못 들었소? 즉 '내 말을 알아들었소?' ◆ 灑灑落落(쇄쇄낙락) — 마음속에 한 점 티도 없이 산뜻하고 편안함. 용이 됐느니 못 되었느니, 깨달았느니 못 깨달았느니 따위 공연한 수작을 깨끗이 물에 띄워 흘려 버리고 맑은 마음이 되라. '灑'는 깨끗할 쇄. '灑灑'는 '사물에 구애되지 않아 시원한 모양'. '灑灑落落'은 '인품이 깨끗하고 俗氣가 없는 모양'임. ◆ 紛紛紜紜(분분운운) — 뒤섞여 어지러움. '紛紛'은 '뒤섞인 모양'. '紜紜'은 '어지러운 모양'. ◆ 七十二棒且輕恕(칠십이방차경서) — 72번의 몽둥이질은 차라리 가벼운 편임. 당 · 송 시대의 笞刑에서 비롯된 말임. '且輕恕'는 '그 정도로 참아 준다', '그 정도면 오히려 가볍게 용서해 주는 셈'이라는 뜻. ◆ 難放君(난방군) — '放'은 용서함. 이 구는 '용서할 수 없음'임. '백오십 대는 때려야겠다, 절대 용서할 수 없다'. ◆ 師驀拈拄杖下座, 大衆一時走散(사맥염주장하좌, 대중일시주산) — 설두 화상은 여기까지 말하고는 느닷없이 拄杖을 움켜잡은 채 곧장 강단을 내려왔다. 운수들은 얻어맞는 줄 알고 일시에 이리저리 흩어져 도망가고 말았음. '師'는 설두를 가리킴. '驀'은 곧장 맥. '당장', '곧바로'.

지팡이가 우주를 삼켜 버렸다.

아예 꽃 물결 따라가 용 될 생각 말아라.

꼬리 태운다고 [꼭 용이 되어] 구름 · 안개를 휘감지는 못한다네,

못 오른 자여, 마음 아플 것 하나 없노라. [지팡이도 우주를 삼키지 않았는가!]

이제 내 이야긴 끝났네. 알았느냐 모르느냐?

티없이 맑은 마음 되어 번거로움 잊으라.

그렇지 못하면 칠십이 방(七十二棒)은 외려 약괄세, 백오십 대를 못 면하리라. (설두가 벌떡 단상에서 일어나 주장을 움켜잡고 곧장 내려오네. 아 무서워라, 중들 이리 뛰고 저리 달리고….)

제61칙
풍혈이 수시하기를 "문득 일념이 일면"
風穴若立一塵

풍혈(風穴)은 하남성(河南省) 여주(汝州)의 풍혈사(風穴寺)에 살던 연소 화상(延沼和尙. 896년~973년)을 말한다. 경청 도부(鏡淸道怤)나 남원 혜옹(南院慧顒) 밑에서 배우고 이윽고 남원(南院)의 법을 이은 임제(臨濟) 4세의 적손(適孫)이다. 이미 제38칙에 나왔으므로 그 이상의 설명은 생략한다.

垂示云, 建法幢, 立宗旨, 還他本分宗師. 定龍蛇, 別緇素, 須是作家知識. 劒刃上論殺活, 棒頭上別機宜, 則且置. 且道, 獨據寰中事一句, 作麽生商量. 試擧看.

㊟ ◆ 建法幢, 立宗旨(건법당, 입종지) — 法幢을 내걸고 자기 주장을 앞세움. '法幢'은 道場(도량)의 표지로 내세우는 旗(제21칙 '수시' 참조). ◆ 本分宗師(본분종사) — 참된 悟境(本分)에 안주하고 있는 大師. ◆ 定龍蛇, 別緇素(정용사, 별치소) — 상대방이 용 같은 큰 인물인지 뱀 같은 보잘것없는 놈인지를 판정하고 검은지 흰지 수행의 정도나 인품을 식별함(제35칙 '수시' 참조). ◆

作家知識(작가지식) — 월등한 수완을 지니고 법을 가려 보는 눈을 지닌(作家) 和尙(知識). '作家'는 '知識'을 형용한 말. ◆ 劒刃上論殺活(검인상론살활) — 칼날을 마음대로 휘둘러 죽여야 할 때 죽이고 살려야 할 때 살리는 것을 논함. ◆ 棒頭上別機宜(봉두상별기의) — 몽둥이로 수행자를 接得할 때, 30방, 70방 하는 식으로 자유로 알맞게 사용함. ◆ 獨據寰中事一句(독거환중사일구) — 天子 직할의 領地 일을 마음대로 할 수 있는 한 마디. '獨據'는 獨占 · 獨斷 · 獨專의 뜻이며 '자기 혼자서 마음대로 함'임. '寰中'은 서울 부근의 天子 직할의 영지. 곧 '온 우주'. '獨據寰中事一句'는 우주 만상을 포괄하는 한 마디. 禪의 세계의 王者라고나 할 境界에 대한 1구이며 운문의 '六不收底의 것을 收容하는 1구'와 같음(제47칙 '본칙' 참조). ◆ 商量(상량) — 禪僧 사이의 논의 · 연구 · 문답.

수시하기를, 법당을 높이 내걸고 자기의 주장을 자신 있게 앞세울 수 있는 사람은 분명 큰 역량을 지닌 대사이다. 또 숱한 중들 속에서 용같이 비범한 자와 뱀처럼 옹졸한 자를 가려 내고 검은지 흰지를 알아 보는 인물은 뛰어난 솜씨를 지닌 스님이다. 칼날을 놓고 죽여야 할지 살려야 할지를 논하고 몽둥이를 자유로이 알맞게 쓸 수 있는 사람은 잠시 덮어 두자. 그럼 말해 보라. 이 우주의 만물을 포괄하는 한 마디를 어떻게 구명하면 되는지를! 다음 이야기를 살펴보라.

本則 擧. 風穴垂語云, 若立一塵, 家國興盛, 不立一塵, 家國喪亡. (雪竇拈拄杖云, 還有同生同死底衲僧麼.)

㈜ ◆ 立一塵(입일진) — '一塵'은 '一念'과 같음. '아무것도 없는 곳에 문득 一念이 일면'. ◆ 家國興盛(가국흥성) — '家國'은 國家. 一念이 일면 부처도 있고 중생도 있으며 깨달음도 있고 迷妄도 있게 됨. 나라의 예를 들면 대신이 있고 서민도 있으며 정치 · 경제 · 교육 등 각 부문까지 있게 됨. 그래서 나라가 흥성하게 되는 것임. ◆ 不立一塵, 家國喪亡(불립일진, 가국상망) — '喪亡'은 나라가 망한다는 뜻이 아니라, 원오가 '掃蹤滅跡'이라고 착어하고 있듯이, 하나도 남기지 않고 모든 것을 쓸어 없애 버린 경지임. 따라서 이 구는 '絶對無의 세계에는 迷妄도 깨달음도 없음'이란 뜻임. ◆ 同生同死底衲僧(동생동사저납승) — '同生同死'는 '생사를 함께 함'이나, 여기서는 '共鳴'함, '같은 의견을 갖고 있음'임. '還有同生同死底衲僧麽'는 '그래, 이 지팡이와 하나가 된 중은 없느냐?'임. 설두가 지팡이를 불쑥 내밀었을 때, 天地宇宙는 이 한 개의 지팡이가 되어 버리고 맒. 여기에는 긍정도 부정도, 興盛도 喪亡도, 立도 不立도 일체 없고 그대로 '獨據寰中'의 경지가 되는 것임.

풍혈 화상이 수시했다. "만약 아무것도 없는 곳에 문득 일념(一念)이 일면 미망(迷妄)과 깨달음이 생긴다. 그러나 아무것도 일지 않는 절대무(絶對無)의 세계에서는 미망도 깨달음도 없어진다." (나중에 설두 화상이 주장을 번쩍 들며 "어떠냐, 이 지팡이와 하나가 된 중이 있느냐?" 하고 말했다.)

頌 野老從教不展眉. 且圖家國立雄基. 謀臣猛將今何在. 萬里淸風只自知.

㈜ ◆ 野老從教不展眉(야로종교부전미) — '野老'는 소박한 시골 노인. '從教'

는 '하고 싶은 대로 내버려 두라'. '不展眉'는 '眉間을 찌푸림'. '이맛살을 찌푸림'. '家國이 홍성하면 국가 권력이 강화되어 규제도 단속도 심해질 테니, 시골에서 한가하게 사는 노인은 그런 세상을 싫어함'임. 그러나 이맛살을 찌푸리는 놈은 찌푸리라고 내버려두는 수밖에 없지 않은가! ◆ 且圖家國立雄基(차도가국립웅기) — 괴로워하는 많은 중생을 위해 나라에는 웅대한 기초를 세워라. 하여 백년대계를 설정하고 萬世太平의 方圖를 말해 주라. 이에 대해 원오는 '太平一曲大家知'라 착어하고 있음. '家國에 雄基를 세운다는 것이 그대로 태평의 서곡임을 아는 자만이 앎'. ◆ 謀臣猛將今何在(모신맹장금하재) — 이상과 같이 하여 佛國土를 건설하고 보살의 威儀를 행할 자가 지금 어디에 있는가? 아무 데에도 없지 않으냐? 역시 원오는 이 구에 대해 '有麽有麽. 土曠人稀相逢者少'라 착어함. '있는가, 있는가! 아무리 큰 소리로 불러 봐도 땅이 넓고 인구가 적어 만나기가 어렵다'. ◆ 萬里淸風只自知(만리청풍지자지) — 옛날의 謀臣이나 猛將은 어디 있는지 알 수가 없고 설두가 지팡이를 불쑥 내민 까닭은 천하 만리를 불고 있는 청풍이 알고 있을 뿐임.

시골 노인 이맛살은 그대로 두고,
중생 위해 나라나 튼튼히 하라.
나라 일에 힘쓴 이들 지금 어디 있나?
만리의 맑은 바람 알고 있으련만….

제62칙

운문이 수시하기를 "우리 몸 속에 보물이 있다"

雲門秘在形山

운문 문언 화상이 '본칙'에서 인용하고 있는 말은 승조(僧肇)의 『보장론(寶藏論)』에 나오는 글이다. 승조는 제40칙에 잠깐 언급했지만 나습 삼장(羅拾三藏)의 제자 가운데에서 가장 출중한 인물이다. 원오의 '평창'에는 그에 대해 '肇乃禮羅什爲師. 又參瓦棺寺, 佛馱跋陀羅, 從西天二十七祖處, 傳心印來, 肇深造其堂奧. 肇一日遭難, 臨刑之時, 乞七日之假, 造寶藏論'이라 하고, 또 『오등회원(五燈會元)』 제6권에는 '僧肇法師, 遭秦王難, 臨就刑, 說偈曰, 四大元無主, 五陰本來空. 將頭臨白刃, 猶似斬春風'이라 하고 있듯이 진왕(秦王)의 노여움을 사서 처형될 때 7일간의 말미를 얻어 저술한 글이 『보장론』이다. 처형되었을 때 그의 나이는 불과 31세였다.

垂示云, 以無師智, 發無作妙用, 以無緣慈作不請勝友, 向一句下有殺有活, 於一機中, 有縱有擒. 且道什麽人, 曾恁麽來. 試擧看.

주 ◆ 無師智(무사지) — 남에게 배운 지식이 아니고 자기 속에서 저절로 솟아 나오는 지혜. 見性의 眼目이란 스승이나 누구에게서 전수되는 지혜가 아니어야 함. ◆ 無作妙用(무작묘용) — 作爲를 초월한 妙用. 아무런 작위도 없이 자연스럽게 생겨나는 활동임. ◆ 無緣慈(무연자) — 아무 인연도 없는 사람들을 제도하려는 大慈悲心. 慈悲에는 衆生緣·法緣·無緣의 세 가지가 있음. ◆ 作不請勝友(작불청승우) — 남의 부탁을 받지 않아도 괴로워하고 있는 남을 헌신적으로 구제하여 훌륭한 벗이 됨. 『維摩經』에 '衆人이 청하지 않아도 벗으로서 이들을 편안케 만들어 줌'이라는 글이 나옴. ◆ 向一句下有殺有活, 於一機中, 有縱有擒(향일구하유살유활, 어일기중, 유종유금) — 단 한 마디로 妄想을 깨뜨려 버리고 大活시키는 殺活自在의 妙用도, 사소한 동작만으로 늦추었다 조였다 마음대로 할 수 있음. 이런 것은 곧 無師의 智에서 생기는 無作의 妙用이고 無緣의 자비에서 생기는 不請의 벗이며 중생 제도의 방편임. ◆ 曾恁麽來(증임마래) — 지금까지 이렇듯 自在로운 역량을 얻은 사람이 누구였던가? '來'는 온다는 뜻이 아니라 동작의 계속을 말함.

수시하기를, 스승에게 배우지 않고도 저절로 솟아나는 지혜로 작위 없는 묘용을 발휘하고, 아무 인연이 없는 사람들을 제도하려는 대자비심으로 부탁받지 않고도 남을 도와 훌륭한 벗이 된다. 그런 사람은 단 한 마디로 망상을 깨고 크게 살릴 수 있는 활살자재(活殺自在)의 묘용과, 사소한 동작으로도 늦추었다 조였다 마음대로 할 능력이 있다. 자 말해 보라, 지금까지 어떤 인물이 그렇게 할 수 있었는지를! 그럼 다음 이야기를 살펴보라.

本則 擧. 雲門示衆云, 乾坤之內, 宇宙之間, 中有一寶, 秘在形山.

拈燈籠向佛殿裏, 將三門來燈籠上.

주 ◆ 乾坤之內, 宇宙之間(건곤지내, 우주지간) — 무한한 시간과 공간을 꿰뚫고. '乾坤'은 하늘과 땅. '宇宙'는 上天下地를 宇라 하고 古往今來를 宙라 함. 宇는 공간, 宙는 시간임. 곧 '佛性이 있음'임. ◆ 中有一寶(중유일보) — 그 속에 보물이 있음. ◆ 秘在形山(비재형산) — '秘在'는 '잠재함'. '깃들어 있음'. '形山'은 우리의 육체. 그것은 우리의 육체 속에 간직되어 있음. 우주의 근원적 생명이 우리의 본성이라는 뜻. ◆ 拈燈籠向佛殿裏, 將三門來燈籠上(염등롱향불전리, 장삼문래등롱상) — 등롱을 들고 佛殿에 가서 三門을 등롱 위에 올려놓으라. '燈籠'은 대나무나 나무, 쇠 따위의 살로 둥근 바구니 모양을 만들고 비단 또는 종이를 씌워 그 속에 등잔을 넣고 다니게 된 기구임. '三門'은 寺院 입구에 있는 大門이며 山門이라고도 함. 空·無想·無作의 세 가지를 象徵한 문임. 그 큰 三門을 등롱 위에 올려놓는다 함은 大小니 廣狹이니 하는 상식적인 세계를 초월한, 一卽一切, 一切卽一의 禪的인 세계를 나타낸 말임. 결국 운문은 一寶가 形山에 秘在하는 것이 아니고 一寶卽形山, 形山卽一寶를 보여 주려 했음.

운문 화상이 대중에게 수시하기를 "이 무한한 시간과 공간을 꿰뚫고 그 속에 하나의 보물이 있다. 그것은 우리 몸 안에 있다. 등롱을 들고 불전에 가서 삼문을 등롱 위에 올려놓으라."고 했다.

頌 看看, 古岸何人把釣竿. 雲冉冉, 水漫漫. 明月蘆花, 君自看.

주 ◆ 看看, 古岸何人把釣竿(간간, 고안하인파조간) — '看看'은 '보라 봐'. 운

문이 拈燈籠向佛殿裏, 將三門來燈籠上이라고 하여 一寶의 대광명을 우리 눈 앞에 제시했으니 그대들은 눈을 크게 뜨고 보라는 뜻. '古岸'은 아무도 돌보지 않는 물가. 아무도 가는 이 없는 凡聖을 초월한 곳임. '何人把釣竿'은 어떤 사람이 낚싯줄을 드리우고 있는가? 자비 때문에 不請之友로 낚싯대를 펴 놓고 있는 운문의 心境을 표현한 말임. '보라, 인적 드문 강가에 누가 낚싯대를 펴 놓고 있는가를! 이것이 그대로 一寶의 모습이 아니냐'가 이 구의 뜻. ◆ 冉冉(염염) — 부드럽게 아래로 늘어진 모양. 구름이 무심히 흘러가는 모양이기도 함. '冉'은 늘어질 염, 갈 염. ◆ 漫漫(만만) — '漫'은 찰 만. 물이 질펀하게 가득 고여 있음. '雲冉冉, 水漫漫'은 운문이 古岸에 낚싯줄을 드리우고 있는 無心의 경지인 동시에 一寶의 無作의 妙用을 표현한 구임. ◆ 明月蘆花, 君自看(명월로화, 군자간) — 밝은 달과 갈꽃을 그대 스스로 살펴보라. 달빛도 희고 갈꽃도 희니 빛을 받는 갈꽃과 빛을 주는 明月을 분별하기가 아주 어려움. 마찬가지로 一寶와 形山, 육체와 정신, 燈籠과 山門도 같은 듯 다르고 다른 듯 같음. 이것을 '無師의 智'로 분명하게 알아본다면 운문의 속셈도 알 수 있음.

보라, 고요한 저 강가에 낚싯대 드리우고 앉은 사람을.
구름은 머흘머흘 물결은 찰랑찰랑, 밝은 달 흰 갈꽃을 그대는 보라.

제63칙

남전이 새끼 고양이를 베다

南泉斬猫兒

이 칙의 '본칙'은 제64칙 조주두대초혜(趙州頭戴草鞋)의 '본칙'과 연속된 한 편의 이야기이다. 『무문관(無門關)』(제14칙)이나 『종용록(從容錄)』(제8칙)에도 하나의 공안으로 되어 있다. 아마 설두 중현이 남전 보원과 조주 종심의 선기(禪機)를 따로 살피기 위해 둘로 나누었다고 본다.

垂示云, 意路不到, 正好提撕. 言詮不及. 宜急著眼. 若也電轉星飛, 便可傾湫倒嶽. 衆中莫有辨得底麼. 試擧看.

注 ◆ 意路不到(의로부도) — 意識의 길이 도달하지 못함. 곧 상식이나 분별로는 생각할 수 없는 세계. ◆ 正好提撕(정호제시) — '提撕'는 '提'도 '撕'도 '손으로 잡고 끌다'이지만 바뀌어 敎導의 뜻으로 쓰임. '撕'는 끌 시. 이 구는 '수행자를 바로 가르치고 인도하는 곳'임. 禪者가 二六時中 잠시도 놓지 않고 끌고 다녀야 하는 念願의 경지. ◆ 言詮不及(언전불급) — 말로는 미치지 못하는 곳. 언어를 초월한 곳. 뭐라고도 할 수 없는 경지야말로 수행자가 노리며 터득

해야 하는 곳임. '詮'은 설명할 전. ◆ 宜急著眼(의급착안) — 수행자 스스로가 서둘러 착안해야 함. '急'은 서둘러. '著眼'은 어떤 일을 눈여겨보거나 그 일에 대한 기틀을 깨달아 잡음. ◆ 若也電轉星飛(약야전전성비) — '若也'는 '만약'. '電轉星飛'는 '우뢰가 구르고 별이 날아가는 것과 같은 妙用을 쓸 수 있다면'. ◆ 傾湫倒嶽(경추도악) — 못이 기울고 산이 쓰러짐. '湫'는 못 추. 妄念의 물결을 헤치고 無明의 산을 뚫는 것과 같은 놀라운 일을 해냄. ◆ 衆中莫有辨得底麽(중중막유변득저마) — 어떤가, 여러분 중에 이와 같은 自由無礙의 대활동을 할 수 있는 사람이 있는가? '衆中'은 원오의 對客이 되어 있는 선승들을 가리킴.

수시하기를, 상식이나 분별로는 짐작도 못 하는 세계로 수행자를 가르치고 인도해야 한다. 무엇이라고 말로는 표현할 길이 없는 경지야말로 수행자 스스로가 서둘러 깨닫고 터득해야 할 곳이다. 만약 우뢰가 치고 별이 날아가는 [따위] 묘용을 쓰는 사람이라면 못을 비우고 산을 쓰러뜨리는 놀라운 일을 해낼 수 있다. 자 너희 중에 이런 묘용을 터득한 자가 있느냐 없느냐? 다음 이야기를 들어 보라.

本則 擧. 南泉一日, 東西兩堂, 爭猫兒, 南泉見. 遂提起云, 道得卽不斬. 衆無對. 泉, 斬猫兒爲兩段.

주 ◆ 南泉一日(남전일일) — 南泉山에서 어느 날. 禪籍 특유의 구법임. ◆ 東西兩堂(동서양당) — 佛殿 앞에 좌우로 있는 중들의 숙소. ◆ 爭猫兒(쟁묘아) — 고양이 새끼를 놓고 다툼. 그 소유권을 다투었는지, 佛性의 有無를 다투었는지는 알 수 없음. 이 구 아래 원오는 '不是今日合鬧'라 착어하고 있는 것이 흥미로움. 이 일은 비단 오늘에 한한 소동이 아니라는 뜻. 영원히 대립을 그치지 못하는 인간성에 대한 날카로운 성찰이 아닌가! ◆ 遂提起(수제기) — 드디어 고양이 새끼를 집어 들고. 이 말의 이면에는 문제를 제기한다는 뜻도 있음. ◆ 道得卽不斬(도득즉불참) — '道得'은 '무엇인가 한 마디로 천하를 포괄할 수 있는 문구를 말할 수 있다면'. 또는 '자기가 깨우친 것을 한 마디로 말할 수 있다면'. '卽不斬'은 '그렇다면 고양이를 베지 않고 살려 줌'. '그렇지 못하면 단칼에 죽이겠다'는 말이 뒤에 생략되어 있음. 이 때 남전의 기세가 곧 '電轉星飛, 傾湫倒嶽'임. 원오는 '這老漢有定龍蛇手脚'이라 착어함. 南泉老人에게는 한 마디로 용인지 뱀인지를 판정하는 솜씨가 있음. ◆ 兩段(양단) — 두 토막. 이 공안은 '此身卽佛'이 되기 위하여는 무한한 無의 深淵을 초월해야 함. 현실적인 인간의 욕망을 부정하여 一刀兩斷해야 함. 크게 한 번 죽었다가 다시 소생하는 체험이 필요함을 말하고 있는 것임.

남전산에서 어느 날 양당의 중들이 새끼 고양이를 놓고 다투고 있었다. 남전 화상이 보다못해 그 새끼 고양이를 번쩍 집어 들고는 "누구든 한 마디 해보라. 그러면 살려 주겠다[만 그렇지 못하면 단칼에 베어 버리겠다]!"고 말했다. 그러나 누구 하나 대답하는 중이 없었다. 남전 화상은 새끼 고양이를 두 토막으로 잘라 버리고 말았다.

頌 兩堂俱是杜禪和. 撥動煙塵不奈何. 賴得南泉能擧令, 一刀兩段任偏頗.

주 ◆ 杜禪和(두선화) — 杜默과 같은 [엉터리] 禪和子(禪僧). 가짜 禪修行者.

두묵은 歐陽修 시대의 사람이며 당시 구양수는 文豪로 두묵은 歌豪로 널리 이름이 나 있었음. 두묵은 남이 지은 시를 읊거나 俗謠를 노래하는 데에는 뛰어났으나 직접 시를 짓는 솜씨는 서툴렀음. 그런데도 마구 시를 지어 남의 조소를 받았음. '杜撰'(두찬)이라는 成語가 이렇듯 두묵이 서툴게 지은(撰) 시처럼 졸렬하기 때문에 생겨남. '禪和子'는 禪那士, 즉 禪의 수행자임. '禪那(Dhyana)'는 靜思・冥想・默想. '禪'은 禪那의 약어임. ◆ 撥動煙塵不奈何(발동연진불내하) — '煙塵'은 연기와 먼지. 전쟁터에 일어나는 연기와 먼지. 연기와 먼지를 일으키지만 어찌할 수 있겠는가? 고양이 새끼를 어쩌니 저쩌니 하고 공연히 분쟁을 일으켰지만 결국 아무런 처리도 못 하지 않았느냐. ◆ 賴得南泉能擧令(뇌득남전능거령) — '賴'는 '다행히도'. '擧令'은 '법령을 실시함' 또는 '재판함', '심판함', '禪機를 발휘함'임. '다행히도 남전 화상 같은 역량있는 禪機를 지닌 스님이 훌륭한 솜씨를 발휘해 주어서'. ◆ 一刀兩段任偏頗(일도양단임편파) — 원오는 '평창'에서 '一刀兩段不管有偏頗'라 평하고 있음. 兩堂의 중들이 고양이 새끼를 놓고 다투고 있는 그 공정치 못한 주장(偏頗)에는 아랑곳하지 않고 一刀에 兩段(斷)해 버렸음. '偏頗'는 공정하지 못한, 한쪽에 치우친 議論이나 주장임. '任'은 맡긴다는 뜻이 아니라 '放任'(간섭하지 않고 내버려 둠)임. '頗'는 치우칠 파.

양쪽 승당의 숱한 가짜 중들,
와글와글 다툰들 별 수 있나?
다행히도 남전의 훌륭한 솜씨가,
단칼에 두 토막 내 시비를 가렸네.

제64칙

조주, 짚신을 머리에 이고 나가다

趙州頭戴草鞋

앞 칙의 후반 부분이다. 새끼 고양이를 토막낸 남전의 행위에 대한 조주의 기지(機智)에 찬 대응이 주제이다.

本則 擧. 南泉, 復擧前話, 問趙州. 州, 便脫草鞋, 於頭上戴出. 南泉云, 子若在, 恰救得猫兒.

주 ◆ 擧前話(거전화) — 앞에 일어났던 일에 대해 조주에게 이야기해 줌. '擧'는 擧示이며, '이야기해 줌'. ◆ 問趙州(문조주) — 만약 자네가 그 자리에 있었으면 어떻게 했겠느냐고 조주에게 물음. ◆ 便脫草鞋, 於頭上戴出(변탈초혜, 어두상대출) — 곧 짚신을 벗어 머리에 이고 나가 버렸음. 발에 꿰는 더러운 신을 冠을 쓰는 귀중한 머리에 이다니 과연 무슨 뜻인가? 마치 이것은 어느 중이 그에게 '개에게도 佛性이 있습니까?' 하고 물었을 때, '있다'고 대답한 점과 비슷함. 짚신을 머리에 얹은 채 肯定할 때 기왓장에서도 빛이 난다고 할 수 있음. 부정할 때는 철저하게 부정하지만 거기에만 진리가 있지는 않음. 긍정해야 할 때는 철저하게 긍정해야 함. 앞 칙에서 남전이 고양이를 벤 사실이 철저한 부정을 표현한 것이라면 조주의 이 거동은 그대로 철저한 긍정을 나타냈음. ◆ 子若在, 恰救得猫兒(자약재, 흡구득묘아) — 그 자리에 자네가 있었으면 새끼 고양이를 구했을 텐데. '恰'은 꼭 흡.

이야기는 계속된다. [마침 출타중이어서 그 새끼 고양이 소동 때 없었던 조주가 저녁에 돌아오자] 남전 화상이 낮에 일어난 이야기를 들려주고는 조주에게 "너 같으면 어떻게 했겠느냐?"고 물었다. 곧 조주는 두말 없이 짚신을 벗어 머리에 이고 나가 버렸다. 남전 화상이 "네가 그 자리에 있었으면 새끼 고양이를 구했으련만" 하고 뇌까렸다.

頌 公案圓來問趙州. 長安城裏任閑遊. 草鞋頭戴無人會. 歸到家山卽便休.

주 ◆ 公案圓來問趙州(공안원래문조주) — '問趙州'는 '조주에게 너 같으면 어떻게 했겠느냐고 묻자 짚신을 얹고 나가 버렸음'임. 그래서 새끼 고양이를 벤 사건은 해결되고 이 공안도 원만하게 되었음이 '公案圓來'임. 이렇듯 이 구는 거꾸로 풀이해야 뜻이 통함. 죽은 고양이는 조주의 힘으로 짚신이 되어 부활했다고 할 수 있음. ◆ 長安城裏任閑遊(장안성리임한유) — 덕분에 남전은 아주 한가하게 長安城中에서 유유히 노닐 수가 있음. ◆ 歸到家山卽便休(귀도가산즉편휴) — 당장 고향으로 돌아가 편히 쉬게나. '家山'은 고향 산천. 고향. '便休'의 便은 편할 편, '편안함'임.

조주의 산뜻한 솜씨로 문제는 원만히 풀렸네,
남전도 이제는 느긋하게 마음놓고 지낼 수 있어.

머리 위 짚신의 뜻 다른 이들 다 모르니,
어서어서 고향으로 돌아가 편히 쉬시게….

제65칙

외도가 부처에게 묻기를

外道問佛

이례적으로 불타와 외도, 아난이 등장하며 중국 사람은 전혀 비치지도 않는다. 실통대지(實統大智)의 『벽암집종전초(碧巖集種電鈔)』에 의하면 이 제65칙의 '본칙'이 된 설화는 『아함경(阿含經)』에 나온다고 한다. 외도란 산스크리트어인 저체가(底體迦. Trithika)의 한역어(漢譯語)이며 본래는 바라문교에 속하는 설법자 · 철학자 또는 종교적 고행자를 뜻하지만 오늘날에는 널리 진리를 자기 외부에서 찾는 자, 또는 불교 이외의 모든 종교가나 철학자를 말한다. 석존이 살아 있을 때 이미 96종류의 외도가 있었다고 한다. 그리고 아난은 아난다(阿難陀. Ananda)이며 불타의 10대 제자 중 다문제일(多聞第一)이라 하여 남달리 기억력이 좋고 또 다정다감하여 여성과의 관계가 깊었으며 여성 출가의 문을 열어 주었다고 한다.

垂示云, 無相而形, 充十虛而方廣. 無心而應, 徧刹海而不煩. 擧一明三, 目機銖兩, 直得棒如雨點, 喝似雷奔, 也未當得向上人行履

在. 且道, 作麼生是向上人事, 試擧看.

주 ◆ 無相而形, 充十虛而方廣(무상이형, 충십허이방광) — '形' · '充' 두 동사의 주격은 法性 · 法身 · 佛性 · 佛身 · 眞如 등임. '十虛'는 동서남북의 사방과 그 四隅의 四維, 그리고 상하를 합친 것. '方廣'은 方正廣大의 略語이며 포용력이 광대 무변함임. 이 1구의 뜻은 '우리의 본성은 일정한 모습을 지니지 않으므로 어떤 형태로도 나타나며 턱없이 크고 넓어 十方虛空에 가득함'임. ◆ 無心而應, 徧刹海而不煩(무심이응, 편찰해이불번) — '應' · '徧'의 주격 역시 앞구와 같음. '無心而應'은 春有百花秋有月, 夏有凉風冬有雪의 경지임. '應'은 때와 장소에 따라 활동함. '刹海'의 刹은 산스크리트어인 'Ksetra'의 略語이며 漢譯語는 국토 · 산천이므로 '刹海'는 육지와 바다. 즉 온 세계. '不煩'은 번거롭지 않음. 거추장스럽지 않음. 결국 '우리의 본성은 無我無心한 것이어서 모든 사물에 자유자재로 대응하므로 온 세계에 두루 미치면서도 조금도 거추장스럽지가 않음'임. ◆ 擧一明三, 目機銖兩(거일명삼, 목기수량) — 하나를 보면 셋을 알고 얼핏 보기만 하고도 극히 적은 분량을 판별할 만큼 예민한 자라도. (제1칙 '수시' 참조) ◆ 直得棒如雨點, 喝似雷奔(직득방여우점, 할사뢰분) — 당장 빗줄기처럼 몽둥이를 휘두르고 우뢰가 요란하게 치닫듯 喝을 터뜨릴 수 있는 훌륭한 인물이라 해도. (제2칙 '수시' 참조) ◆ 當得(당득) — 해당 · 일치 · 상당. ◆ 向上人(향상인) — 法性 · 至道 등을 지니고 있는 인물. 도를 깨달은 자. ◆ 行履在(행리재) — 제1칙 '수시'의 '行履處'와 같음. '在'는 所在이며 '處'와 같음.

수시하기를, 우리의 본성은 일정한 모습을 지니지 않으므로 어떤 형태로도 나타나며 턱없이 크고 넓어 시방 허공(十方虛空)에 가득하다. 그리고 또 우리의 본성은 무아무심(無我無心)하여 모든 것에 자유롭게 대응하므로 온 세계에 두루 미치되 조금도 거추장스럽지가 않다. 비록 하나를 보면 셋을 알고 얼핏 보기만 하고도 아주 적은 분량을 헤아리는 예민한 자도 또 당장 빗줄기 같은 몽둥이 찜질을 하고 벽력 같은 할(喝)을 터뜨릴 수 있는 훌륭한 인물이라 해도, 이 무상(無相)의 자기, 무심의 기용(機用)에는 도저히 미치지 못한다. 자 말해 보라, 무상·무심의 경지를 터득한 사람의 거동이 어떤 것인지를! 그럼 다음 이야기를 살펴보라.

本則 擧. 外道問佛, 不問有言, 不問無言. 世尊, 良久. 外道, 讚嘆云, 世尊大慈大悲, 開我迷雲, 令我得入. 外道去後, 阿難問佛. 外道有何所證而言得入. 佛云, 如世良馬, 見鞭影而行.

주 ◆ 不問有言, 不問無言(불문유언, 불문무언) — 말[로 하는 가르침]을 묻지 않고 말없는 침묵[의 가르침]도 묻지 않[는 경지를 알고 싶]습니다. '有言'은 自我(個性)의 有를 주장함이며 불교에서 말하는 常見, '無言'은 自我(개성)의 無를 내세우는 斷見임. '常見論'은 개성의 永存을 주장하는 靈魂不滅論, '斷見論'은 죽음과 함께 개성이 허무로 돌아가는 虛無論임. 그러나 이 斷·常 二見을 邪見이라 보고 배척하며 中道論을 주장하는 것임. 外道의 질문에 만약 한 마디라도 설명을 하면 '그건 有言이 아닙니까? 그런 걸 묻지는 않았소' 할 터이고 또 잠자코 있으면 '그건 無言이 아닙니까?' 하고 반박할 터이니 심술궂은 難問임. ◆ 世尊(세존) — 불타의 德性을 표시하는 열 가지 이름(如來·應供·正偏智·明行足·善逝·世間解·無上士·調御丈夫·天人師·世尊) 중의 하나이며 불타(석가)를 가리킴. ◆ 良久(양구) — 말하려 하면서도 말하지 않는 모양. 즉 有言도 無言도 아닌 有無를 초월한 절대의 세계임. ◆ 讚嘆(찬탄) —

불타가 해 보인 태도를 칭찬함. ◆ 世尊大慈大悲, 開我迷雲(세존대자대비, 개아미운) — 세존의 대자대비로 제 迷妄의 구름이 걷히고. ◆ 令我得入(영아득입) — 저로 하여금 有無에 구애되지 않는 경지를 깨닫게 해주셨습니다. 저를 깨우쳐 주셨습니다. ◆ 外道有何所證而言得入(외도유하소증이언득입) — 외도는 대체 어디를 보고 깨우쳤다(得入)고 했습니까? ◆ 如世良馬, 見鞭影而行(여세양마, 견편영이행) — '良馬'란 잠깐 채찍 그림자를 보기만 하고도 말탄 사람의 마음을 알아 채고 달림과 같음. 그처럼 즉시 깨달았다는 뜻임. 대개 승마의 機根에는 네 종류가 있으며, 그 첫째가 채찍 그림자만 보고도 달리는 것, 둘째가 채찍이 꼬리에 닿으면 곧 달리는 것, 셋째는 채찍이 몸에 닿자 비로소 놀라 달리는 것, 넷째는 拍車가 몸을 찔러야 겨우 달리는 것의 네 가지임. 禪의 수행자도 분류하자면 비슷한 機根이 있음.

어느 날 한 외도가 불타에게 물었다. "말을 묻지 않고 말없는 침묵도 묻지 않[는 경지를 알고 싶]습니다." 그러나 불타는 잠자코 앉아 있기만 했다. 외도는 불타의 태도에 크게 탄복하며 "세존의 큰 자비로 제 미망(迷妄)의 구름이 걷히고 깨우침을 얻었습니다"고 했다. 외도가 나간 뒤 아난이 불타에게 물었다. "그 외도가 대체 무엇을 보고 깨우쳤다고 했습니까?" 불타는 "세상의 준마(駿馬)가 얼핏 채찍 그림자만 보고도 달리는 것과 같지" 하고 대답했다.

頌 機輪曾未轉, 轉必兩頭走. 明鏡忽臨臺, 當下分姸醜. 姸醜分兮迷雲開. 慈門何處生塵埃. 因思良馬窺鞭影. 千里追風喚得回. 喚得回, 鳴指三下.

주 ◆ 機輪曾未轉(기륜증미전) — 절대적인 진리는 아직 한 번도 글이나 말로 표현된 일이 없음. '機'는 心機. 개성이 절대적 정지 상태에 있는 활동의 원동력. '輪'은 그 활동의 가능성을 표시하기 위해 附加한 것. '轉'은 輪字에서 連想되었으며, '활동의 개시'란 뜻. ◆ 轉必兩頭走(전필양두주) — 만약 말이나 글로 그 절대적 진리를 표현하려 하면 어쩔 수 없이 有 · 無의 二見에 빠져 오히려 절대적 진리에서 멀어짐. 이 구는 앞 구의 이유를 말한 것임. ◆ 明鏡忽臨臺, 當下分姸醜(명경홀임대, 당하분연추) — 밝은 거울에 문득 무엇이든 비치면 당장 그것이 아름다운지 추한지를 알아 버림. 불타가 외도의 속셈을 즉각 간파해 버렸음을 시적으로 표현한 글임. '當下'는 '直下'와 같으며 '당장', '그 자리에서'. '分'은 辨別 · 判定. '姸醜'는 美醜. ◆ 慈門何處生塵埃(자문하처생진애) — 불타의 끝없는 자비 속에 있으니 어디에서 티끌이나 먼지가 생기랴? 어느 누구건 불타 앞에 나오면 그 무한한 자비에 감싸여 迷惑을 떨쳐 버리고 깨달음을 얻게 됨. 외도가 세존의 良久의 慈門 어디에도 티끌 하나 없음을 보는 동안에 스스로의 마음에 있는 티끌까지 깨끗이 없어져서 비로소 그 眞境을 터득할 수가 있었음. ◆ 因思(인사) — 그 일을 생각함, 앎. ◆ 千里追風喚得回. 喚得回, 鳴指三下(천리추풍환득회. 환득회, 명지삼하) — 하루 천리를 달리는 追風이라는 駿馬를 다시 불러들일까? 불러들이려면 손가락을 찰싹 찰싹 세 번만 퉁기면 된다. 외도를 칭찬한 구임. '追風'은 秦 始皇帝의 愛馬 이름이며 하루에 천리를 달렸다고 함. '鳴指三下'는 彈指三下와 같으며 '鳴指'는 경고 · 신호를 뜻함.

절대의 진리를 뭐라고 하나?
말하면 그것은 유와 무가 돼.
마음은 그윽한 밝은 거울,
미인도 추녀도 환히 비친다.
미망의 구름 활짝 걷힌 뒤,

대자대비 속에 무슨 티끌이 있으랴!
준마는 채찍 그림자도 알아본다.
그 천리마를 불러들일까?
손가락 세 번 튕기면 돌아올 것을….

제66칙

암두가 묻기를 “황소의 난이 끝났으니 칼을 주워 왔느냐?” 巖頭黃巢過後

암두(巖頭)와 설봉(雪峰)은 벌써 제51칙에 등장한 인물이다. 암두의 본명은 전활(全豁. 828년~887년)이며 설봉 의존(雪峰義存)의 선배이다.

垂示云, 當機覿面, 提陷虎之機, 正按傍提, 布擒賊之略, 明合暗合, 雙放雙收, 解弄死蛇, 還佗作者.

주 ◆ 當機覿面(당기적면) — 어떤 경우에든 당장에. 어떤 경우 어느 누구를 대해도 즉석에서. ‘覿面’은 눈앞, 목전. ‘覿’은 볼 적. ◆ 提陷虎之機(제함호지기) — 맹호를 함정에 떨어뜨리는 것과 같은 솜씨를 발휘함. ◆ 正按傍提(정안방제) — ‘正按’은 정면으로 당당히 대결하여 상대방을 눌러 버림. ‘傍提’는 곁에서 상대방을 급습하여 내동댕이 침. 결국 ‘縱橫無盡으로’, ‘사면팔방으로’란 뜻임. ◆ 布擒賊之略(포금적지략) — 도둑을 사로잡는 책략을 폄. ‘布’는 실행함. ◆ 明合暗合, 雙放雙收(명합암합, 쌍방쌍수) — ‘明合暗合’은 밝은 데서나 어두운 데서나. '雙放雙收'는 적극적 수단(放)이 필요할 때나 소극적 수단(收)이 소용될 때나. 雙 ~ 雙은 영어의 either ~ or와 비슷함. ◆ 弄死蛇(농사사) — '死蛇'는 죽은 뱀이 아니라 사람을 죽이는 뱀임. 독사. 결국 '독사를 희롱함'임. ◆ 還佗作者(환타작자) — '佗'는 他이며 앞에서의 출중한 수단을 지닌 자를 가리킴. '還'은 '또한'. '作者'는 역량 있는 禪僧.

수시하기를, 어떤 경우, 어느 인물을 만나도 즉석에서 호랑이를 함정에 빠뜨릴 만한 솜씨를 지니고 상대방을 정면으로 혹은 측면으로 공격하여 도둑을 사로잡을 책략을 편다면, [또] 밝든 어둡든 적극적인 때건 소극적인 때건 자유자재로 독사를 손쉽게 다루는 능력을 가졌다면, 그는 이미 역량 있는 인물이다. [그런 인물의 이야기를 들어 보라.]

本則 擧. 巖頭問僧, 什麼處來. 僧云, 西京來. 頭云, 黃巢過後, 還收得劍麼. 僧云, 收得. 巖頭, 引頸近前云, 囫. 僧云, 師頭落也. 巖頭, 呵呵大笑. 僧, 後到雪峰. 峰問, 什麼處來. 僧云, 巖頭來. 峰云, 有何言句. 僧擧前話. 雪峰打三十棒趕出.

주 ◆ 西京(서경) — 長安, 陝西省 西安府. ◆ 黃巢(황소) — 黃巢의 亂. 唐 僖宗 때 일어난 대대적인 군사적 약탈단의 두목 이름. 그들이 휩쓸었던 난동 사건. ◆ 過後(과후) — 黃巢의 난이 평정된 뒤. ◆ 還收得劍麼(환수득검마) — 칼을 주워 갖고 왔느냐? 여기에는 故事가 있음. 唐 말기에 세상이 어지러워 인심이 불안정할 때 曹州의 소금 장수 黃巢가 혼란한 세태를 틈타 친구 王仙芝와 함께 약탈단을 조직, 곧 수만의 민중을 규합했음. 어느 날 그는 길에서 칼 한 자루를 주워 보니까 '天賜黃巢'라는 넉 자가 새겨져 있었음. 그는 그 글에 자신을 얻어 스스로 衝天將軍이라 부르며 장안을 함락하고 大齊皇帝를 자칭하여 연호를 金統으로 고쳤음. 그러나 4년 만에 멸망함. 巖頭의 말은 하늘이 황소에게 내린 劍뿐이 아니라 우리 누구나가 태어나면서부터 지니고 있는 個個 圓成의 智劒을 말한 것임. '어떠냐, 너는 그 知見으로 일체를 잘라 버리고 見性했느냐?'는 뜻임. ◆ 引頸近前(인경근전) — 목을 늘이고 다가감. 암두가 '자, 내 목을 쳐 보라'는 듯이 그 중에게 다가감. ◆ 囮(과) — 배에 힘을 주어 꽥 내지르는 소리. '咄'과 같음. ◆ 呵呵大笑(가가대소) — 껄껄 크게 웃음. 즉 '囮!' 하는 大喝로 중의 목도 칼도, 얻었다는 망상도 일시에 다 날아가 버렸을 텐데 그것을 깨닫지 못하고 稚氣와 衒氣가 가득한 질문을 한 것을 조소함. ◆ 趕出(간출) — 쫓아냄. '趕'은 쫓을 간. 암두의 呵呵大笑와 설봉의 30방은 硬軟 정반대의 수단이지만 이것이 '수시'에서 말하는 '明合暗合, 雙放雙收'가 아닐까?

어느 날 암두 화상은 찾아온 중에게 물었다. "어디서 왔느냐?" 중이 "장안에서 왔습니다" 하고 대답하니까 "황소의 난이 평정되었으니 칼을 주워 왔느냐?" 하고 암두 화상이 다시 물었다. 중은 "네, 주웠습니다" 하고 대답했다. 곧 암두 화상은 [그 칼로 목을 치라는 듯이] 불쑥 고개를 내밀고 다가가며 "꽥!" 하고 소리 질렀다. 중이 [그래도 지지 않으려고] "스님의 목은 이미 떨어졌습니다" 하고 말하니까 암두 화상은 껄껄 한바탕 웃었다. 중은 나중에 설봉 화상에게 찾아갔다. 설봉 화상이 물었다. "어디서 왔느냐?" 중은 "암두 화상에게서 왔습니다" 하고 대답하자 설봉 화상은 "무슨 말씀을 하시더냐?" 하고 물었다. 중이 거기서 있었던 이야기를 [사뭇 자랑스러운 듯이] 했다. 설봉 화상은 [당장] 몽둥이로 삼십 대나 치고는 내쫓아 버렸다.

頌 黃巢過後曾收劒. 大笑還應作者知. 三十山藤且輕恕. 得便宜是落便宜.

주 ◆ 大笑還應作者知(대소환응작자지) — 암두의 가가대소의 뜻을 작자(설봉)는 알았으리라. ◆ 三十山藤且輕恕(삼십산등차경서) — 30방의 몽둥이는 가벼운 벌임. '山藤'은 산에서 잘라 내 온 등나무 지팡이. ◆ 得便宜是落便宜(득편의시락편의) — '便宜'는 당·송 시대의 속어로 '장사를 하여 이득을 얻음'임. 따라서 이 구의 뜻은 '벌었다고 여겼더니 그게 손해였음'임. 결국 중은 암두의 목을 쳤다고 생각했는데 제 목이 떨어졌고 암두·설봉이 가가대소하거나 30방을 먹인 것도 다 헛수고였다는 뜻이 있음.

도둑떼 물러간 뒤 칼을 주웠다니,
껄껄 웃은 그 뜻 설봉은 알리.
삼십 방의 몽둥이는 아직 가볍지만,
덕 본 사람 없으니 모두 헛수고.

제67칙

부대사의 금강경 강의

傅大士講經

양무제(梁武帝), 부대사(傅大士), 지공(誌公) 세 인물 중 양무제와 지공은 제1칙에 나왔으므로 낯선 인물은 부대사뿐이다. 부대사는 이름을 흡(翕)이라 하고 호는 쌍림(雙林), 당래 선혜 대사(當來善慧大師)를 자칭했으며 인도의 유마 거사(維摩居士)와 같은 존재이다. 그리고 지공은 이름이 보지(寶誌)이며 아기 때 매 둥지 속에 버려져 있었다고 한다. 언제나 벌거벗고 다니며 며칠씩 먹지도 마시지도 않는가 하면 한번 앉으면 열흘 동안을 꼼짝 않는 괴짜였다고 한다. 그러나 지공은 부대사가 18세 때 죽었으므로 역사적 사실로서는 그들이 한자리에 있었다고 볼 수가 없다.

本則 擧. 梁武帝, 請傅大士, 講金剛經. 大士便於座上, 揮案一下, 便下座. 武帝愕然. 誌公問, 陛下還會麽. 帝云, 不會. 誌公云, 大士講經竟.

주 ◆ 金剛經(금강경) — 『金剛般若波羅蜜多經』의 略名이며 大般若經 중의 能斷金剛分을 가리킴. 모든 존재는 空이며 無我임을 말하고 있음. ◆ 揮案一下(휘안일하) — '案'은 책상. 책상을 한 번 탕 내려침. ◆ 大士講經竟(대사강경경) — 大士의 經 강의는 끝났음.

양나라의 무제가 부대사를 초청하여 『금강경』을 강의하게 했다. 부대사는 강단에 올라가더니 책상을 한 번 탕 치고는 곧 내려와 버렸다. 무제는 깜짝 놀랐다. 지공이 물었다. "폐하께선 알아들으셨습니까?" "모르겠소" 하고 무제가 대답하니까 지공은 말했다. "대사의 경 강의는 다 끝났습니다."

頌 不向雙林寄此身, 却於梁土惹塵埃. 當時不得誌公老, 也是栖栖去國人.

주 ◆ 雙林(쌍림) — 傅大士가 살던 雲黃山의 庵寺. ◆ 梁土(양토) — 梁武帝國의 수도 金陵(江蘇省 江寧府 南京). ◆ 惹塵埃(야진애) — 마음속에 한 점 迷雲이 있음을 뜻하나, 여기서는 傅大士가 梁武帝의 청에 응해 소위 御前講義를 승락한 그 동기 속에 한 점의 오점이 있었음을 설두가 간파하여 한 말임. '塵埃'는 명예심 · 야심 · 욕망 따위의 不淨性을 표현한 말임. ◆ 栖栖(서서) — 다급한 모양. '也是栖栖去國人'은 '다급하게 양나라의 수도를 떠나 魏나라로 가버린 달마'란 뜻임. 원오는 이 구에 '正好一狀領過, 便打'라 착어하고 있음. '誌公은 傅大士와 함께 같은 죄목으로 묶여 갈 놈이다' 하고는 둘을 한 대 딱! 하고 쳤다는 뜻임.

그 몸 쌍림에나 묻어 두지,
어쩌다 양 땅을 어지럽혔는가!
지공만 그 때 없었던들,
야반도주하는 달마 꼴이 되었으리.

제68칙

앙산이 삼성에게 묻기를

仰山問三聖

앙산(仰山)은 제34칙에 나온 앙산 혜적 화상을 말하며 위산 영우(潙山靈祐)의 법사(法嗣)인 동시에 스승 위산과 함께 소위 5가의 하나인 위앙종(潙仰宗)을 일으킨 사람이다. 그리고 삼성 혜연 화상은 제49칙에 나왔으며 생사의 연대와 전기가 분명치 않고 다만 임제 화상의 법사(法嗣)이며 『임제록(臨濟錄)』의 편자라는 사실만 알고 있다. '본칙'의 이야기는 아마 삼성(三聖)이 처음 앙산을 찾아왔을 때의 문답으로 추측한다.

垂示云, 掀天關, 翻地軸, 擒虎兕, 辨龍蛇, 須是箇活鱍鱍漢, 始得句句相投, 機機相應. 且從上來, 什麽人合恁麽. 請擧看.

㈜ ◆ 掀天關, 翻地軸(흔천관, 번지축) — 하늘의 문을 번쩍 높이 들고 대지의 중심을 뒤집음. '掀'은 번쩍 들 흔. 모름지기 禪者란 하늘 · 땅을 마음대로 다룰 수 있는 機用이 있어야 한다는 뜻임. ◆ 虎兕(호시) — 호랑이와 외뿔소. (제43칙 '수시' 참조) ◆ 辨龍蛇(변용사) — 제35칙 · 제61칙 '수시'의 '定龍蛇'와 같

음. ◆ 活鱍鱍漢(활발발한) — '鱍'(물고기 뛸 발, 물고기 헤엄칠 발)은 물 속에서 힘차게 헤엄치거나 뛰는 모양임. '活鱍鱍漢'은 발랄, 민활한 禪機를 지닌 사람. ◆ 句句相投, 機機相應(구구상투, 기기상응) — 무슨 말을 해도 즉각 대답하고 어떤 경우에도 알맞는 대책을 쓸 줄 앎. ◆ 從上來(종상래) — 옛날부터 지금까지. ◆ 合恁麼(합임마) — 어떤 사람이 그런 활동을 할 수 있었는가? 즉 그런 사람이 있었는가?

수시하기를, 하늘의 문을 번쩍 높이 들고 대지의 중심을 뒤집으며 호랑이와 외뿔소를 사로잡고 용과 뱀을 가려 낼줄 알면 그는 발랄한 선기(禪機)를 지닌 사람이라 할 수 있다. 그래야 비로소 서로 의기가 투합하고 각기의 활동에 대응하게 된다. 지금까지 어떤 사람이 그럴 수 있었는가? 어디 다음 이야기를 살펴보라.

本則 擧. 仰山問三聖, 汝名什麽. 聖云, 慧寂. 仰山云, 慧寂是我. 聖云, 我名慧然. 仰山呵呵大笑.

주 ◆ 仰山(앙산) — 仰山慧寂. (제34칙 참조) ◆ 三聖(삼성) — 三聖慧然. (제49칙 참조) ◆ 汝名什麽(여명습마) — 네 이름이 뭐냐? ◆ 聖云, 慧寂(성운, 혜적) — 삼성이 앙산의 이름인 '혜적'이라 대답한 것은, 상대방을 포괄하여 주객의 상대를 초월하고 人·境을 다 함께 빼앗은 平等絶對의 세계를 나타내려 한 것임. 父母未生 이전에는 내가 그이고 그가 나임. 앙산이 삼성을 絶對無의 세계로 끌어들이려 하니까 삼성은 오히려 이렇게 앙산을 평등의 세계에 감싸 버리고 만 것임. 그와 나라는 차별이 없으니 말하자면 賓主交換의 '句句相投, 機機相應'的인 훌륭한 작용이라 할 수 있음. ◆ 慧寂是我(혜적시아) —

뭐, 혜적? 그건 내 이름이야. 상대방이 人·境을 아울러 빼앗은 平等一如의 세계로 나오니까 이쪽에서는 人·境 모두 빼앗지 않는 차별의 세계, 긍정의 입장에서 응한 것임. 원오는 '各自守封疆'이라 착어하고 있음. '앙산은 앙산이고 삼성은 삼성이다 하고 각자의 영역을 지킴'임. ◆ 我名慧然(아명혜연) — 제 이름은 혜연입니다. 그쪽에서 그렇게 나온다면 나도 그렇게 한다는 투로 즉시 긍정의 입장에서 반격한 것임. ◆ 仰山呵呵大笑(앙산가가대소) — 앙산은 이 삼성의 대답을 듣고 아주 유쾌하다는 듯이 껄껄 크게 웃음. 가을 하늘의 둥근 달 같은 이 시원한 웃음에 원오도 '可謂是箇時節'(바로 지금이 웃을 때이다) 하고 맞장구를 치고는, 다시 두 사람이 서로 자유자재로 賓主交換하는 데 대해 '錦上鋪花'(비단 위에 꽃을 깐 듯 둘 다 훌륭하구나)라 칭찬하고 있음.

어느 날 앙산 혜적 화상이 삼성 혜연에게 "자네 이름이 뭔가?" 하고 물었을 때 삼성은 "혜적입니다" 하고 대답했다. 앙산 화상은 "혜적은 내 이름이야" 하고 다가드니까 삼성이 이번에는 "그럼 제 이름은 혜연입니다" 하고 대답했다. 이 말을 듣고 앙산 화상은 껄껄 한바탕 크게 웃었다.

頌 雙收雙放若爲宗. 騎虎由來要絶功. 笑罷不知何處去. 只應千古動悲風.

주 ◆ 雙收雙放若爲宗(쌍수쌍방약위종) — 把住(收)와 放行(放), 두 가지를 함께 주고받은 것은 무슨 宗旨인가? 仰山이 '자네 이름은?' 하고 묻자 '제 이름은 慧寂'이라고 雙方이 '收' 곧 부정·평등의 입장에서 주고 받았고, 또 '그건 내 이름이야' 하고 앙산이 말하니까 '저는 혜연입니다'고 하여 쌍방이 '放' 곧

'긍정 · 차별의 입장으로 주고받았는데 이 두 사람의 응수가 대체 무슨 宗旨에 속할까? 이렇듯 훌륭한 宗旨가 어디 또 있을까?'를 뜻함. '若爲'는 '무엇이라 하는가? 무엇인가?' 하는 당 · 송 시대의 속어임. ◆ 騎虎由來要絶功(기호유래요절공) — 無功用의 大功을 지닌 자가 아니고는 호랑이를 올라탈 수가 없음. 어떻게 타야 할까 하고 사려나 분별, 방편 · 수단 따위가 아직 남아 있는 수행 정도로는 도저히 호랑이를 올라탈 수가 없다는 뜻임. '絶功'은 無功用의 大功. '由來'는 '본래부터'. 여기서는 물론 · 애당초 등의 뜻임. ◆ 何處去(하처거) — '그 가가대소의 웃음소리가 어디로 갔는지'. 그 결말은 어떻게 되었는가? 원오는 '千古萬古有淸風'이라 착어하고 있음. 천년만년 후에까지 淸風을 전할 만큼의 가가대소라는 뜻임. ◆ 只應千古動悲風(지응천고동비풍) — '千古'는 영원히. '悲風'은 적막한 바람, 또는 쓸쓸한 가을 바람. '그 앙산의 가가대소의 참뜻(落處)을 알기 위해 천하의 禪僧들은 영원히 괴로워하리라'. 깨달은 자에게는 천년 만년의 청풍이기도 한 그 가가대소가 천년만년 수행자의 고민거리가 되는 것임.

척척 주고받는 기막힌 솜씨,
그 누가 함부로 호랑이를 타랴?
껄껄 큰 웃음 어디로 가고,
천년이 지나도록 구슬픈 바람만 일으키리라.

제69칙

남전의 동그라미

南泉一圓相

일원상(一圓相)은 무한한 반경(半徑)으로 그린 무한원(無限圓)이며 불성(佛性)이나 우리 본래의 면목(面目)을, 온갖 형상을 초월한 무상 절대(無相絶對)의 본체를 상징한다. 이 일원상(一圓相)은 혜충 국사(慧忠國師)가 맨 먼저 그렸다고 하고 또 운문 화상이 창시자라고도 한다. 어쨌든 일원상의 드라마는 마조 도일의 제자들인 남전 보원, 귀종 지상(歸宗智常), 마곡 보철(麻谷寶徹) 셋이 광택사(光宅寺)의 혜충 국사를 찾아가는 도중에 벌어진 이야기이다. 이 중 남전, 마곡, 혜충 국사는 이미 앞에 나왔던 인물이고 귀종(歸宗)만 초면이다. 그러나 그에 대해서는 여산(廬山) 귀종사(歸宗寺)에 살던 지상 화상(智常和尙)이라는 사실밖에는 아는 것이 없다.

垂示云, 無啗啄處, 祖師心印, 狀似鐵牛之機. 透荊棘林, 衲僧家, 如紅爐上一點雪. 平地上七穿八穴則且止. 不落夤緣, 又作麼生. 試舉看.

주 ◆ 無啗啄處(무담탁처) — 물어뜯을 수도 쪼을 수도 없는 것. '啗'은 먹을 담(=啖). ◆ 祖師心印, 狀似鐵牛之機(조사심인, 상사철우지기) — '祖師心印'은 달마 대사가 전한 心法, 즉 '禪' 또는 '本性의 心性'임. 그것이 禹王이 황하의 治水를 위해 陜府에 만들었다는 鐵牛之機와 같다는 뜻. 쇠로 만든 소이므로 아무 의식도 작용도 없지만, 그 무의식, 不作用의 鐵牛가 황하의 범람을 지킨 것임. (제38칙 '본칙' 참조) ◆ 透荊棘林(투형극림) — 가시 숲을 지남. 妄念이나 妄想은 물론 깨달음도 자각도 모두 훌훌 벗어 버린 자. ◆ 衲僧家(납승가) — 禪僧. ◆ 如紅爐上一點雪(여홍로상일점설) — 시뻘겋게 단 화롯불 위에 한 덩어리의 눈을 던진 듯이 즉시 사라짐. 무슨 짓을 하건 조금도 자국을 남기지 않음. ◆ 平地上七穿八穴則且止(평지상칠천팔혈즉차지) — 평평한 땅 위를 자유자재로 활동하는 행위는 그렇다 치고. '七穿八穴'은 七通八達과 같으므로 자유자재임. '且止'는 그 일은 그렇다 치고, 그것은 잠시 그대로 두고. ◆ 不落夤緣(불락인연) — 말이나 글의 문제에 사로잡히지 않음. '夤緣'은 '칭칭 감음'. '夤'은 반영할 인.

수시하기를, 무슨 수로도 파고들 수가 없는 조사의 심인(心印)은 마치 무쇠 소와 같다. 망념(妄念)·망상(妄想)의 가시 숲을 헤치고 나온 선승은 무슨 짓을 하건 자취를 남기지 않고 평탄한 대지 위에서 자유자재로 움직인다. 그러나 그런 것은 잠시 제쳐 두고 말이나 글에 사로잡히지 않으려면 어떻게 해야 하는가? 다음 이야기를 살펴보라.

本則 擧. 南泉歸宗麻谷, 同去禮拜忠國師. 至中路, 南泉於地上, 畵一圓相云, 道得卽去. 歸宗, 於圓相中坐, 麻谷, 便作女人拜. 泉

云, 恁麽則不去也. 歸宗云, 是什麽心行.

주 ◆ 忠國師(충국사) — 慧忠國師. ◆ 至中路(지중로) — 장안으로 가는 도중에. ◆ 道得卽去(도득즉거) — 일행 중 만형격인 남전이 땅 위에 圓相을 그려 놓고는 '이것에 대해 뭐라고 똑 부러진 한마디를 해보라. 그 대답이 그럴 듯하면 一圓相의 本宗인 혜충 국사를 예배하러 가겠지만 막상 가 봤자 헛수고니까 돌아갈 테다'라고 함. 원오는 이 남전의 거동에 대해 '無風起浪. 也要人知'라 착어하고 있음. '심술궂은 짓을 하는군. 하지만 많은 사람이 그걸 알고 싶어하지'라는 뜻. ◆ 歸宗, 於圓相中坐(귀종, 어원상중좌) — 歸宗이 圓相 속에 펄썩 주저앉음. 一圓相을 坐斷했다는 것인가, 아니면 나밖에 圓相이 없다고 歸宗 자체의 無限絶對圓性을 표현한 것일까? ◆ 麻谷, 便作女人拜(마곡, 변작여인배) — 마곡은 곧 女人拜를 함. '아 고마우셔라, 歸宗佛이 직접 나타나셨군 하는 듯이 女人拜를 함'임. '女人拜'는 머리를 땅에 대고 엎드려 큰절을 하는 것이 아니고 허리만 굽힌 채 합장하는 절임. 장난기가 어린 거동임. ◆ 恁麽則不去也(임마즉불거야) — 너희들이 그렇다면 국사에게는 안 가겠다. 대답이 미숙하다는 건가, 아니면 거기까지 알고 있다면 새삼 혜충 국사에게 갈 필요가 없다는 말인가? 실은 그런 뜻이 아니라 남전의 轉身自在가 여기 있는 것임. 일찍이 스승 馬祖道一 화상이 '홀로 普願만이 物外에 超出함'이라 평했을 정도인 그가 그렇게 단순할 리 없음. 이러한 轉身에 '無啗啄處'底의 鐵牛之機가 있지 않을까? 圓轉無礙한 남전의 圓相의 활용이라 할 수 있음. ◆ 什麽心行(습마심행) — '心行'은 『法華經』 方便品의 '佛知彼心行, 故爲說大乘'의 心行과 같음. 곧 '所思'란 뜻. 이 구는 '무슨 속셈으로 그런 소리를 하는가?', '이제 와서 무슨 소리냐?'임. 원오는 '當時好與一掌'이라 착어함. '그 때 한 대 갈겨 주면 좋았으련만!'임.

남전, 귀종, 마곡 세 사람이 함께 혜충국사를 찾아뵈려고 길을 떠났다. 도중에 남전이 땅에다 동그라미를 하나 그려 놓고 "말해 보라,

그러면 가겠다"고 했다. [갑자기] 귀종은 그 동그라미 속에 털썩 주저앉아 버렸다. 마곡은 허리를 조금 굽혀 절을 했다. 이들의 거동을 본 남전이 "너희가 그렇다면 가지 않겠다"고 하니까 귀종은 "이제 와서 그게 무슨 소리야?" 하고 받았다.

頌 由基箭射猿. 遶樹何太直. 千箇與萬箇. 是誰曾中的. 相呼相喚歸去來. 曹溪路上休登陟. (復云)曹溪路坦平, 爲什麼休登陟.

주 ◆ 由基箭射猿(유기전사원) — 楚의 대부 養由基가 楚莊王을 위해 白猿을 쏜 故事에서 비롯된 구. 『淮南子』說山訓에 나오는 이 이야기는 대강 다음과 같음. 楚의 莊王이 사냥을 하다가 흰 원숭이 한 마리를 발견하고 侍臣에게 쏘게 했으나 원숭이는 그 화살을 손으로 잡고 장난을 쳤다. 그래서 由基에게 쏘게 했다. 원숭이는 그의 얼굴을 보기만 하고도 울부짖으며 나무 둘레를 요리조리 빙빙 돌아 피했으나 유기가 쏜 화살은 원숭이에게 적중했다. 지금 여기 나타난 南泉, 歸宗, 麻谷 세 사람도 다투어 圓相이라는 원숭이를 쏜 셈이며, 이들 솜씨 역시 유기에 못지 않음. 원오는 '未發光中', 즉 쏘기도 전에 먼저 맞았다고 착어하고 있음. ◆ 遶樹何太直(요수하태직) — 나무를 빙빙 도는 게 어찌 곧지 않은가? '遶樹'와 '太直'은 정반대의 뜻이지만, 유기의 화살이 나무를 빙빙 도는 원숭이를 좇아 함께 빙빙 돌면서 원숭이를 맞췄으므로, 그 빙빙 돈 것을 일직선으로 달렸다고 보았음. 세 사람은 각기 圓相을 쏘는 방법이 달랐지만 언제 어디서나 一圓相이 아닌 것이 없으니 빙빙 돌아도 곧바로 나아간 것임. ◆ 千箇與萬箇(천개여만개) — 옛날부터 많은 禪僧이 있지만. ◆ 誰曾中的(수증중적) — 이 셋만큼 멋지게 맞춘 자가 어디 있는가? ◆ 相呼相喚歸去來(상호상환귀거래) — '자 돌아갈까, 그래 돌아가자' 하고는 즉시 돌아감. 셋은

途中問答으로 이미 忠國師를 만난 것과 다름없으니 돌아감. ◆ 曹溪路上休登陟(조계로상휴등척) — 曹溪는 6조 慧能이 살던 곳이므로 '曹溪路上'은 禪의 길. '登陟'은 '산에 오름'. 선의 길은 오르내림도 迷悟도 去來도 없으므로 忠國師에게까지 가서 들을 말이란 별로 없다는 뜻. ◆ 復云(부운) — 다시 말하기를. 설두가 附記함. ◆ 曹溪路坦平, 爲什麽休登陟(조계로탄평, 위습마휴등척) — 曹溪로 가는 길, 선에 이르는 길은 평탄하여 오르기가 쉬울 텐데 어째서 셋은 오르지 않고 도중에 돌아갔을까? 오히려 쉬운 길이 더 위험함을 암시한 말임.

유기가 쏜 화살 빙빙 돌아, 곧장 원숭이에 명중일세.
우글우글 많은 중들 어느 누가 맞출 건가?
자 돌아갈까? 응 돌아가세, 조계까지 올라갈 까닭이 없네.
(조계로 가는 길 이리도 평탄한데, 어째서들 오르지 않았는가?)

제70칙

백장이 묻기를 "목도 입도 없이 말할 수 있느냐"

百丈併卻咽喉

위산, 오봉, 운암, 백장, 네 인물이 나온다. 위산은 앞에 자주 나온 위앙종(潙仰宗)의 문조(門祖)인 위산 영우 화상, 오봉은 백장의 법사(法嗣)이고 균주(筠州. 강서성 서주부)의 오봉선원(五峰禪院)에 살던 상관 화상(常觀和尙. 생몰 연대 미상)이며 위산의 법제(法弟)이다. 또 운암은 담성 화상(曇晟和尙. 782년~841년)이고 백장 화상 밑에 20년 동안이나 있었으나 끝내 깨우침을 얻지 못하다가 후에 약산 유엄 화상(藥山惟儼和尙. 742년~828년)의 뒤를 이은 사람이다. 각기 당대의 쟁쟁한 선장(禪匠)들이다. '본칙'의 이야기는 이들 모두가 백장 밑에서 수행하던 때의 일이다. 위산, 오봉, 운암 셋 중 위산이 맏형격이다. 그리고 이 제70칙의 '본칙'은 제71칙 · 제72칙의 '본칙'과 직속(直續)된 하나의 이야기를 셋으로 나눈 것이다. 설두는 위산, 오봉, 운암의 선기(禪機)를 각기 따로 관찰하기 위해 나누었다.

垂示云, 快人一言, 快馬一鞭. 萬年一念, 一念萬年. 要知直截, 未擧已前. 且道, 未擧已前, 作麽生摸索. 請擧看.

주 ◆ 快人一言, 快馬一鞭(쾌인일언, 쾌마일편) — 총명한 사람은 한 마디면 알아듣고 駿馬는 채찍 한 번이면 충분함. (제38칙 '수시' 참조) ◆ 萬年一念, 一念萬年(만년일념, 일념만년) — 영원이니 무한이니 하는 시간은 문득 움직이는 一念 속에 있고 그 일념은 실은 무한의 시간을 품은 영원임. 즉 一卽一切, 一切卽一의 참모습을 터득하고 있으면 길다느니 짧다느니 하는 시간적 · 공간적인 테두리를 초월하게 됨. ◆ 直截(직절) — 당장에 절단하고 판정함. '要知直截'은 그런 快人은 현실 생활에서 생겨나는 갖가지 迷妄도 깨달음도 즉석에서 끊어 버리고 초월할 줄 알아야 함임. ◆ 未擧已前(미거이전) — 直下에 절단 · 판정해야 할 事象이 생기기 전에. ◆ 摸索(모색) — 더듬어 찾음. '直截'의 단서를 찾음.

수시하기를, 총명한 사람은 한 마디면 곧 알아듣고 준마는 채찍 한 번이면 천리를 달린다. 만년(萬年)이 문득 떠오른 일념(一念)에 있고 또 그 일념은 만년을 품고 있기 때문이다. 그런 사람은 현실 생활에서 일어나는 갖가지 일을 당장 끊어 버리고 초월할 줄 알아야 하며 그것도 사전(事前)에 눈치채야 한다. 자 말해 보라, 사전에 어떻게 끊고 초월하는 일을 찾아내는지를! 그럼 다음 이야기를 살펴보라.

本則 擧. 潙山五峰雲巖, 同侍立百丈. 百丈問潙山, 併卻咽喉脣吻, 作麽生道. 潙山云, 卻請和尙道. 丈云, 我不辭向汝道, 恐已後喪我

兒孫.

주 ◆ 侍立(시립) — 옆에 모시고 서 있음. ◆ 併卻咽喉脣吻, 作麼生道(병각인후순문, 자마생도) — 목구멍과 입술을 모두 없애고도 뭐라고 말을 할 수 있느냐? 목구멍도 입도 쓰지 않고 말할 수 있느냐? '併卻'은 '완전히 제거함'임. 古人은 이 구를 평하여 '새끼 사자를 천 길 벼랑 밑에 떠밀어 버림과 같다'고 하고 있음. 그만큼 이 질문은 難問題임. ◆ 我不辭向汝道, 恐已後喪我兒孫(아불사향여도, 공이후상아아손) — 내가 네게 말하기는 어렵지 않지만 앞으로 내 후손을 잃게 될 게 겁난다. 法系가 소멸될까 두렵다. 결국 입도 목도 쓰지 않고 말해야 할 것을 입과 목으로 말한다면 禪은 일종의 기술이 되어 버리고, 따라서 선의 수행자가 없어져 참된 선의 후계자가 단절되고 만다는 뜻임.

어느 날 위산 · 오봉 · 운암, 셋이 백장 화상을 모시고 서 있었다. 백장 화상이 위산에게 물었다. "목도 입도 쓰지 않고 말할 수 있느냐?" 위산은 "오히려 스님께서 먼저 말씀해 주십시오" 하고 받았다. 그러자 백장 화상이 "내가 말하기는 어렵지 않으나 법이 쇠(衰)할까 두렵다" 하고 말했다.

頌 卻請和尙道, 虎頭生角出荒草. 十洲春盡花凋殘, 珊瑚樹林日杲杲.

주 ◆ 卻請和尙道(각청화상도) — 오히려 和尙께서 먼저 말씀해 주십시오. 위산이 백장에게 대답한 말을 그대로 인용한 것임. ◆ 虎頭生角出荒草(호두생각출황초) — 뿔이 난 호랑이가 풀숲에서 뛰쳐나옴. 위산의 대꾸에는 이 뿔난 호랑이 같은 豪氣가 있다. ◆ 十洲春盡花凋殘(십주춘진화조잔) — '十洲'는 祖洲·瀛洲·玄洲·長洲·炎洲·元洲·生洲·鳳麟洲·聚窟洲·檀州의 열 가지이며 모두 古人이 그린 이상의 세계임. '凋'는 시들 조. '凋殘'은 시들어 쇠잔함. 고인이 이상의 세계로 알았던 10洲의 봄을 咽喉脣吻의 소산인 글과 말에 비유하고 그것들을 모두 없애 버린 경지를 春盡花凋殘이라 표현한 것임. ◆ 珊瑚樹林日杲杲(산호수림일고고) — 깊은 바다 속의 산호 숲에 아침 햇살이 눈부시게 빛남. '杲杲'는 밝은 모양. 깨달음도 부처의 세계까지도 초월한 絶學無爲의 경지를 시적으로 표현한 구임. 그리고 이 경지가 곧 '수시'에서 말한 '未擧已前'의 直截處라 할 수 있음.

스님더러 먼저 말하라니,
풀숲에서 뛰쳐나온 뿔난 호랑이일세.
십주에 봄은 가고 꽃이 시드니,
산호 숲에 아침 햇살 눈부시구나.

제71칙

백장이 오봉에게 묻기를

百丈問五峰

앞 칙에 이어 백장 화상이 오봉 상관(五峰常觀)에게 물은 이야기가 펼쳐진다. 본래 한 이야기였기 때문에 애초 원오가 이 제71칙과 제72칙에는 '수시'를 붙이지 않았는지, 또는 태혜 종고(太慧宗杲)가 『벽암록』을 불태워 버렸을 때 없어졌는지 알 수 없으나 어쨌든 다음 칙과 함께 '수시'가 없다.

本則 擧. 百丈, 復問五峰, 併卻咽喉脣吻, 作麼生道. 峰云, 和尙也須併卻. 丈云, 無人處斫額望汝.

주 ◆ 和尙也須併卻(화상야수병각) — 스님이야말로 그런 헛된 말씀 마시고 먼저 스님의 咽喉脣吻을 併卻하고 나서 말씀하십시오. 결국 '스님도 입 좀 다무십시오'임. ◆ 無人處斫額望汝(무인처작액망여) — 아무도 없는 곳에서 멀리를 바라보며 네가 오는 거나 기다리지. '斫額'은 오른손을 이마에 대고 멀리 바라봄. '望汝'는 네가 오는 것을 멀리 바라보며 기다리겠다. 원오는 '土曠人稀相逢者少'라 착어함. 無人處는 10萬億土 저쪽에 있고 지금은 그런 곳에 가는

善人이 아주 적으므로 그런 곳에서 다시 만나기로 한 약속은 어리석은 짓이란 뜻.

백장 화상이 이번에는 오봉에게 "목도 입도 쓰지 않고 말할 수 있느냐?" 하고 물으니까 오봉은 "스님께서 먼저 목도 입도 없애 보시지요" 하고 대답했다. 백장 화상은 "아무도 없는 경지에 가서 멀리 바라보며 네가 오기를 기다리지" 하고 말했다.

頌 和尙也併卻, 龍蛇陣上看謀略. 令人長憶李將軍. 萬里天邊飛一鶚.

주 ◆ 龍蛇陣(용사진) — 孫子의 陣法의 하나로 유명한 '長蛇陣'임. (『孫子』 九地 제11에 '善用兵者, 譬如率然, 常山之蛇也. 擊其首則尾至. 擊其尾則首至. 擊其中則首尾俱至'라 나옴.) ◆ 看謀略(간모략) — 모략을 간파함. '龍蛇陣上看謀略'은 백장이 친 龍蛇의 陣上에서 오봉은 그 모략을 간파하고 곧장 쳐들어가는 호기가 있음. ◆ 令人長憶李將軍(영인장억이장군) — 사람들로 하여금 李將軍을 길이 잊지 못하게 함. '오봉의 활약을 보니, 일단 적에게 체포되었다가 오히려 말을 빼앗아 타고 돌아와 飛騎將軍이라 불린 저 漢의 李廣이 길이 생각남'임. ◆ 萬里天邊飛一鶚(만리천변비일악) — 만리의 아득한 하늘가를 날던 물수리 한 마리를 쏘아 떨어뜨림. '飛'는 『碧巖集種電鈔』에 '飛者射之落之義'라 註하고 있듯이 '쏘아 떨어뜨림'임. 백장이 '併卻咽喉脣吻, 作麼生道'라고 한 말은 만리 하늘가에 물수리를 날린 것과도 같으나 '和尙也併卻'이라고 응답한 오봉의 화살은 솜씨 좋게 백장의 물수리를 쏘아 떨어뜨렸다는 뜻.

스님더러 먼저 목도 입도 없애라니,

용사의 진을 단숨에 쳐부쉈네.
이 장군 같은 솜씨 길이 못 잊으리,
아득한 하늘가의 물수리를 맞혔노라!

제72칙

백장이 운암에게 묻기를
百丈問雲巖

백장 화상의 '병각인후순문, 자마생도(併卻咽喉脣吻, 作麼生道)'의 질문을 주제로 한 이야기의 마지막 부분이다. 운암 담성(雲巖曇晟)은 백장이 죽은 후 약산(藥山)의 유엄 화상(惟儼和尙)에게 갔다. 유엄 화상은 "너는 백장 선사 밑에서 어떤 수행을 했느냐?"고 물었다. "네, 생사를 투탈(透脫)했습니다" 하고 대답하자, "허 그거 잘됐군. 깨끗이 생사의 바탕을 빠져 나왔느냐?" 하고 다시 물었다. 운암은 "본래의 자기에겐 애당초 생사 따위란 없는 법입니다" 하고 대답했다. 유엄은 즉각 "이 바보 녀석아. 너는 백장 밑에 20년이나 있었다면서 아직도 판에 박은 수작을 하느냐?" 하고 호되게 꾸짖었다. 하는 수 없이 남전 화상에게 갔지만 거기서도 깨우침을 얻지 못한 채 다시 약산에게 돌아와 열심히 갈고 닦아 비로소 크게 깨우침을 얻고 그의 법을 이었다. 조동종(曹洞宗)의 동산 양개(洞山良价)가 이 운암의 제자이다.

本則 擧. 百丈, 又問雲巖, 併卻咽喉脣吻, 作麼生道. 巖云, 和尙有也未. 丈云, 喪我兒孫.

주 ◆ 和尙有也未(화상유야미) — 스님에게 아직도 없애야 할 목과 입이 있습니까? '有'와 '未' 사이에 '併卻咽喉脣吻' 6자를 넣고 풀이하면 뜻이 분명해짐. 오봉에게 和尙也須併卻이라는 말을 듣고 이미 併卻하신 줄 알았는데 아직 그러지 못하고 있습니까 하고 물은 것임. ◆ 喪我兒孫(상아아손) — 그 따위 소리를 하면 우리 법이 끊어지고 만다! '兒孫'은 대대로 이어져 갈 禪의 법계.

백장 화상이 다시 운암에게 "목도 입도 쓰지 않고 말할 수 있느냐?" 하고 물었다. 운암은 "스님께선 이미 다 없애 버리신 줄로 알았더니 아직 목과 입이 남아 있습니까?" 하고 받았다. 곧 백장 화상은 "그 따위 소리를 하면 우리 법이 끊어지고 만다!" 하고 말했다.

頌 和尙有也未, 金毛獅子不踞地. 兩兩三三舊路行, 大雄山下空彈指.

주 ◆ 金毛獅子(금모사자) — 황금빛 사자. 앞으로 이런 사자가 될 운암이란 뜻. ◆ 不踞地(불거지) — '踞地'는 '용기를 온 몸에 떨치면서 바야흐로 덤벼들려 함'이므로 '不踞地'는 '덤벼들지 못하고 웅크리고 있음'임. 운암의 禪機가 미숙하다는 것. ◆ 兩兩三三舊路行(양양삼삼구로행) — '兩兩三三'은 '이도 저도 모두가'. 즉 '어중이 떠중이'. '舊路行'은 옛 사람들이 거닐던 그 길을 벗어나지 못한 채 걸어감. ◆ 大雄山下空彈指(대웅산하공탄지) — '大雄山'은 百丈山의 별명. '彈指'는 엄지손가락과 中指로 딱하고 퉁겨서 소리를 냄. 경각의 뜻. '정신 차려!' 하고 격려함. '空'은 헛됨. 백장이 '이 바보 같은 놈!' 하고 분해하며 헛되이 손가락만 딱하고 퉁긴다는 뜻임. 원오는 '一死更不再活. 可悲可痛'이라 착어하고 있음. '한 번 죽은 뒤 다시 살아날 줄을 모르는군. 불쌍하기 그지없구나!'.

스님더러 아직도 남아 있느냐라니,
웅크린 황금 사자 일어날 줄 모르네.
여기 둘 저기 셋 옛길만 헤매누나,
대웅산 밑에 탄지 소리, 아 덧없어라!

제73칙

마조의 사구백비

馬祖四句百非

마 대사(馬大師), 지장(智藏), 해형(海兄), 세 인물과 한 무명승이 등장한다. 마 대사는 제3칙에 나왔던 마조 도일 화상이고 해형(海兄) 역시 제26칙 및 그 밖에 여러 차례 등장한 백장 회해이다. 그리고 지장은 건주(虔州. 강서성 건주부)의 서당 선원(西堂禪院)에 살던 사람이다. '본칙'의 내용은 회해와 지장이 수행승으로 마조 도일 밑에 있을 때의 이야기이다.

垂示云, 夫說法者, 無說無示. 其聽法者, 無聞無得. 說旣無說無示, 爭如不說. 聽旣無聞無得, 爭如不聽. 而無說又無聽, 卻較些子. 只如今諸人, 聽山僧在這裏說. 作麼生免得此過, 具透關眼者. 試擧看.

주 ◆ 夫說法者, 無說無示. 其聽法者, 無聞無得(부설법자, 무설무시. 기청법자, 무문무득) — 說法者는 아무 말도 하지 않고 그 무엇도 나타내지 않으며 聽法者는 아무것도 듣지 않고 그 무엇도 터득하지 않는다. 禪의 궁극적인 경지나, 참된 자기에는 제거해야 할 迷妄도 터득해야 할 깨달음도 없으며 그저 그 자체가 完全圓滿함. 그러므로 그 자체 외에는 말할 진리도 없고 내보일 법도 없음. 따라서 듣는 쪽도 귀로 들을 것이 전혀 없음. 그 무엇도 듣지 않으므로 물론 얻는 것도 없음. 대체 귀로 듣거나 남에게서 배운 것은 신통치 않게 마련임. ◆ 較些子(교사자) — 아직 충분하지 못함. '些'는 어조사 사. (제7칙 '수시' 참조) ◆ 在這裏(재저리) — 지금 여기 이렇게 있으면서. ◆ 此過(차과) — 이 잘못. 설법을 귀로 듣고 있어서 些子에 해당되지 못한 잘못. ◆ 透關眼(투관안) — 明眼 · 活眼 · 一隻眼.

수시하기를, 법을 말하는 자는 무슨 말도 하지 않고 그 무엇도 나타내 보이지 않으며 법을 듣는 자 역시 아무것도 듣지 않고 무엇하나 터득하지 않는다. 말하는 입장에서 이미 아무 말을 하지 않고 나타내지 않는다면 차라리 말하지 않음만 못하고, 듣는 쪽이 이미 아무것도 듣지 않고 얻지 않는다면 차라리 듣지 않음만 못하다. 그러면 말하지 않고 듣지 않으면 되는가 하면 그것만으로는 아직 충분하지 않다. 지금 여러분이 내 이야기를 귀로 듣고 있다면 아직 멀었다. 과연 어떻게 하면 이런 잘못을 면하고 밝은 눈을 갖춘 자가 될 수 있는가? 다음 이야기를 살펴보라.

本則 擧. 僧, 問馬大師, 離四句絶百非, 請師直指某甲西來意. 馬師云, 我今日勞倦. 不能爲汝說. 問取智藏去. 僧, 問智藏. 藏云, 何不問和尙. 僧云, 和尙教來問. 藏云, 我今日頭痛. 不能爲汝說. 問取海兄去. 僧問海兄. 海云, 我到這裏卻不會. 僧擧似馬大師. 馬師云, 藏頭白, 海頭黑.

㈜ ◆ 離四句絶百非(이사구절백비) — '四句'는 有(있음, 긍정) · 無(없음, 부정) · 亦有亦無(있기도 하고 없기도 함) · 非有非無(있지도 않고 없지도 않음)이며 모든 것은 이 네 가지 중 어느 한 가지에 해당됨. '百非'는 그 1구 중에 각 4구를 포함하고 그것을 과거 · 현재 · 미래로 배당한 뒤 다시 已起 · 未起로 나누면 百이 됨. 결국 온갖 이론이나 논설은 이 사구 · 백비 속에 든다는 불교의 이론임. '離四句絶百非, 請師直指某甲西來意'는 '온갖 이론이나 논설을 떠나 부디 제게 禪의 궁극적인 뜻을 가르쳐 주십시오'임. '某甲'은 馬大師 앞에 나타난 한 이름없는 중이 스스로를 가리킨 말. '西來意'는 祖師西來意이며 달마가 중국에 온 목적 또는 달마가 중국에 전하려 한 사상. ◆ 我今日勞倦(아금일로권) — 오늘은 피곤함. ◆ 問取去(문취거) — 가서 물으라. ◆ 敎來問(교래문) — 큰스님(마조)께서 여기 와 물으라고 하셨습니다. '敎'는 令이나 使와 같으며 '~을 하게 함'임. ◆ 我到這裏卻不會(아도저리각불회) — 실은 나도 그것을 모른다. 이 장난 같은 대답에서 사구를 떠나고 백비를 초월한 祖師西來意를 백장은 훌륭하게 說示한 것임. ◆ 擧似(거사) — '擧示'와 같음. 智藏과 懷海에게 질문한 결과를 마 대사에게 보고한 사실을 가리킴. ◆ 藏頭白, 海頭黑(장두백, 해두흑) — 智藏의 머리는 희고 懷海의 머리는 검음. 藏 · 海 두 사람의 禪機를 평한 말임. '白頭 · 黑頭'에는 다음과 같은 故事가 있음. 옛날 閩이란 고장에 侯白과 侯黑이라는 두 산적이 있었다. 어느 날 侯黑이 한 여자와 함께 길옆 우물가에 근심스러운 얼굴로 서 있을 때 侯白이 와서 까닭을 물었다. 그러자 侯黑은 이 부인이 방금 우물 속에 귀중한 귀걸이를 떨어뜨렸으며 그것을 건져 내 주면 귀걸이의 반값을 준다고 한다. 侯白, 자네가 건져내 주지 않겠느냐고 했다. 侯白은 즉시 좋다고 하고, 대신 건져 냈을 때는 여자를 속여 전부 제가 갖도록 해 달라고 했다. 侯黑은 그러마 약속했다. 侯白이 옷이며 소지품 일체를 우물가에 두고 우물 안으로 들어간 사이에 侯黑은 그 옷, 소지품은 물론 여자까지 끌고 어디론가 사라져 버렸다. 이 故事에서 '我早侯白, 伊更侯黑'(나는 스스로 꽤 악당이라 생각했지만 그는 나보다 한 수 더 위의 악당이다)이라는 속담이 생겨났음. 우리말의 '뛰는 놈 위에 나는 놈 있다'와 같음.

한 중이 마 대사에게 물었다. "온갖 이론이나 논설을 떠나, 선의 참뜻을 제게 가르쳐 주십시오." 그러나 마 대사는 "오늘은 피곤하니 네게 말해 줄 수가 없다. 지장에게나 가서 물어 보라" 하고 대답했다. 중은 지장을 찾아가 물었다. 그랬더니 "어째 백장 화상께 묻지 않느냐?" 한다. "화상께서 여기 와 물으라셨습니다" 하고 중이 말하니까 지장은 "오늘은 머리가 아파 말해 줄 수가 없다. 해형에게 가서 물어 보라"고 했다. 중이 이번에는 해형을 찾아가 물었으나 "나도 아직 그건 몰라" 하고 대답했다. 중은 다시 마 대사에게 돌아가 그 동안의 일을 말했다. 마 대사가 "지장의 머리는 희고 회해의 머리는 검(으니, 뛰고 날고 잘들 한)다"고 평했다.

頌 藏頭白海頭黑, 明眼衲僧會不得. 馬駒踏殺天下人. 臨濟未是白拈賊. 離四句絶百非, 天上人間唯我知.

주 ◆ 會不得(회부득) — 不會得 또는 不能會得과 같음. 알아들을 수가 없음. 깨달을 수가 없음. ◆ 馬駒踏殺天下人(마구답살천하인) — '馬駒'는 馬大師가 풀어놓은 말(駒), 즉 '藏頭白, 海頭黑'이라는 1구임. 이 1구에 천하 사람 전부가 밟혀 죽음. 그리지 않고는 祖師西來意는 꿈도 꿀 수가 없는 것임. ◆ 臨濟未是白拈賊(임제미시백염적) — '白拈賊'은 백주에 공공연하게 남의 물건을 빼앗는 도둑. 이 구는 雪峰義存이 臨濟義玄을 가리켜 '臨濟大似白拈賊'이라 한 사실에서 비롯되었으며, '臨濟의 機鋒도 훌륭하기는 하지만 마조 앞에 오면 아직 白拈賊이라 할 만하지 못함'이라고 설두가 마조를 칭찬한 말임. ◆ 天上人間唯我知(천상인간유아지) — 사구를 떠나 백비를 초월한 禪의 참된 경지는 결코 하늘이든 인간계이든 누구에게 물어서 깨달을 수 있는 것이 아니며 오직 스스로 터득하는 수밖에 없음.

"지장의 머리는 희고 회해의 머리는 검다."
눈밝은 납승도 알아듣지 못하누나.
마 대사의 말 한 마리가 세상 사람을 밟아 죽이니—
임제는 아직 백주 강도가 못 되네.
글과 말 떠난 [선의 궁극적인] 경지,
하늘과 사람 중에 나만 알 수 있다네.

제74칙

금우의 밥통
金牛飯桶

금우 화상(金牛和尙)은 마조 도일 화상의 법을 이은 사람이며, 진주(鎭州) 출신이라는 사실밖에 알려진 것이 없다. 『임제록』에도 임제 화상과 문답한 이야기가 나오는 점으로 보아 선기가 돋보이는 스님이었다고 추측된다.

垂示云, 鏌鎁橫按, 鋒前翦斷葛藤窠. 明鏡高懸, 句中引出毘盧印. 田地穩密處, 著衣喫飯, 神通遊戲處, 如何湊泊. 還委悉麽. 看取下文.

주 ◆ 鏌鎁橫按(막야횡안) — '鏌鎁'는 '干將'과 함께 중국의 대표적인 名劍. 곧 般若의 智劍, 태어날 때부터 지닌 본심의 날카로움을 검에 비유함. '橫'은 天下橫行의 橫과 같으며 자유자재로 함임. '橫按'은 자유자재로 휘두름. ◆ 鋒前(봉전) — 막야의 칼날로 즉석에서. ◆ 葛藤(갈등) — 문자나 言句. 사람에게 달라붙어 佛心을 어지럽히는 것. ◆ 窠(과) — 窟과 같음. 갈등이 달라붙어 엉킨 곳임. ◆ 句中(구중) — '句中身'의 약어. '句身'은 산스크리트어 'Padakaya'의 漢譯語이며 본래는 '무엇은 ~ 무엇이다'라는 단정어이나 여기서는 '어떠한 언어 문구로도'란 뜻임. ◆ 毘盧印(비로인) — '毘盧'는 毘盧遮那佛이며 遍一切處로 번역함. 어디나 이 부처의 大光明이 비치지 않는 곳이 없다 함. 盡十方無礙光如來라고도 함. 또 우리 본심의 별명이기도 함. '印'은 '확실하게 증명하기' 위한 도장임. '밝은 거울(明鏡)처럼 입장이 뚜렷한 禪師라면 일언반구에도 佛心의 불가사의한 大光明을 이끌어 낼 수 있음'임. ◆ 田地穩密處(전지온밀처) — 신비의 경지, 大悟徹底의 경계. '田地'는 心田地이며 서로의 정신 상태를 가리킨 말임. ◆ 神通遊戲(신통유희) — 보통 사람은 예측할 수도 없는 신출귀몰한 거동을 함. 그렇다고 유별난 神秘不可思議한 초능력이 아니라, 禪에서는 '神通 및 妙用은 물을 긷고 장작을 나름'이라 하듯 일상의 일 속에 있는 것임. 그러나 이 일상의 일이 좀처럼 쉽지 않음. ◆ 湊泊(주박) — 寄着함. 안주지를 구함. '湊'는 항구, '泊'은 선착장. '항구에 배가 모임'. '如何湊泊'은 어떻게 하면 기착할 수 있는가? 즉 '도저히 가까이 다가갈 수 없음'임. ◆ 還委悉麼(환위실마) — 어때 그걸 이해할 수 있느냐? '委悉'은 會得 · 理解.

수시하기를, 모름지기 선승이란 막야의 명검을 자유자재로 휘두르고 그 칼날로 마음에 달라붙은 갈등의 병을 즉석에서 잘라 버리며 명경 같은 반야의 지혜를 높이 내걸고 단 한 마디로도 분명하게 본래 불심(佛心)의 불가사의한 대광명을 이끌어 낼 수 있어야 한다. 은밀한 신비의 경지에서는 추우면 옷을 입고 배고프면 밥을 먹는 식으로 자유무애(自由無礙)하게 뜻대로의 생활을 한다. 그런 사람은 또 보통 사람이 상상도 못할 만큼 신출귀몰한 활약을 하므로 도저히 가까이 다가가기 어렵다. 자, 그것을 알 수 있겠느냐? 다음 이야기를 잘 살펴보라.

本則 擧. 金牛和尙, 每至齋時, 自將飯桶, 於僧堂前作舞, 呵呵大笑云, 菩薩子喫飯來. (雪竇云, 雖然如此, 金牛不是好心.) 僧問長慶, 古人道, 菩薩子喫飯來, 意旨如何. 慶云, 大似因齋慶讚.

주 ◆ 齋時(재시) — 점심 때. ◆ 呵呵大笑(가가대소) — 만족스러워 껄껄 크게 웃음. ◆ 菩薩子喫飯來(보살자끽반래) — 보살들아, 와서 밥을 먹어라. '子'는 친근함을 나타내는 접미사. ◆ 雖然如此, 金牛不是好心(수연여차, 금우불시호심) — 금우 화상은 그런 짓을 하고는 있어도 결코 호의로 하고 있는 게 아니다! '好心'은 선의 · 호의 · 친절. 원오가 '是賊識賊'이라 착어하고 있음. '설두는 금우와 한통속이니까 잘 알고 있군'이라는 뜻. 우리 속담의 '과부 사정은 과부가 안다'와 같음. ◆ 長慶(장경) — 長慶慧稜. (제8칙 · 제22칙 참조) ◆ 大似因齋慶讚(대사인재경찬) — 밥 먹을 때 고맙다고 하는 것과 똑같다. '慶讚'은 경하 · 찬탄의 약어. 본래 선문의 식사 예법은 장중하여 心經을 읽고 10佛名을 외우며 五觀文을 읽는 등 엄숙함.

금우 화상은 매일 점심 때만 되면 스스로 밥통을 들고 승당 앞에서 춤을 추며 만족스럽다는 듯이 껄껄 크게 웃고는 "자 보살들아, 와서 밥을 먹게나!" 했다. (설두는 "금우가 그런 짓은 해도 결코 호의로 그러는 건 아니다!"고 말했다.) 훗날 한 중이 장경 화상에게 물었다. "옛날 금우 화상께서 보살들아, 와서 밥을 먹게나! 하신 건 무슨 뜻이었습니까?" 장경 화상이 "밥 먹을 때 고맙다고 하는 것과 똑같은 거야"라고 대답했다.

頌 白雲影裏笑呵呵. 兩手持來付與他. 若是金毛獅子子, 三千里外見誵訛.

주 ◆ 白雲影裏笑呵呵(백운영리소가가) — 금우 화상은 白雲 속 깊이 숨은 絶對無의 세계에서 흡족하게 껄껄 크게 웃었으리라. '白雲影裏'는 '세상 밖에 초연히 있으며'임. ◆ 兩手持來付與他(양수지래부여타) — 두 손으로 밥통을 들어다 중들에게 베풀어 줌. ◆ 若是金毛獅子子, 三千里外見誵訛(약시금모사자자, 삼천리외견효와) — 금우 화상의 거동은 상식으로는 좀 알기 어려우나 金毛의 사자 같은 자라면 아득히 먼 곳에서도 그 뜻을 알아보리라. '三千里'는 먼 곳, 먼 곳에서. '見誵訛'는 '말의 잘못을 알아냄'. 여기서는 말뿐이 아니라 '모든 남의 동작을 알아봄'임. '金毛獅子'는 금우 화상의 '金'자에서 연상하여 재치있게 쓴 말임.

아스라한 구름 속 어디선가
시원스레 터지는 웃음 소리.
두 손으로 밥통 안아다가
숱한 중들에게 나눠 준 뜻,
번뜩이는 눈을 가진 황금사자여!
그대는 어디서건 선뜻 알아보리.

제75칙

오구가 뇌까리기를 "어이쿠, 되게 얻어맞았구나!"

烏臼屈棒

정주 화상(定州和尙), 오구(烏臼), 무명승, 세 사람이 나온다. 정주 화상은 6조와 대립했던 신수 화상(神秀和尙)의 3대 법손(法孫)이며 숭산(嵩山) 보원 화상(普願和尙)의 법사(法嗣)가 된 정주(定州)의 석장 화상(石藏和尙)이다. 그리고 오구(烏臼)도 석장처럼 전기는 알 수 없고 다만 마조 도일의 법을 이은 사람이며 당시 출중한 봉술(棒術)로 이름이 나 있었다고 한다. 무명승은 정주 화상 밑에서 수행을 쌓은 중이다.

垂示云, 靈鋒寶劍, 常露現前, 亦能殺人, 亦能活人. 在彼在此, 同得同失. 若要提持, 一任提持, 若要平展, 一任平展. 且道, 不落賓主, 不拘回互時如何. 試擧看.

주 ◆ 靈鋒寶劍(영봉보검) — 반야의 智劒. 사람들이 본래 갖추고 있는 活殺自在의 작용임. ◆ 常露現前(상로현전) — 언제나 눈앞에 드러내 놓고 있음. ◆

在彼在此, 同得同失(재피재차, 동득동실) — '在彼在此'는 '저기에도 여기에도', '어디에나 다 있고 누구나가 다 지님'. '同得同失'은 '누구나가 다 같이 活殺自在의 작용을 쓸 수 있음'. '同'은 '다 같이'. ◆ 一任提持(일임제지) — 뜻대로 자유로이 提持할 수 있음. '一任'은 '자유로이 할 수 있음'. '提持'는 '손에 잡음'. 또는 '把住'임. ◆ 平展(평전) — 놓아 버림. 또는 放行. ◆ 不落賓主(불락빈주) — 너다 나다 하는 차별에 구애되지 않음. ◆ 不拘回互(불구회호) — '回互'는 상대적인 일, 또는 견해. 즉 '상대적인 견해에 사로잡히지 않음'.

수시하기를, 반야의 지검(智劒)을 언제나 눈앞에 드러내 놓고 있는 사람은 남을 죽이고 살리는 일을 때와 장소에 구애되지 않고 자유자재로 할 수 있으므로 손에 꼭 잡고 휘두르든 내던지든 뜻대로이다. 말해 보라, 너와 나라는 차별에 빠지지 않고 서로의 상대적인 견해에 사로잡히지 않으려면 어떻게 해야 하는지를! 다음 이야기를 살펴보라.

本則 擧. 僧, 從定州和尙會裏來, 到烏臼. 烏臼問, 定州法道, 何似這裏. 僧云, 不別. 臼云, 若不別, 更轉彼中去. 便打. 僧云, 棒頭有眼, 不得草草打人. 臼云, 今日打著一箇也. 又打三下. 僧便出去. 臼云, 屈棒元來有人喫在. 僧, 轉身云, 爭奈杓柄在和尙手裏. 臼云, 汝若要, 山僧回與汝. 僧, 近前奪臼手中棒, 打臼三下. 臼云, 屈棒屈棒. 僧云, 有人喫在. 臼云, 草草打著箇漢. 僧, 便禮拜. 臼云, 和尙卻恁麽去也. 僧, 大笑而出. 臼云, 消得恁麽, 消得恁麽.

㊟ ◆ 定州和尙會裏(정주화상회리) — 정주 화상의 僧堂, 정주 화상이 지도하는 僧團. ◆ 定州法道, 何似這裏(정주법도, 하사저리) — 정주가 있는 그곳과 이곳에 다른 점이라도 있나? '法道'는 佛法禪道의 現況. ◆ 更轉彼中去(갱전피중거) — 다시 그곳으로 돌아가라. '彼中'은 '定州和尙會裏'를 가리킴. '다른 점이 없다면 여기까지 올 필요는 없다. 당장 그곳으로 돌아가라'는 뜻. ◆ 草草(초초) — 공연히. 경솔하게. ◆ 屈棒(굴방) — '屈'은 굴욕의 굴이며 '屈棒'은 맞을 까닭도 없이 맞는 몽둥이임. ◆ 喫在(끽재) — 얻어맞는 자가 있음. 공연히 얻어맞고도 아무 소리 못하는 놈이 있음. ◆ 爭奈(쟁나) — 어찌하겠는가? 어쩔 수가 없음. ◆ 杓柄(작병) — 국자의 자루. 오구 화상이 쥐고 있는 몽둥이. ◆ 回與(회여) — 남에게 물건을 빌려 줌, 또는 내어 줌. ◆ 屈棒屈棒(굴방굴방) — 야, 되게 얻어맞았다! 아이쿠, 이건 억울하다 따위의 뜻. ◆ 草草打著箇漢(초초타착개한) — '箇漢'은 오구 화상이 자기를 가리켜 '이 나를'이라 한 것임. '자넨 맨 먼저 내게 맞았을 때 경솔하게 사람을 치지 말라는 따위 소리를 했으면서 지금에 와선 자네도 경솔하게 나를 치지 않았느냐?'라는 뜻. ◆ 卻恁麽(각임마) — '恁麽'는 예배한 사실을 가리킴. '卻恁麽去也'는 그것으로 만족하고 돌아가나? 남을 실컷 두들겨 놓고 그대로 돌아가나? ◆ 消得恁麽(소득임마) — 그 정도의 짓(大笑한 것)밖에 못하느냐? '消'는 要, 또는 用. '恁麽'는 如斯·如是임. 직역하면 '그렇게 쓸 수 있었는가?'임. 한편 '그럴 듯해, 참 잘했어'라고 풀이할 수도 있음.

한 중이 정주 화상의 승당(僧堂)을 떠나 오구 화상을 찾아왔다. 오구 화상이 "그래 정주가 있는 곳과 이곳에 다른 거라도 있나?" 하고 물었다. 중은 "다를 건 없습니다" 하고 대답했다. "다를 게 없다면 당장 그리로 돌아가거라!" 하고 오구 화상이 내뱉으며 한 대 딱 쳤다. 중은 "함부로 사람을 치지 마십시오. 스님의 몽둥이에는 [사람을 알아 보는] 눈도 없습니까?" 하고 대들었다. 오구 화상은

"오늘은 드물게 맷집 좋은 놈이 걸렸군" 하고는 계속 세 대를 내리쳤다. 중은 할 수 없이 그곳을 나갔다. 곧 "공연히 얻어맞고 그대로 가는 놈도 다 있군!" 하고 오구 화상이 야유하자 중은 휙 몸을 돌리고 "스님이 몽둥이를 쥐고 있으니 난들 어떻게 하겠습니까!" 하고 뇌까렸다. "그래 자네가 필요하다면 몽둥이를 빌려 주지" 하고 오구 화상이 대답하니까 곧 중은 다가와 오구 화상의 몽둥이를 빼앗아 들고는 계속 세 대를 쳤다. "어이쿠, 이거 되게 얻어맞았구나!" 하고 오구 화상이 뇌까리자 중은 "얻어맞고 싶어 안달하는 바보도 있군요!" 했다. "함부로 사람을 친다더니 자네가 그렇게 사람을 치는군!" 하고 오구 화상이 받았다. 갑자기 중은 넙죽 절을 했다. 오구 화상이 "실컷 사람을 치고 그대로 돌아가나?" 하고 중얼거리니까 중은 껄껄 한바탕 웃고 나가 버렸다. 오구 화상은 "그게 단가, 그게 다야?" 하고 투덜거렸다.

頌 呼卽易, 遣卽難. 互換機鋒子細看. 劫石固來猶可壞, 滄溟深處立須乾. 烏臼老, 烏臼老. 幾何般, 與他杓柄太無端.

주 ◆ 呼卽易, 遣卽難(호즉이, 견즉난) — 원오의 '평창'에 '呼蛇易遣蛇難. 如今將箇瓢子吹來. 喚蛇卽易, 要遣時卽難'이라 함. '瓢子'는 뱀 가죽을 표주박 입구에 친 물건이며, 이것을 불면 뱀이 모인다 함. 곧 뱀을 불러 모으기는 쉽지만 과연 모인 뱀을 필요한 만큼 잡고 필요 없는 놈은 돌아가게 하기란 어렵다는 뜻임. 결국 '본칙'에서 오구가 중을 점검하면서 '屈棒元來有人喫在'라고 불러

들였지만, 그 일은 쉽다 하더라도 '汝若要, 山僧回要與汝'하거나 '今日打著一箇也'라 하여 중을 시험하기는 쉽지 않으며, 더욱 나아가 '消得恁麽' 하며 맞은 채 그대로 있는 따위 행위는 空前의 경지라는 것임. 오구는 부르고 주는 일이 자유자재였다는 뜻임. ◆ 互換機鋒(호환기봉) — '互換'은 '서로 일대일'. '중과 오구의 일대일의 활동'임. ◆ 子細(자세) — '仔細'와 같음. 잘, 세밀히, 주의하여. ◆ 劫石(겁석) — '劫'은 劫火(제29칙 '본칙' 참조)의 劫이며 劫波(Kalpa)의 약어임. 불교는 시간의 무한성을 설명하기 위해 다섯 종류의 비유를 사용함. 1.草木喩 2.沙細喩 3.芥子喩 4.碎塵喩 5.拂石喩의 다섯 가지 중 '劫石'은 5. 拂石喩에 속함. 흔히 磐石劫이라고 하며 '지금 여기 사방 40리의 大磐石과 무한한 長壽를 지닌 한 사람의 天人이 있다 가정하고, 그 天人이 100세 때마다 한 번씩 그의 부드러운 옷깃으로 大磐石을 닦아 이윽고 그 大磐石이 닳아 없어져도 劫波(무한의 시간)는 끝나지 않는다. 시간은 영원히 무한하다'는 것임.(『大智度論』 제5권 · 『增一阿含經』 제50권). 따라서 '이 중과 오구의 일대일의 대결은 비록 거대한 劫石이 닳아 없어지고 깊고 깊은 바다가 다 메말라 버리는 한이 있어도 영원히 미해결인 채 그대로 있으리라'는 것이 '劫石固來猶可壞, 滄溟深處立須乾'의 뜻임. 두 스님의 禪機를 똑같이 칭찬한 구임. '滄溟'은 푸른 바다. '固來'는 '來'가 助辭이므로 '굳더라도'. '劫石固來猶可壞'는 劫石은 굳어도 역시 파괴할 수 있음. ◆ 深處立(심처립) — 滄海의 바닥이 아무리 깊고 많은 물을 담고 있다 해도. '立'에는 '있다'는 뜻이 있음. ◆ 幾何般, 與他杓柄太無端(기하반, 여타작병태무단) — '幾何般'은 오구 같은 선기를 가진 이가 천하에 또 몇이나 되랴? 즉 '누가 이와 같은 선기를 보일 수 있는가?'임. '與他杓柄太無端'은 '섣불리 몽둥이를 내주는 것은 서툰 짓임'. 중에게 자기의 몽둥이를 내 주다니 무모하기 짝이 없는 짓이지만 감히 그렇게 하는 데에 오구의 깊이가 있다는 뜻임. '無端'은 하는 일이 서투름. '무모함'임.

부르기는 쉬워도 주기는 어렵다네,
일대 일의 선기(禪機) 자세히 보라.

굳은 반석은 언젠가는 부서지고,
깊은 바닷물도 마를 날 있으리니.
오구여, 오구 화상이여,
그 누가 무모하게 몽둥이를 내주랴!

제76칙

단하가 묻기를 "밥은 먹었느냐"

丹霞喫飯也未

단하(丹霞), 장경(長慶), 보복(保福), 세 사람과 한 무명승의 이야기이다. 장경은 장경 혜릉이고 보복 역시 이미 나온 보복 종전이다. 단하는 천연 화상(天然和尙. 739년~824년)을 말하며 『오등회원(五燈會元)』 제5권에 의하면, 장안으로 관리가 되려고 갔다가 한 선자(禪者)를 만나 마조 화상에게 찾아가 중이 되었다. 그 후 석두 화상 밑에서 수행했다. 특히 그의 유명한 일화로 목불(木佛)을 태운 이야기가 있다. 단하가 낙양의 혜림사(慧林寺)에 머무르고 있을 때 겨울 날씨가 하도 추워 본당(本堂)의 목불을 꺼내다 불을 지폈다. 당장 그 절 원주(院主)가 달려와 "그럴 수가 있느냐"고 펄펄 뛰었다. 단하가 "나는 부처님을 태워서 사리를 얻으려는 걸세"라고 대답하니까 원주는 "목불에 무슨 놈의 사리가 있단 말이오!" 하고 대들었다. 대뜸 단하는 "만약 사리가 없는 부처라면 아무리 땐들 어찌 나를 책할 수 있단 말인가?"라고 반박했다 한다. 말년에 그는 단하산(丹霞山)에 살다가 86세 때 중들을 시켜 목욕을 하고는 갓을 쓰고 지팡이를 든 채 마루에 나앉으며 "자, 나는 간다. 신을 신겨 다오" 하고 신

한 짝을 발에 걸친 채 땅에 내려서는 순간 죽었다.

垂示云, 細如米末, 冷似氷霜, 逼塞乾坤, 離明絶暗. 低低處, 觀之有餘, 高高處, 平之不足. 把住放行, 總在這裏許. 還有出身處也無. 試擧看.

주 ◆ 細如米末, 冷似氷霜(세여미말, 냉사빙상) — [우리의 本心本性은] 미세한 면에서 보면 싸락같이 잘고 그 성질로 보면 얼음이나 서리처럼 차가움. (제13칙 '수시'의 '冷處冷如氷雪, 細處細如米末'과 같음) ◆ 逼塞乾坤(핍색건곤) — 온 우주에 꽉 차 있음. '逼塞'은 꽉 막힘. '逼'은 쪼그라들 핍. 온 우주 어디에나 다 있음. ◆ 離明絶暗(이명절암) — 明暗의 차별상을 초절하고 있음. (제7칙 '수시'의 日月不能照와 같음) ◆ 低低處, 觀之有餘(저저처, 관지유여) — 낮고 낮은 밑바닥, 미혹으로 찬 凡夫의 세계에도 本心本性의 여래의 智慧德相은 넘치고 있음. ◆ 高高處, 平之不足(고고처, 평지부족) — 높고 높은 곳, 즉 부처나 깨달은 자. 그와 같은 사람도 凡夫보다 많은 것을 지니고 있지는 않음. ◆ 把住放行(파주방행) — 적극적 행위와 소극적 행위. 生과 殺, 긍정과 부정. ◆ 出身處(출신처) — 철저한 곳, 철저한 이해.

수시하기를, 우리의 본심은 싸락같이 잘고 얼음이나 서리처럼 차갑다. 그러나 넓게 보면 온 누리에 가득 차 있어서 밝음이나 어둠 따위를 초월한다. 낮고 낮은 밑바닥[미혹(迷惑)으로 찬 범부의 세계]에도 본심 본성[여래의 지혜 덕상(智慧德相)]은 넘치고 있고, 높고 높은 곳[부처나 깨달은 자의 경지]이라도 범부보다 더 많은 것을 지니고 있지는 않다. 살리고 죽이는 일과 긍정 및 부정이 모두

이 우주 절대의 진리 속에 있다. 과연 그러한 진리를 깨달은 자가 있느냐 없느냐? 다음 이야기를 살펴보자.

本則 擧. 丹霞, 問僧, 甚處來. 僧云, 山下來. 霞云, 喫飯了也未. 僧云, 喫飯了. 霞云, 將飯來與汝喫底人, 還具眼麽. 僧無語. 長慶問保福, 將飯與人喫, 報恩有分, 爲什麽不具眼. 福云, 施者受者二俱瞎漢. 長慶云, 盡其機來, 還成瞎否. 福云, 道我瞎得麽.

주 ◆ 山下來(산하래) — 丹霞山 밑에서 왔음. 산 밑 어느 집에서 묵고 왔다는 뜻. ◆ 具眼麽(구안마) — 사람을 알아보는 눈이 있는가? ◆ 將飯與人喫, 報恩有分, 爲什麽不具眼(장반여인끽, 보은유분, 위습마불구안) — 음식을 남에게 공양하는 일은 보은의 행위인데 어째서 사람 보는 눈이 없다고 하는가? '報恩有分'은 남에게 베푸는 일은 각자 그 신분에 따라 알맞게 해야 하는 것이란 뜻. ◆ 施者受者二俱瞎漢(시자수자이구할한) — 먹여 준 자도 얻어먹은 자도 둘 다 장님일세. '瞎'은 눈멀 할. 禪은 깨닫느니 깨닫지 못하느니 주었느니 받았느니 하고 授受할 수 없으며 사람마다 다 본래부터 지니고 있으므로 그런 二元對立은 없다는 뜻임. ◆ 盡其機來(진기기래) — '其機'는 施者 · 受者의 성의. 즉 施者도 受者도 성의를 다함임. '있는 힘을 다해 수행해도 오히려 장님이 되는가?'가 '盡其機來, 還成瞎否'의 뜻임. ◆ 道我瞎(도아할) — 그럼 자넨 내가 장님이란 말인가? 보복의 이 대답에는 아직 미진한 데가 있음. 원오도 '當時待他道盡其機來, 還成瞎否, 只向他道瞎'이라고 착어하고 있음. '만약 내가 그 보복이었다면 장경이 機를 다하고 있는데도 瞎이라고 하는가 하고 으스댔을 때, 瞎! 하고 한 마디만 던져 주었으련만…'이라는 뜻임.

단하 화상이 찾아온 중에게 물었다. “어디서 왔느냐?” 중이 “산 밑에서 왔습니다” 하고 대답했다. “밥은 먹었느냐?” 단하 화상이 물었다. 중은 “네 먹었습니다” 하고 대답했다. 단하 화상이 “자네에게 밥을 먹여 준 자는 대체 눈이 있더냐?” 하고 다시 물었다. 중은 그만 말문이 막혔다. 그 후 100년쯤 지나, 장경 화상이 보복 화상에게 이 문제를 꺼내 물었다. “밥을 남에게 공양하는 일은 보은 행위인데 어째서 단하는 눈이 없다고 했지?” 보복 화상은 “밥을 준 자도 얻어 먹은 자도 둘 다 장님일 테지” 하고 대답했다. 장경 화상이 또 “있는 힘을 다해 수행해도 오히려 장님이 되는 건가?” 하고 물으니까 보복 화상은 “그럼 내가 장님이란 말인가?” 하고 쏘아붙였다.

頌 盡機不成瞎. 按牛頭喫草. 四七二三諸祖師. 寶器持來成過咎. 過咎深無處尋, 天上人間同陸沈.

주 ◆ 盡機不成瞎(진기불성할) — 장경과 보복 두 사람이 한 말을 그대로 ‘송’으로 쓴 것임. ‘있는 힘 다해 수행하는 자를 장님이라 하면 안 됨’. ◆ 按牛頭喫草(안우두끽초) — 소 머리를 억지로 눌러 풀을 먹이려 함. 단하는 중에게, 장경은 보복에게 억지로 佛飯을 먹이려 하나 그냥 두어도 배가 고프면 저절로 먹게 될 텐데…. 결코 강제로 하면 안 된다는 뜻. ◆ 四七二三諸祖師(사칠이삼제조사) — 인도에서는 달마까지가 사칠은 28명, 중국에서는 달마로부터 6조 혜능까지가 이삼은 6명임. 禪宗史上의 모든 傳法者를 말한 것. ◆ 寶器(보기) — 靈山會上에서는 석존이 들어 보인 연꽃이고 여기서는 밥을 먹는 바리때. ◆ 過咎(과구) — 잘못. ‘咎’는 허물 구. ◆ 過咎深無處尋(과구심무처심) — 잘못은 도저히 헤아릴 수 없을 만큼 깊음. 장경이나 보복이 '寶器를 들고 와서' 그것을 손상한 잘못은 헤아릴 수 없이 깊다. ◆ 陸沈(육침) — 『莊子』 雜篇 則陽 제25에 나오는 '方且與世違, 而心不屑與之俱, 是陸沈者也'에서 비롯된 말. 본래는 大隱者가 저자 속에 숨어 버린다는 말이나 여기서는 天上界나 人間界에는 의당 숨어야 할 까닭도 없이 공연히 陸沈하는 자가 많다는 뜻임. 밥을 먹는 따위 아주 단순한 문제를 공연히 '盡機'니 '瞎', '不瞎'이니 하여 '過咎'가 되고 많은 사람이 '陸沈'함.

애썼느니 장님이 아니니,
소 머리 눌러 풀 먹이는 꼴일세.
많고 많은 조사들 어쩌자고,
보기(寶器)는 들고 왔는가!
그 잘못 헤아릴 수 없어라,
사람과 하늘이 다 그 때문에 고생일세.

제77칙

운문의 호떡

雲門餬餠

운문과 한 무명승의 이야기이다.

垂示云, 向上轉去, 可以穿天下人鼻孔, 似鶻捉鳩, 向下轉去, 自己鼻孔, 在別人手裏, 如龜藏殼. 箇中忽有箇出來, 道本來無向上向下, 用轉作什麽, 只向伊道, 我也知, 儞向鬼窟裏, 作活計. 且道, 作麽生辨箇緇素. (良久云,) 有條攀條, 無條攀例. 試擧看.

㈜ ◆ 向上轉去(향상전거) — '向上'은 다시 없는 절대 평등의 처지, 일체를 부정하는 경지. 즉 第一義諦의 입장임. '轉去'는 그런 곳으로 감. 그런 곳에서 활약함. 달마가 梁武帝에게 해 보인 태도. ◆ 穿天下人鼻孔 (천천하인비공) — 천하 사람의 코를 꿤. 天下人의 機先을 制함. '누구 하나 감히 접근하지 못함'임. ◆ 鶻(골) — 송골매. 매의 일종. ◆ 向下轉去(향하전거) — '向上轉去'의 반대이며 '向下'는 상대 차별의 세계, 第二義門으로 내려가 일체를 긍정하는 자리. ◆ 箇中(개중) — '這裏'와 같음. ◆ 箇出來(개출래) — '箇'는 위의 '箇中'의 箇를 강조하기 위한 글. '여기에, 여기서' 정도의 뜻. '出來'는 '출두함', '나타남'. ◆ 鬼窟裏(귀굴리) — 도깨비굴 속. 유령의 세계. ◆ 活計(활계) — 生

息 · 생활 · 생존. ◆ 辨箇緇素(변개치소) — '箇'는 '緇素' 두 자를 강조하기 위한 글. '辨緇素'는 '흑백을 辨別함'. ◆ 良久云(양구운) — 한동안 잠자코 있다가 말함. 『碧巖錄』을 기록한 이의 삽입구임. ◆ 有條攀條, 無條攀例(유조반조, 무조반례) — 條가 있으면 條를 꼬고, 條가 없으면 例를 꼼. 곧 '일정한 규정이 있으면 그 규정대로 하지만 만약 일정한 규정이 없으면 종래의 관례를 따르라'임. (제10칙 '수시' 참조)

수시하기를, 절대 평등한 처지에서 활약하면 매가 비둘기를 잡듯이 천하 사람의 코를 꿰어 쥘 수 있고 상대 차별의 자리에 살면 거북이 껍질 속에 갇혀 있듯이 남의 손에 코를 꿰인 채 끌려 다니게 된다. 만약 지금 여기에 갑자기 누구든 튀어나와 "선의 궁극적인 경지(도)에는 본래 절대 평등(향상)도 상대 차별(향하)도 없다. 그 아무것도 없는 데로 가서 어쩌겠다는 거냐?" 하고 물으면 그에게 "절대 평등도 상대 차별도 없다는 너는 그 아무것도 없는 유령의 세계에 떨어진 채 귀신 노릇을 할 테지"라고 일러주겠다. 자 말해 보라, 어느 쪽이 검고 어느 쪽이 흰지를! (한동안 잠자코 있던 원오가 말을 잇는다.) 일정한 조문(條文) 같은 선의 규정이 있다면 그대로 하지만 없으면 종래의 관례를 따르라. 그럼 다음 이야기를 살펴보라.

本則 擧. 僧問雲門, 如何是超佛越祖之談. 門云, 餬餠.

주 ◆ 超佛越祖之談(초불월조지담) — 佛도 祖師도 초월한 말. 절대도 상대도 초월한 말. 결국 佛祖가 한 말은 이미 잘 알고 있지만 그 佛祖도 하지 않은 한마디. ◆ 餬餅(호병) — 胡餅. 호떡. 이 엉뚱한 대답에 원오는 '舌拄上齶, 過也'라 착어함. 터무니가 없어 말을 못하겠다는 뜻.

한 중이 운문 화상에게 물었다. "부처의 말도 조사들의 말도 너무 들어서 싫으니 그들이 하지 않은 한마디를 해주십시오." 즉시 운문 화상은 "호떡!" 하고 대답했다.

頌 超談禪客問偏多. 縫罅披離見也麽. 餬餅塑來猶不住, 至今天下有誵訛.

주 ◆ 超談禪客問偏多(초담선객문편다) — 超佛越祖的인 담화 문답을 좋아하는 선객이 많음. ◆ 縫罅披離見也麽(봉하피리견야마) — '縫罅'는 '꿰맨 곳이 터짐'. '披離'는 '너덜너덜하게 해짐'. '罅'는 갈라질 하. '披'는 헤칠 피, 찢어질 피. '꿰맨 옷이 너덜너덜 해진 것을 보았느냐? 超佛越祖的인 空見識으로 큰소리치며 觀念論에 젖어 있지만 그 자신의 꼴은 어떤가? 그가 입고 있는 옷은 남루하여 거지꼴인 줄도 모르고 호언장담하는 모습을 보았느냐?'임. ◆ 餬餅塑來猶不住(호병축래유부주) — '塑'은 '틈 사이에 물건을 틀어막음'임. '不住'는 달라붙어 있지 않음. 꿰진 옷 틈에 호떡을 틀어박아 메웠지만 그대로 붙어 있지 않음. 결국 호떡이라 대답한 동기는 아무도 알지 못함이란 뜻임. ◆ 至今天下有誵訛(지금천하유효와) — 그 후 천하의 禪者들은 꿰진 틈을 막는 호떡에 구애됨. '有誵訛'는 '천하의 선승들이 迷妄만 거듭하고 있음'임.

부처도 안한 말이 무엇이냐고 묻는 이 참 많다만,
남루한 그 꼴을 보라!

해진 옷자락 호떡으로 메웠으나 붙어 있지 않다네.

이제 천하의 중들은 떡 붙이기에 정신 없구나….

제78칙

개사가 물을 보고 깨달음
開士悟水因

'본칙'의 이야기는 『능엄경(楞嚴經)』에 나오는 고사(故事)라고 한다. 개사(開士)는 훌륭한 인격을 지닌 사람이란 뜻이며 보살(菩薩. Bodhisattva)의 번역어이다. 올바른 진리를 개명(開明), 체달(體達)하고 중생을 인도하기 바라는 사람을 말한다.

本則 擧. 古有十六開士. 於浴僧時, 隨例入浴, 忽悟水因. 諸禪德, 作麽生, 會他道妙觸宣明, 成佛子住. 也須七穿八穴始得.

주 ◆ 開士(개사) — 菩薩(보살). ◆ 於浴僧時(어욕승시) — 승려가 목욕할 때. ◆ 隨例入浴(수예입욕) — 수행승에게는 입욕에도 식사에도 각기 일정한 예법이 있으므로, 그 예법에 따르라는 뜻. ◆ 悟水因(오수인) — '水因'은 물이 원인이 되어. 욕실에서 묵묵히 몸의 때를 씻다가. 물은 흘러왔다 흘러가 버리는 것이며 결코 일정한 相을 지닌 채 정체하지 않음, 물의 實相은 空이며 不可得의 것임을 깨달았음. 그래서 본래 流動이 있을 뿐 실체가 없는 물에 씻기고 있는 자기는 무엇일까 하고 반성해 보니 과연 거기에는 물도 없고 자기도 없으며 다만 씻는다는 사실뿐이고 나아가서는 씻는다는 것도 없는 水我一體의 流動 뿐임을 깨달았다는 뜻. 곧 '찾아야 할 깨우침도 털어 버릴 번뇌도 없는 경지를 깨달았음'임. 『首楞嚴義海』 제15권에 이 구를 '觀此水性, 了不可得, 不從因生, 故悟水因'이라고 풀이하고 있음. ◆ 諸禪德(제선덕) — '禪德'은 禪學上의 高德者. 이것은 『雪竇頌古百則』의 撰者 설두 중현이 일반 선자를 부른 말임. ◆ 妙觸宣明, 成佛子住(묘촉선명, 성불자주) — '妙觸'의 觸은 色聲香味觸法의 '觸'이며 無相의 물이 無相의 몸에 닿았으니 妙觸(영묘한 접촉)이라 한 것임. 여기서 不可得한 佛性이 홀연히 나타나(宣明)고 佛의 지위를 확보하게 됨. 즉 '大悟徹底한 참된 부처가 되었음'임. 『首楞嚴義海』 제15권에 '由斯觀察, 塵觸旣盡, 妙觸現前, 得無生忍, 名佛子住'라 나옴. ◆ 七穿八穴(칠천팔혈) — 어디서나 七通八達, 自由無礙하게 도에 이름.

옛날 16명의 개사가 규정된 목욕 시간에 늘 하던 대로 목욕을 하다가 문득 물을 보고 크게 깨달았다. 이 일을 들어 설두 화상이 "자 너희들은 이 일을 뭐라고 하겠느냐? 그들이 '영묘(靈妙)한 접촉으로 불성(佛性)이 홀연 나타나 크게 깨우치고 부처가 되었다'고 한 뜻을 알겠느냐? 모름지기 어디서나 자유무애(自由無礙)하게 도에 이를 수 있어야 비로소 터득했다고 할 만하다!"고 말했다.

頌 了事衲僧消一箇. 長連床上展脚臥, 夢中曾說悟圓通. 香水洗來驀面唾.

주 ◆ 了事衲僧消一箇(요사납승소일개) — '了事'는 참된 자기를 구명하여 인간으로서의 큰 일을 마침. '悟了'임. 이 구는 크게 깨달음을 얻은 선자는 한 사람이면 됨. '消'는 소용됨, 씀의 뜻이므로 '消一箇'는 '한 사람만 소용됨'임. 그러니 16명씩이나 우글우글 무슨 소용이랴!라는 뜻이 뒤에 깃들어 있음. ◆ 長連床上展脚臥(장연상상전각와) — 그런 큰일을 마친 선자라면 나란히 늘어놓은 자리(床)에 두 다리 쭉 펴고 편안히 누워 있을 수가 있음. '長連床'은 기다랗게 늘어놓은 자리들. ◆ 夢中曾說悟圓通(몽중증설오원통) — 그러니 16開士가 水因으로 깨달았다는 따위는 꿈속에서 뇌까린 잠꼬대 같은 것임. '圓通'은 『三藏法數』 제46권에 '性體周徧曰圓, 妙用無礙曰通'이라 하지만, 결국 지혜로 實體 · 實相을 원만하게 환히 안다는 뜻임. 즉 大悟나 見性이며 '悟水因'을 가리킴. ◆ 香水洗來驀面唾(향수세래맥면타) — 비록 향수 목욕을 하고 왔다 한대도 그 향수 냄새(깨달음)는 얼굴에다 침이나 뱉어 줄 더러운 것임. 타고난 우리의 본성에는 깨달음도 迷妄도 없는 법인데 깨달음이다 깨우침이다 하고 더러운 냄새만 풍기는 놈들에게는 곧장 침이라도 탁 뱉어 주라는 뜻임. '驀面唾'는 곧장 그 얼굴에 침을 뱉어 줌. '驀'은 곧장 맥.

정녕 깨달은 이 한 사람이면 족하다네,
그런 이는 자리에 활개 펴고 누워 있게.
물로 깨달았다니 잠꼬대 말아,
향수 목욕했다는 놈 침이나 뱉어 주리!

제79칙

투자의 "이 세상의 모든 소리가 부처님 목소리"

投子一切佛聲

투자(投子)는 서주(舒州) 투자산의 대동 화상(大同和尙. 819년~914년)을 말하며, 취미 무학 화상(翠微無學和尙)의 법사이다. 원오의 '평창'에 '투자박실두, 득일군지변(投子朴實頭, 得逸群之辯)'이라고 한 글을 보아도 질박 독실(質朴篤實)하면서도 빼어난 설득력을 지닌 사람이었던 모양이다. 이 투자에 대하여는 이미 제41칙에 나왔다.

垂示云, 大用現前, 不存軌則. 活捉生擒, 不勞餘力. 且道, 是什麽人曾恁麽來. 試擧看.

㊟ ◆ 大用現前, 不存軌則(대용현전, 부존궤칙) — 제3칙 '수시' 참조. 지극한 도(至道)의 영묘한 활동은 세상의 속된 법칙 따위에 얽매이지 않음. 옛날 幽溪和尙에게 한 중이 '大用現前, 不存軌則'이라 물었을 때 유계는 잠자코 서서 禪床을 한 바퀴 돌았다고 함. 불과 4~5척, 아무리 크게 보아도 一間四方 정도를 돌아가는 것, 그것도 大用現前이라 할 수 있음. ◆ 活捉生擒, 不勞餘力(활촉생금, 불로여력) — [그런 사람은] 상대를 사로잡든 끈으로 묶든 마음대로 할 수

있으며 하등 힘들 것이 없음. '지극한 도나 절대의 실체는 우주에 가득 차 있으므로 그것을 사로잡는 데 별로 수고가 필요없음'임. 곧 개짖는 소리, 모기의 울음 소리, 빗방울 듣는 소리, 바람 소리, 나뭇잎 스치는 소리 등 모두가 지극한 도의 오묘한 움직임이므로 그것이 없는 곳은 없으니 지극한 도를 보는 눈만 있다면 언제건 발견할 수 있다는 뜻. ◆ 是什麼人曾恁麼來(시습마인증임마래) — 옛날부터 지금까지 과연 어떤 사람이 그 지극한 도를 사로잡은 일이 있는가? 그런 활약을 할 수 있는 선자가 과연 역사상에 있었던가?

수시하기를, 지극한 도의 오묘한 활동은 세상의 속된 법칙 따위에 얽매이지 않는다. 그 [능력을 지닌] 사람은 지극한 도를 움켜 쥐거나 사로잡는 데 별 힘이 들지 않는다. 자 말해 보라. 지금까지 그런 사람이 과연 있었는지를! 다음 이야기를 살펴보라.

本則 擧. 僧問投子, 一切聲是佛聲, 是否. 投子云, 是. 僧云, 和尚, 莫𡱰沸碗鳴聲. 投子便打. 又問, 麤言及細語, 皆歸第一義, 是否. 投子云, 是. 僧云, 喚和尚作一頭驢得麼. 投子便打.

주 ◆ 一切聲是佛聲, 是否(일체성시불성, 시부) — 이 세상의 모든 음성은 부처님의 목소리라 하지만, 정말입니까? 『涅槃經』의 偈에 있는 문구를 중이 그대로 빌려 씀. ◆ 和尚, 莫𡱰沸碗鳴聲(화상, 막독비완명성) — '𡱰'은 启과 같으며 尾竅, 똥구멍. '𡱰沸'는 방귀 소리. '碗鳴'은 뜨거운 물을 주발에 따를 때 나는 소리. 이 구의 뜻은 '방귀를 뀌거나 주발에 뜨거운 물을 따를 때 나는 소리도 부처님의 목소리란 말입니까?'임. 결국 이 중은 '佛聲'에 구애되어 惡平等에 빠진 채 멍멍 하는 불성, 야옹 하는 불성을 깨닫지 못하고 평등과 차별을 상대적으로 보고 있음. ◆ 麤言及細語, 皆歸第一義, 是否(추언급세어, 개귀제일의, 시부) — 조잡한 말이든 정중한 말이든 모두 다 第一義의 진리에 알맞다고 하지만, 그렇습니까? 이 구도 『涅槃經』에 나옴. '麤'는 거칠 추. '細語'는 정중하고 예의에 맞는 말. ◆ 喚和尙作一頭驢得麼(환화상작일두려득마) — 그럼 화상을 한 마리의 당나귀라 불러도 괜찮겠군요? 결국 중은 惡平等의 馬脚을 더욱 드러낸 것임.

한 중이 투자 화상에게 "이 세상의 모든 소리가 부처님의 목소리라고 합니다만, 정말입니까?" 하고 물으니까 투자 화상은 "그래" 하고 대답했다. "그럼 방귀 소리나 주발에 뜨거운 물 따르는 소리도 부처님의 목소리인가요?" 하고 중이 다시 묻자 투자 화상은 한 대 딱 쳤다. [그래도 지지 않고] 중이 또 물었다. "조잡한 말도 정중한 말도 모두 제일의의 진리에 알맞다고 하지만, 그렇습니까?" 이번에도 투자 화상이 "그렇지" 하고 대답하니까 중은 "그럼, 스님을 한 마리의 당나귀라고 불러도 되겠군요?" 하고 들이댔다. 투자 화상이 또 딱 하고 내리쳤다.

頌 投子投子. 機輪無阻. 放一得二, 同彼同此. 可憐無限弄潮人, 畢竟還落潮中死. 忽然活, 百川倒流鬧湉湉.

주 ◆ 投子投子(투자투자) — 투자 화상을 칭찬한 말. ◆ 機輪無阻(기륜무저) — 과연 투자의 大機大用, 그 마음의 활동은 무엇에도 저지되지 않고 수레바퀴가 구르듯 훌륭함. 투자 화상의 禪機를 가리킨 말. ◆ 放一得二(방일득이)

— '是'라는 한 마디만 거듭 내뱉어(放) 두 번이나 상대방의 구애된 마음을 두들겨 주었음. ◆ 同彼同此(동피동차) — '是'라고 하여 일단 긍정해 놓고 바보 같은 놈 하고 두들겨 부정함. 이 부정이나 긍정은 다 같이 뛰어난 솜씨임. ◆ 無限弄潮人, 畢竟還落潮中死(무한롱조인, 필경환락조중사) — 세상에 禪을 배우는 자는 많으나 모두 제대로 헤엄도 못 치면서 공연히 거친 파도에 뛰어들고 싶어하는 놈들뿐, 결국은 선의 바다에 빠져 죽게 마련임. '弄潮人'은 바닷물에 희롱하는 자, 겁 없이 파도에 뛰어드는 자. ◆ 忽然活(홀연활) — 갑자기 살아나서. '선을 수행하는 이상 한 번쯤은 심신을 모두 잊고 선의 바다에 뛰어들어 흠씬 젖으며 죽을 고비를 넘기고 살아나지 않으면 안 됨'임. ◆ 百川倒流鬧湉湉(백천도류뇨활활) — 수백의 강물이 역류하여 요란한 소리를 내게 되리. '鬧'는 시끄러울 뇨. '湉湉'은 강둑의 閘門(갑문)을 열었을 때 나는 요란한 물소리. '湉'은 물 흐르는 소리 활. 이렇듯 한 번 죽었다 살아난 자라야 비로소 일체의 소리를 佛聲으로 듣고 粗言細語도 모두 第一義로 맛볼 수 있음.

투자여 투자 화상이여, 그 솜씨 거칠 데 없구나.
두 번이나 두들겨 주다니, 정녕 자유자재일세.
겁도 없이 파도에 뛰어든 중, 아 물귀신 못 면하리라.
어쩌다 홀연히 살아만 난다면, 백천이 거꾸로 치솟아 흐르련만….

제80칙

조주의 갓난애
趙州初生孩子

한 무명승이 조주와 투자를 찾아가 문답한 이야기이다.

本則 擧. 僧問趙州. 初生孩子, 還具六識也無. 趙州云, 急水上, 打毬子. 僧復問投子, 急水上, 打毬子意旨如何. 子云, 念念不停流.

주 ◆ 初生孩子(초생해자) — 갓 태어난 어린아이. ◆ 還具六識也無(환구육식야무) — 六識을 갖추었습니까? 안 갖추었습니까? '六識'이란 눈 · 귀 · 코 · 혀 · 몸 · 뜻(意)의 여섯 가지이며 눈으로는 色, 귀로는 聲, 코로는 香, 혀로는 味, 피부(몸)로는 感觸, 뜻으로는 法(존재)을 깨닫듯이, 六境(여섯 가지 대상)을 식별하는 작용이 있음. 이것을 六識이라 함. 중은 갓난아이를 빌려 趙州의 禪境을 시험해 보려고 한 것임. 조주가 만약 갓난아이에게는 六識이 없다고 하면 중은 당장 그럼 어째서 울거나 웃을 수 있느냐고 다그칠 터이고, 또 있다고 하면 그럼 어째서 추위나 더위, 종소리나 북소리 따위를 분명히 식별하지 못하느냐고 따질 것임. 더구나 禪의 경지는 의식이나 분별의 작용으로 究明되지 않으므로 이 질문은 단순한 듯 보여도 아주 까다로운 難問임. ◆ 急水上, 打毬子(급수상, 타구자) — 급류 위에 공을 던지라. 그 공은 급류를 따라 흐르고 흘러 멈출 줄 모른다. 우주의 大法을 급류에 비유하면 그 大法의 한구석에 생겨난 갓난아이는 이 급류에 던진 공 같은 존재란 뜻. ◆ 念念不停流(염념부정류) — 一念一念이 조금도 멈추지 않고 흘러간다. 조주의 '急水上, 打毬子'를 설명한 말로서, 六識의 총화인 개성의 의지(Manas)가 念念相續하여 무한에서 무한으로 잠시도 쉬지 않고 흘러감.

한 중이 조주 화상에게 "갓난애에게도 육식이 있습니까, 없습니까?" 하고 물었다. 조주 화상은 "급한 물살 위에 공을 던지게" 하고 대답했다. [그만 무슨 뜻인지 알지 못한] 중은 투자 화상에게 다시 물었다. "급한 물살 위에 공을 던지라니 무슨 뜻입니까?" 곧 투자 화상은 "염(念)마다 조금도 멈추지 않고 도도히 흘러간다네" 하고 대답했다.

頌 六識無功伸一問. 作家曾共辨來端. 茫茫急水打毬子. 落處不停誰解看.

주 ◆ 六識無功伸一問(육식무공신일문) — 이 구에 대해 원오는 착어하기를 '有眼如盲有耳如聾'(눈이 있어도 장님 같고 귀가 있어도 귀머거리 같다)이라 함. '눈도 귀도 완전히 갖춘 채, 눈으로는 빛(色)을 보고 귀로는 소리를 들으면서도 마치 장님처럼 귀머거리처럼 분별을 가하지 않은 六識의 작용은 無功用이다'라는 도리를 敎相上으로는 이해하고 있는 중이 그 지식에 의거하여 조주에게 질문했다고 이 起句는 송하고 있음. '무공용'은 '평창'에도 '天地爲無心故. 所以長久. 若有心則有限齊. 得道之人亦復如是. 於無功用中施功用'이라 하고 있지만, 무엇을 위한다는 有爲有心이 아니고 無爲無心이면서도 저절로 그렇게 되는 達道人의 작용임. 六識의 작용도 마찬가지여서 我執 없이 보고 들으면 보는 대로 듣는 대로 공용을 다하면서 또 그대로 무공용이 되는 것임. ◆ 作家(작가) — 조주와 투자. ◆ 曾共(증공) — 둘 다. ◆ 辨來端(변래단) — '辨'은 '분명하게 밝혀 냄'. '來'는 語勢를 강조하기 위한 助辭. '端'은 제1칙 '송'의 '何當辨的'의 的과 마찬가지로 端的의 뜻임. 따라서 '그런 문제는 이미 익히 잘 알고 있다'. 던진 질문 따위를 모를 조주나 투자가 아니라는 뜻. ◆ 茫茫(망망) — 끝없이 넓은 모양. ◆ 落處不停誰解看(낙처부정수해간) — 급류 위에 공치기를 한다 하고, 念念 멈추지 않는다 하는데, 결국은 그게 무슨 뜻인가? 그 귀착되는 곳은 과연 어디인가? 그것은 다만 이 중만 모르는 경지가 아니다. 어느 누가 그 流動의 相에서 사물의 落處를 알겠는가? 『金剛經』에 '應無所住, 而生其心'이라는 문구가 나오지만 거처하는 곳 없이도 그 마음을 낳는 곳을 분명히 깨달아야 함.

무공한 육식을 알고 물은 중,
그 속셈 조주도 투자도 익히 알았네.
망망한 급류에 공을 던져라…
뉘라서 알랴, 그 물결,
흐르고 흘러흘러 어디로 가는지를!

제81칙

약산의 "고라니 중의 고라니"

藥山麈中麈

약산(藥山)은 유엄 선사(惟儼禪師. 745년~828년)를 말하며 석두 희천 선사(石頭希遷禪師. 700년~790년)의 법사(法嗣)이다. 처음에는 희조 율사(希操律師)에게 계율을 배웠으나 "대장부가 어찌 번거로운 계행(戒行)에 얽매이랴!" 하고는 선으로 옮겨 석두 선사 밑에 와서 배웠다고 한다.

垂示云, 攙旗奪鼓, 千聖莫窮. 坐斷誵訛, 萬機不到. 不是神通妙用. 亦非本體如然. 且道憑箇什麼, 得恁麼奇特.

㈜ ◆ 攙旗奪鼓(참기탈고) — 제49칙 '수시'의 '攙鼓奪旗'와 같으며 '적의 軍旗와 북을 모두 빼앗아 버림'임. ◆ 莫窮(막궁) — 막을 수가 없음. '窮'은 '塞'의 뜻. '旗鼓를 빼앗은 자를 막을 수 없음'. ◆ 坐斷誵訛(좌단효와) — '誵'는 말에 조심성이 없음. '訛'는 말에 정확성이 없음. 결국 '誵訛'는 온갖 갈등, 골치 아픈 어려운 문제이고 '坐斷'은 그런 것들을 송두리째 없애 버림임. ◆ 萬機不到(만기부도) — 어떠한 機略을 지닌 자도 그 坐斷한 자를 침해할 수가 없음. ◆

神通妙用(신통묘용) — 신통하고 오묘한 작용, 신묘한 힘. ◆ 非本體如然(비본체여연) — 본래부터 갖춘 것이 아님. 일상적인 생활 태도가 그대로 깨달음의 경지이며 선이 일상 생활 그 자체라는 뜻.

수시하기를, [모름지기 선의 수행자가] 적의 군기(軍旗)를 빼앗고 북을 차지할 만한 역량이 있다면 천 명의 성인이 들이닥쳐도 그의 힘을 막을 수 없고 무슨 어려운 문제를 들고 와도 송두리째 해결할 수 있으며 그 어떤 기략(機略)으로도 범접할 수 없다. 그러나 그것은 신통한 힘이나 본래부터 갖추고 있는 역량은 아니다. [그저 일상 생활의 태도가 그럴 뿐이다.] 자 말해 보라, 무엇으로 그렇듯 기특한 힘을 얻을 수 있는지를!

本則 擧. 僧, 問藥山, 平田淺草, 麈鹿成群. 如何射得麈中麈. 山云, 看箭. 僧放身便倒. 山云, 侍者, 拖出這死漢. 僧便走. 山云, 弄泥團漢, 有什麼限. (雪竇拈云, 三步雖活. 五步須死.)

注 ◆ 平田淺草(평전천초) — '平田'은 약산이 살고 있던 天台山의 절 이름, 平田寺. '淺草'는 넓은 초원. ◆ 麈鹿(주록) — '麈'는 사슴 중의 王者로서 꼬리를 흔들어 사슴 떼를 지휘한다고 하며 통칭 '고라니'라 함. ◆ 麈中麈(주중주) — 고라니 중의 고라니이므로 사슴의 대왕임. 중은 스스로를 사슴 중의 대왕으로 자처하고 자, 어떻소, 작은 놈들이라면 쏘아 쓰러뜨릴 수도 있겠지만 저 같은 法王 중의 법왕을 어떻게 쏘겠소? 하고 약산에게 도전한 것임. ◆ 看箭(간전) — 화살을 보라! 즉 '자, 쏘아 맞혔다. 잘 보아라' 하는 뜻. 그야말로 強弓을

힘껏 잡아당겼다가 그대로 쏜 듯한 한 마디임. 이 한 마디로 중의 가슴에는 구멍이 난 셈임. ◆ 放身便倒(방신변도) — '放身'은 큰 大자로 누움. 결국 약산이 쏜 화살을 맞고 즉사했음을 나타내기 위해, 그 자리에서 털썩 쓰러져 버렸다는 뜻임. 중의 연극이 그럴 듯은 하지만 아직 설익은 촌놈의 짓임. ◆ 侍者(시자) — 주지 시중을 드는 자. ◆ 拖出(타출) — 끌어냄. ◆ 弄泥團漢(농니단한) — '泥團'은 진흙투성이의 더러운 것. 결국 더러운 짓을 하는(弄) 놈. 엉터리 돌중놈. ◆ 有什麽限(유습마한) — 어찌 끝이 있겠느냐? 저런 엉터리 돌중놈을 상대해 주다가는 밑도 끝도 없음. '限'은 際限. ◆ 拈(염) — '拈提', '拈唱'. 여기서는 '야유함', '놀려 줌'임. ◆ 三步雖活. 五步須死(삼보수활, 오보수사) — 세 걸음까지는 살아 있겠지만 다섯 걸음만 가면 틀림없이 죽음.

한 중이 약산 화상에게 "이 평전사의 들판에는 사슴과 고라니가 무리를 이루고 있지만 그 가운데 사슴 중의 왕인 고라니를 쏘아 죽일 수 있겠습니까?" 하고 [제법 호기 있게] 물었다. 약산 화상이 [중의 말이 끝나기가 무섭게] "자, 봐라, 쏘아 맞혔다!" 하고 대답하자, 중은 그자리에 털썩 쓰러졌다. 약산 화상이 [여유를 두지 않고] 시자(侍者)에게 "저 송장을 끌어내거라!" 했다. 그러자 중은 즉시 달려가 버렸다. 약산 화상이 [도망치는 중을 보며] "저 엉터리 돌중놈 같으니라구, 저런 걸 상대하다간 끝이 없지!" 하고 뇌까렸다. (설두가 비꼬아서 "세 걸음까지는 살아 있겠지만 다섯 걸음만 가면 틀림없이 죽을 거야!" 하고 덧붙였다.)

頌 塵中塵, 君看取下一箭. 走三步, 五步若活, 成群趁虎. 正眼從來付獵人. (雪竇高聲云, 看箭.)

주 ◆ 君看取下一箭(군간취하일전) — '君'은 약산, '看取'는 塵中塵에 대해 그 진상을 간파한다는 뜻. 이 구는 주중주를 자처하는 중의 속셈을 약산은 銳眼으로 간파하여 슬쩍 화살 하나를 쏘았다는 말임. ◆ 走三步, 五步若活(주삼보, 오보약활) — 세 걸음을 달려가서 다섯 걸음까지 살았다면. 만약 중이 그 때 정말 大活現成했다면 그야말로 많은 사슴의 왕이 되었으련만. ◆ 成群趁虎(성군진호) — 그 사슴 떼를 이끌고 호랑이 같은 약산을 몰아쳐 짓이겨 주었으련만. 애석하게도 그런 활력이 없었음. '趂'은 '趁'(쫓을 진)의 속자임. ◆ 正眼從來付獵人(정안종래부엽인) — 목표를 놓치지 않는 정확한 눈을 사냥꾼인 약산은 지니고 있음.

대뜸 왕고라니를 알아차리고 한 방 드날린 약산의 활 솜씨여,
다섯 걸음 살아서 돌아갔던들 호랑이쯤 내몰 수 있었으련만,
아, 그 사냥꾼 눈도 밝아라! (설두도 그만 "봐라, 화살이다!" 하고 꽥 한마디.)

제82칙

대룡의 영원불멸의 법신

大龍堅固法身

대룡(大龍)은 송대(宋代)에 호남성(湖南省) 상덕부(常德府)의 대룡산에 살던 지홍 선사[智洪禪師. 또는 홍제(弘濟) 선사]이며 법을 백조지원(白兆志圓)에게 이어받은 덕산(德山) 법계의 선장(禪匠)이라는 것뿐 그의 생애에 관하여는 아는 사실이 없다. 다만 어느 중이 "부처란 어떤 겁니까?"(如何是佛) 하고 물으니까 "그대가 곧 부처지"(卽汝是) 하고 대답했고, 또다른 중이 "미묘란 어떤 겁니까?"(如何是微妙) 하고 물었더니 "바람이 물소리를 베갯머리에 실어다 주고 달이 산 그림자를 잠자리로 옮겨다 준다"(風送水聲來枕畔, 月移山影到牀邊)고 대답했다는 시적인 설화가 남아 있을 뿐이다.

垂示云, 竿頭絲線, 具眼方知. 格外之機, 作者方辨. 且道, 作麼生是竿頭絲線, 格外之機. 試擧看.

주 ◆ 竿頭絲線(간두사선) — 낚싯대 끝에서 늘어진 낚싯줄. '絲線'은 명주실을 꼬아 만든 줄. '상대방을 시험하기 위해 쓰는 수단'이란 뜻. 낚싯대를 늘여 물고기처럼 낚으려고 하지만 제대로 눈이 밝은 자는 좀처럼 걸려들지 않음. ◆ 具眼(구안) — 具眼者. 눈이 밝은 자. ◆ 格外之機(격외지기) — 격식을 벗어난 자유자재로운 솜씨. 상식을 벗어나 고매한 작용을 하는 자는 定法을 떠난 자유로운 행동을 할 수 있음. ◆ 作者(작자) — 훌륭한 견식을 지닌 자.

수시하기를, 아무리 낚싯줄을 늘어뜨려도 눈 밝은 자는 그 속셈을 다 알아차린다. 격식에 얽매이지 않는 자재로운 솜씨로 덤벼들어도 견식이 높은 자는 대뜸 그 솜씨를 분별한다. 자, 말해 보라, 낚싯줄이며 자재로운 솜씨가 어떤 것인지를! 그럼 다음 이야기를 살펴보자.

本則 擧. 僧問大龍, 色身敗壞. 如何是堅固法身. 龍云, 山花開似錦. 澗水湛如藍.

주 ◆ 色身(색신) — 육체. '色'은 물리적·화학적 변화를 면치 못하는 물질. ◆ 敗壞(패괴) — 사멸·파괴됨. ◆ 堅固(견고) — 敗壞의 반대의 뜻. '변함이 없고 죽음이 없음'임. '色身敗壞, 如何是堅固法身'은 육체는 죽으면 없어지지만 죽어도 없어지지 않는 영원 불멸의 法身이란 어떤 겁니까? 法身은 절대·眞如. 중의 질문에 대해 원오는 "이야기가 兩橛이 되었군(話作兩橛)" 하고 착어함. '이 녀석, 色身과 法身을 둘로 보았구나!' 라는 뜻임. 분명 중은 物·心을 둘로 보고 육체는 소멸되나 마음은 소멸되지 않는다고 생각한 모양. 그러나 『證道歌』에도 '無明實性卽佛性, 幻化空身卽法身'이라고 하고 있듯이 이 몸이 나고 죽는 일이야말로 부처님의 本性이며 色身은 소멸되나 法身은 불멸이라는 따위는 없음. 그래서 중의 二元的 妄想에 대해 大龍은 산과 골짜기의 경치로 대꾸한 것임. ◆ 山花(산화) — 산과 들에 피는 꽃. ◆ 錦(금) — 비단 무늬처럼 아름다움. 갖가지 색깔로 화려하게 아롱짐. ◆ 澗水(간수) — 溪澗(산과 산 사이의 골짜기)을 흐르는 물. ◆ 藍(람) — 진한 푸른 빛, 짙푸름. '山花開似錦, 澗水湛如藍'은 그저 있는 그대로의 풍경을 읊었을 뿐 달리 뭐라고 풀이할 수가 없으나, 이것으로 色身과 法身, 物과 心의 이원적 세계는 박살이 나고 말았음. 꽃의 울긋불긋함도 물의 짙푸름도 그대로 모두 부처의 상징으로 받아들이기 때문임.

어느 중이 대룡 화상에게 "이 몸은 죽으면 없어지지만 죽어도 없어지지 않는 영원한 법신이란 어떤 겁니까?" 하고 물었더니 대룡 화상은 "산 꽃은 울긋불긋 활짝 피었고 골짜기 물은 그득히 고인 채 짙푸르구나" 하고 대답했다.

頌 問曾不知, 答還不會. 月冷風高, 古巖寒檜. 堪笑路逢達道人, 不將語默對. 手把白玉鞭, 驪珠盡擊碎. 不擊碎增瑕纇. 國有憲章, 三千條罪.

주 ◆ 問曾不知(문증부지) — 질문하는 방법을 모름. 대룡 화상 앞에 나타난 중을 가리킴. ◆ 答還不會(답환불회) — 대룡 화상의 대답도 알아듣지 못함. 원오는 '問曾不知'에 대해 '東西不辨'이라고, '答還不會'에 대해서는 '南北不分'이라 착어하고 있음. ◆ 月冷風高, 古巖寒檜(월냉풍고, 고암한회) — 달은 차가운데 바람 드높다. 이끼 낀 해묵은 바위 곁에 차단한 노송나무여! 이 淸絶幽玄의 경지야말로 言語道斷, 不知不會의 端的이 아니겠는가! '檜'는 소나무

과에 속하는 상록 교목. ◆ 堪笑路逢達道人, 不將語默對(담소노봉달도인, 부장어묵대) — 본래 香嚴智閑이 한 말이며 '길에서 達道人(大悟徹底한 聖人)을 만났을 때에는 말을 쓰면 안 되고 쓰지 않아도 안 됨. 語와 默을 초월하여 1구를 제창할 수 있는 역량이 있어야 함'이라는 내용이지만, 여기에 설두가 '堪笑' 두 자를 덧붙여 '향엄의 기량은 아직 세련되지 않았다. 가소로울 뿐이다. 그런 허풍 떨지 않아도 대룡은 이미 山花開似錦, 澗水湛如藍의 2구로 語・默을 초월하여 堅固法身을 해설하지 않았느냐!' 하고 풍자한 것임. ◆ 白玉鞭(백옥편) — 흰 구슬로 만든 채찍. ◆ 驪珠(이주) — 驪龍(黑龍)이 턱밑에 간직하고 있다는 如意寶珠. 설두는 대룡 화상의 '龍'자에서 驪龍을 연상하여 그 중이 물은 堅固法身을 이주에 비유한 것임. ◆ 瑕纇(하류) — '瑕'는 구슬의 티. '纇'는 실의 매듭진 곳. 본래 '纇'는 '고르지 못함(不平)'이며, 실이 가늘어졌다 굵어졌다 하여 고르지 못하다는 뜻임. '瑕纇' 두자로 실책・소동. ◆ 憲章(헌장) — 헌법, 또는 법률. ◆ 三千條罪(삼천조죄) — 3천 조항이나 되는 죄목으로 벌을 받으리라. 대룡이 白玉鞭으로 그 중의 소중한 이주를 박살냈으니 다행이지 그러지 못했다면 憲章三千條의 벌을 다 받았으리라.

물을 줄 모르니 대꾸인들 알 리 없지.
달은 차고 바람 드높은데 해묵은 바위, 차단한 노송나무여!
성인에게는 어(語)도 묵(默)도 안 된다니 가소롭구나.
흰 구슬 채찍 들어 이주를 잘도 쳐부셨다.
아니면 한바탕 소동이 일었을 것을….
삼천조의 나라 벌이 한꺼번에 쏟아졌으리.

제83칙

운문의 고불과 기둥

雲門古佛露柱

또 운문의 일화이다. 그리고 '수시'도 없다.

本則 擧. 雲門示衆云, 古佛與露柱相交, 是第幾機. 自代云, 南山起雲, 北山下雨.

주 ◆ 古佛(고불) ― 절 본당에 모셔 둔 古佛像. ◆ 露柱(노주) ― 벽 속에 묻어 놓지 않고 겉으로 드러나 있는 기둥. 본당 안에 있는 圓柱. ◆ 相交(상교) ― 서로 교섭하여 관계가 있음. ◆ 第幾機(제기기) ― 어떠한(무슨) 작용인가? '機'는 작용. '평창'에는 '但只使心境一如. 好惡是非. 撼動他不得. 便說有也得. 無也得. 有機也得. 無機也得. 拍拍是令.'(다만 心境을 一如케 한다면 好惡是非가 소용돌이친대도 끄떡없다. 一如의 경지라면 有라고 해도 되고 無라고 해도 되며 有機든 無機든 괜찮다. 뭐라고 하든 각기 다 진실이다)이라고 평하고 있음. ◆ 南山起雲, 北山下雨(남산기운, 북산하우) ― 남산에 구름 일자 북산에 비 내림. 아무도 응답하는 자가 없으니까 운문 자신이 대신 대답한 말. 구름은 남산에 나타나려고 의식한 일이 없고 비 또한 북산에 뿌리려고 분별한 일이 없듯이 서로 아무런 작위가 없는 순수한 主客一如, 雲無心, 雨無意의 경지를 말한 것임. 禪은 靈山會上에서 석존이 연꽃을 한 가지 쑥 내밀자 摩訶迦葉이 싱긋 웃으며 끄덕였다는 데서부터 시작되었다고 하지만 그 역사적 사실이야 어떻든, 이 둘 사이에는 털끝만큼의 의식도 없었음. 원오는 '南山起雲' 밑에 '乾坤莫覩. 刀斫不入'(하늘과 땅을 분간할 수 없고 칼로 베어도 칼이 들어가지 않음)이라 하고 '北山下雨' 밑에는 '點滴不施'(비는 한 방울도 내리지 않음)라 착어함. 즉 구름은 칼 하나 파고들 틈이 없이 滿天雲一色의 景觀과 북산을 휩쓸고 나갈 정도의 호우가 내렸다 하더라도 비 그 자체는 한 방울도 내렸다는 의식 분별이 없다는 뜻임. '뭉게뭉게 구름은 아무 생각 없이 칼날조차 파고들 틈 하나 없이 남산을 뒤덮었고 비는 쫙쫙 작의 없이 내렸을 뿐'임. 古佛과 露柱도 이 우주의 妙體 속에서 그처럼 교섭하고 있지 않은가!

운문 화상이 대중에게 말했다. "[본당의] 고불과 기둥이 서로 교섭하고 있는데 이게 무슨 작용인가?" [아무도 응답하는 자가 없으므로 이윽고] 운문 화상 자신이 대답했다. "남산에 구름 일자 북산에 비 내린다."

頌 南山雲, 北山雨. 四七二三面相覩. 新羅國裏曾上堂. 大唐國裏未打鼓. 苦中樂. 樂中苦. 誰道黃金如糞土.

주 ◆ 南山雲, 北山雨(남산운, 북산우) — 운문이 말한 4언 2구를 단축한 말. ◆ 四七二三(사칠이삼) — 제76칙 '송'의 '四七二三諸祖師'를 뜻함. '西天四七, 東土二三'(인도에서는 마하 가섭부터 보디 달마까지의 28인의 조사, 중국은 보디 달마부터 6조 혜능까지의 6인의 조사). ◆ 新羅國裏曾上堂. 大唐國裏未打鼓(신라국리증상당. 대당국리미타고) — 大唐이 북을 칠 준비를 한 채 아직 치지도 않았는데 어느새 신라가 상당식을 거행해 버렸음. 대당에서 생긴 동기가 아직 행위로 나타나기 전에 결과는 어느 새 공간과 시간을 초월하여 신라에 나타난다는 뜻. 진실의 세계, 禪的 觀點을 말한 것임. '上堂'은 제6칙 '본칙'에 나왔음. ◆ 苦中樂, 樂中苦(고중락, 낙중고) — '苦'와 '樂'은 하나이면서도 '고'는 고, '낙'은 낙임. '고'에 철저하여 절대의 '고'가 되면 그것은 상대적인 '고' '낙'을 초월한 세계가 됨. ◆ 誰道黃金如糞土(수도황금여분토) — 옛날 大梁國에 張耳와 陳餘라는 두 사람의 사이가 무척 좋아 둘의 친분에 비하면 황금도 糞土처럼 보인다고 세상 사람들이 말했음. 그러나 나중에 서로 사이가 나빠져 권력을 다투게 되어 糞土보다도 더러운 상대가 되어 버렸음. '古佛과 露柱', '南山雲과 北山雨' 사이에는 그들 같은 凡情이 없으므로 비는 비, 구름은 구름인 채 그대로 全眞임. 그것은 곧 無我이며 無心이므로 각자의 眞을 발휘하면서 그대로 일체일 수가 있음.

남산에 구름 북산에는 비,
사칠은 28, 이삼은 6의
조사님네들 다 알고 있어.

당나라는 북도 안 쳤는데
신라가 벌써 상당식일세

괴로움이네 즐거움이네
떠들지 말라!
황금이 똥 같다고 누가 말했나?

제84칙

유마의 불이법문

維摩不二法門

이 칙의 이야기는 『유마경(維摩經)』 제9 입불이법문품(入不二法門品)에 나오는 고사이다. 어느 날 비야리국(毘耶離國)의 유마 거사(維摩居士)가 석가의 설법을 들으러 나오지 않았으므로 "어찌 된 일이냐?"고 걱정이 되어 물으니까, 한 제자가 "유마 거사는 병이 나 집에서 앓고 있습니다"고 했다. 곧 석가는 우선 사리불(舍利佛)에게 "네가 문안을 가거라"고 했으나 그는 핑계를 대고 사양했다. 차례로 가 보라 일러 보았지만 모두 유마의 말솜씨가 두려워 가려 하지 않았다. 끝으로 문수 보살(文殊菩薩)이 석가의 대리로 병문안을 가게 되니까, 그 때는 사양하던 사람들도 뒤따라 나섰다. 8천의 보살, 5백의 성문(聲聞), 백천(百千)의 천인(天人)을 이끌고 문수 보살은 유마의 집에 찾아갔다. 유마는 그 많은 사람을 장실(丈室. 사방 열 자의 방)에 들어오게 했으나 조금도 좁지 않았다. 한동안 이야기를 나누다가 이윽고 유마 거사가 여러 보살을 향해 "여러분, 어떻게 하면 불이(不二)의 법문에 들어갈 수 있겠소?" 하고 물었다. 많은 보살은 각기 자기 의견을 말한 뒤, 문수 보살을 향해 일제히 어떻게 하면

"불이의 법문에 들어갈 수 있습니까?" 하고 되물었다. '본칙'의 '거, 유마힐, 문문수사리, 하등시보살입불이법문(擧. 維摩詰, 問文殊師利, 何等是菩薩入不二法門)'으로 시작하는 글은 『벽암록』의 편자가 중간을 생략하여 인용한 것이며 『유마경』 본문에는 유마가 먼저 보살들에게 묻고 다시 보살들이 문수에게 묻고 있다.

垂示云, 道是, 是無可是, 言非, 非無可非. 是非已去, 得失兩忘, 淨躶躶, 赤灑灑. 且道, 面前背後, 是箇什麽. 或有箇衲僧出來, 道面前是佛殿三門, 背後是寢堂方丈, 且道, 此人還具眼也無. 若辨得此人, 許儞親見古人來.

㈜ ◆ 是(시) — 모든 사물에 대해 긍정적 주장을 함. ◆ 非(비) — '是'의 반대이며 모든 사물에 대해 부정적 주장을 함. ◆ 淨躶躶, 赤灑灑(정나라, 적쇄쇄) — 몸에 아무것도 걸치지 않은 벌거숭이란 뜻이며 곧 발가벗은 채 깨끗이 씻어낸 듯한 만물의 참모습을 말한 것. 달마의 '廓然無聖'이나 6조 慧能의 '本來無一物' 등은 이 淨躶躶, 赤灑灑의 提唱임. '躶'는 裸(발가벗을 라)와 같은 자. ◆ 佛殿(불전) — 절의 본존을 모시는 불당. ◆ 三門(삼문) — 절 정면의 대문. '三門'은 山門이라고도 하며 '~山 ~寺'의 문이므로 山門이라 함. 건물은 문이 하나지만, 이는 三解脫門(空解脫門 · 無想解脫門 · 無作解脫門)의 表象이므로 '三門'이라 함. ◆ 方丈(방장) — 維摩의 方丈室에 의거하여 쓰게 된 禪寺 住持의 거실. 곧 주지의 응접실임. '寢堂'은 方丈 안쪽에 있는 방임. ◆ 若辨得(약변득) — 만약 올바르게 알아보려 한다면. '辨得'은 '點檢'과 같으며 사물의 眞僞를 辨知하고 판정한다는 뜻. ◆ 許儞親見古人來(허이

친견고인래) — 그대들이 직접 古人의 경지를 살펴 알아야 하리라. '許'는 可와 같음.

수시하기를, [흔히 세상 사람은] 옳다고 말하나 과연 옳다고 할 만한 것이란 없고, 또 옳지 않다고 말하지만 과연 옳지 않다고 할 만한 것도 없다. 옳다 · 옳지 않다를 이미 저버리고, 얻었다 · 잃었다를 모두 잊어버리면 깨끗한 벌거숭이가 되어 아무 거칠 것이 없지 않으냐! 자 말해 보라. 내 앞뒤에 무엇이 있는지를. 어쩌다 한 중이 불쑥 다가와 "앞에 있는 것은 불전 · 삼문이요, 뒤에 있는 것은 침당 · 방장입니다"고 한다면, 그를 제대로 눈을 가진 자라 할 수 있을까 어떨까? 만약 이런 인물을 알아보려면 너희들 스스로가 직접 고인의 경지를 살펴보아야 하리라.

本則 擧. 維摩詰, 問文殊師利, 何等是菩薩入不二法門. 文殊曰, 如我意者, 於一切法, 無言無說, 無示無識, 離諸問答, 是爲入不二法門. 於是, 文殊師利, 問維摩詰, 我等各自說已. 仁者當說何等是菩薩入不二法門. (雪竇云, 維摩道什麽. 復云, 勘破了也.)

주 ◆ 維摩詰(유마힐) — 毘摩羅詰 · 毘末羅詰利帝와 같으며 'Vimarakirti'의 음역어임. 漢譯語는 '淨名' 또는 無垢稱. ◆ 文殊師利(문수사리) — 산스크리트어 'Mandjusri'의 음역어이며 曼殊室利 · 曼殊尸利라고도 번역하나 보통 文殊(또는 曼首)라고 하는 인격화된 이상적 보살임. 漢譯語로는 妙吉祥 · 大智 · 妙德

등이 있음. 그는『維摩經』에 의하면 3만 2천의 보살 중 최상위에 있음. ◆ 菩薩入不二法門(보살입불이법문) — 보살의 최고 理想境인 절대(不二)와 一如가 된 當體. 결국 '聖諦第一義'와 같은 뜻임. ◆ 如我意者(여아의자) — 내 견해에 의하면. ◆ 一切法(일체법) — 모든 존재. 즉 우주 인생의 온갖 有形無形의 事象을 포괄한 말임. ◆ 無言無說, 無示無識, 離諸問答, 是爲入不二法門(무언무설, 무시무식, 이제문답, 시위입불이법문) — 모든 존재는 예외 없이 설명할 수도 나타내 보여 줄 수도 알 수도 없고 남에게서 들을 수도 듣고 대답할 수도 없음. 이것이 不二의 法門임. ◆ 我等各自說已(아등각자설이) —『維摩經』入不二法門 제9에는 法自在菩薩부터 文殊菩薩까지 32인의 보살이 유마 거사의 권유로 '何等是菩薩入不二法門'이라는 문제에 대해 각자의 의견을 말하고 있음. '我等各自'는 그 法自在菩薩부터 文殊까지의 32인을 가리킴. ◆ 仁者(인자) — 당신. 文殊의 물음에 대해『維摩經』에는 유마가 '默默不言'했다고 되어 있음. 古來로 이 '默默'을 '一默如雷'로 형용하고 있음. ◆ 維摩道什麽(유마도습마) — 설두가 門下의 수행자 및 일반 독자들에게 '자 이 문수의 요구에 대해 유마가 뭐라고 했는지 그대들은 아는가?'라고 물은 말임. ◆ 勘破了也(감파료야) — 유마의 속셈을 이미 알아차렸음.

유마힐이 문수사리에게 "보살의 불이(不二) 법문으로 들어간다는 건 어떤 걸까요?" 하고 물었더니 문수가 대답하기를, "제 생각에는 모든 존재란 설명할 수가 없고 나타낼 수도 없으며 묻고 대답할 수도 없습니다. 이러한 것을 불이의 법문에 든다고 합니다"라고 했다. 그리고는 [이번에는] 문수사리가 유마힐에게 "우리 모두 각기 자기 소감을 말했습니다. 이번엔 어떻게 하면 당신께서 보살이 불이의 법문에 들어갈 수 있는지 설명해 주십시오" 하고 물었다. (설두 화상이 이 공안을 읽고는 "유마가 뭐라고 말할까?" 하고 다시 "[그까짓 것 듣지 않아도] 유마의 속셈이 뭔지 다 알지!" 하고 말했다.)

頌 咄, 這維摩老. 悲生空懊惱, 臥疾毗耶離, 全身太枯槁. 七佛祖師來, 一室且頻掃, 請問不二門, 當時便靠倒. 不靠倒, 金毛獅子無處討.

주 ◆ 咄, 這維摩老(돌, 저유마노) — 야, 이놈의 늙은 유마야! 이 一咄로 不二도 默(『維摩經』에서 유마가 '默默不言'한 것)도, 유마도 문수도 일체를 咄破해 버림. 不二의 法門이란 人人具足의 것, 우리는 밤낮 그 속에서 살고 있으니 一默을 깨쳐 버리고 자유의 세계로 뛰쳐나가야 하는 것임. ◆ 悲生空懊惱(비생공오뇌) — 『유마경』에 유마 거사는 중생이 병들어 있기 때문에 자기도 병들었다고 함. 따라서 중생의 병이 나으면 유마의 병도 나을 것임. '生을 슬퍼하여'는 중생의 병에 동정한 말임. 그러나 한 걸음 더 나아가 생각해 보면 대지에 본래 飢人 없다고 하듯이 이 지상에 병든 자란 하나도 없다는 도리를 깨닫게 됨. 유마는 중생의 병을 밤낮으로 괴로워한다(懊惱)지만 그것이야말로 공연한 짓이라는 뜻이 '空懊惱'임. ◆ 臥疾毗耶離(와질비야리) — '毗耶離'는 'vaisati'의 음역어이며 毘舍離 · 維耶離 · 吠舍釐 등으로도 쓰임. 유마는 毗耶離에 병들어 누워 있음. ◆ 七佛祖師(칠불조사) — 과거 七佛의 조사로 불리는 문수 보살. ◆ 一室且頻掃(일실차빈소) — 문수 일행이 찾아온다 하여 방안을 여기저기 청소함. 悟得이나 智解를 뽑아 버리고 절대의 無까지도 내동댕이친 뒤 텅 빈 경지에서 문수를 맞으려 했다는 뜻. ◆ 請問不二門(청문불이문) — 不二의 法門을 문수에게 물은 것을 가리킴. ◆ 靠倒(고도) — '請問不二門'의 門자에서 만든 말이며 '(不二의 門이) 밀려서 쓰러져 버림'임. '靠'(기댈 고)는 의지함. 문수가 '仁者當說'이라 하여 유마에게 역습하였음을 가리킨 말임. 그러나 유마는 '一默'으로 빠져나가 버림. ◆ 金毛獅子(금모사자) — 문수가 타고 다니는 사자, 여기서는 문수 자신을 말함.

아 가련타 유마노(維摩老), 공연한 걱정으로

온몸 꼬챙이된 채 병들어 누웠구나.

문수가 온다 하니 방안 털고 야단일세
불이문이 무엇인가 공연한 질문으로
그나마 낡은 문짝 박살날 뻔했다네.

일묵(一默)으로 빠져나가니
황금사자 문수도
찾아낼 길 없구나!

제85칙

동봉암주가 호랑이 소리를 지르다

桐峰庵主作虎聲

동봉암주(桐峰庵主)는 '대웅(大雄)의 종파하(宗派下)'의 네 암주 중 한 사람이라고 '평창'에 나와 있으며, 진주(鎭州) 임제 의현(臨濟義玄) 화상의 법사라고 한다. 그러나 이 밖의 사실은 전혀 모르고, 동봉도 본명은 아니며 그가 살던 깊은 산속의 암자 이름이다.

垂示云, 把定世界, 不漏纖毫, 盡大地人, 亡鋒結舌, 是衲僧正令. 頂門放光, 照破四天下, 是衲僧金剛眼睛. 點鐵成金, 點金成鐵, 忽擒忽縱, 是衲僧拄杖子. 坐斷天下人舌頭, 直得無出氣處, 倒退三千里, 是衲僧氣宇. 且道, 總不恁麽時, 畢竟是箇什麽人, 試擧看.

주 ◆ 把定(파정) — 한 줌에 그러쥠. 掌握 · 支配 · 把捉. '把定世界'는 '온 우주를 한 줌에 움켜쥠'임. ◆ 纖毫(섬호) — 가는 털. 털끝만큼 작은 것. 썩 작은 사물. ◆ 盡大地人, 亡鋒結舌(진대지인, 망봉결설) — 온 세상 사람 중 어느 누구도 끽 소리 한 번 못함. '把定世界, 不漏纖毫'의 결과를 나타낸 말임. '亡鋒結舌'은 기세를 꺾고 혀를 묶어 버림, 말문을 막아 버림. ◆ 正令(정령) — 정당한 법령. 옳은 활동. ◆ 頂門放光(정문방광) — 頂門上의 一隻眼, 곧 깨달음의 눈, 지혜의 대광명임. '頂門'은 이마. ◆ 照破(조파) — 밝게 비쳐 그 진상을 낱낱이 간파함. ◆ 四天下(사천하) — 전 우주. 이 세상의 모든 존재. ◆ 點鐵成金(점철성금) — 쇠를 변화(點化)시켜 황금으로 바꿈. 다음의 '點金成鐵'과 함께 '凡夫를 한 마디로 대번에 깨우치게 해주거나 깨우쳤다고 신명이 나 있는 것을 본래의 깨우치지 못한 자로 바꿔 놓음'임. ◆ 忽擒忽縱(홀금홀종) — 사로잡든 놓아주든 活殺自在임. ◆ 衲僧拄杖子(납승주장자) — 중의 주장자, 즉 중이 주장자를 든 보람이 있음. 결국 중의 솜씨가 나타난다는 뜻. ◆ 氣宇(기우) — 度量 · 力量 · 伎倆. ◆ 不恁麽時(불임마시) — 이상에 든 네 가지 활동을 하지 못할 때. 이상 말한 것과 같은 인물이 못 될 때. ◆ 畢竟是箇什麽人(필경시개습마인) — 결국 어떤 인물이라 해야 할까? 대체 뭐라고 해야 할까?

수시하기를, [모름지기] 온 세상을 한 줌에 움켜쥔 채 털끝만큼도 새어나지 않게 하고, 세상 사람 어느 누구도 끽 소리 못하게 말문을 막아 버릴 수 있어야 중의 올바른 행동이라 한다. [석가가 지녔다는] 지혜의 대광명으로 모든 존재를 밝게 비춰 그 진상을 알아내야만 금강안을 지닌 중이라 한다. 쇠를 금으로 바꾸고 금을 쇠로 바꾸는 활살자재(活殺自在)의 솜씨가 있어야 중도 주장자를 든 보람이 있다고 한다. 천하 사람의 말문을 꽉 막아 버려 감히 한 마디도 못 꺼내게 하여 삼천리 밖으로 내쫓을 수 있어야 중의 도량이 있다고 한다. 이상과 같은 일을 전혀 못 하면 대체 그런 자를 뭐라고 해야 할까? 다음 이야기를 살펴보라.

本則 擧. 僧到桐峰庵主處便問, 這裏忽逢大蟲時, 又作麽生. 庵主

便作虎聲. 僧便作怕勢. 庵主呵呵大笑. 僧云, 這老賊. 庵主云, 爭奈老僧何. 僧休去. (雪竇云, 是則是, 兩箇惡賊. 只解掩耳偸鈴.)

주 ◆ 這裏(저리) — 지금 여기에. ◆ 大蟲(대충) — 호랑이. ◆ 作怕勢(작파세) — 두려운 자세를 지어 보임. 벌벌 떠는 시늉을 해 보임. '怕'는 두려워할 파. ◆ 爭奈老僧何(쟁내노승하) — 나(老僧)와 어떻게 겨루겠다는 건가? '너 따위에 당할 내가 아니야'란 뜻. ◆ 休去(휴거) — 잠자코 물러가 버림. ◆ 掩耳偸鈴(엄이투령) — 『淮南子』說山訓에 나오는 고사. 방울을 훔치면 소리가 나므로 남이 대번에 알아 버림. 그런데 자기 귀를 가리고 있으면 자기에게는 들리지 않으므로 남도 모르려니 하고 안심하는 어리석음을 말한 것임. 둘 다 제법 잘한 체를 하고 있지만 제삼자가 보니 형편없는 바보들이라고 설두가 쏘아붙인 말.

한 중이 동봉암주가 사는 곳에 찾아와 대뜸 "지금 여기서 큰 호랑이를 만나면 어떻게 하겠습니까?" 하고 물었다. 동봉암주는 대번에 어흥 하고 호랑이 소리를 질렀다. 중이 무서워 벌벌 떠는 시늉을 해 보였다. 동봉암주가 껄껄 한바탕 웃음을 터뜨렸다. 중이 "이 날강도 같은 늙은이가!" 하고 욕을 뇌까리니까 동봉암주는 "너 따위가 나와 어찌 겨룰 수 있단 말이냐" 하고 받았다. 중은 [그만 기가 죽었는지] 잠자코 사라져 버리고 말았다. (설두가 "양쪽이 제법이기는 하다만 두 놈 다 날강도일세. 두 귀를 막고 방울을 훔치는 것밖에 모르니 말이다" 하고 평했다.)

頌 見之不取, 思之千里. 好箇斑斑, 爪牙未備. 君不見, 大雄山下

忽相逢, 落落聲光皆振地. 大丈夫, 見也無, 收虎尾兮將虎鬚.

주 ◆ 見之不取, 思之千里(견지불취, 사지천리) — 상황을 잘 알고 있다가 기회다 싶으면 당장 그자리에서 해결해야 함. 중이 두려워 떠는 시늉을 해 보일 때 동봉은 여유를 두지 말고 데꺽 중을 눌러 버려야 했고, 또 동봉이 '네가 나를 어쩔 테냐'고 하면 중은 다짜고짜 '이렇게 할 테다' 하고 덤벼들어야 했을 텐데 둘 다 그 기회를 놓치고 난 뒤, '그 일을 생각해 봐야 이미 천리 아득히 먼 일이 되어 버렸다'는 뜻임. ◆ 斑斑(반반) — 호랑이 가죽의 무늬. 동봉암주 앞에 호랑이를 자처하고 나타난 중을 가리킴. ◆ 君不見, 大雄山下忽相逢, 落落聲光皆振地(군불견, 대웅산하홀상봉, 낙락성광개진지) — 백장과 황벽의 문답에서 비롯된 구임. 옛날 황벽이 아직 대웅산의 백장 화상 밑에 있을 때의 어느 날, 황벽이 외출했다 돌아오니까 스승인 백장이 '어딜 갔다 왔느냐?' 하고 물었다. '네, 버섯을 따러 갔다 왔습니다.' 황벽이 대답하니까 '산에 호랑이는 없더냐?' 하고 물었다. 황벽은 동봉이 한 것처럼 '어흥!' 하고 호랑이가 되어 울부짖었다. 즉시 백장은 손에 들고 있던 도끼를 휘둘러 내려치려고 했다. 그러나 황벽은 그 틈을 주지 않고 백장을 움켜잡고 찰싹 한 대 갈겼다. 백장은 가가대소하고 方丈으로 돌아갔다. 그 날 밤 백장이 중들을 향해 '이 대웅산에는 호랑이 한 마리가 있으니 너희도 조심하라. 나도 오늘 물렸으니까!' 하고 황벽을 칭찬했다는 이야기이다. 즉 이 백장과 황벽의 거동은 같은 호랑이이지만 이빨과 발톱이 있고 목소리(聲)도 모습(光)도 모두 뛰어나 천지를 진동할 정도이므로 도저히 동봉이나 중 따위는 비교가 안 된다는 뜻임. '落落'은 伎倆·역량이 뛰어남을 형용한 말. ◆ 收虎尾兮將虎鬚(수호미혜장호수) — 앞에서 든 백장과 황벽의 호랑이 이야기를 潙山과 그의 제자인 仰山이 商量한 일이 있음. '황벽의 호랑이를 너는 어떻게 생각하느냐?'고 위산이 물으니까, 앙산은 '老師께선 어떻게 생각하십니까?' 하고 되물었다. 위산이 대답 대신 또 물었다. '백장은 그 때 한 매에 내려쳐 버렸어야 할 텐데 어째서 황벽을 칭찬까지 했느냐?' 앙산이 대답했다. '아닙니다, 그렇지 않습니다. 백장은 다만 虎

頭에 올라탔을 뿐만 아니라 또 虎尾를 거둘 줄도 아는 분입니다.' 백장의 출중한 솜씨는 호랑이 꼬리를 쥐고 있으면서 동시에 호랑이 수염까지 잡고 있으므로 어떤 맹호도 그 앞에서는 꼼짝 못 한다는 뜻. 부정하는 것만이 상책이 아니라 긍정하여 살리는 일도 필요함. 백장과 황벽은 活殺自在로 시종일관했으므로 '收虎尾兮將虎鬚'라 송한 것임.

제때에 안 가지면 아뿔사 천리일세.
얼룩무늬 호랑이 이빨 · 손톱 아직 없네.
그대도 알리라 대웅산 밑 두 호랑이
우렁찬 그 성광(聲光) 천지를 뒤흔들어….

그대 정녕 아는가
호랑이 꼬리 · 수염 한 손에 움켜쥠을!

제86칙

운문의 부엌과 산문

雲門厨庫三門

또 운문 문언이 등장한다.

垂示云, 把定世界, 不漏絲毫. 截斷衆流, 不存涓滴. 開口便錯, 擬議卽差. 且道, 作麽生是透關底眼. 試道看.

㈜ ◆ 把定世界, 不漏絲毫(파정세계, 불루사호) — 제85칙 '수시'의 '把定世界, 不漏纖毫'와 같은 뜻. '온 우주를 한줌에 움켜쥔 채 털끝만큼도 새어나가지 않게 함'. ◆ 截斷衆流(절단중류) — 온갖 번뇌 · 망상 따위를 끊어 버림. ◆ 不存涓滴(부존연적) — 물방울 하나 남기지 않음. 한 방울 정도의 사려 분별도 남기지 않음. '涓滴'은 물방울. ◆ 擬議(의의) — 망설임. 마음속으로 저럴까 이럴까 하고 망설여 조금이라도 사려 분별을 일으키면 그야말로 턱없는 '差'가 생김. ◆ 透關底眼(투관저안) — '세계를 把定하고' '衆流를 절단한' '透關의 눈', 즉 '난관을 돌파한 자유자재의 깨달음의 세계', '그 무엇에도 구속되지 않는 無礙의 경지'.

수시하기를, 온 세상을 한 줌에 움켜쥔 채 털끝만큼도 새어나가지 않게 한다. 온갖 번뇌·망상 따위를 끊어 버리고 사려 분별이 조금도 남지 않게 한다. [이런 경지는] 함부로 입을 놀려 지껄이면 잘못되고 만다. 또 망설이면 엉뚱하게 빗나가 버린다. 자 그럼 말해 보라, 난관을 헤쳐 나간 무애(無礙)의 경지가 어떤 것인지를! 말할 테니 잘 살펴보라.

本則 擧. 雲門垂語云, 人人盡有光明在, 看時不見, 暗昏昏. 作麽生是諸人光明. 自代云, 厨庫三門. 又云, 好事不如無.

주 ◆ 人人盡有光明在(인인진유광명재) — 사람은 누구나 불성과 본래의 面目이라고 할 一大光明을 지니고 있음. ◆ 看時(간시) — 보려 할 때. ◆ 暗昏昏(암혼혼) — 캄캄함. 전혀 알 수가 없음. '의식적으로 보려 하면 캄캄하게 아무것도 보이지 않음'. ◆ 厨庫三門(주고삼문) — 厨庫와 三門(山門). '厨庫'는 절의 부엌. 여기서는 선승의 수행장인 禪寺 전체를 가리킴. 佛性은 禪寺 어느 구석에도 나타남. '평창'에 의하면 운문은 20년 동안이나 '본칙'과 같은 수시를 했으나 그 오랜 세월 동안 누구 하나 대답한 자가 없었다고 함. 그러던 어느 날 香林의 澄遠禪師가 일동을 대신하여 운문에게 '代語'를 요구하니까 '厨庫三門'이라 대답했다 함. ◆ 好事不如無(호사불여무) — '好事'는 禮佛·看經 등의 좋은 행위. 즉 아무리 좋은 일이라 해도 그런 일이 있으면 거기 집착하게 되므로 오히려 없는 쪽이 더 낫다는 뜻. 우리는 아침저녁 언제나 광명 속에 살고 있고 부처의 뱃속에서 자고 깨고 하고 있는데 새삼 무엇을 구하겠는가! 오히려 광명은 이것이다 부처는 저것이다 하고 한정해 버리면 아무리 좋고 고귀한 일이라도 이미 구속임.

[어느 날] 운문 화상이 수시하기를 "사람마다 불성(佛性)의 광명을 지니고 있지만 일부러 보려 하면 캄캄하게 아무것도 안 보인다. 자 너희들의 광명은 어떤 것이냐?"라고 했[으나 누구 하나 대답하는 자가 없었]다. 이윽고 운문 화상 자신이 그들을 대신하여 "그것은 부엌과 산문이다" 하고는 다시 "아무리 좋은 일이라도 없는 것만은 못하지" 라고 덧붙였다.

頌 自照列孤明. 爲君通一線, 花謝樹無影. 看時誰不見. 見不見. 倒騎牛兮入佛殿.

주 ◆ 自照列孤明(자조열고명) — 사람들 각자가 갖춘 광명은 누구의 힘도 빌릴 것 없이 저절로 빛나며 홀로 밝음. '孤'는 '절대적으로', '독립적으로'. 모든 사람 각자가 누구와도 바꿀 수 없는 절대적 존재이므로 孤明이라 한 것임. ◆ 爲君通一線(위군통일선) — 그대들을 위해 厨庫다, 三門이다 하고 갖가지로 나타내어 줄곧 끈덕지게 말해 주었음. '通一線'은 通一線道와 마찬가지이며 무엇인가를 암시하여 계속 말해 주는 것. ◆ 花謝樹無影(화사수무영) — 활짝 피었던 꽃은 이제 모두 졌고 나무에도 화려하던 모습이나 향기가 간 데 없이 그저 쓸쓸히 서 있을 뿐임. 迷妄이다 悟得이다 하는 꽃은 지고 光明이다 暗昏이다 하는 그림자가 없으며 가슴속에는 이제 한 점의 喜憂조차 없는 일체를 털어 버린 세계를 말한 것임. 이 세계야말로 사실은 大光明임. 그저 대광명에 감싸인 채 무심하게 起居하는 無事의 境涯가 이런 데에 있으리라. ◆ 看時誰不見(간시수불견) — 모든 것을 털어 버린 絶對無의 경지에서라야 산은 산, 강은 강, 明은 明, 暗은 暗으로 분명히 보일 것임. 결국 '볼 때 누가 보지 못하겠는가'임. ◆ 見不見(견불견) — 明暗을 전부 截斷해 버리면 見不見에 구애되지 않음. 원오는 '兩頭俱坐斷. 瞎.'(兩頭를 다 坐斷함. 즉 明暗을 다 초월해 버림)이라 착어하고 있지만 그렇게 하면 明에도 暗에도 자유로울 수가 있음. ◆ 倒騎牛入佛殿(도기우입불전) — 원오의 말처럼 '兩頭를 坐斷'하고 나면 거꾸로 소를 타고도 佛殿에 들어가는 기적적인 행위를 할 수 있음. 이런 경지에 이르면 明暗이 동시에 대광명이며 제대로 가건 거꾸로 가건 다 함께 불전에 들어갈 수 있음. 그야말로 自由無礙의 세계가 열리게 된다는 뜻. 원오도 '半夜日頭出, 日午打三更'(한밤중에 태양이 돋는가 하면 한낮에 한밤의 종소리가 울린다) 하고 착어함. 누구도 어찌할 수가 없는 絶對無의 상황임.

절로 눈부셔라 광명 예 있으니,
눈먼 그대들 위해 그토록 알뜰히도
말해 주었건만….
꽃 지고 숲은 비어 광명 천지 열렸으니
아 누군들 못 보랴.

보인다 안 보인다 모두 부질없어라,
거꾸로 소 타고도 불전에 드는 것을….

제87칙

운문이 말하기를 "약과 병이 서로 고치고 다스린다"

雲門藥病相治

앞 칙에 이어 다시 운문 화상의 이야기이다.

垂示云, 明眼漢沒窠臼. 有時孤峰頂上草漫漫. 有時鬧市裏頭赤灑灑. 忽若忿怒, 那吒現三頭六臂. 忽若日面月面, 放普攝慈光, 於一塵現一切身, 爲隨類人, 和泥合水. 忽若撥着向上竅, 佛眼也覷不着. 設使千聖出頭來, 也須倒退三千里. 還有同得同證者麼. 試擧看.

㊟ ◆ 窠臼(과구) — 구멍. 明眼을 지닌 사람에게는 새와 짐승의 굴 같은, 일단 들어가 앉으면 꼼짝도 못하는 偏執이나 停滯가 없음. 그러므로 어디서든 自由無礙하게 활동할 수가 있음. ◆ 孤峰頂上草漫漫(고봉정상초만만) — 孤峰 頂上의 풀 우거진 곳에 숨어 살며 脫俗的 생애를 보내고 있음. 菩提達磨의 面壁九年 같은 생애. ◆ 鬧市裏頭赤灑灑(뇨시리두적쇄쇄) — '鬧'는 鬧(시끄러울 뇨)의 譌字. 시끄러운 저자 속에서도 벌거벗고 無人의 황야에 있듯이 초연하게 삶. '赤灑灑'는 벌거벗음. 적나라. ◆ 那吒現三頭六臂(나타현삼두육비) — 나타는 毘沙門天王의 아들이라고 하는 인도 신화 중의 한 사람이며, 흔히는 三面六臂를 지닌 大力의 귀신임. 나타처럼 三面六臂를 나타냄. ◆ 日面月面(일

면월면) — 제3칙 '본칙'의 日面佛月面佛과 같음. 慈悲圓滿의 모습. ◆ 於一塵現一切身, 爲隨類人(어일진현일체신, 위수류인) — 어떤 경우(境) 어떤 인물(機)에 대하여도 임기응변의 방법으로 교화하는 사람이 됨. '一塵'은 一機一境. (제20칙 '수시' 참조). '一切身'은 관음의 三三身說法 같은 것. '於一塵現一切身'은 임기응변의 설법. ◆ 和泥合水(화니합수) — 진흙과 화합하고, 물과도 화합함. 즉 상대가 누구건 어떤 사람과도 화합하며 사귀는 것. ◆ 撥着向上竅, 佛眼也覰不着(발착향상규, 불안야처불착) — 선의 궁극적인 경지를 보여 준다면 부처의 眼力으로도 그 경지는 엿볼 수가 없음. '撥着'은 發揚과 같으며 '활동시키는 것'. '竅'는 '구멍'의 뜻이지만 여기서는 '機'나 '事'를 말함. '覰'는 '엿봄'. ◆ 同得同證者(동득동증자) — 共鳴者. 同死同生底의 인물.

수시하기를, 깨달음을 얻은 자에게는 아무 난관도 없다. 어떤 때는 호젓한 봉우리 끝의 우거진 풀숲 속에 살고 또 어떤 때는 시끄러운 저자 속에서 적나라하게 아무 거리낌없이 거동한다. 느닷없이 분노하여 나타 태자처럼 머리 셋과 팔 여섯을 휘두르는가 하면 홀연 일면불 월면불처럼 자비의 빛을 내뿜으며 도처에 나타난 임기응변의 방편으로 진흙과 화합하고 물과도 화합한다. 그리고 다시 홀연히 선(禪)의 궁극적인 경지에 오르면 부처의 눈으로도 엿볼 수가 없고 가령 천 명의 성인이 나타난다 해도 삼천리 저 밖으로 물러가 버릴 수밖에 없다. 자 그런 인물에 공명할 만한 자가 있느냐? 다음 이야기를 살펴보자.

本則 擧. 雲門示衆云, 藥病相治, 盡大地是藥. 那箇是自己.

주 ◆ 藥病相治(약병상치) — 약은 병이 생겼을 때 먹는 것이지만 일단 병이 나아도 약을 버리고 싶어하지 않는다면 역시 병임. 따라서 서로 다 함께 벗어나야 비로소 완전히 고쳤다고 할 수 있음. 그러므로 약이 병을 고치고 병은 약을 다스린다고 함. 수행도 이와 마찬가지여서 迷惑이 있으니까 깨달음을 찾고 번뇌의 병이 있으므로 坐禪이라는 약을 씀. 깨달으면 미혹도 없어지나 대신 깨달음이 남는다면 병은 다 나았는데 계속 약을 먹음과 같음. 迷悟를 다 함께 없애 버릴 때 藥病相治라 할 수 있는 것임. ◆ 盡大地是藥(진대지시약) — 온 천지가 다 약임. 順境과 逆境이 전부 약이고 깨달음이며, 佛性 외에는 아무 것도 없다는 뜻. 불타도 '山川草木悉皆成佛'이라 하고 '一切衆生具佛性'이라고 함. ◆ 那箇是自己(나개시자기) — 온 천지가 다 약(깨달음)이면 나는 대체 어디 있는가? 온 세계가, 모든 존재와 자기까지도 다 佛이라 한다면 자칫 汎神論에 빠지기 쉬우므로 '自己'라는 특수성을 물은 것임. '那箇'는 這箇의 反意語이며 '저것', '저'의 뜻이지만 여기서는 '어느 쪽', '어느 것'임. '평창'에는 善財童子의 故事가 인용되어 있음. '문수 보살이 어느 날 선재 동자에게 "이 세상에서 약이 못되는 것(佛이 아닌 것)을 가져오라"고 했다. 선재 동자는 온 세상을 다 찾아 보았으나 약이 못 되는 절대적인 毒은 어디에도 없었다. 그대로 보고하니까 문수 보살이 이번에는 "그럼 약을 찾아 오라"고 했다. 선재 동자는 한 포기 풀을 뜯어다 주었다. 그랬더니 "이 약은 사람을 죽이기도 하고 살리기도 한다"고 문수 보살이 말했다.'

운문 화상이 대중에게 "[세상 사람은 흔히 약이 병을 고친다고 생각하나, 사실은] 약이 병을 고치고 병은 약을 다스리는 법이다. 온 세상이 다 약이다만 너희들 자신은 대체 무엇이냐?" 하고 말했다.

頌 盡大地是藥, 古今何太錯. 閉門不造車. 通途自寥廓. 錯, 錯. 鼻孔遼天亦穿卻.

注 ◆ 盡大地是藥(진대지시약) — '본칙'에 나온 말을 그대로 씀. ◆ 古今何太錯(고금하태착) — 옛날부터 '盡大地是藥'을 착각하고 그만 거기 얽매여 꼼짝 못하는 사람이 많음. ◆ 閉門不造車(폐문부조거) — 『莊子』의 '閉門造車, 出門合轍'에서 빌려온 구. 문을 닫은 채 일일이 路幅을 재지 않고 수레를 만들어도 한길로 나가면 노폭에 꼭 들어맞음. 설두는 이 구를 통해, 좌선이니 수행이니 공연한 조작을 하지 않는다고 주장한 것임. 즉 진실한 자기란 작위적인 수행으로 새로이 형성되지도 않고 억지로 만들 수도 없으며 본래 지니고 있는 그대로를 들고 한길로 나가면 된다는 뜻. ◆ 通途自寥廓(통도자요곽) — 佛祖의 大道는 저절로 훵하니 트여서 넓음. '通途'는 도로, 佛祖의 大道. '寥廓'은 '훵하니 드넓음'. ◆ 錯, 錯. 鼻孔遼天亦穿卻(착, 착. 비공요천역천각) — 잘못도 큰 잘못을 했네. 깨달았다고 아득히 하늘에까지 가 닿은 코를 이 '藥病相治'에게 그만 꿰이고 말았구나. '古今何太錯'의 의미를 거듭 강조한 말임.

온 세상이 다 약이라,
이 말을 잘못 안 이 얼마나 많았던가!

억지로 재고 깎고
서툰 짓 안 해도 길은 환히 트인 것을….

아뿔싸, 실수로다,

하늘 위 높은 코 단숨에 꿰였구나.

제88칙

현사의 세 가지 병자

玄沙三種病

현사 화상(玄沙和尙. 835년~908년)은 복주(福州) 현사산(玄沙山)의 종일 선사(宗一禪師)이며 이름은 사비(師備)이다. 설봉 의존의 법을 이었고 본래 남대강(南臺江)의 어부였으나 아버지가 급류에 휩쓸려 죽는 광경을 보고 무상(無常)을 느껴 30세에 출가했다고 한다. 제22칙에 나왔다.

垂示云, 門庭施設, 且恁麼破二作三. 入理深談, 也須是七穿八穴. 當機敲點, 擊碎金鎖玄關. 據令而行, 直得掃蹤滅跡. 且道誵訛在什麼處. 具頂門眼者, 請試擧看.

㊟ ◆ 門庭施設(문정시설) — 祖師門庭의 시설. 즉 禪門에서 제자를 接得하고 지도하는 수단 방법. ◆ 且恁麼(차임마) — 그럼 어떤 방법이 있는가 하면. ◆ 破二作三(파이작삼) — 둘을 쪼개 셋을 만듦. 난해한 대상을 파헤쳐 알기 쉽게 풀이해 주거나, 사물을 둘로 보는 迷惑을 깨뜨려 둘이면서 실은 하나임을 깨닫도록 지도해 줌. 결국 第二義門에 내려가 지도하는 방법. ◆ 入理深談(입리

심담) — 사물의 깊숙한 도리에 대한 이야기. 第一義門에 속하는 것, 入不二法門에 속하는 담화. ◆ 七穿八穴(칠천팔혈) — 세밀하게 점검하여 七縱八橫의 자유자재로움으로 접득하는 역량. ◆ 當機敲點(당기고점) — '當機'는 臨機와 같으며 '어떤 경우에도'. '敲點'은 敲問·點破의 약어이며 남에게 날카롭게 질문하거나 남의 질문에 명쾌하게 대답하는 것. ◆ 金鎖玄關(금쇄현관) — '金鎖'는 금속의 단단한 쇠사슬. '玄關'은 玄妙한 관문. 쇠사슬은 자유로운 행동을 구속하는 것, 수행자가 소중하게 여기고 있는 소위 깨달음이라고 하는 쇠사슬이나 현묘한 관문을 타파하여 자유로운 세계로 인도함을 '擊碎金鎖玄關'이라 함. ◆ 據令而行(거령이행) — 佛祖의 正令에 따라 일을 함. 第一義諦에 의거한 활동. ◆ 掃蹤滅跡(소종멸적) — 수행자가 집착하는 것을 깡그리 빼앗아 자취를 남기지 않음. 佛을 만나면 佛을, 祖를 만나면 祖를 죽여 佛도 祖도 초월하며 佛見도 法見도 말끔히 씻어 없앰. ◆ 誵訛在什麽處(효와재습마처) — 제40칙 '수시'에 같은 구가 나왔음. 결점이 어디 있는가? 앞에서처럼 집착을 없애고 자취를 남기지 않는다고 했으나 그래도 어디 흠잡을 데가 있는가? ◆ 頂門眼(정문안) — 반야의 慧眼, 깨달음의 눈.

수시하기를, 선문(禪門)의 지도 방법에 어떤 것이 있는가 하면 둘을 쪼개 셋을 만드는 융통성이 있어야 하며 사물의 깊은 도리를 말하는 데에도 자유자재의 솜씨를 지녀야 한다. 또 어떤 경우에든 상대방을 지도할 때 [그들이 던지는] 쇠사슬이나 오묘한 관문 같은 난문(難問)·난제(難題)를 깨부수어야 한다. 불조(佛祖)의 정령(正令)에 따라 행동하며 수행자의 집착이나 망념(妄念)을 남김없이 없애 주어야 한다. 자 그런 활동을 할 때 어디에 흠잡을 데가 있는지 말해 보라. 밝은 눈을 가진 자는 부디 예를 하나 들 테니 잘 보아 두라.

本則 擧. 玄沙示衆云, 諸方老宿, 盡道接物利生. 忽遇三種病人來, 作麽生接. 患盲者, 拈鎚竪拂, 他又不見. 患聾者, 語言三昧, 他又不聞. 患啞者, 教伊說, 又說不得. 且作麽生接. 若接此人不得, 佛法無靈驗. 僧請益雲門. 雲門云, 汝禮拜着. 僧禮拜起. 雲門以拄杖挃. 僧退後. 門云, 汝不是患盲. 復喚近前來. 僧近前. 門云, 汝不是患聾. 門乃云, 還會麽. 僧云, 不會. 門云, 汝不是患啞. 僧於此有省.

주 ◆ 諸方老宿(제방노숙) — 중국 도처에 산재한 老尊宿 · 老禪師. '저곳의 老和尙도 이곳의 老禪師도'. ◆ 接物利生(접물리생) — '接物'은 인물에 접하는 것. '利生'은 중생에게 이익을 주는 것. '布敎傳道, 사회 봉사'. ◆ 三種病人 — '盲 · 聾 · 啞'의 세 가지 병자. ◆ 拈鎚竪拂(염추수불) — '拈'은 잡음. '鎚'는 쇠몽둥이. '竪'는 세움. '拂'은 拂子와 같으며 털채. 쇠몽둥이를 쥐고 털채를 세움. 禪僧이 일종의 사상 표현법으로 쓰는 손짓. ◆ 語言三昧(어언삼매) — 갖가지 말이나 설법에 열중하고 있음. '三昧'는 'samadhi'의 음역어이며 '열중함'. '정신을 어느 한 군데에 집중함'임. ◆ 教伊說(교이설) — 그로 하여금 말하게 함. '教'는 하여금 교. '~로 하여금 ~하게 함'. '伊'는 저 이, 또는 이 이. 윗구(他又不聞)의 '他'와 같음. ◆ 且作麽生接(차자마생접) — 자, 어떻게 접득하면 되겠는가? ◆ 靈驗(영험) — 영묘한 효험. ◆ 請益(청익) — '추가 질문함', '부디 좀 부탁드립니다'. 한편 '탐구하다', '천착하다' 등의 뜻도 있음. (제2칙 '수시' 참조) ◆ 禮拜着(예배착) — [알고 싶으면] 먼저 절부터 해라. '着'은 조동사. ◆ 挃(질) — 때림, 두드림. ◆ 近前來(근전래) — 이리 앞으로 오너라. ◆ 門乃云(문내운) — 운문이 말했음. '門曰'과 같음. ◆ 有省(유성) — 깨우침이 트였음. 깨우쳤음. '평창'에 '眼見色如盲等, 耳聞聲如聾等'이라는 『維摩經』 弟子品 제3의 글을 인용하고 있음. '눈이 멀었을 때 비로소 진짜 빛깔이 보이고 귀가 멀었을 때 드디어 참된 소리가 들림'임. 우리는 오히려 눈을 뜨고 있으므로 보이는 것에 사로잡히고 귀가 뚫려 있으므로 들은 것에 집착하기 십상임. 第一義門에 서서 말한다면 보는 것과 보이는 것의 대립이 없으므로 눈이 멀었네, 눈이 잘 보이네 하는 구별이 없어짐. 결국 현사는 제자들에게 장님이 되라, 귀머거리가 되라, 벙어리가 되라, 그래야만 우리는 구원받아 縱橫無礙로 활동할 수가 있다고 한 것임.

[어느 날] 현사 화상이 대중에게 말했다. "요즘 이저곳의 중들이 모두 포교다 전도다 하며 남을 돕는다고 하는데 세 가지 병자가 불쑥 찾아오면 어떻게 교화시키겠느냐? 장님에겐 쇠몽치를 쥐고 털채를 세운들 보일 리가 없고 귀머거리에겐 입이 아프게 지껄여 봤자 들릴 리 없으며, 벙어리에겐 아무리 말을 하라고 한들 말할 리 없으니 대체 어떻게 교화시키겠느냐? 그런 사람을 교화시키지 못하면 불법의 영험 따위는 없는 것 아니냐!" 한 중이 [현사의 말뜻을 알 수 없어] 운문 화상에게 가서 그 문제를 물었다. 운문이 말했다. "네가 [그걸 알고 싶으면] 먼저 절을 해라!" 중은 [그러면 가르쳐 줄 줄 알고] 절을 하고 일어나니까 운문이 주장으로 치려 했다. 중은 [재빨리] 뒤로 물러났다. "너 장님은 아니구나?" 하고 운문이 말하면서 다시 앞으로 다가오라고 불렀다. 중이 다가갔을 때 운문은 "너 귀머거리도 아닌 모양이구나" 하고는 이어 "어때 알겠느냐?" 하고 물었다. 중이 "모르겠는데요" 하자 "허, 벙어리도 아닌데!" 하고 운문이 뇌까리는 순간 중은 비로소 깨우침을 얻었다.

頌 盲聾瘖啞, 杳絶機宜. 天上天下, 堪笑堪悲. 離婁不辨正色, 師曠豈識玄絲. 爭如獨坐虛窓下, 葉落花開自有時. 復云, 還會也無. 無孔鐵鎚.

주 ◆ 盲聾瘖啞(맹롱음아) — '瘖'(벙어리 음)과 '啞'(벙어리 아)는 같은 뜻이지만 4언 1구로 만들기 위해 겹쳐 씀. 장님과 귀머거리와 벙어리. ◆ 杳絶機宜(묘절기의) — 종일 보고도 장님처럼 보지 않은 듯하고 종일 듣고도 귀머거리인 양 듣지 않은 듯, 종일 말하고도 벙어리 같은 모양이야말로 實相無相의 본체임. 이는 곧 사려 분별의 밖이며 知解思量을 끊은 것으로서 그대로 混沌無爲임. '杳'는 杳然과 같으며 '아득히 멀리'. '機宜'는 '시기', 또는 '알맞은 형편'. '속세를 아득히 떠난 형편'. 곧 '俗塵을 초월한 세계'. 『莊子』에, 南海의 儵(숙)과 北海의 忽(홀)이 중앙의 混沌에게 융숭한 대접을 받았다고 하여 눈도 코도 귀도 없는 그를 위해 일곱 구멍을 뚫어 주었더니 그만 혼돈이 죽어 버렸다는 우화가 나옴. 混沌無差別의 本體에 눈 · 귀 · 코 따위 일곱 구멍을 뚫으면 혼돈은 그 본래의 絶對無的 본질을 잃게 마련임. ◆ 天上天下(천상천하) — 온 세상에. 누구나가. ◆ 堪笑堪悲(감소감비) — [누구나 다 그러한 絶對無的 본질을 지니고 있는데 그것을 알지 못하다니] 정말 우습고 슬픈 일이구나. ◆ 離婁(이루) — 『莊子』에 나오는 인물. 백 보 앞에 있는 머리카락 끝도 분별하고 천리 앞에 떨어져 있는 바늘도 보인다는 천리안의 소유자. ◆ 不辨正色(불변정색) — 그런 인물도 '正色' 즉 진짜 장님의 경지인 절대의 無는 볼 수가 없음. ◆ 師曠(사광) — 역시 『莊子』에 나오는 인물. 장님이며 음악(거문고)의 대가. ◆ 玄絲(현사) — 현묘한 거문고 줄 소리. 眞如의 妙音, 天來의 음악. 이런 음악도 오히려 진짜 귀머거리라야 귀 없이 들을 때에 비로소 들리는 것임. ◆ 爭如獨坐虛窓下, 葉落花開自有時(쟁여독좌허창하, 엽락화개자유시) — 아무것도 가릴 데 없는 휑한 창가에 홀로 앉아 자연의 법 그대로 잎이 지고 꽃이 피는 대

우주를 지켜보고 있는 편이 훨씬 나음. '爭如'는 어찌 ~만 하랴. '虛窓'은 미닫이도 휘장도 없는 창, 곧 無一物의 세계. 이 아무것도 없는 세계야말로 실은 종횡무진의 대활약을 할 수 있는 경지임을 암시한 것. ◆ 還會也無(환회야무) — 그래 이젠 알았느냐, 아직 모르겠느냐? ◆ 無孔鐵鎚(무공철추) — 어느 누구도 감히 손댈 수 없는 쇠몽치와 같은 현사의 盲聾啞의 경지. '還會也無'의 목적어. '그러한 세계를 누가 자유자재로 구사할 수 있겠는가?'란 뜻.

장님
벙어리 귀머거리….

세상 일 어지러워
안 본 듯 안 들은 듯,

말조차 잊었구나
까마득 딴 세상.

아 가엾어라 세상 사람들
그걸 모르다니,

천리안인들 어찌 보랴
허허로운 이 경지를,

명악사(名樂士)라도 어찌 들으랴

그윽한 이 소리를!

오 누가 알랴,
잎 지고 꽃 피는 오묘한 조화를
창가에 홀로 앉아 지켜보는 이 기쁨을….

장님
벙어리 귀머거리….

정녕 알겠느냐 무슨 뜻인지?

제89칙
운암의 천수관음보살
雲巖大悲手眼

운암은 운암 담성 화상(雲巖曇晟和尙. 780년~841년)을 가리키며 백장 화상 밑에 20년이나 있다가 그가 죽은 뒤 약산 유엄 화상에게 가서 그의 법을 이은 사람이다. 그리고 도오(道吾)는 역시 약산의 법을 이은 도오산(道吾山)의 원지 화상(圓智和尙. 769년~835년)이며 운암보다는 약간 선배가 된다.

垂示云, 通身是眼, 見不到. 通身是耳, 聞不及. 通身是口, 說不着. 通身是心, 鑒不出. 通身則且止. 忽若無眼作麽生見. 無耳作麽生聞. 無口作麽生說. 無心作麽生鑒. 若向箇裏撥轉得一線道, 便與古佛同參. 參則且止. 且道參箇什麽人.

㈜ ◆ 通身是眼, 見不到(통신시안, 견부도) — 온몸이 다 눈이 되어 버리면 새삼 본다는 인식이 생길 수 없음. ◆ 聞不及(문불급) — 듣는다는 인식이 생길 수가 없음. ◆ 說不着(설불착) — 설명한다는 인식이 생길 수 없음. ◆ 鑒不出(감불출) — 思惟가 생길 수 없음. '鑒'은 '鑑'(볼 감)과 같은 자. ◆ 通身則且止

(통신즉차지) — '則且止'는 '그저 그만했으면 됐음', '어느 정도는 쓸만함'. (제 13칙 '수시' 참조) 결국 이 구는 '通身是眼, 通身是耳, 通身是口, 則且止'란 뜻임. ◆ 若向箇裏(약향개리) — 만약 그러한 無眼作麽生見, 無耳作麽生聞, 無口作麽生說, 無心作麽生鑒이라는 질문에 대해. ◆ 撥轉(발전) — 활용 · 활동. 다음의 '一線道'를 개척한다는 뜻. ◆ 一線道(일선도) — 一線路와 같으며 좁은 통로. 앞의 네 가지 질문에 대한 해답이 될 만한 이야기. 즉 적극적인 수단으로 질문자에게 힌트를 주는 일. ◆ 與古佛同參(여고불동참) — '古佛'은 역대의 조사들. '同參'은 수행 중인 동료들. '同等參加', '함께 참가함', '交遊함'임. ◆ 參則且止(참즉차지) — '與古佛同參, 則且止'의 뜻. 古佛과 동참하는 일은 그렇다 치고. ◆ 且道參箇什麽人(차도참개습마인) — 그러한 경지에 이르려면 어떤 사람에게 찾아가면 되겠는가?

수시하기를, 온몸이 다 눈이 되어 버리면 새삼 본다는 느낌이 없고 온몸이 귀가 되고 나면 새삼 듣는다는 느낌이 없으며 온몸이 그대로 입이 되면 새삼 말한다는 느낌이 없고 또 온몸이 그대로 마음이 되어 생각하면 새삼 생각한다는 사실을 느끼지 않는다. 온몸이 눈 · 귀 · 입 · 생각이 된다는 것은 우선 그런대로 괜찮지만, 그러나 만약 눈이 없으면 어떻게 보고 귀가 없으면 어떻게 들으며 입이 없으면 어떻게 말하고 마음이 없으면 어떻게 생각하겠는가? 혹시 이 질문에 대해 그럴 듯한 해답을 비치기만 해도 그런 인물은 고불과 자리를 함께 나눌 수 있다. 그러나 고불과 한자리에 앉는 일은 또 그렇다 치고, 과연 그런 경지에 이르려면 대체 어떤 분을 찾아가야 하는가를 말해 보라!

本則 擧. 雲巖問道吾, 大悲菩薩, 用許多手眼作什麽. 吾云, 如人夜半背手摸枕子. 巖云, 我會也. 吾云, 汝作麽生會. 巖云, 徧身是手眼. 吾云, 道卽太煞道, 只道得八成. 巖云, 師兄作麽生. 吾云, 通身是手眼.

주 ◆ 大悲菩薩(대비보살) — 千手觀音菩薩. ◆ 許多手眼(허다수안) — 그토록 많은 손과 눈. 관음보살의 千手千眼을 가리킴. ◆ 如人夜半背手摸枕子(여인야반배수모침자) — 한밤중에 베개에서 벗어났을 때 손으로 더듬어 찾아냄. 저 관음은 언제나 온몸을 손과 눈으로 삼고 있으므로 결코 틀리는 일 없이 목적물을 찾아내는 자유로운 활동이 있음. ◆ 徧身是手眼(편신시수안) — 온몸에 두루 손과 눈이 있음. ◆ 太煞(태살) — 그럴듯함. '煞'은 '殺'과 같은 자. '太煞'은 본래 '매우'라는 뜻. ◆ 只道得八成(지도득팔성) — '八成'은 10분의 8 정도는 제대로 됨. 결국 이 구는 '웬만큼은 되었으나 아직 충분히 다 말했다고는 할 수 없음'임. '아직 불충분함'. ◆ 師兄(사형) — 同門의 형. ◆ 通身是手眼(통신시수안) — 온몸 그 자체가 손과 눈임. '徧身是手眼'이 구체적인 표현이라면 '通身是手眼'은 추상적인 표현임. 과연 '徧'과 '通' 사이에 얼마나 차이가 있을까? 禪은 글이나 말로 나타낼 수 없으므로 이런 차이를 직접 몸으로 느끼는 것이 禪機임.

어느 날 운암이 도오에게 "천수관음보살은 천 개의 손과 눈을 갖고 있지만 그걸 다 어디에 쓸까요?" 하고 물었더니 도오가 "한밤중에 자다가 베개를 [놓쳤을 때] 더듬어 찾듯이 쓰지" 하고 대답했다. "잘 알겠습니다" 하고 운암이 대답하니까 "그래 어떻게 알았단 말이냐?" 하고 도오가 물었다. 운암은 "온몸에 두루 손과 눈이 있다는 거죠" 하고 대답했다. "네 말이 제법 그럴듯은 하다만 아직 안 되겠다"고 도오가 말하니까 운암이 물었다. "그럼 사형께선 어떻다는 겁니까?" 그러자 "온몸이 그대로 손과 눈이지" 하고 도오가 대답했다.

頌 偏身是. 通身是. 拈來猶較十萬里. 展翅鵬騰六合雲. 搏風鼓蕩四溟水. 是何埃壒兮忽生. 那箇毫氂兮未止. 君不見, 網珠垂範影重重. 棒頭手眼從何起. 咄.

주 ◆ 偏身是, 通身是(편신시, 통신시) — 운암이 말한 '偏身是手眼'이 옳은가, 아니면 도오의 '通身是手眼'이 옳은가? 자 과연 어느 쪽인가?에 대해 설두가 '그런 말놀음에 구애될 것 없다. 通身이나 偏身이나 50보, 100보에서 큰 차가 없지 않으냐?'라고 한 말. ◆ 拈來(염래) — 집어들어 잘 음미해 보면. 第一義에서 보면. ◆ 猶較十萬里(유교십만리) — 千手千眼의 大悲菩薩도 우주의 절대성 그 자체에서는 10만 리의 저편에 떨어져 있음. 祖庭에서는 10만 리 아득히 멀리 떨어져 있음. ◆ 展翅鵬騰六合雲. 搏風鼓蕩四溟水(전시붕등육합운. 박풍고탕사명수) — 이 7언 2구는 『莊子』 첫머리(逍遙遊篇)의 大鵬 이야기에서 비롯된 것임. 대붕이 날개를 활짝 펴 온 우주의 구름 위로 올라가 바람에 날개를 치면 四海의 바닷물이 온통 치솟아 요란한 파도를 일으킴. '六合'은 天·地·東·西·南·北, 곧 온 우주. '鼓蕩'은 '온통 물을 뒤집음'. '四溟'은 四海. ◆ 是何埃壒兮忽生. 那箇毫氂兮未止(시하애애혜홀생. 나개호리혜미지) — '埃壒'는 티끌·먼지. '毫氂'는 작은 털. 그러한 鵬의 거동도 향상의 第一義(禪의 궁극적인 경지)에서 보면 풀썩 일어난 티끌이나 공중에 떠도는 털 부스러기에 지나지 않음. ◆ 君不見(군불견) — 너희도 이미 알겠지. ◆ 網珠垂範影重重(망주수범영중중) — '網珠'는 因陀羅網珠[因陀羅(Indra)는 帝釋天]이며 제석천이 있는 忉利天의 善法堂에는 寶珠로 엮은 휘장을 쳐 놓았다 함. 그 휘장의 보주. '垂範'은 그 크고 작은 보주가 정연하게 겹쳐져 걸려 있음. 결국 설두는 우주의 절대 자체의 실상을 시적으로 표현하여, 許多의 手眼을 지녔다고 잘난 체하는 大悲菩薩을 은근히 야유한 것임. ◆ 棒頭手眼從何起(봉두수안종하기) — 手眼은 大悲菩薩에게만 있는 것이 아니라 선승의 棒頭에도 있음. 과연 그 수안은 어디서 오는가? 결국 그것은 大悲菩薩로부터 오지 않고 網珠(宇宙絶對의 진리)에서 비롯된다는 뜻. ◆ 咄(돌) — 어떠냐, 알겠느냐? 하고 한 마디 꽥! 외친 소리. 한편 '에끼 공연한 수작 그만 해' 하고 꾸짖은 소리로 풀이할 수도 있음.

편신, 통신을 떠들 것 없네,
둘 다 조정(祖庭)에선 10만 리 저편일세.

대붕(大鵬)이 날개 펴고 9만 리 상공으로
바람 차며 치솟으니 사해(四海)가 뒤집히네.

아서라 그따위 짓 먼지 풀썩 떠오르듯
터럭 하나 둥 뜨듯 보잘것없다네.

그대는 못 보는가 제석천(帝釋天)의 구슬 휘장
그림자 영롱한 채 겹겹이 둘러친 것을.

어찌 대비보살(大悲菩薩)뿐이랴
봉두의 손과 눈 여저기 깔려 있네.

아는가, 그 손 그 눈
어디서 오는지를… 돌!

제90칙

지문의 반야 본체

智門般若體

지문(智門)은 절 이름에서 비롯된 호칭이며 광조 화상(光祚和尙)을 가리킨다. 광조는 운문의 제자인 향림 증원(香林澄遠)의 법사(法嗣)이다. 『벽암록』의 '송'을 지은 설두가 이 사람의 제자에 해당된다.

垂示云, 聲前一句, 千聖不傳. 面前一絲, 長時無間. 淨裸裸, 赤灑灑. 頭鬔鬆, 耳卓朔. 且道, 作麽生. 試擧看.

㈜ ◆ 聲前一句, 千聖不傳(성전일구, 천성부전) — 우주의 절대 그 자체를 따른 1구는 千萬의 聖賢도 표현할 수 없음. 제7칙 '수시'에 나왔음. ◆ 面前一絲, 長時無間(면전일사, 장시무간) — 눈앞의 실 한 오라기도 영구히 끊어지지 않고 이어지는 것. 우리 面前에서 生滅起伏하는 事象은 모두 각자 영구성을 지니고 있어서 그 실체는 결코 소멸되지 않는다는 뜻. '一絲'는 一事一物. '無間'은 無間斷. ◆ 淨裸裸, 赤灑灑(정나라, 적쇄쇄) — 제82칙 '수시'에도 나왔음. 우주의 진리(절대 자체)가 그대로 드러나 있음. ◆ 頭鬔鬆, 耳卓朔(두봉송, 이탁삭) —

'頭鬔鬆'은 '머리카락이 마구 흐트러져 있음'. '耳卓朔'은 耳卓卓과 마찬가지이며 '귀가 쫑긋 솟아 있음'. 아무 작위 없이 자연 그대로 있는 우주의 참모습을 말한 것. ◆ 且道, 作麽生(차도, 자마생) — 자, 그게 어떤 것인지 말해보라.

수시하기를, 절대 그 자체를 따른 한 마디는 천만의 성현(聖賢)도 전해 줄 수 없다. 눈앞의 한 오라기 실도 영원히 끊어지지 않고 이어져 있다. 그렇듯 우주의 참 모습이 여기 그대로 생생하게 드러나 있다. 자 그게 어떤 것인지 알 수 있겠나? 그럼 다음 이야기를 살펴보라.

本則 擧. 僧問智門, 如何是般若體. 門云, 蚌含明月. 僧云, 如何是般若用. 門云, 兎子懷胎.

주 ◆ 般若(반야) — 'Pradjna'의 음역어이며 '지혜'. ◆ 體(체) — 실체 그 자체. '般若體'는 우리가 태어날 때부터 갖고 있는 근본적인 지혜. 불교에서는 지혜에 有漏智와 無漏智의 두 가지가 있다고 함. '漏'는 새어 나가는 것, 흘러 나가는 것, 곧 번뇌임. 그 번뇌가 새어 나가는 것이 有漏, 전혀 새어 나가지 않아 번뇌가 없어진 것이 無漏임. 결국 禪 체험으로 無相의 根本智를 터득한 경지가 無漏智임. '般若'는 이 無漏智이며 實相・觀照・文字의 셋으로 나눔. '實相般若'는 반야의 본체, 본래의 면목. '觀照般若'는 대상을 있는 그대로 비추는 작용. '文字般若'는 반야의 相이며 문자로 쓴 경전. ◆ 用(용) — 體의 속성, 또는 활동. 여기서 중의 물음에 대해 원오는 '用體作麽生' 하고 착어함. 즉 '般若의 지혜의 본체는 어떤 겁니까?'라는 질문은 체와 용을 둘로 나누어 본다는 뜻이므로 '바보 같은 놈, 體用을 나누어서 어쩌겠다는 거냐?' 하고 쏘아붙인 것임. ◆ 蚌含明月(방함명월) — 중국의 漢江에 '蚌'(蚌蛤)이라는 민물조개가 있었음. 이 조개는 추석 무렵 달이 돋을 때 수면에 떠올라와 입을 벌리고 달빛을 삼키면 진주가 그 속에 생긴다는 전설이 있음. 그 조개를 '合浦珠'라 하여 중국에서는 아주 소중히 여긴다고 함. '蚌含明月'은 觀照般若를 가리킴. 영롱한 빛이 온 누리를 비치는 반야의 작용을 말한 것. 반야의 체를 물었는데 용으로 대답함. 그래서 중은 다시 '반야의 작용'을 물음. ◆ 兎子懷胎(토자회태) — 역시 밝은 달밤에 토끼도 달의 精氣를 마시고 임신한다는 전설에서 비롯된 구. 결국 반야의 '체'로 대답한 것임. 이상의 문답은 중이 반야의 체와 용을 나누어 따로 떼어 물었기 때문에 지문은 그 반대로 대답해서 體用一如의 반야를 나타내 보인 것임. 원오는 '평창'에서 盤山寶積和尙의 偈를 인용하여 '心月孤圓, 光呑萬象. 光非照境, 境亦非存. 光境俱亡. 復是何物'이라 평하고 있음. 우리가 태어날 때부터 지닌 本心은 마치 달이 중천에 빛나듯이 絶對孤이며 絶對圓임. 말하자면 圓周가 없는 광명임. 모든 존재는 그대로 이 광명에 싸인 채 광명 자체가 되어 있음. 그것은 빛이 있어서 둘레의 환경을 비추고 있지 않고 빛 밖에 그 환경이 있지도 않음. 光境一體, 光境俱亡이므로 완전한 일체인 동시에 일체라는 사실조차도 없음. 그 光 · 境 一體이면서 光 · 境이 다 없는 當體는 무엇인가? 반산은 이렇게 말하고 있음.

한 중이 지문 화상에게 "반야의 본체는 어떤 겁니까?" 하고 물으니까 그는 "조개가 밝은 달빛을 머금는 거지" 하고 대답했다. [이번에는] 중이 "그럼 반야의 활동은 어떤 겁니까?" 하고 물었다. 지문 화상은 대답했다. "토끼가 [달빛으로] 새끼를 배는 거야."

頌 一片虛凝絶謂情, 人天從此見空生. 蚌含玄兎深深意, 曾與禪

家作戰爭.

주 ◆ 一片虛凝(일편허응) — '虛'는 텅 빈 것. '凝'은 凝寂 · 凝固와 같으며 '常住不變으로 미동도 하지 않음'. 이 두 자로 반야의 본체를 나타냄. ◆ 絶謂情(절위정) — '謂'는 언어. '情'은 사려. 그것을 絶한다 함은 언어, 분별을 끊은 言語道斷의 세계임. 반야의 실상은 불가사의하여 사람의 표현으로는 미치지 않는다는 뜻. ◆ 人天(인천) — 인간계도 천상계도. ◆ 從此(종차) — '一片虛凝'에 따라. ◆ 空生(공생) — 석가의 10대 제자 중의 한 사람이며, 解空第一이라 불리운 須菩提. 또는 그와 같은 空觀哲學者(般若哲學者). '見空生'에는 이런 故事가 있음. 어느 날 空生인 수보리가 岩窟 속에서 좌선을 하고 있을 때 하늘에서 꽃비를 뿌리며 찬탄하는 자가 있었다. 수보리가 '누구냐?' 하고 물으니까 '나는 梵天이다'라고 대답한다. '범천이 어째서 찬탄하느냐?' 하고 다시 묻자, '尊者가 정말 훌륭하게 반야를 말했기 때문이다'라고 한다. '아니, 나는 반야에 대해 한 마디도 말한 적이 없다.' '그게 좋다. 尊者는 아무 말도 않고 나는 무엇 하나 들은 게 없다. 그 無說 · 無聞이야말로 참된 반야라 할 수 있다' 하고는 범천은 다시 한동안 꽃비를 함빡 뿌렸다고 한다. ◆ 玄兎(현토) — 달. '兎子明月'과 '蚌含懷胎'의 두 가지를 아울러 줄여 말하기 위해 '蚌含玄兎深深意'란 교묘한 1구를 썼음. '深深意'는 '오묘한 뜻'. ◆ 曾與禪家作戰爭(증여선가작전쟁) — 지문이 '蚌含明月'이니 '兎子懷胎'니 한 이후로 이 말에 대해 선승들이 시끄럽게 토론 · 商量하고 있음. '戰爭'은 선승의 法戰.

텅 빈 채 한없이 큰 이 덩어리를,
뭐라 말과 글로 나타낼 수 있으랴.

사람 하늘이 다 이에서 공생을 보네.

조개와 토끼라… 깊은 그 뜻 알 수 없어
스님네 옥신각신 그칠 날이 없구나.

제91칙

염관의 무소 부채
鹽官犀牛扇子

염관(鹽官)은 마조 도일 화상의 법사(法嗣)이며 항주(杭州) 염관의 해창원(海昌院)에 살던 제안(齊安) 화상을 가리킨다. '본칙'에는 또 투자 · 설두 · 석상 · 자복 · 보복 등이 등장하나 실제로 문답한 사람은 염관과 한 이름 모를 중이고 그들은 나중에 각기 이 문답에 한 마디씩 덧붙였을 뿐이다.

垂示云, 超情離見, 去縛解粘, 提起向上宗乘, 扶竪正法眼藏, 也須十方齊應, 八面玲瓏, 直到恁麽田地. 且道, 還有同得同證, 同死同生底麽. 試擧看.

주 ◆ 超情離見(초정리견) — 迷惑도 깨달음도 함께 떠나 아무 속박을 받지 않음. '情'은 情識凡情, 즉 번뇌임. '見'은 모든 見解 · 知見. ◆ 去縛解粘(거박해점) — 佛法에 속박되거나 禪에 달라붙은 데서 풀려남. 相對的 智識 때문에 생기는 일체의 言句 · 葛藤을 제거함. ◆ 向上宗乘(향상종승) — 다시없이 높은 가르침을 보여 줌. ◆ 扶竪(부수) — 사물이 움직이지 않도록 도와서 세움.

'扶'(도울 부)는 扶持 · 扶植, '竪'(세울 수)는 豎의 속자이며 竪立 · 竪起의 뜻. ◆ 正法眼藏(정법안장) — 올바른 깨달음의 눈의 곳간. 第一義諦의 깨달음의 한가운데. ◆ 十方齊應, 八面玲瓏(시방제응, 팔면영롱) — 무슨 일에도 자유자재로 대응할 수 있고, 사방팔면 어디서 보나 조금도 모호한 데가 없이 밝고 뚜렷함. ◆ 恁麽田地(임마전지) — '恁麽'는 '그와 같은'. 즉 '앞 구에서 말한 것 같은'. '田地'는 경지. 안주하는 곳. ◆ 同得同證, 同死同生底(동득동증, 동사동생저) — 위와 같은 경지를 지닌 三世의 諸佛에 못지않은 體得, 悟徹을 얻어 同死同生의 입장에 설 수 있는 인물.

수시하기를, 미혹(迷惑)과 깨달음을 다 떠나고 불법(佛法)과 선에서도 풀려 나와 다시없는 높은 경지를 가르쳐 보이며 참된 깨달음의 집을 세워야 한다. 그러면 무슨 일에나 자유자재로 대응할 수 있고 사방팔면 어디서든 밝고 뚜렷하게 보여 그 경지에 곧장 다다르게 된다. 자 말해 보라, 어떻게 하면 그 인물과 함께 살고 죽는 처지에 설 수 있는지를! 그럼 다음 이야기를 살펴보라.

本則 擧. 鹽官, 一日喚侍者. 與我將犀牛扇子來. 侍者云, 扇子破也. 官云, 扇子旣破, 還我犀牛兒來. 侍者無對. 投子云, 不辭將出, 恐頭角不全. (雪竇拈云, 我要不全底頭角.) 石霜云, 若還和尙卽無也. (雪竇拈云, 犀牛兒猶在.) 資福畵一圓相, 於中書一牛字. (雪竇拈云, 適來爲什麽不將出.) 保福云, 和尙年尊, 別請人好. (雪竇拈云, 可惜. 勞而無功.)

주 ◆ 鹽官(염관) — 본래는 地名이며 浙江省 杭州府 鹽官을 말하나, 지금은 鹽官縣 鎭國 海昌院에 있던 齊安和尙을 가리킴. ◆ 侍者(시자) — 절 주지에게 隨侍하는 중. ◆ 犀牛扇子(서우선자) — 무소의 뿔로 만든 부채. '犀牛'는 무소. ◆ 犀牛兒(서우아) — 무소 그 자체. 무소라는 것 자체. ◆ 和尙年尊, 別請人好(화상년존, 별청인호) — 老師께선 연세가 많아 망령이 나신 모양인데 나는 도저히 시자 노릇 못 하겠으니 다른 사람을 불러오는 게 좋겠소. 본래의 面目이란 남에게 내라고 한다고 얻을 수 있는 것이 아니므로 자기 자신에게서 구해야 함을 암시한 말임. 원오는 '평창'에서 '和尙年尊老耄, 得頭忘尾. 適來索扇子, 如今索犀牛兒. 難爲執侍. 故云, 別請人好'라 말하고 있음. ◆ 可惜. 勞而無功(가석. 노이무공) — 아서라, 아서, 화상의 그런 시자 노릇해 보았자 아무 소득도 없을 테니. '可惜'은 '아서라, 아서', '하지 마라', '안 돼, 안 돼' 등에 해당되는 당·송 시대의 속어임.

염관 화상이 하루는 시자를 불러 "내게 무소 뿔 부채를 갖다 다오" 하자, 시자가 "그 부채는 망가졌습니다" 하고 대답했다. 염관 화상은 "부채가 망가졌으면, 무소라도 가져오너라" 하니까 시자는 아무 대꾸도 하지 못했다. [훗날] 투자 화상이 시자를 대신하여 대답했다. "무소를 가져다 놓기는 어렵지 않지만, 뿔이 온전치 못할까 해서요." (이 때 설두가 "난 그 온전치 못한 뿔이 필요하다네" 하고 한마디 쏘아붙였다.) 또 석상 화상도 시자 대신 대답을 했다. "노화상(老和尙)께 돌려 드리고 싶지만 이미 없으니 할 수 없소." (설두가 또 말참견을 했다. "없다고? 아직 거기 있지 않으냐!") 이번에는 자복 화상이 동그라미를 그리고 그 속에 소(牛)자를 써 넣었다. (설두가 다시 "그렇게 훌륭한 소가 있다면 왜 진작 꺼내 놓지 않았느냐" 하고 한마디 했다.) 끝으로 보복 화상이 "노화상께선 연세가 많아 노망이 나신 모양인데 나는 도저히 못 하겠으니 다른 시자를 불러 오는 게 좋겠소" 하고 말했다. (설두가 이번에도 "아서라, 아서. 그 노인 시중들어 봤자 헛수고일 테니!" 하고 덧붙였다.)

頌 犀牛扇子用多時, 問著元來總不知. 無限淸風與頭角, 盡同雲雨去難追. (雪竇復云, 若要淸風再復, 頭角重生, 請禪客, 各下一轉語. 問云, 扇子旣破, 還我犀牛兒來. 時有僧出云, 大衆參堂去. 雪竇喝云, 抛鉤釣鯤鯨, 釣得箇蝦蟆. 便下座.)

주 ◆ 犀牛扇子用多時(서우선자용다시) — 염관이 요구한 犀牛扇子는 그가 오랫동안 써 오던 물건임. 설두는 犀牛扇子를 絶對의 표시로 보고, 우리 모두가 밤낮으로 그 절대의 자리에서 생활하고 있다는 뜻으로 '부채를 늘 쓰고 있다'고 한 것임. ◆ 問著(문착) — 犀牛扇子가 어디 있는지를 물으면. 절대 그 자체를 물으면. ◆ 元來總不知(원래총부지) — 아무도 있는 곳을 모름. ◆ 無限淸風與頭角(무한청풍여두각) — 끝없는 淸風과 무소 머리의 뿔. 절대 그 자체가 청풍과 함께 시간적으로나 공간적으로 무한히 존재한다는 뜻. ◆ 盡同雲雨去難追(진동운우거난추) — 구름 비 다 지나간 뒤처럼 쫓기 어려움. 절대 그 자체란 파악하기 힘듦. ◆ 一轉語(일전어) — 心機를 一轉시킬 만한 힘이 있는 한 마디. 획기적인 한 마디, 기발한 한 마디. ◆ 參堂去(참당거) — 僧堂으로 돌아가라. '자 여러분 이제 끝났으니 모두 승당으로 돌아가 참선이나 하자'는 뜻. ◆ 鯤鯨(곤경) — '鯤'은 『莊子』에 나오는 터무니없이 큰 상상의 물고기 이름. '鯨'은 고래. ◆ 蝦蟆(하마) — 두꺼비.

오랜 세월 써 온 무소 부채
어디 있나 물으면 아무도 몰라,
끝없는 맑은 바람과 무소의 뿔
구름 가고 비 그치니 좇을 길 바이 없네.

(설두가 한 번 더 거든다.
“맑은 바람 다시 일고 뿔 새로 돋도록
놀라운 한마디를 너희가 해보라!”
아무도 대꾸 없어 또 말한다.
“부채가 망가졌으면 무소를 가져오라.”
이 때 한 중이 겁 없이 나선다.
“자, 여러분 이제 그만 승당으로 돌아가 참선이나 합시다.”
설두 이 말에 [벌컥 화를 내며]
“고래를 잡으려고 낚시를 던졌더니
두꺼비만 한 마리 겨우 걸렸구나!”
요란하게 꾸짖으며 자리 차고 내려온다.)

제92칙

불타가 설법하려고 고좌에 오름
世尊陞座

세존은 석가(불타)이고 문수는 대승불교에서 지덕(智德)을 나타내는 문수사리(文殊師利)를 말한다. '본칙'에 나오는 이야기는 실제로 있었던 역사적 사실은 아니지만, 그 속에 포함되어 있는 뜻은 불립문자(不立文字), 이심전심(以心傳心)이라는 선(禪)의 참모습을 가장 뚜렷하게 잘 나타내고 있다.

垂示云, 動絃別曲, 千載難逢. 見兎放鷹, 一時取俊. 總一切語言, 爲一句, 攝大千沙界, 爲一塵. 同死同生, 七穿八穴. 還有證據者麽. 試擧看.

주 ◆ 動絃別曲(동현별곡) — 거문고 줄을 조금만 퉁겨도 그게 무슨 곡인지 곧 앎. '別'은 분별함. 『列子』 湯問 第五에 伯牙가 거문고를 타면 그 벗인 子期가 지금 어떤 기분으로 연주하고 있는지를 즉시 알아냈다고 하는 이야기가 나옴. (伯牙善鼓琴, 鍾子期善聽. 伯牙鼓琴, 志在登高山, 鍾子期曰, 善哉, 峨峨兮若泰山. 志在流水, 鍾子期曰, 善哉, 洋洋兮若江河. 伯牙所念, 鍾子期必得之….) 이 이야기에서 비롯된 구임. ◆ 千載難逢(천재난봉) — 백아와 종자기같이 그런 짝을 만나기란 천 년에 한 번도 어려움. ◆ 見兎放鷹(견토방응) — 토끼를 보면 즉시 매를 놓아 줌. '見兎放鷹, 一時取俊'은 출중한 師家라면 그렇듯 재빠르게 어떤 俊敏한 자가 나타나도 언뜻 보기만 하고 곧 꽉 눌러 버린다는 뜻. ◆ 總一切語言, 爲一句(총일체어언, 위일구) — 모든 말과 글, 즉 석존 一代의 설법은 8만 4천의 법문, 5천 40여 권의 經이 있다고 하지만, 그것을 단 1구, 선에서의 '無'와 같은 한 마디 속에 집어넣든가, 손가락 하나만으로 표현하든가 하는 방법. ◆ 攝大千沙界, 爲一塵(섭대천사계, 위일진) — 大千沙界를 티끌 하나 속에 포함시킬 수 있고 또 티끌 하나 속에서 三千大千世界를 끄집어낼 수도 있음. '大千沙界'는 三千大千恒河沙世界의 약어. 무한대의 우주 세계. '三千'은 小千·中千·大千의 세 가지 千으로 이루어졌다는 뜻. '恒河沙'는 恒沙라고도 하며 인도의 갠지스강(Ganges) 모래를 가리킨 것. 無限數. ◆ 同死同生(동생동사) — 一體가 됨. ◆ 七穿八穴(칠천팔혈) — 칠통팔달의 자유자재의 경지를 얻음. ◆ 證據者(증거자) — 입증해 줄 수 있는 사람.

수시하기를, 거문고 줄을 조금만 퉁겨도 무슨 곡인지를 아는 사람은 천 년에 한 번 만나기 어렵다. 토끼를 보고 매를 놓아주듯 어떤 날렵한 자가 나타나도 일시에 덮칠 수 있어야 한다. 온갖 말과 글을 한 마디 속에 몰아넣고 삼천대천세계(三千大千世界)를 티끌 하나에 담을 수 있어야 한다. 그런 사람과 하나가 되어 자유로운 경지를 얻었음을 입증할 인물이 있을까? 그럼 다음 이야기를 살펴보라.

本則 擧. 世尊一日陞座. 文殊白槌云, 諦觀法王法, 法王法如是. 世尊便下座.

주 ◆ 陞座(승좌) — 설법하려고 高座에 오름. '上堂'과 거의 같은 뜻. '陞'(오를 승)은 升과 같은 자. ◆ 白槌(백퇴) — '白椎'라고도 씀. 설법을 시작하거나 끝낼 때 신호로 딱하고 망치를 치는 것. 시작할 때는 '法筵龍象衆, 當觀第一義'라는 구를 외우고 끝낼 때는 '諦觀法王法, 法王法如是'라고 함. 이것을 白槌語라 함. 문수는 아직 설법을 시작하지도 않았는데 끝낼 때의 말을 한 것임. ◆ 諦觀(제관) — 잘 생각해 두라. ◆ 法王法(법왕법) — '法王'은 만법을 지배하는 왕. 곧 불타. 그러한 법왕이 설하는 법. ◆ 法王法如是(법왕법여시) — 법왕의 법은 지금 본 바로 그와 같은 것임. 결국 '諦觀法王法, 法王法如是'는 '법왕(석존)이 설하는 법의 근원을 잘 보라. 법왕의 법은 방금 본 것과 같다'임. 문수가 아직 아무 설법도 안 한 불타 앞에서 이런 말을 한 데에는 '참된 부처님의 설법은 방금 그대들이 보았듯이 無言無語 속에 있다'는 뜻이 깃들어 있음. ◆ 世尊便下座(세존변하좌) — 불타는 곧 高座에서 내려와 버렸음. 불타도 문수의 재치 있는 행위에 흡족했던지 그대로 강단에서 내려왔음. 이 세존과 문수의 즉각적인 이해가 곧 백아와 자기의 '知音'과 같은 것임.

불타가 어느 날 설법을 하려고 고좌(高座)에 올랐다. 아직 설법이 시작되지도 않았는데 문수가 끝났다는 신호로 백퇴를 딱 치고는 "법왕이 설하는 법을 잘 보라. 법왕의 법이란 이와 같으니라"고 말했다. 불타도 곧 자리에서 내려오고 말았다.

頌 列聖叢中作者知, 法王法令不如斯. 會中若有仙陀客, 何必文殊下一槌.

주 ◆ 列聖叢中作者知(열성총중작자지) — 원오는 '평창'에서 '列聖叢中'을

'靈山八萬大衆, 皆是列聖'이라 함. '作者'는 그 叢中의 明眼者. ◆ 法王法令不如斯(법왕법령불여사) — '不如斯'는 '그렇지 않음'. '법왕의 법령이란 문수가 한 짓 같은 그런 것이 아님'. 즉 설두의 눈으로 본다면 '法王法如是' 따위도 소용 없다는 뜻. ◆ 仙陀客(선타객) — 仙陀婆(Saindhava)와 客이 붙은 말. 賢明敏活한 사람. '仙陀婆'는 산스크리트어에서 소금 · 물 · 말 등을 뜻함. 옛날 어느 왕의 신하 가운데 머리 좋은 사람이 있어서, 왕이 '선타바를 가져오너라!' 하면 소금인지 말인지를 즉시 알아서 갖다 바쳤다고 함. '會中若有仙陀客'은 '석존의 강좌를 듣는 靈山會上의 列聖 중에 이런 신하 같은 출중한 자가 있다면'. ◆ 何必文殊下一槌(하필문수하일퇴) — 문수가 일부러 白槌를 치지 않더라도 석존의 '法王의 法'을 잘 알아냈으리라.

그 많은 열성(列聖) 중에 눈 밝은 이 누군가?
법왕의 법이란 그런 것이 아닐세.
영산회상(靈山會上) 열성 중에 출중한 자 있다면,
문수인들 어찌 백퇴(白槌)를 두들기랴!

제93칙

대광이 춤을 추다
大光作舞

대광(大光) 화상은 석상 경제(石霜慶諸) 화상의 법을 이어받은 대광산의 거회(居誨) 화상을 말한다. 여기에도 '수시'가 빠지고 없다.

本則 擧. 僧問大光, 長慶道, 因齋慶讚, 意旨如何. 大光作舞. 僧禮拜. 光云, 見箇什麽便禮拜. 僧作舞. 光云, 這野狐精.

주 ◆ 長慶道(장경도) — '장경이 말하기를'이라 한 것은 제74칙에 나온 이야기와 관련이 있음. 金牛 화상이 매일 점심 때가 되면 밥통을 안고 승당 앞에 나타나 덩실덩실 춤을 추면서 '자, 자, 수행자 여러분, 배불리 드시오!' 했다는 이야기에 대해 한 중이 장경에게 '금우는 대체 무슨 기분으로 그랬을까요?' 하고 물으니까 '因齋慶讚'이라 대답한 사실을 가리킴. ◆ 因齋慶讚(인재경찬) — 제74칙 '본칙'에 나왔음. ◆ 作舞(작무) — 춤을 춤. ◆ 野狐精(야호정) — 野狐의 유령. 여우귀신. '사람의 흉내를 잘 내는 여우귀신 같은 놈'이란 뜻. 이 대광의 一喝을 원오는 '평창'에서 '儞只管作舞, 遞相恁麽, 到幾時休歇去. 大光道, 野狐精. 此語截斷金牛. …雪竇只愛他道這野狐精. 所以頌出'이라 하고 있음. '차례로 계속 남의 흉내를 내며 춤이나 추고 있다가는 大安心을 얻을 수 있겠는가. 대광의 일할은 그 중의 迷妄을 끊었을 뿐만 아니라 元祖인 금우까지도 截斷했다. … 설두도 野狐精이란 말을 사랑하기에 이 칙을 노래했다'고 칭찬하고 있음. 그야말로 '野狐精' 한 마디는 臨濟의 喝, 德山의 棒에도 버금가는 위력이 있음.

한 중이 "금우(金牛) 화상의 기행(奇行)에 대해 장경 화상이 '밥 먹을 때 고맙다고 하는 것'이라고 말했다는데 그건 무슨 뜻입니까?" 하고 대광 화상에게 물었다. 대광 화상은 잠자코 일어나 춤을 추기 시작했다. 그것을 보고 중은 절을 했다. 대광 화상이 "대체 무엇을 보고 절을 했느냐?" 하고 물었다. 이번에는 중이 일어나 춤을 추었다. 대광 화상은 "이 여우귀신 같은 놈!" 하고 크게 꾸짖었다.

頌 前箭猶輕後箭深. 誰云黃葉是黃金. 曹溪波浪如相似, 無限平人被陸沈.

주 ◆ 前箭(전전) — 앞의 화살. '大光作舞'를 가리킴. ◆ 後箭(후전) — 뒤의 화살. '這野狐精'이라 한 것. ◆ 黃葉是黃金(황엽시황금) — 『涅槃經』에 '어린 애가 울음을 그치지 않으므로 자 돈이다 하고 누런 나뭇잎을 주었더니 울음을 그쳤다'는 이야기가 나옴. 즉 금우의 춤도, 대광의 춤도, 실은 그렇듯 어린애 울음을 멈추게 하기 위한 중생 제도의 방편에 지나지 않음. 나뭇잎에 불과한 그 춤을 진짜라 생각하고 흉내내어 추다니 될 말인가? 금우나 대광의 춤뿐이 아니라, 8만 4천의 법문도, 1천 7백의 공안도 실은 爲人度生의 방편의 나뭇잎임. ◆ 曹溪波浪如相似(조계파랑여상사) — '曹溪波浪'은 六祖曹溪慧能 문하의 선, 또는 6조의 후계 선승. '如相似'는 다 그 모양이라면. 즉 조계산에서 비롯된 6조 혜능 선사의 선이 만약 각자 독특한 것이 없고 스승이 喝하면 제자가 喝하고 선배가 춤을 추면 후배도 춤춘다는 식의 독자성 없는 흉내가 되어 버린다면 어찌될 것인가? 결국 生機를 잃고 '무한한 平人도 陸沈되어 버릴 것'이 아닌가. ◆ 無限平人被陸沈(무한평인피육침) — '平人'은 평지 위의 사람. 일반 사람들. '陸沈'은 『莊子』 則陽篇에 나오는 말이며 '물도 없는데 가라앉아 버림'임. 세속 속에 그만 파묻혀 버리고 맒. 흉내나 내는 따위 의식 분별적인 깨달음으로는 선도 위력을 잃고 말아, 평지 위의 온갖 사람이 물 없이도 빠져 죽듯이 그만 목숨을 잃게 되리라는 뜻.

앞 화살은 가벼우나 뒤의 것이 깊구나.
그 누가 말했던가, 누런 잎이 황금이라고.
조계의 빛나는 선 그런 꼴이 된다면
평지풍파 일어서 모두 저승길이리.

제94칙

능엄경에 이르기를 "눈으로 사물을 보지 않을 때"

楞嚴不見時

석가가 아난(阿難)의 망견(妄見)을 타파하려고 한 말이 '본칙'의 내용이며 『수릉엄경(首楞嚴經)』에 나온다. 이 경전은 밀교계(密敎系)의 사상을 많이 담고 있으며 한역(漢譯)은 당(唐) 중종 황제(中宗皇帝) 신용(神龍) 원년(705년)에 중인도(中印度)의 승려 반랄밀제(般剌密帝)가 광주(廣州)의 제지도량(制止道場)에서 완성했다.

垂示云, 聲前一句, 千聖不傳. 面前一絲, 長時無間. 淨裸裸, 赤灑灑, 露地白牛. 眼卓朔, 耳卓朔, 金毛獅子, 則且置. 且道, 作麽生是露地白牛.

㊟ ◆ 聲前一句, 千聖不傳. 面前一絲, 長時無間(성전일구, 천성부전. 면전일사, 장시무간) ― 우주의 절대 그 자체에 따른 한 마디는 천만의 賢聖도 가르치거나 전수할 수가 없고 눈앞에 있는 한 오라기의 실은 그대로 영원히 이어져 잠시도 끊기는 일이 없음. 제90칙 '수시'에 나왔음. ◆ 淨裸裸, 赤灑灑(정나라, 적쇄쇄) ― 역시 제90칙 '수시'에 나왔음. 깨끗이 씻어 낸 듯 아무것도 없는 세계.

곧 우주의 실체, 절대 그 자체의 實相. ◆ 露地白牛(노지백우) — '露地'는 노출된 대지. 푸르른 하늘 밑 가릴 것 하나 없는 대지에 있는 흰 소. 결국 백우의 淸淨性을 나타낸 말. ◆ 眼卓朔, 耳卓朔(안탁삭, 이탁삭) — 눈을 치켜 뜨고 귀를 쭈뼛하게 세움. 늠름한 活機로 가득 찬 모습임. '금모 사자'를 형용한 말. ◆ 金毛獅子(금모사자) — 그렇듯 늠름한 기개로 차별의 세계에서 종횡으로 활약하는 금빛 사자. 결국 '노지 백우'는 淸淨無垢의 自性을 말하고, '금모 사자'는 그 활동을 말함. ◆ 則且置(즉차치) — 잠시 제쳐 두고. 금모 사자는 잠시 제쳐 두고. ◆ 且道, 作麽生是露地白牛(차도, 자마생시노지백우) — 자 말해 보라, 露地의 白牛란 무엇을 말하는지를!

수시하기를, 절대적인 한 마디는 천만의 현성(賢聖)도 전해 줄 수 없고 눈앞에 펼쳐지는 사물은 실오라기 하나도 영원히 이어져 결코 끊기는 일이 없다. 말갛게 씻긴 아무것도 없는 깨끗한 경지에 공터의 흰 소와 눈을 치뜨고 귀를 쭈뼛 세운 금털 사자가 있다. 금털 사자는 잠시 제쳐 두고 과연 공터의 흰 소가 무엇인지 어디 말해 보라.

本則 擧. 楞嚴經云, 吾不見時, 何不見吾不見之處. 若見不見, 自然非彼不見之相. 若不見吾不見之地, 自然非物. 云何非汝.

주 ◆ 楞嚴經云(능엄경운) — 『首楞嚴經』 제2권을 가리킴. '首楞嚴'은 'Suramgama'의 音譯語이며 一切事竟(一切의 일의 완성) · 健相 · 健行 등으로 漢譯됨. 불타의 一切事竟三昧의 표현을 서술한 經이란 뜻. ◆ 吾不見時(오불견시) — 내가 視覺을 써서 사물을 보지 않을 때. 불타가 아난에게 한 말. '吾'는 불타. ◆ 吾不見之處(오불견지처) — 내가 보지 않는 곳. 즉 활용시키지 않고 있는 視覺. '吾不見時, 何不見吾不見之處'는 우리의 보는 능력이 객관적 존재라면 그 반대로 내가 사물을 보지 않는다는 것도 객관적 존재이다. 그렇다면 내가 보지 않는 곳을 어째서 너도 보지 못하는가?라는 뜻임. ◆ 若見不見, 自然非彼不見之相(약견불견, 자연비피불견지상) — 만약 내가 不見하는 곳을 네가 본다면, 그것은 이미 不見의 相이라 할 수 없음. 보인다면 不見이 아님. 정말로 不見이면 '不見의 相'도 없을 것임. 본다는 '性', 즉 見이라는 작용은 누구나가 본래부터 지니고 있으므로 석가와 아난 사이에 차이가 없음. 그 본다는 작용은 제삼자가 객관적으로 보려 해도 보이지 않음. '不見之相'은 객관화된 시각. '彼'는 저쪽이 남의 눈에 보이는 처지. ◆ 若不見吾不見之地, 自然非物(약불견오불견지지, 자연비물) — 나에게 보이지 않는 곳을 네가 보지 못한다면 그것은 '본다'는 작용이 사물에 의하지 않기 때문임. 객관적 존재가 아니기 때문임. '본다'는 것은 우리 본성의 작용임. 無位의 眞人이라고도 또 본래의 面目이라고도 할 수 있음. 그것이 보는 주체임. 원오도 '打云, 脚跟下自家看取, 還會麽'라고 한 대 딱 후려치고는 딴 데 보지 말고 네 발 밑을 보라, 그래 이제 알겠느냐고 착어하고 있음. 이 經은 산스크리트어 번역 때문인지 뜻이 분명치 않다. 다만 마지막 말인 '云何非汝'를, '보고 듣는 일이 모두 너 자신의 것이다'의 의미로 알면 됨. ◆ 云何非汝(운하비여) — 어찌 그것이 自己(見性)가 아니라 할 수 있겠는가. 즉 '아난아, 그 사물에 의존하지 않는 것이 너의 본성이다'임.

『능엄경(楞嚴經)』에서 불타가 아난에게 말했다. "우리가 눈으로 사물을 보고 안다는 것은 사물 때문에 생기는 결과가 아니다. 만약 우리의 눈으로 보고 안다는 주체(객관)가 대상에 있다면 그것은 이미 주관이라 할 수 없고 객관이다. 객관이라면 내가 보지 않을 때에도 그 보지 않는 곳(주관)은 객관적으로 보이지 않겠느냐. 만약 그 보지 않는(不見의) 주관이 객관적으로 네게 보인다면 이미 불견의 상(不見之相)이라 할 수 없지 않느냐. 만약 나에게 보이지 않는 곳을 너도 보지 못한다면, 본다는 작용이 사물에서 생기지 않기 때문이다. 그러니 아난아, 그 사물에 의하지 않음이 곧 너의 본성이며, 보고 들음이 다 너 자신의 것이다."

頌 全象全牛瞖不殊. 從來作者共名摸. 如今要見黃頭老, 刹刹塵塵在半途.

주 ◆ 全象(전상) —『涅槃經』에 나오는 설화. 장님이 코끼리를 더듬어 만져보고, 귀를 만진 자는 키(箕) 같다 하고 코를 만져 본 자는 긴 절구통 같다 하고, 다리를 만져 본 자는 기둥 같다고 했다 함. 흔히 '群盲象評'이니 '衆盲摸大象'이라고 함. 결국 凡人이 佛性을 봄도 이와 같아서, 불성의 전체를 완전히 보지 못하고 일부분만 놓고 전체를 妄評하기 쉬운 것임. ◆ 全牛(전우) —『莊子』養生主篇에 나오는 유명한 包丁의 이야기임. 包丁이 소를 잡는데 처음에는 온통 소만 보였으나 3년 후에는 '未嘗見全牛', 즉 소의 온 몸이 다 보이지 않게 됨. 눈앞에 소가 있다는 인식이 없어지는 경지에 이르게 된다는 뜻임. ◆ 瞖不殊(예불수) — '瞖'(흐릴 예)는 '눈에 白苔가 끼어 잘 보이지 않음'. 결국 이 구는 '비단 全象이나 全牛가 보인다 하더라도, 그것 역시 맹인의 아류임'이란 뜻. 見이니 不見이니 하고 어느 하나에 치우치는 것부터가 역시 병이 됨. ◆ 從來作者(종래작자) — 古來의 선승들. ◆ 名摸(명모) — 손으로 더듬어 이름을 붙임. '群盲摸象'에서 비롯된 말. 공연히 이름에 사로잡혀 이러쿵저러쿵하는 데에 지나지 않음. 禪이라 하면 곧 선에 사로잡히고 깨달음이라 하면 또 거기에 사로잡혀 실은 아무것도 알지 못한다는 뜻. ◆ 如今(여금) — 지금. ◆ 黃頭老(황두로) — 석존. 석존은 머리카락이 누런 빛 금발이었다고 함. '如今要見黃頭老'는 지금 석존을 만나고 싶다고 생각지 않는가! ◆ 刹刹塵塵(찰찰진진) ―『華嚴經』(八十華嚴經)에 나오는 '刹塵'과 같음. '刹刹'은 刹土, 佛國土. '塵'은 감각에 닿는 모든 존재, 수없이 많은 佛國土, 無量無數의 佛世界. '刹刹塵塵在半途'는 '無量無數의 세계에 각기 부처님은 계신데, 모두가 중도에서 망설이고 있음'. 왜냐하면, 석가도 달마도 수행중이니까…. 선은 停滯를 꺼리는 것, 無限無數의 佛國土에 계신 諸佛에게도 구애되면 眞佛을 잃게 된다는 뜻. 원오도 '脚跟下蹉過了也. 更教山僧說什麽'라 착어하고 있음. '발밑의 佛國土를 잘못 보지 말라. 도처에 佛土 아닌 곳 없는데 중도에서 망설이고 있다는 따위 수작을 山僧들에게 어찌 가르치겠느냐!'임. 어디에 그대로 주저앉아 버려도 안 되지만 그렇다고 지금 밟고 있는 발밑도 잊어서는 안 된다는 것임.

코끼리 다 보이고 소 또한 다 보인들,
어느 누가 그들을 장님 아니라 하랴!

천하의 잘난 선승 저마다 더듬으며
떠드는 장님일세.

노랑머리 석가를
정녕 보고 싶은가?

무량무수(無量無數) 불토(佛土)에 부처님 많건만
저마다 가다 말고 여저기 서성이며 맴도네.

제95칙

장경의 두 가지 말
長慶二種語

장경은 혜릉(慧稜) 화상, 그리고 보복은 종전(從展) 화상이고 둘 다 설봉 의존(雪峰義存) 화상의 법을 이은 제자이며 앞에 여러 번 등장한 인물들이 역시 여기에도 나온다.

垂示云, 有佛處, 不得住. 住着頭角生. 無佛處, 急走過. 不走過, 草深一丈. 直饒淨躶躶赤灑灑, 事外無機, 機外無事, 未免守株待兎. 且道, 總不恁麽, 作麽生行履. 試擧看.

㈜ ◆ 有佛處, 不得住(유불처, 부득주) — 이것이 부처다, 이것이 깨달음이다 하며 거기 머무르지 말아야 함. 그런 데에 머물면 곧 하나의 집착이 되고 번뇌가 되는 것임. ◆ 住着頭角生(주착두각생) — '住着'은 '執著 · 拘碍됨'. '頭角生'은 '머리에 뿔이 남'. 즉 '동물과 다름없는 凡夫의 세계에 떨어지고 맒'. ◆ 無佛處, 急走過(무불처, 급주과) — 부처와 깨달음이 없는 경지도 급히 지나쳐 버려야 함. '無佛處'는 有佛處의 반대의 경지. '急走過'는 不得住와 같음. 한군데에 머무르면 안 된다는 뜻. ◆ 草深一丈(초심일장) — 迷妄 · 煩惱의 초원에

몸이 빠지게 됨. 스스로를 파묻을 만큼의 망상의 풀에 빠지게 됨. ◆ 淨躶躶赤灑灑(정나라적쇄쇄) — 깨끗이 씻어낸 듯이 超絶된 경지. 제84칙 '수시' 참조. ◆ 事外無機, 機外無事(사외무기, 기외무사) — '事'는 대상(객관), '機'는 心機(주관). 밖으로 萬境의 事相이 없고 안으로 心機의 작용이 없는, 物我一如, 心境一體의 경지. 결국 이런 곳에도 그대로 집착해서는 안 됨. ◆ 守株待兎(수주대토) — 제8칙 '수시'에 나왔음. 어쩌다 나무 그루에 부딪쳐 죽는 토끼를 보고 토끼가 다시 와 죽기를 기다렸다는 바보 이야기에서 비롯된 구. 어리석은 짓, 또는 그런 자. ◆ 總不恁麽(총불임마) — 이상의 모든 것이 안 된다면. ◆ 作麽生行履(자마생행리) — 도대체 어떻게 하면 되는가? '行履'는 '실천', '실행함'.

수시하기를, 부처다 깨달음이다 하는 데에 머무르지 말아야 한다. 머무르면 머리에 뿔이 생긴다. 부처와 깨달음이 없는 경지도 재빨리 지나쳐야 한다. 지나치지 않으면 무성한 망상의 숲에 빠져 버린다. 그렇다고 말갛게 씻어낸 듯 깨끗한 경지에서 물아일여(物我一如)의 세계에 있다는 것도 토끼가 나무 그루에 부딪쳐 죽기를 기다리듯 어리석은 짓이다. 자, 말해 보라. 이것도 저것도 다 안 된다면 어떻게 해야 하는지를! 그럼 다음 이야기를 살펴보라.

本則 擧. 長慶有時云, 寧說阿羅漢, 有三毒, 不說如來有二種語. 不道如來無語. 只是無二種語. 保福云, 作麽生是如來語. 慶云, 聾人爭得聞. 保福云, 情知儞向第二頭道. 慶云, 作麽生是如來語. 保福云, 喫茶去.

주 ◆ 有時云(유시운) — 언젠가 말했음. ◆ 阿羅漢(아라한) — 'Arhan', 'Arahat'의 音譯語. 阿羅訶 · 阿黎呵 · 阿盧漢이라고도 함. 한편 '殺賊'이라고도 하여 '일체의 번뇌를 절단해 버린 수행자'. '阿羅漢'은 소승불교도가 최고 이상으로 삼는 자임. ◆ 三毒(삼독) — 貪 · 瞋 · 痴의 세 가지 독소. 사물을 탐내는 마음(貪), 화를 잘 내는 성질(瞋恚), 도리에 어두운 어리석음(痴)의 세 가지 악덕. ◆ 如來(여래) — 眞如에서 來生한 자, 불타. ◆ 二種語(이종어) — 진실과 방편이라는 두 가지 말. ◆ 情知(정지) — 사실을 말하면. ◆ 向第二頭道(향제이두도) — 第二義에 빠져서 말함. '허튼 수작이나 늘어놓을 뿐 여래의 말이 무엇인지를 모르는 모양'임. ◆ 喫茶去(끽다거) — 가서 차나 마시게. 차 마시고 정신 차리게. 이 한 마디야말로 귀머거리에게는 들리지 않는 一字不說底의 여래의 말에 해당됨.

어느 날 장경 화상이 "아라한에게 세 가지 독이 [있을 리 없지만, 가령] 있다고 해도 여래에게는 방편과 진실 같은 두 가지 말은 없다. 물론 여래가 일자불설(一字不說)을 내세우지는 않으나 그렇다고 두 가지 말은 하지 않는다"고 하니까 보복이 "그럼 여래의 말이란 어떤 건가?" 하고 물었다. 장경 화상이 대답했다. "너 같은 귀머거리는 말해 줘도 듣지 못할 게다." "흥 공연히 쓸데없는 소리만 늘어놓는 걸 보니 여래의 말을 모르는 모양이군." 하고 받은 보복에게 장경 화상은 "그럼 여래의 말이 뭐냐?" 하고 되물었다. 보복이 대답했다. "가서 차나 마시게!"

頌 頭兮第一第二. 臥龍不鑑止水. 無處有月波澄, 有處無風浪起. 稜禪客, 稜禪客, 三月禹門遭點額.

주 ◆ 頭兮第一第二(두혜제일제이) — '第一頭兮第二頭'의 도치구. 第一頭語(第一種語 · 眞實語)니 第二頭語(第二種語 · 方便語)니 하는 구별은 없음. 그 따위에 사로잡히면 '여래의 말'을 들을 수가 없음. '여래의 말'은 一字不說이므로 第一도 第二도 없는 절대어임. ◆ 不鑑止水(불감지수) —『莊子』德充符에 나오는 말. 사람은 흐르는 물에 모습을 비춰 볼 수가 없고 止水에만 비춰 볼 수가 있다. 여기서는 '死水', 썩은 웅덩이 물을 뜻함. '不鑑'도 비춰 본다가 아니라 '썩은 물에는 龍이 엎드려 있지 않으므로 그런 데에서는 볼 수 없다'임. '臥龍'은 여래의 말 같은 活龍. 결국 이 구는 '그런 썩은 웅덩이 물에 여래의 말 같은 活龍은 없다'는 말임. ◆ 無處(무처) — 絶對無의 경지, 無佛의 세계. 나아가서는 活龍이 없는 곳. 그러한 無事禪에는 '有月波澄', 곧 달 그림자는 고요히 파도에 머물겠지만 결코 파란만장한 대활동을 기대할 수가 없음. 이는 '본칙'의 장경의 처지를 말한 것. ◆ 有處(유처) — 有佛의 경지, 妙用의 세계, 나아가서는 活龍이 있는 곳. 이곳에서는 '無風浪起', 즉 驚天動地의 대활약이 일어남. 보복의 '喫茶去'를 송함. ◆ 稜禪客(능선객) — 長慶慧稜을 가리킨 말. 장경은 보복에게 그 活龍을 잡게 하려고 아라한이니 二種語니 했지만, 원오의 착어처럼 '匈賊破家'가 되었음. 도둑을 불러들여 가산을 송두리째 빼앗긴 꼴이 된 것임. ◆ 三月禹門(삼월우문) — 春三月 꽃필 때 禹門(龍門)에서. (제7칙 '송' 참조) 중국 河南省 龍門山의 폭포를 禹王이 3단으로 나누어 물길을 가로막아 홍수를 면하게 했으며, 3월 3일, 꽃피는 계절이 되면 잉어가 그 3단의 폭포를 오른다는 전설이 있음. 3단을 다 오르고 나면 잉어는 용이 되어 승천하지만, 채 못 오른 잉어는 오히려 바위에 머리를 부딪쳐 이마에 상처만 남기게 된다고 함. 그래서 '遭點額'이라 한 것임. '登龍門'이니 '落第'니 하는 말은 이 옛 전설에서 나왔음. 결국 장경은 보복을 어떻게 해주려다가 오히려 제가 낙제하여 이마에 커다란 상처만 입었다는 뜻임. 제23칙 '長慶遊山'과 아울러 읽어 두면 참고가 됨.

여래의 말에 첫째 둘째가

어찌 있으랴.
썩은 물 속에 용은 없는 법.
용 없으면
잔잔한 물결에 고요한 달빛.
용 있으니
바람 없이도 사나운 파도.
불쌍한 혜릉이여, 오 혜릉 선객이여!
꽃피는 춘삼월에 용문도 못 오른 채
이마만 다쳤구나….

제96칙

조주의 세 가지 수시
趙州三轉語

지금까지와는 달리 '본칙'에 '시중삼전어(示衆三轉語)'라는 설두의 글과 세 개의 '송'이 있을 뿐, '수시'가 없다. 조주 화상의 상당법화(上堂法話)에 '금부처는 화로를 건너지 않고 나무부처는 불을 건너지 않으며 진흙부처는 물을 건너지 않는다. 참된 부처는 사람들 각자의 개성 속에 있으니, 보리다 열반이다 진여다 불성이다 하는 말들은 모두 몸에 붙인 옷 같은 것, 역시 번뇌라고나 할 것들이다'(金佛不渡鑪, 木佛不渡火, 泥佛不渡水, 眞佛內裏坐, 菩提涅槃, 眞如佛性, 盡是貼體衣服, 亦名煩惱)라고 나오는 중에서 처음의 세 마디를 따내어 각기 '송'을 붙였다.

本則 擧. 趙州示衆三轉語.

주 ◆ 三轉語(삼전어) — 세 개의 一轉語. '일전어'는 '心機一轉'과 같음. 凡을 바꾸어 聖으로 만들고 迷를 悟로 만드는 힘이 있는 한 마디. 이 삼전어는 각각 '泥佛不渡水', '金佛不渡鑪', '木佛不渡火'를 가리킴.

어느 날 조주 화상이 수행자들에게 심기(心機)를 일전시킬 만한 한 마디를 세 가지 수시했다.

頌 泥佛不渡水. 神光照天地. 立雪如未休. 何人不彫僞.
金佛不渡鑪. 人來訪紫胡. 牌中數箇字. 淸風何處無.
木佛不渡火. 常思破竈墮. 杖子忽擊著. 方知辜負我.

주 ◆ 泥佛不渡水(니불부도수) — 진흙으로 빚은 불상은 물에 들어가면 녹아 버리므로 물을 건너지 못함. 이렇듯 물 속에 녹아 버린 泥佛, 부처라는 것조차도 없어져 일체가 해체되어 버린 곳에 조주 화상이 上堂에서 말한 '內裏에 앉아 있는' '眞佛'이 있음. ◆ 神光照天地(신광조천지) — '神光'은 2祖가 태어났을 때 神光이 환하게 비쳤기 때문에 신광이라 이름붙인 데서 비롯된 말. 이 구의 뜻은 '神光의 열렬한 구도심에서 단행된 事蹟은 천지를 뒤덮음'임. ◆ 立雪如未休(입설여미휴) — 신광(2조 慧可大師)이 安心을 찾아 달마가 좌선하고 있는 눈 내린 뜰에 서 있었다는 고사에서 비롯된 구. 신광은 소림사로 달마 대사를 찾아갔으나, 小德, 小智, 驕心, 慢心의 무리가 할 수 있는 일이 못 된다고 하며 상대해 주지도 않았다. 신광은 밤새 그대로 서 있어서 눈이 무릎을 덮었다. 이윽고 신광은 왼쪽 팔을 잘라 진심을 보였다. 달마 대사는 비로소 '너는 무엇을 구하느냐?' 하고 물었다. '저는 마음이 불안하여 견딜 수가 없습니다' 하고 대답하니까, '그럼 그 불안하다는 마음을 가져오너라. 네가 안심하게 해줄 테니'라고 달마가 말했다. 얼마 동안이 지난 후 '마음을 구하나 얻을 수가 없습니다' 하고 신광이 대답하므로 '이젠 네게 안심하게 해주었다' 하고 달마는 대답했다. 이런 일이 있은 뒤 신광은 慧可라 이름을 고치고 이윽고 달마의 법을 이어 東土의 제2조가 되었음. ◆ 何人不彫僞(하인부조위) — 이렇듯 신광이 자기 본래의 眞佛을 자각하지 못했다면 어느 누가 과연 僞造하지 않았겠느냐. 누구나가 모방하고 위조하는 것을 禪이라 착각했으리라는 뜻. ◆ 金佛不渡鑪(금불부도로) — 금부처는 화로(용광로)를 건널 수 없음. 아무리 불상이라 해도 대번에 녹아 버리기 때문임. 그러나 실은 녹아서 無形無相이 될 때 비로소 眞佛이 됨. 그 本來無形無相의 것이 불상이라는 形像을 갖고 있다면 金佛 그 자체가 의당, 원오의 착어와 같이, '天上天下唯我獨尊'이 되어야 함. ◆ 人來訪紫胡. 牌中數箇字(인래방자호. 패중수개자) — 南泉普願和尙의 法嗣에 紫胡 利蹤和尙(800년~880년, 일명 子胡)이 있었음. 이 사람은 猛犬을 기르며 문에 '子胡有一狗, 上取人頭, 中取人心, 下取人足. 擬議卽喪身失命'이라 쓴 팻말을 걸어 두고 있었다 함. '猛犬注意, 조심하지 않으면 물려 죽음'과 같은 뜻. '牌中數箇字'의 '牌'는 팻말, '數箇字'는 '개조심'이라 쓴 글귀. 여기서의 '개'는 '無'라고 하고 '麻三斤'이라고도 하며 그 밖에 수없는 이름을 갖고 있지만, 선의 수행자는 모름지기 그 개에게 물려 한 번쯤 죽었다 살아나지 않으면 眞佛을 볼 수 없음. ◆ 淸風何處無(청풍하처무) — 맑은 바람 어딘들 없으랴. 온 천지에 진리는 청풍과 함께 가득 차 있음. 원오도 '頭上漫漫脚下漫漫'이라 착어하고 있듯이 '청풍은 지금 서 있는 발밑, 머리 위, 卽今·卽處에 시원하게 불고 있음'. ◆ 破竈墮(파조타) — 嵩山의 慧安國師의 法嗣인 破竈墮和尙. 이 화상은 이름이 분명치 않음. 그가 살고 있는 절 가까이에 부엌귀신을 모신 사당이 있었음. 제사 때 숱한 제물을 바치므로 결국 살생을 많이 하게 됨. 화상은 그것이 불쌍하여 어느 날 사당에 들어가 主神인 솥을 지팡이로 세 대 후려치면서 '咄, 이 놈의 솥, 다만 진흙과 기와가 합성된 것인데 聖이 어디서 오고 靈은 무엇에서 생겨나며 어째서 남의 목숨을 빼앗느냐!'(咄, 此竈, 只是泥瓦合成, 聖從何來, 靈從何起, 恁麼烹殺物命) 하고 一喝한 뒤 다시 세 번을 내려쳤더니 솥은 망가지고 말았음. 그랬더니 正裝을 한 기품 있는 사람이 나타나 화상에게 祝拜하고 말하기를 '저는 부엌귀신입니다. 오랫동안 나쁜 짓을 한 죄로 여기 갇혀 있었습니다만 오늘 스님의 無生說法으로 이곳을 빠져나와 하늘로 가게 되었습니다. 정말 고맙습니다' 하고 인사를 하니까, 화상은 '이것이 너의

本有의 性이다. 내가 억지로 말하지는 않는다'고 했음. 이런 일이 있은 뒤로 세상 사람은 그를 '破竈墮和尙'이라 부르게 되었다고 함. '常思破竈墮. 杖子忽擊著'은 이 고사에서 비롯된 구임. ◆ 杖子忽擊著(장자홀격착) — 화상이 솥을 一擊함으로써 일체의 煩惱妄想을 뿌리째 뽑아 버렸다는 뜻. ◆ 方知辜負我(방지고부아) — 부엌귀신은 오랫동안 眞佛(참된 자기)을 잃고 있다가 이제야 스님의 지팡이로 깨어지고 비로소 그것을 깨달았습니다. '方知'는 부엌귀신이 비로소 앎. '辜負我'는 부엌귀신이 지고 있던 짐. 지금까지 잃었던 자기의 개성. 여기서 원오가 '作麽生得不辜負去, 拄杖子未免在別人手裏'라고 착어함. '어떻게 하면 眞佛을 잃지 않게 할 수 있는가. 拄杖子를 남의 손에 맡겨 두니까 안 된다'임. 우리가 애초 갖고 태어난 拄杖子(眞佛)를 되찾아 종횡무진으로 쓸 수 있어야 한다는 것임.

진흙 부처는 물을 건너지 않는다,
온 천지가 신광이건만 한밤 꼬박 눈 속일세,
아 누군들 흉내야 못 내랴.

금부처는 화로를 건너지 않는다,
자호를 찾는 이들 '개조심' 보았으리,
아 어딘들 맑은 바람 없으랴.

나무 부처는 불을 건너지 않는다,
생각하라 파조타의 번개 같은 그 지팡이,
아 이제는 나를 찾았어라!

제97칙

금강경이 죄업을 말끔히 씻어 없앰

金剛經罪業消滅

『금강경』 능정업장분(能淨業障分)에 나오는 글을 그대로 공안으로 삼은 것이 '본칙'의 이야기이다. 『금강경』은 무아상(無我相), 무인상(無人相)의 진리를 가르치는 글이다. 언제나 무상(無上)의 상(相)을 상으로 삼고 무념(無念)의 념(念)을 념으로 알면 조그만 죄업(罪業)의 그림자 하나 머무르지 않고 말끔히 사라져 버린다고 한다. 왜냐하면 본래 무아(無我)이기 때문이다.

垂示云, 拈一放一, 未是作家. 擧一明三, 猶乖宗旨. 直得天地陡變, 四方絶唱, 雷奔, 電馳, 雲行, 雨驟, 傾湫倒嶽, 甕瀉盆傾也. 未提得一半在. 還有解轉天關, 能移地軸底麽. 試擧看.

㊟ ◆ 拈一放一(염일방일) — 하나를 拈하고 하나를 放함. '집어들기도 하고 내버리기도 하고 긍정하기도 하고 부정하기도 하며 자유자재로 할 수 있음'임. '拈'은 拈捉(把住), '放'은 放行. ◆ 未是作家(미시작가) — 솜씨 있는 禪者가 못 됨. ◆ 擧一明三(거일명삼) — 하나를 보면 셋을 앎. ◆ 猶乖宗旨(유괴종지)

— 아직 선의 참뜻에서 어긋남. 그것만으로는 선을 터득했다 할 수 없음. '乖'는 빗나가 틀어짐. 거역함. ◆ 天地陡變(천지두변) — '陡'는 갑자기 두. '陡變'은 '갑자기 변함'. '천지를 일거에 뒤집음'. ◆ 四方絶唱(사방절창) — 뛰어난 노래, 남다른 言句로 사방을 풍미함. 즉 '뛰어난 언구로 사방을 사로잡아 버림'. ◆ 雷奔, 電馳, 雲行, 雨驟(뇌분, 전치, 운행, 우취) — 우뢰같이 달리고 번개처럼 치달으며, 구름인 양 내닫고 빗발처럼 퍼부음. 다음 구와 함께 자연 현상에 비유하여 그렇듯 비범한 禪機를 지녔다는 말임. ◆ 傾湫倒嶽(경추도악) — 못을 기울게 하고 산을 쓰러뜨림. ◆ 甕瀉盆傾(옹석분경) — 항아리 물을 쏟아 버리고 동이를 기울어뜨림. ◆ 未提得一半在(미제득일반재) — 아직 선의 반도 제시할 수가 없음. ◆ 還有解轉天關, 能移地軸底麽(환유해전천관, 능이지축저마) — 과연 하늘의 관문을 돌려 열 줄 알고 地軸을 이동시킬 만한 역량을 지닌 자가 있는가?

수시하기를, 집어들고 내버리며 자유자재로 활동할 수 있대도 아직 솜씨 있는 선자라 할 수는 없다. 또 하나를 보면 셋을 아는 영리한 자라 하더라도 아직 선을 터득했다고 할 수가 없다. 천지를 갑자기 뒤엎고 온 세상을 사로잡을 말을 하며 우뢰같이 달리고 번개처럼 치달으며 구름인 양 내닫고 빗발같이 퍼부어 못을 기울이고 산을 쓰러뜨리며 항아리 물을 쏟아 놓고 동이를 엎어 버리는 재주가 있대도 그 정도로는 아직 선의 반도 터득했다 할 수가 없다. 그럼 과연 하늘의 관문을 돌려 열 줄 알고 지축(地軸)을 옮겨 놓을 만한 역량을 지닌 자가 있느냐? 다음 이야기를 살펴보라.

本則 擧. 金剛經云, 若爲人輕賤, 是人先世罪業, 應墮惡道, 以今

世人輕賤故, 先世罪業, 卽爲消滅.

주 ◆ 金剛經云(금강경운) — 羅什譯의 第16段 能淨業障分을 가리킴. 원문에는 '復次, 須菩提. 若善男子, 善女人, 受持讀誦此經'이라는 글로 시작하여 그 다음에는 이 '본칙'의 글이 들어가고 이어 '當得阿耨多羅三藐三菩提…'라 되어 있음. ◆ 若爲人輕賤(약위인경천) — 『金剛經』을 신봉하고 독송하는데도 남에게 천대를 받으면. ◆ 先世罪業(선세죄업) — 前世에 지은 죄. ◆ 惡道(악도) — 地獄·餓鬼·畜生을 三惡道라 함. 이 三惡道를 말함. ◆ 消滅(소멸) — 죄업이 소멸되어 佛果를 얻음.

『금강경』에 이르기를 "[이 경을 믿고 독송하는데도] 남의 멸시를 받는다면 이는 전세(前世)에 지은 죄업 때문이다. 그는 악도(惡道)에 떨어져야 마땅하지만 [대신] 지금 세상에서 천대를 받으므로 전세의 죄업을 말끔히 씻어 없앨 수 있다"고 한다.

頌 明珠在掌, 有功者賞. 胡漢不來, 全無伎倆. 伎倆旣無, 波旬失途. 瞿曇瞿曇, 識我也無. (復云,) 勘破了也.

주 ◆ 明珠在掌, 有功者賞(명주재장, 유공자상) — 『法華經』 安樂行品 제14에 나오는 구. 轉輪王이 아끼고 내주지 않은 明珠가 지금 손바닥에 있으므로 功 있는 자만 나타나면 주겠다는 뜻. 『金剛經』을 明珠에 비유함. ◆ 胡漢不來, 全無伎倆(호한불래, 전무기량) — 胡人 중에도 漢人 중에도 『金剛經』을 믿고 받을 만한 공 있는 자는 나오지 않음. 즉 그럴 만한 역량(伎倆)이 없음. ◆ 波旬(파순) — 'Papiyas'의 音譯語이며 障礙者·殺者·惡者라 漢譯하는 악마의 이름. ◆ 失途(실도) — 길을 잃음. 어쩔 줄을 모름. ◆ 瞿曇(구담) — 'Gautama'의 音譯語. 釋迦族의 별명. 지금은 석가(불타)를 가리킴. ◆ 識我也無(식아야무) — 나를 아는가 모르는가? 金剛의 明珠를 들고 있는 내가 대체 누구인지 아는가? ◆ 勘破了(감파료) — 이미 알았다네. '勘'은 살필 감.

손바닥에 있다네 금강의 밝은 구슬,
누구든 공 있으면 선뜻 내어 주련만,
어중이떠중이들 그런 자 하나 없네.
악마인들 어쩌랴 이저것 다 없으니
석가여, 아 석가여 구슬 든 나를 아는가?
암 알지, 알고말고….

제98칙

천평의 "두 번 안 됨"

天平兩錯

천평은 상주(相州) 천평산에 살던 종의(從漪) 화상을 말하며 지장 규심(地藏珪深)의 제자라고 한다. 한편 서원(西院)은 여주(汝州) 서원의 사명(思明) 화상이고 보수 연소(寶壽延沼) 화상의 법사(法嗣)이니까 임제의 손제자(孫弟子)인 셈이다.

垂示云, 一夏嘮嘮打葛藤, 幾乎絆倒五湖僧, 金剛寶劍當頭截, 始覺從來百不能. 且道, 作麼生是金剛寶劍. 眨上眉毛, 試請露鋒鋩, 看.

주 ◆ 一夏(일하) — 禪門에서 4월 16일부터 7월 15일까지의 90일을 夏安居라 함. 지금의 학교 제도로 1학기와 같다고도 할 수 있음. (제8칙 '본칙' 참조) ◆ 嘮嘮(노로) — 수다스러움. ◆ 打葛藤(타갈등) — '葛藤'은 문자나 언구. '打'는 행위함, 실행함. 즉 '이것저것 제멋대로 수작을 늘어놓음'. ◆ 幾乎(기호) — 거의. ◆ 絆倒(반도) — 괴롭힘, 속박함. ◆ 五湖僧(오호승) — 천하의 선 수행자. '五湖'는 중국의 유명한 다섯 개의 호수. 결국 중국 전체라는 뜻. ◆ 當頭截(당두절) — 머리가 닿는 대로 싹둑 잘라 버림. 닥치는 대로 모두 베어 버림. ◆

百不能(백불능) — 무슨 일이든 신통치 않음. 지금까지 수없이 되풀이해 온 떠들썩한 수작들이 아무 소용도 없었음. ◆ 貶上(폄상) — 눈을 치켜뜨고 위를 봄. ◆ 露鋒鋩(노봉망) — 칼날을 드러냄. 금강 보검의 칼날을 빼어 듦.

수시하기를, 하안거 법회 때 시끄럽게 쓸데없는 수작만 늘어놓아 거의 모든 수행자를 얽매어 괴롭혔다. 금강의 보검으로 닥치는 대로 베어 버려야 비로소 그런 짓이 아무 소용 없음을 깨닫게 된다. 자 말해 보라, 그 금강의 보검이 어떤 것인지를! 눈을 치켜뜨고 빼어 든 보검의 날을 한번 바라보라.

本則 擧. 天平和尙, 行脚時, 參西院. 常云, 莫道會佛法. 覓箇擧話人也無. 一日, 西院, 遙見, 召云, 從漪. 平擧頭, 西院云, 錯. 平, 行三兩步. 西院又云, 錯. 平, 近前. 西院云, 適來這兩錯, 是西院錯, 是上座錯. 平云, 從漪錯. 西院云, 錯. 平休去. 西院云, 且在這裏過夏. 待共上座, 商量這兩錯. 平當時便行. 後, 住院謂衆云, 我當初行脚時, 被業風吹, 到思明長老處, 連下兩錯, 更留我過夏. 待共我商量. 我不道恁麽時錯, 我發足向南方去時, 早知道錯了也.

주 ◆ 行脚(행각) — 선 수행을 위해 여러 곳을 다니며 스승을 찾아가 문답하는 것. ◆ 常云(상운) — 천평 화상이 입버릇처럼 늘 말했음. ◆ 擧話人(거화인) — 스스로 佛法을 터득했다고 장담하는 인물. '覓箇擧話人也無'(멱개거화인야무)는 이 세상에 선을 터득한 자는 나밖에 없음. 내 말 상대가 될 놈은 하나도 없음. '覓'(구할 멱)은 찾아 얻음, 찾음. ◆ 遙見(요견) — 자랑스레 지껄이고 있는 천평 화상을 서원이 발견함. ◆ 平擧頭(평거두) — 천평이 왜 부르나 하고 고개를 듦. 원오가 '著'(자 걸려들었다!) 하고 착어함. ◆ 錯(착) — 錯誤 · 誤謬 · 過失. 여기서는 '에이 안 되겠어!', '무슨 수작을 하는 거야!' 정도의 뜻. 이 錯이야말로 金剛의 寶劍임. 천평은 단칼에 두 조각이 된 셈임. ◆ 平, 行三兩步(평, 행삼양보) — 천평은 두 조각이 난 줄도 모르고 두세 걸음 걸어감. ◆ 上座(상좌) — '자네' 정도의 뜻. 천평을 가리킴. 上座에는 生年上座(연장자), 世俗上座(세속의 名望家), 法性上座(불교의 高德者)의 세 가지가 있음. ◆ 適來這兩錯(적래저양착) — 지금까지의 두 번의 錯. ◆ 平休去(평휴거) — 천평은 멍하게 되어 버림. ◆ 這裏(저리) — 이곳. 西院思明和尙의 절을 가리킴. ◆ 商量(상량) — 의론 · 토론 · 검토. ◆ 當時便行(당시변행) — 그 때 그대로 가 버림. 서원의 말을 안 듣고 나가 버림. ◆ 後, 住院(후, 주원) — 從漪和尙이 나중에 相州 天平山의 주지가 된 뒤. ◆ 被業風吹(피업풍취) — 무슨 바람이 불어서인지. 무엇에 홀려서인지. '業風'은 불교 술어이며 세계 파멸 때 분다는 大風임. ◆ 不道恁麼時錯(부도임마시착) — 나는 그 때 서원에게 '장로의 지금 말은 錯입니다'라고는 하지 않았으나. '恁麼時'는 서원이 종의에게 함께 여름을 보내자고 권했을 때임. ◆ 發足(발족) — 운수 행각의 길에 오름. ◆ 南方(남방) — 남방 중국.

천평 화상이 여러 곳을 행각했을 때 서원의 사명 화상을 찾아갔다. 그는 늘 이 세상에 불법을 제대로 아는 자가 없다, 나와 말 상대가 될 만한 놈은 하나도 없어 하고 장담했다. 어느 날 서원 화상이 이 소리를 듣고 "종의(從漪)야!" 하고 불렀다. 그가 고개를 들자 서원이 꾸짖었다. "에이 안 되겠다!" 천평 화상이 두세 걸음 걸어갔을 때, 서원 화상은 다시 "안 되겠어!" 하고 내뱉었다. 천평 화상이 다가가자, "지금까지 두 번이나 안 되겠다고 했는데, 과연 내가 안 되겠느냐, 네가 안 되겠느냐?" 하고 서원 화상은 물었다. 천평 화상이 "제가 잘못했습니다" 하고 대답하니까, 서원 화상은 또 "안 되겠어!" 하고 꾸짖었다. 천평 화상은 그만 말문이 막혀 버렸다. 이어 서원 화상은 "자 어디 그럼 이곳에서 여름을 보내며 나와 함께 이 '안 되겠어'를 잘 살펴보세 그려…" 하고 만류했으나 천평은 그대로 그곳을 떠나 버렸다. 훗날 천평산의 절 주지가 된 뒤, 중들에게 말했다. "내가 처음 여러 곳을 행각했을 무렵, 무슨 바람이 불었는지 사명 장로에게 간 일이 있다. 그 때 화상은 연거푸 두 번이나 '안 되겠어'를 퍼부었다. 그리고 다시 내게 여름을 함께 지내며 서로 의논해 보자고 했다. 나는 그에게 '안 되겠소!'라는 말은 안 했지만 남쪽을 향해 길을 떠날 때 이미 그 말을 해준 거나 다름없음을 깨달았다."

頌 禪家流, 愛輕薄. 滿肚參來用不著. 堪悲堪笑天平老. 却謂當初悔行脚. 錯, 錯. 西院淸風頓銷鑠. (復云) 忽有箇衲僧, 出云錯. 雪竇錯何似天平錯.

주 ◆ 禪家流, 愛輕薄(선가류, 애경박) — 선문의 올바른 흐름을 이어받은 자가 경박을 좋아한다니. 모름지기 선문의 전통을 이어받은 자는 實參實究하여 지극히 성실하고 철저한 菩提心을 갖지 않는다면 도저히 생사를 절단할 수가 없으며, 그러한 참된 깨달음도 없으면서 천평처럼 큰소리만 치는 경박한 자가 많다면 선의 길을 망치고 맒. ◆ 滿肚參來(만두참래) — 배가 꽉 차게 자랑스런 선을 갖고 왔어도. '肚'(배 두)는 배. ◆ 用不著(용불착) — 아무 쓸모가 없음. 明眼의 禪者 앞에서는 아무 소용이 없음. ◆ 却謂當初悔行脚(각위당초회행각) — 나는 天成의 선자이니 행각 · 참선 따위는 공연히 했다고 함. '본칙'에 나온 '我當初行脚時, 被業風吹' 이하 51자에 관련된 구임. ◆ 錯, 錯(착, 착) — 설두가 천평 화상을 비웃은 말임. '안 되겠네, 안 되겠어, 천평 화상…'이라 한 것. ◆ 頓銷鑠(돈소삭) — '銷鑠'은 쇠붙이를 녹임. '頓'은 '갑자기'. '대번에'. '西院清風頓銷鑠'은 西院이 모처럼 깨우쳐 주려 한 친절심도 천평 같은 자에게는 통하지 않아 갑자기 쇠붙이가 녹듯 사라져서 헛수고가 되었음. ◆ 忽有箇衲僧, 出云錯(홀유개납승, 출운착) — 갑자기 座下의 중이 뛰쳐나와 내 말에 대해 '안 되겠어!'라고 한다면. 이 말은 설두가 우리를 대신하여 한 말임. ◆ 雪竇錯何似天平錯(설두착하사천평착) — 역시 설두가 대신하여 한 대답. 설두 자신의 '안 되겠다'와 천평의 '안 되겠다'의 차이는 과연 무엇인가? 원오도 '평창'에서 '且參三十年'(또 30년은 참선하라)이라고 했지만, 같은 듯하면서 크게 다른 이 '錯'을 깨달으려면 피나는 노력이 있어야 할 것임. 경거망동하지 말고 오히려 서원의 錯도 설두의 錯도 모두 날려 버릴 정녕 큰 錯이 나와야 함.

부끄럽다, 선의 가문
경박한 짓 골라서 하려 드니.
자랑스런 그 불법
뱃속에 가득한들 무슨 소용 있는가!
가련한 녀석일세
우스운 놈이라네 저 늙은 천평 화상.
애당초 행각한 게
잘못이었다니 그 따위론 안 될 걸세.
답답한 천평 노인

서원의 그 맑은 바람 시원한 줄 왜 모르나?
한 중이 문득 나서
'안 되겠소' 한다면 설두는 말하리라,
"나의 이 '안 된다'와
천평의 '안 된다'가
과연 뭐가 다른가?"

제99칙

숙종이 묻기를 "십신조어의 부처가 무엇입니까?"

肅宗十身調御

숙종은 당 현종 황제(玄宗皇帝)의 셋째 왕자이다. 한편 '본칙'에 나오는 충국사는 6조 혜능(慧能)의 법을 이어받은 혜충 국사(慧忠國師)를 말한다. 두 인물의 이야기는 제18칙에 나온 일이 있다.

垂示云, 龍吟霧起, 虎嘯風生. 出世宗猷, 金玉相振. 通方作略, 箭鋒相拄. 徧界不藏, 遠近齊彰, 古今明辨. 且道, 是什麽人境界. 試擧看.

주 ◆ 龍吟霧起, 虎嘯風生(용음무기, 호소풍생) — 용이 읊조리면 안개가 자욱이 일고 호랑이가 울부짖으면 바람이 생김. 한 大宗師의 道風이 크고 높으면 이에 따라 많은 수행자가 그 도에 호응하게 됨. '본칙'의 충국사와 숙종의 관계를 말한 것임. ◆ 出世宗猷(출세종유) — 出世間의 길. 즉 佛法임. '猷'는 길 유. 道. '宗'은 '근본적인'. ◆ 金玉相振(금옥상진) — 금과 옥처럼 아름답고 미묘한 소리를 냄. 탁월한 禪者가 불법을 唱導하면 사람들을 황홀하게 만들어 표현의 완벽함에 만족한다는 뜻. '금'과 '옥'은 본래 악기의 이름이며 奏樂 때는 흔히 먼저 금(鍾 따위 악기)을 연주하고 끝날 때 옥(磬 따위의 악기)을 연주함. 따라서 시작과 끝이 다 완전함. '완전무결함'. ◆ 通方作略(통방작략) —

'通方'은 사통팔방. 사면팔방으로 통하는 자유자재의 활동. ◆ 箭鋒相拄(전봉상주) — 『列子』 湯問篇 제5에 나오는 이야기에서 비롯된 구. 甲 · 乙 두 사람이 동 · 서에 맞서서 화살을 쏘니까, 그 화살이 중간의 공중에서 맞부딪쳐 땅에 떨어졌다는 이야기임. 그렇듯 名人들이 서로 의기투합하여 일체가 됨을 뜻함. ◆ 徧界不藏(편계부장) — 온 누리에 가득 차 그대로 드러나 있음. ◆ 遠近齊彰, 古今明辨(원근제창, 고금명변) — 멀고 가까운 데를 불문하고 다 같이 나타난 채 예나 지금이나 분명함.

수시하기를, 용이 읊조리면 안개가 일고 호랑이가 울부짖으면 바람이 생겨난다. 뛰어난 선자(禪者)가 불법(佛法)을 가르치면 금과 옥이 서로 울리듯 사람들을 완벽한 아름다움 속에 취하게 만든다. 그런 선자의 자유로운 활동은 화살과 화살이 맞부딪치듯 조금도 빈틈없이 훌륭하다. 그리고 그 활기(活機)는 온 세계 어디에든 멀고 가까운 곳의 차별 없이 그대로 드러난 채 예나 지금이나 분명하다. 자 말해 보라. 이러한 경지를 어떤 사람이 지니고 있는지를! 그럼 다음 이야기를 살펴보자.

本則 擧. 肅宗帝問忠國師, 如何是十身調御. 國師云, 檀越踏毗盧頂上行. 帝云. 寡人不會. 國師云, 莫認自己淸淨法身.

주 ◆ 十身調御(십신조어) — 10종의 佛身. '調御'는 부처의 열 가지 이름 중의 하나. 부처가 일체 중생을 제도할 때의 그 자유로움이 마치 조련사가 자기 뜻대로 말을 調御하듯 하는 데에 비유한 표현임. 따라서 '如何是十身調御'는 한 마디로 '부처란 무엇인가' 하고 물은 것임. ◆ 檀越(단월) — 'Darnapati'의 音譯語. 施者, 자선가. '자비로우신 폐하' 정도의 뜻. ◆ 毗盧頂上(비로정상) — '毗盧'는 'Vairocana'(毗盧遮那)의 약어이며 光明遍照라 漢譯함. 온 우주 어디에나 비추지 않는 데가 없는 부처의 한 속성. 결국 본래의 면목. 密教에서는 '大日如來'라 함. '踏毗盧頂上行'은 '그렇듯 신성한 부처의 머리를 밟고 가라'임. ◆ 寡人(과인) — 왕이 스스로를 겸손해서 부르는 호칭. ◆ 莫認自己淸淨法身(막인자기청정법신) — 자기까지도 淸淨法身이라 생각지 말라. 자기가 곧 부처라고 생각해서는 안 된다. 이 자기에 무슨 불만이 있어 부처다 淸淨法身이다 하고 쓸데없는 이름을 붙이겠는가? 帝는 帝면 되고 나는 나면 되는 것, 그 따위 餘分의 이름을 붙이지 않아도 부처의 상징에는 변함이 없음. '淸淨法身'은 毗盧遮那佛.

어느 날 숙종 황제가 충국사에게 "십신조어의 부처란 무엇인가요?" 하고 물으니까 충국사는 "폐하, 부처의 머리를 밟고 가십시오"라고 대답했다. 황제가 [놀라서] "나는 도저히 무슨 뜻인지 모르겠소" 하자 충국사는 "스스로를 부처라고는 생각하지 마십시오" 하고 [다시] 대답했다.

頌 一國之師亦强名. 南陽獨許振嘉聲. 大唐扶得眞天子. 曾踏毗盧頂上行. 鐵鎚擊碎黃金骨. 天地之間更何物. 三千刹海夜沈沈. 不知誰入蒼龍窟.

주 ◆ 一國之師亦强名(일국지사역강명) — 國師라는 명칭도 위대한 인물인 그에게는 억지로 붙인 한낱 겉치레에 지나지 않음. 원오는 '평창'에서 莊子의 말을 인용하여 '至人無名'이라 하고 있음. 지인에게는 국사라는 명칭이 필요 없다는 것임. ◆ 南陽獨許振嘉聲(남양독허진가성) — 명성을 천하에 떨치는 것은 혜충 국사의 경우에만 해당됨. '南陽'은 혜충 국사가 남양의 白崖山에 숨어 살다가 숙종의 부름으로 나와 국사가 되었으므로 쓴 말임. ◆ 大唐扶得眞天子(대당부득진천자) — 충국사는 唐 2代의 황제를 인도하여 名君이 되게 했음. 다만 정치 면에서의 보좌를 했다는 것이 아니라, 참으로 천자다운 천자로 만들었다는 뜻. '扶得'은 보좌함, 인도함. 이 '송'은 일단 '曾踏毗盧頂上行'에서 끊고 봐야 함. 전반은 숙종과 국사의 관계, 후반은 국사를 칭송함. ◆ 鐵鎚擊碎黃金骨(철추격쇄황금골) — 숙종이 스스로를 十身調御의 佛身이라고 '황금' 같은 생각을 품고 있었으나 충국사는 '莫認自己淸淨法身'이라는 쇠몽둥이로 단매에 때려 뼈가 가루가 되게 부숴 버림. '黃金骨'은 淸淨法身을 나타낸 詩句. ◆ 三千刹海夜沈沈(삼천찰해야침침) — 온 우주에 밤은 죽은 듯 고요함. '三千刹海'는 온 우주. '刹'은 본래 육지를 나타내는 산스크리트어임. 法身도 자기도 없는, 一塵一刹도 설 수 없는 세계임. ◆ 不知誰入蒼龍窟(부지수입창룡굴) — 어느 누가 毗盧頂上을 밟고 자유 무애의 세계에 다다르기 위해 먼저 창룡굴에 들어갈 수 있겠는가! '창룡굴'은 제3칙의 '송'에 나왔음.

국사라는 이름도 군더더기일세,
천하에 그만한 이 또 어디 있으랴.
임금을 부축하여 올바르게 이끌어,
부처님 머리 밟고 넘어가게 했다네.
소중한 그 황금뼈 단매에 쳐부수니,
아 이제 천지간에 아무것도 없어라.
온 누리 고즈넉이 밤은 정녕 깊은데,
뉘라서 창룡굴에 찾아들 이 있으랴!

제100칙

파릉의 취모검

巴陵吹毛劍

파릉은 동정호(洞庭湖) 근처의 지명이며 그곳 신개원(新開院)의 주지 호감(顥鑒) 화상을 말한다. 그는 운문 화상의 법을 이어받았으며 변론의 대가였다. 이미 제13칙에 나왔다.

垂示云, 收因結果, 盡始盡終, 對面無私, 元不曾說, 忽有箇出來, 道一夏請益, 爲什麽不曾說, 待儞悟來, 向儞道. 且道, 爲復是當面諱却. 爲復別有長處. 試擧看.

㊟ ◆ 收因結果, 盡始盡終(수인결과, 진시진종) — 『벽암록』 강설도 제1칙부터 제100칙까지 다 하여 이제 원만하게 끝나게 되었음. 원오가 '수시'와 '착어' '평창'을 달기 시작한 것이 收因 · 盡始이고 이제 다 끝나게 된 것이 結果 · 盡終임. ◆ 對面無私, 元不曾說(대면무사, 원부증설) — 서로 대면하고 말하나 사심이 없었기 때문에 결국 아예 아무 말을 안 한 것과 같음. 오랫동안 여러분과 대면하여 누누이 말해 왔지만 그것은 다만 선의 본분을 제시했을 뿐 조금도 사심이 없었다는 뜻. ◆ 道一夏請益(도일하청익) — 한여름(90일간의 하안거

동안) 내내 많은 수행자의 질문을 받고 말해 왔으면서. '請益'은 질문·토의. ◆ 爲什麼不曾說(위습마부증설) — 지금 새삼 말하지 않은 것과 같다고 따진다면. ◆ 待儞悟來(대이오래) — 네가 '不曾說'을 깨닫게 될 때를 기다려서. ◆ 向儞道(향이도) — 너에게 말해 주리라. ◆ 當面(당면) — 곧, 당장. ◆ 諱却(휘각) — 꺼림. 금기로 여김. ◆ 長處(장처) — 장점, 유익한 것.

수시하기를, 이제 이 강론(講論)도 처음부터 끝까지 무난히 끝나게 되었다. 지금까지 서로 대면하고 말해 온 내용에 전혀 사심(私心)이 없었기 때문에 결국 아무 말도 안 한 것과 다름없다. 갑자기 누군가가 나서서 "한여름 내내 질문을 받고 말을 해왔으면서 새삼 아무 말도 안 한 것과 같다니 그게 될 말이오?" 하고 따진다면, 나는 "네가 그것을 깨닫게 될 때 가르쳐 주지" 하고 일러주리라. 자, 말해 보라. 그 부증설(不曾說)은 말하는 자체를 꺼리는지, 아니면 말이 유익하다고 하는지를! 어디 다음 이야기를 살펴보라.

本則 擧. 僧問巴陵, 如何是吹毛劍. 陵云, 珊瑚枝枝撐著月.

주 ◆ 吹毛劍(취모검) — 털을 훅 불면 대번에 두 동강이가 난다는 名劍. 우리가 태어날 때부터 지닌 반야의 지혜를 비유한 말. ◆ 珊瑚枝枝撐著月(산호지지탱착월) — 산호가 가지마다 달빛을 머금고 있음. 즉 달빛이 속속들이 영롱하게 비치고 있음. '撐著'은 '함유', '포함'. 이 구는 唐 禪月和尙의 시임. 우리 본래의 지혜의 작용이란 이렇듯 지극한 아름다움으로 빛나고 있다는 뜻. 원오는 '光呑萬象. 四海九州'라 착어하고 있음. '취모의 劍光이 우주 만상을 삼켜버렸다'. '온 세계에 이 劍光 비치지 않는 곳 없구나!'

한 중이 파릉 화상에게 "사람마다 다 갖추고 있다는 반야의 지검(智劍)이 어떤 겁니까?" 하고 물었을 때, 파릉 화상은 "산호 가지마다 영롱한 달빛으로 함뻑 젖어 있지" 하고 대답했다.

頌 要平不平, 大巧若拙. 或指或掌, 倚天照雪. 大冶兮磨礱不下. 良工兮拂拭未歇. 別別. 珊瑚枝枝撐著月.

주 ◆ 要平不平(요평불평) — 파릉은 중의 마음속에 平靜하지 못한 어두운 면이 있음을 알았으므로 그것을 제거하여 밝은 세상을 보여 주려 함. 그래서 산호의 구를 인용해 보인 것임. '不平'은 인간성의 어두운 면. ◆ 大巧若拙(대교약졸) —『老子』제45장의 '大成若缺, …大直若屈, 大巧若拙, 大辯若訥…'에 의거한 구. 그 대답은 너무도 아름답고, 또 검 솜씨가 너무 교묘하여 오히려 서투르게 보임. 파릉의 大巧 · 大辯을 말한 것. ◆ 或指或掌, 倚天照雪(혹지혹장, 의천조설) — 반야의 지검은 너무도 교묘하여 손가락으로 쓰건, 손바닥으로 쥐고 휘두르건 자유자재임. 그리고 그러한 검은 하늘의 빛에 의거하여 차가운 눈(雪)을 비침. 그렇듯 엄숙함. ◆ 大冶兮磨礱不下(대야혜마롱불하) — '大冶'는 뛰어난 대장장이. '磨礱'은 갊. '不下'는 불능 · 불가능. 아무리 뛰어난 장인도 그 칼은 갈 수가 없음. ◆ 良工兮拂拭未歇(양공혜불식미갈) — '未歇'은 '끝이 없음'. 어떤 솜씨 좋은 장인도 그 칼은 닦지 못함. 사람마다 각기 본래부터 지니고 있는 것이기 때문임. 석가도 달마도 어찌할 수가 없고 다만 각자 스스로가 갈고 닦는 수밖에 없음. ◆ 別別(별별) — 파릉의 검은 돋보이는 명검이니 흔한 칼들과는 다름. 어떻게 다른가 하면 바로 '珊瑚枝枝撐著月'임. 산호에 달빛이 온통 영롱하게 빛나듯 눈부신 명검임.

취모(吹毛)의 검이여 세상 불평 다스리라,
빼어난 솜씨는 오히려 서투른 법.
손바닥 손끝으로 휘두르는 그 검,
하늘에 번뜩이며 하얀 눈 위를 비치네.
어느 누가 그 검 갈고 닦을 수 있으랴,
아 산호인 양 달빛은 밝고 눈부셔라!

인명 찾아보기

가나제바(迦那提婆, Kana-Deva) 120
가문 화상(可文和尙) 256
가섭존자(迦葉尊者) 128, 129, 417
감지 승찬(鑑智僧璨) 52, 57, 128, 206 303, 315
경청 도부(鏡淸道怤) 72, **130**, 133, 134, 165, 168, **262**, 265, 327
관계 지한(灌溪 志閑) 291
구마라습(鳩摩羅什. Kumarajiva) 236
구봉 도건(九峰道虔) 254
구양수(歐陽修) 338
구지(俱胝) 화상 **145**, 146, 148, 149
귀종 지상(歸宗智常) **359**, 361, 362
금우 화상(金牛和尙) **379**, 381, 382, 466, 467
나습 삼장(羅拾三藏) 331
나타 태자 435
남악 회양(南嶽懷讓) 59, 66
남원 혜옹(南院慧顒) 226, 327
남전 보원(南泉普願) 51, 116, 139, 183, 184, 185, 191, 194, 196, 197, 198, 218, **236**, 238, 292, 335, 337, 340, 359, 361, 362, 481
낭상좌(朗上座) **271**, 273, 274
노피(盧陂) 230
단하 천연(丹霞天然) 150, **389**, 392
달마(達磨, 菩提達磨, Bodhi-Dharma) **43**, 45, 47, 48, 49, 128, 138, 151, 153, 154, 228, 243, 248, 249, 251, 269, 270, 287, 303, 306, 360, 394, 417, 420, 434, 480, 499
당(唐) 대종(代宗) 51, 140, 141
당(唐) 덕종(德宗) 59
당(唐) 문종(文宗) 151
당(唐) 소종(昭宗) 51
당(唐) 숙종 (肅宗) 140, 141, 142, 143, 493, 495, 496
당(唐) 의종 (懿宗) 130, 150, 160
당(唐) 중종(中宗) 59, 469
당(唐) 헌종(憲宗) 150
당(唐) 현종(玄宗) 141, 150, 493
당(唐) 선종(宣宗) 110, 202
대감 혜능(大鑑慧能, 六祖) 59, **77**, 128, 129, 150, 155, 417, 420, 467, 468, 493
대광 거회(大光居誨) **466**, 467
대룡 지홍(大龍智洪, 弘濟禪師) **412**, 414, 415
대만 인홍(大滿弘忍) 129
대매 법상(大梅法常) 145

대수 법진(大隋法眞) **186**, 188, 189
대우 화상(大愚和尙) 202
덕산 선감(德山宣鑑) **65**, 66, 69, 72, 121, 275, 283, 412
덕운 비구(德雲比丘) 167
도신(道信) 128
도심(道深) 173
도연명(陶淵明) 75
도오 원지(道吾圓智) **299**, 302, 446, 448, 449
동봉암주(桐峰庵主) **425**, 427, 428
동산 수초(洞山守初) **112**, 114, 118, 250
동산 양개(洞山良价) 112, 121, 151, **250**, 252, 253, 305, 371
두묵(杜默) 338
두보(杜甫) 68, 162
마곡 보철(麻谷寶徹) 194, 196, 197, 198, 359, 361, 362
마조 도일(馬祖道一, 馬大師) **59**, 63, 66, 116, 121, 139, 145, 194, 222, 244, 255, 256, 292, 294, 295, 359, 361, 374, 377, 378, 379, 383, 389, 457
명초 덕겸(明招德謙) **271**, 273
목주 도종(睦州道蹤, 道明, 陳尊宿, 陳蒲鞋) **101**, 204
무착 문희(無著文喜) **213**, 215, 216
문수보살(文殊菩薩) 166, 213, 215, 216, 217, 419, 422, 423, 424, 436, **462**, 464, 465
반랄밀제(般剌密帝) 469
반산 보적(盤山寶積) **222**, 224, 454
방거사(龐居士) **244**, 247, 248
백낙천(白樂天) 59
백아(伯牙) 462, 463
백장 유정(百丈惟政, 涅槃和尙) 116, **183**, 184, 185
백장 회해(百丈懷海) 65, 66, 116, **177**, 178, 183, 186, 194, 292, 294, 295, 364, 366, 368, 369, 371, 372, 374, 377, 428, 429, 446
백조 지원(白兆志圓) 412
법안 문익(法眼文益, 淸凉文益) **85**, 89
보복 종전(保福從展) 72, 91, 130, 165, 167, 389, 392, 393, 457, 459, 474, 476
보수 연소(寶壽延沼) 487
보화 화상(普化和尙) 222
부대사(傅大士) 318, **352**, 353
부용훈 선사(芙蓉訓禪師) 160
분양 선소(汾陽善昭) 260
사령운(謝靈雲) 128
사봉(謝鳳) 128
사초종(謝超宗) 128
삼성 혜연(三聖慧然) **275**, 277, 278, 355, 356, 357
상나 화수(商那和修) 129
서원 사명(西院思明) **487**, 489, 490
석가(불타) 122, 128, 129, 243, 251, 262, 269, 287, 313, 342, 344, 345, 346, 380, 417, 419, 431, 435, 462, 464, 465, 469, 471, 472, 473, 474, 486, 499
석두 희천(石頭希遷) 66, 244, 389, 408
석상 경제(石霜慶諸) **299**, 302, 457, 459, 466
선도 화상(善道和尙) 256
선월 화상(禪月和尙) 498
선재동자(善財童子) 166, 167, 436
선종 황제(宣宗皇帝) 116
설두 중현(雪竇重顯) **13**, 49, 69, 70, 77, 130, 142, 155, 156, 165, 194, 196, 197,

207, 220, 247, 273, 288, 298, 302, 329, 335, 381, 399, 410, 411, 415, 427, 449, 452, 457, 459, 460, 461, 465, 479, 491, 492
설봉 의존(雪峰義存) **72**, 74, 76, 77, 79, 91, 130, 160, 162, 199, 254, 255, 257, 262, 275, 277, 283, 286, 299, 305, 348, 350, 351, 377, 439, 474
소호 금천씨(少昊金天氏) 63
손자(孫子) 369
송(宋) 인종(仁宗) 156
송(宋) 태종(太宗) 112, 156
숭산 보원(嵩山普願) 383
습득(拾得) 211
신광 혜가(神光慧可) 11, 128, 129, 269, 480, 481
신수 화상(神秀和尙) 77, 129, 383
실제니(實際尼) 145
실통대지(實統大智) 128, 166, 170, 180, 234, 251, 342
아난(阿難) 129, **342**, 469, 471, 472
암두 전활(巖頭全豁) 199, 271, **283**, 286, 287, 288, 305, 348, 350, 351
앙산 혜적(仰山慧寂) 66, 169, 204, 206, **208**, 209, 210, 211, 212, 213, 218, 275, 355, 356, 357, 358, 428
약산 유엄(藥山惟儼) 244, 250, 299, 364, 371, **408**, 409, 410, 411, 446
양(梁) 무제(武帝) 47, 48, 352, 353, 394
양유기(養由基) 362
엄양존자(嚴陽尊者) 175
여구윤(閭丘胤) 211
연화봉(蓮華峰) 암주(庵主) **173**
염관 제안(鹽官齊安) 116, **457**, 459, 460
염제 신농씨(炎帝神農氏) 63
영조니(靈照尼) 316
오구(烏臼) **383**, 385, 386, 387, 388
오봉 상관(五峰常觀) **364**, 366, 368, 369, 372
왕태부(王太傅, 延彬) **271**, 273, 274
용담 숭신(龍潭崇信) 65, 66
용수(龍樹) 120
용아 거둔(龍牙居遁) **150**, 151, 153, 154,
운문 문언(雲門文偃) 72, **79**, 81, 82, 91, 95, 96, 101, 123, 124, 125, 126, 127, 128, 130, 136, 160, 173, 180, 181, 208, 210, 211, 212, 232, 234, 267, 269, 278, 279, 281, 282, 296, 297, 322, 324, 331, 333, 334, 394, 396, 416, 417, 430, 431, 432, 434, 436, 442, 452, 497
운암 담성(雲巖曇晟) 250, **364**, 366, 371, 372, 446, 448, 449
원오 극근(圜悟克勤) **13**, 45, 54, 74, 87, 154, 156, 192, 215, 255, 287, 288, 291, 295, 297, 301, 307, 308, 313, 329, 336, 337, 338, 358, 361, 362, 368, 373, 381, 386, 396, 401, 414, 417, 433, 454, 459, 464, 466, 471, 477, 481, 482, 489, 491, 495, 498
위산 영우(潙山靈祐) **65**, 66, 69, 70, 116, 139, 171, 172, 208, 355, 364, 366, 428
유리왕(瑠璃王, Virudhaka, 毘盧擇迦, 惡生王) 142
유마 거사(維摩居士) **419**, 422, 423
유철마(劉鐵磨) 139, **169**, 171, 172
육환 대부(陸亘大夫) 116, **236**, 238
응진 화상(應眞和尙) 208, 209
이백(李白) 209
이사군(李史君) 228

임제 의현(臨濟義玄) 101, 107, **150**, 151, 154, 175, 199, 202, 203, 204, 213, 226, 231, 275, 291, 327, 355, 377, 378, 379, 425, 487
자기(子期) 462, 463
자복 여보(資福如寶) **204**, 206, 207, 457, 459
자호 이종(紫胡 利蹤, 子湖利蹤) 139, 481
장경 대안(長慶大安) 116, 186
장경 혜릉(長慶慧稜) 72, 91, 130, 160, 162, 163, 165, 167, 168, 271, 273, 381, 389, 392, 393, 466, 467, 474, 476, 477
장경 회휘(章敬懷暉) 194, 196, 197
장사 경잠(長沙景岑) **218**, 219
전륜왕(轉輪王) 485
전욱 고양씨(顓頊高陽氏) 63
점원 중흥(漸源仲興) **299**
정상좌(定上座) **199**, 200, 201, 202, 203
정주 석장(定州石藏) **383**, 385
제곡 고신씨(帝嚳高辛氏) 63
제순 유우씨(帝舜有虞氏) 63
제요 도당씨(帝堯陶唐氏) 63
조법사(肇法師, 僧肇) **236**, 238, 254, 331
조산(曹山) 253
조주 종심(趙州從諗) **51**, 56, 57, 97, 99, 116, 191, 192, 193, 218, 240, 242, 255, 258, 259, 260, 289, 290, 311, 313, 315, 316, 317, 318, 320, 335, 339, 340, 405, 406, 407, 479, 480
지공(誌公) 48, 352, 353
지문 광조(智門光祚) 156, 158, **452**, 454
지장 규심(地藏珪深) 487
지장(智藏) **374**, 377
진(晋) 효무황제(孝武皇帝) 128
진조(陳操) **204**, 206, 207
천룡(天龍) 선사 145, 146
천평 종의(從漪) **487**, 488, 489, 490, 491
천황 도오(天皇道悟) 66
청원 행사(青原行思) 66
초(楚) 장왕(莊王) 362
충국사(忠國師, 慧忠國師) **140**, 141, 255, 361, 493, 495, 496
취미 무학(翠微無學) **150**, 151, 153, 154, 240, 401
취암 영삼(翠巖令參) 72, **91**, 94, 96
탐원(耽源) 140, 141, 206
태원부(太原孚, 孚上座) 299
태혜 종고(太慧宗杲) 368
태호 복희씨(太昊伏羲氏) 63
투자 대동(投子大同) 188, **240**, 242, 401, 403, 404, 405, 406, 407, 457, 459
파릉 호감(巴陵顥鑒) **118**, 120, 121, 497, 499
파사익왕(波斯匿王) 142
파조타 화상(破竈墮和尙) 481, 482
풍간 화상(豐干和尙) 211
풍혈 연소(風穴延沼) **226**, 229, 230, 231, 327, 329
한산(寒山) 211
향림 증원(香林澄遠) **136**, 138, 151, 156, 452
향엄 지한(香嚴智閑) 66, 291
현사 사비(玄沙師備, 宗一禪師) 72, **160**, 162, 163, 257, 262, 439, 442
혜안국사(慧安國師) 481
혜원법사(慧遠法師) 209
혜초(慧超) 85, 89
혜충 국사(慧忠國師) 142, 143, 206, 359,

361
화산 무은(禾山無殷) 254, 255, 257
황매 홍인(黃梅弘忍) 77, 128
황벽 희운(黃檗希運) 66, 101, 107, 109, 116, 150, 202, 428, 429
황제 헌원씨(皇帝軒轅氏) 63
후량(後梁) 태조(太祖) 160
흠산 문수(欽山文邃) 199, 200, 305, 308
희조 율사(希操律師) 408

경전 · 고전 찾아보기

개당록(開堂錄) 15
경덕전등록(景德傳燈錄) 16, 130, 163, 169, 180, 182, 219, 241
고존숙어록(古尊宿語錄) 101
구사론(俱舍論) 245, 263
금강경(金剛經) ☞ 금강반야바라밀다경
금강경청룡소초(金剛經青龍疏鈔) 65
금강반야바라밀다경(金剛般若波羅蜜多經) 65, 66, 69, 80, 224, 236, 352, 353, 407, 483, 485
노자(老子) 55, 82, 86, 119, 499
논어(論語) 44, 71, 105, 131, 263, 267
능엄경(楞嚴經) ☞ 수릉엄경
대방광불화엄경(大方廣佛華嚴經) 21, 166, 167, 227, 281, 322, 473
대열반경(大涅槃經) 113, 134, 142
대지도론(大智度論) 387
동정록(洞庭錄) 15
마가승지율(摩訶僧祇律) 113
맹자(孟子) 309
무문관(無門關) 335
물불천론(物不遷論) 236
반야무지론(般若無智論) 236
방광반야경(放光般若經) 43
백론(百論) 120
백장청규(百丈淸規) 177, 292
법화경(法華經) 306, 361, 485
벽암집종전초(碧巖集種電鈔) 23, 128, 166, 170, 180, 234, 251, 279, 282, 290, 295, 342, 369
보경삼매가(寶鏡三昧歌) 121
보장론(寶藏論) 236, 254, 238, 331
부진공론(不眞空論) 236
분양십팔문(汾陽十八問) 260
불소행찬(佛所行讚) 11
사기(史記) 71, 105
사십이장경(四二章經) 47
삼장법수(三藏法數) 400
서경(書經) 137
석장경(錫杖經) 197
선림승보전(禪林僧寶傳) 79, 180
설두송고백칙(雪竇頌古百則) 13, 16, 17, 399
손자(孫子) 369
송고집(頌古集) 16
수릉엄경(首楞嚴經) 76, 92, 398, 469, 470, 471
수릉엄의해(首楞嚴義海) 399
습유(拾遺) 16
시경(詩經) 96, 182

신심명(信心銘) 52, 131, 206, 283, 303, 315, 320
십이문론(十二門論) 120
아비담비바사론(阿毘曇毘婆沙論) 201
역경(易經) 119
열반무명론(涅槃無名論) 236
열자(列子) 462, 494
염향집(拈香集) 16
예기(禮記) 53
오경의주(五經義注) 43
오등회원(五燈會元) 72, 101, 139, 155, 160, 167, 178, 180, 226, 277, 289, 318, 331, 389
오위현결(五位顯訣) 253
운문광록(雲門廣錄) 126, 136
유마경(維摩經) 227, 259, 332, 419, 420, 422, 423, 441
유마힐소설경주(維摩詰所說經註) 236
일체경(一切經) ☞ 일체장경
일체장경(一切藏經) 16, 53, 54
임제록(臨濟錄) 208, 275, 355, 379
장자(莊子) 64, 86, 119, 166, 170, 238, 273, 393, 437, 443, 449, 460, 468, 472, 477, 495
전국책(戰國策) 253
전심법요(傳心法要) 107
조론(肇論) 236, 238
조영집(祖英集) 16
조정사원(祖庭事苑) 16
조주록(趙州錄) 258, 289
종용록(從容錄) 13, 23, 335
좌전(左傳) 16
중론(中論) 120
중용(中庸) 203
증도가(證道歌) 267, 317, 413
증일아함경(增一阿含經) 387
진서(晉書) 295
천태사교의(天台四敎儀) 124
폭천집(瀑泉集) 15
한비자(韓非子) 92
한산시(寒山詩) 211
호법론(護法論) 16
화엄경(華嚴經) ☞ 대방광불화엄경
회남자(淮南子) 362, 427
후록(後錄) 16
후한서(後漢書) 128

제목 찾아보기

개사가 물을 보고 깨달음(開士悟水因) 398
경청의 빗방울 소리(鏡淸雨滴聲) 262
경청의 줄탁 솜씨(鏡淸啐啄機) 130
구지의 손가락 하나(俱胝只豎一指) 145
금강경이 죄업을 말끔히 씻어 없앰(金剛經罪業消滅) 483
금우의 밥통(金牛飯桶) 379
나귀도 말도 건너가는 조주의 돌다리(趙州渡驢渡馬) 289
남전의 동그라미(南泉一圓相) 359
남전의 못다 말한 진리(南泉不說底法) 183
남전의 한 송이 꽃(南泉一株花) 236
남전이 새끼 고양이를 베다(南泉斬猫兒) 335
능엄경에 이르기를 "눈으로 사물을 보지 않을 때"(楞嚴不見時) 469
단하가 묻기를 "밥은 먹었느냐"(丹霞喫飯也未) 389
달마가 말하기를 "휑하니 크고 넓어 성인이 있을 리 없다"(達磨廓然無聖) 43
대광이 춤을 추다(大光作舞) 466
대룡의 영원불멸의 법신(大龍堅固法身) 412
대수의 활활 타는 불길(大隋劫火洞然) 186

덕산이 위산에 가다(德山到潙山) 65
도오와 점원의 문상(道吾漸源弔慰) 299
동봉암주가 호랑이 소리를 지르다(桐峰庵主作虎聲) 425
동산의 삼베 세 근(洞山麻三斤) 112
동산의 추위도 더위도 없는 경지(洞山無寒暑) 250
마 대사가 몸이 불편하다(馬大師不安) 59
마곡이 두 곳에서 석장을 흔들다(麻谷兩處振錫) 194
마조의 사구백비(馬祖四句百非) 374
목주의 "얼간이 놈"(睦州掠虛頭漢) 101
문수가 대답하기를 "앞에 셋셋, 뒤에 셋셋일세"(文殊前三三) 213
반산이 말하기를 "삼계가 다 텅 비어 있다"(盤山三界無法) 222
방거사가 읊기를 "좋구나 송이송이 내리는 눈이"(龐居士好雪片片) 244
백장의 대웅봉(百丈大雄峰) 177
백장의 들오리(百丈野鴨子) 292
백장이 묻기를 "목도 입도 없이 말할 수 있느냐"(百丈併卻咽喉) 364
백장이 오봉에게 묻기를(百丈問五峰) 368
백장이 운암에게 묻기를(百丈問雲巖) 371
보복과 장경의 산놀이(保福長慶遊山) 165
부대사의 금강경 강의(傅大士講經) 352
불타가 설법하려고 고좌에 오름(世尊陞座) 462
삼성의 "그물 벗어난 금빛 물고기"(三聖透網金鱗) 275
설봉의 우주(雪峰盡大地) 72
설봉의 코브라(雪峰鼈鼻蛇) 160
설봉이 묻기를 "무슨 일이냐?"(雪峰是什麽) 283
숙종이 묻기를 "십신조어의 부처가 무엇입니까?"(肅宗十身調御) 493
암두가 묻기를 "황소의 난이 끝났으니 칼을 주워 왔느냐?"(巖頭黃巢過後) 348
앙산이 말하기를 "산놀이도 안 갔는가"(仰山不曾遊山) 208

앙산이 삼성에게 묻기를(仰山問三聖) 355
약산의 "고라니 중의 고라니"(藥山麈中麈) 408
연화봉 암주의 지팡이(蓮華峰拈拄杖) 173
염관의 무소 부채(鹽官犀牛扇子) 457
오구가 뇌까리기를 "어이쿠, 되게 얻어맞았구나!"(烏臼屈棒) 383
왕태부 차 대접을 받다(王太傅煎茶) 271
외도가 부처에게 묻기를(外道問佛) 342
용아가 항의하기를 "때린다고 달마가 서녘에서 온 뜻을 알 수는 없습니다!"
(龍牙西來無意) 150
용이 된 운문의 지팡이(雲門拄杖化爲龍) 322
운문 두 손을 불쑥 내밀다(雲門卻展兩手) 296
운문의 "진진삼매"(雲門塵塵三昧) 279
운문의 고불과 기둥(雲門古佛露柱) 416
운문의 부엌과 산문(雲門厨庫三門) 430
운문의 약초밭 울타리(雲門花藥欄) 232
운문의 호떡(雲門餬餠) 394
운문이 말하기를 "가을 바람 속 앙상한 나무일세"(雲門體露金風) 180
운문이 말하기를 "날마다가 참 좋은 날이다"(雲門日日好日) 79
운문이 말하기를 "법신은 너무 커서 육대로도 다 못 담는다"(雲門六不收) 267
운문이 말하기를 "아무 설법도 하지 않으면 되지"(雲門倒一說) 126
운문이 말하기를 "약과 병이 서로 고치고 다스린다"(雲門藥病相治) 434
운문이 말하기를 "이것저것 모두 좋다"(雲門對一說) 123
운문이 수시하기를 "우리 몸 속에 보물이 있다"(雲門秘在形山) 331
운암의 천수관음보살(雲巖大悲手眼) 446
유마의 불이법문(維摩不二法門) 419
장경의 두 가지 말(長慶二種語) 474
장사, 떨어지는 꽃잎 좇아 돌아오다(長沙逐落花回) 218

정상좌가 임제에게 묻기를(定上座問臨濟) 199
조주, 짚신을 머리에 이고 나가다(趙州頭戴草鞋) 339
조주가 꾸짖기를 "이 촌놈아, 분별심이 어디 있느냐!"(趙州田庫奴) 311
조주가 대답하기를 "아직 뭐라고 해야 할지 모르겠네"(趙州分疎不下) 315
조주가 말하기를 "그렇다, 지극한 도는 어렵지 않다"(趙州只這至道) 318
조주가 말하기를, "지극한 도는 어렵지 않다"(趙州至道無難) 51
조주가 묻기를 "아주 죽어 버린 자가 살아나면 어떻게 하겠소?"
(趙州大死底人) 240
조주에게 묻기를 "모든 것이 하나로 돌아간다지만, 과연 어디로 갑니까?"
(趙州萬法歸一) 258
조주의 갓난애(趙州初生孩子) 405
조주의 네 개 문(趙州四門) 97
조주의 세 가지 수시(趙州三轉語) 479
조주의 큰 무우(趙州大蘿蔔頭) 191
지문의 반야 본체(智門般若體) 452
지문의 연꽃과 연잎(智門蓮花荷葉) 156
진조가 자복을 만남(陳操看資福) 204
천평의 "두 번 안 됨"(天平兩錯) 487
철마가 위산을 찾아갔을 때(鐵磨到潙山) 169
취암이 하안거를 마치고 중들에게 말하기를(翠巖夏末示衆) 91
투자의 "이 세상의 모든 소리가 부처님 목소리"(投子一切佛聲) 401
파릉의 "은주발에 담은 눈"(巴陵銀椀盛雪) 118
파릉의 취모검(巴陵吹毛劍) 497
풍혈이 설법하기를 "조사의 불심인은 쇠붙이 소와 같다"(風穴祖師心印) 226
풍혈이 수시하기를 "문득 일념이 일면"(風穴若立一塵) 327
향림이 말하기를 "너무 오래 앉아 있어 지쳤다네"(香林坐久成勞) 136
현사의 세 가지 병자(玄沙三種病) 439

혜초가 법안에게 부처를 묻다(法眼慧超問佛) 85
혜충 국사의 무봉탑(忠國師無縫塔) 140
화산의 북 솜씨 "쿵쿵 쿵더쿵!"(禾山解打鼓) 254
황벽이 꾸짖기를 "지게미에 취한 놈"(黃檗噇酒糟漢) 105
흠산의 화살 하나로 관문 셋 뚫기(欽山一鏃破三關) 305